冥界的秩序

——中国古代墓葬制度概论

刘振东　著

文物出版社

北京·2015

图书在版编目（CIP）数据

冥界的秩序：中国古代墓葬制度概论／刘振东著．——
北京：文物出版社，2015.11（2022.12 重印）

ISBN 978 - 7 - 5010 - 4447 - 4

Ⅰ．①冥…　Ⅱ．①刘…　Ⅲ．①墓葬（考古）－
研究－中国－古代　Ⅳ．①K878.84

中国版本图书馆 CIP 数据核字（2015）第 273704 号

冥界的秩序

中国古代墓葬制度概论

著　　者：刘振东
责任编辑：窦旭耀
封面设计：程星涛
责任印制：张　丽

出版发行：文物出版社
社　　址：北京市东城区东直门内北小街 2 号楼
邮政编码：100007
网　　址：http：//www.wenwu.com
邮　　箱：web@ wenwu.com
经　　销：新华书店
印　　刷：文物出版社印刷厂有限公司
开　　本：787mm×1092mm　1/16
印　　张：28.75
版　　次：2015 年 11 月第 1 版
印　　次：2022 年 12 月第 7 次印刷
书　　号：ISBN 978 - 7 - 5010 - 4447 - 4
定　　价：198.00 元

江苏句容一带的土墩墓

江苏句容一带的土墩墓

江南土墩墓

河北易县燕下都九女台墓区（西北—东南）

河北邯郸县三陵乡二号赵王陵（西北—东南）

战国王陵——燕、赵

山东临淄齐"四王冢"（东南—西北）

陕西咸阳周陵严家沟Ⅰ号秦陵北陵坟丘（南—北）（咸阳市文物考古研究所：《西汉帝陵钻探调查报告》彩版六一：2，文物出版社，2010年）

战国王陵——齐、秦

湖北江陵望山一号战国墓的一椁二棺（湖北省文物考古研究所：《江陵望山沙冢楚墓》图版二：1，文物出版社，1996年）

湖北江陵望山二号战国墓的一椁三棺（湖北省文物考古研究所：《江陵望山沙冢楚墓》图版六二：2，文物出版社，1996年）

河南三门峡西周M2001（虢季墓）列鼎（河南省文物考古研究所、三门峡市文物工作队：《三门峡虢国墓》第一卷下彩版三：1，文物出版社，1999年）

河南三门峡西周M2001（虢季墓）簋（河南省文物考古研究所、三门峡市文物工作队：《三门峡虢国墓》第一卷下彩版五：1，文物出版社，1999年）

两周墓葬多重棺椁与列鼎

陕西临潼秦始皇帝陵坟丘（西—东）

陕西临潼秦始皇帝陵园内城南墙局部（秦始皇帝陵博物院：《秦始皇帝陵园考古报告
（2009 ～ 2010）》图版一二：2，科学出版社，2012 年）

秦始皇帝陵

陕西咸阳正阳三义村西汉高祖长陵和吕后陵坟丘（北—南）（咸阳市文物考古研究所：《西汉帝陵钻探调查报告》彩版一：1，文物出版社，2010年）

陕西兴平南位张里村西汉武帝茂陵坟丘（东北—西南）（咸阳市文物考古研究所：《西汉帝陵钻探调查报告》彩版二〇：1，文物出版社，2010年）

西汉皇帝陵

北兆域——河南孟津三十里铺大汉冢（西北—东南）

南兆域——河南偃师郭家岭大冢（北—南）

东汉皇帝陵

江苏盱眙大云山西汉江都王陵一号墓（北—南）（南京博物院、盱眙县文广新局：《江苏盱眙县大云山西汉江都王陵一号墓》，《考古》2013年第10期第5页图五）

安徽六安双墩一号汉墓（西—东）（安徽省文物考古研究所、安徽省六安市文物局：《安徽六安双墩一号汉墓发掘简报》，《文物研究》第17辑封里，科学出版社，2010年）

西汉诸侯王墓——黄肠题凑墓

湖南长沙望城坡西汉渔阳墓题凑（长沙市文物考古研究所、长沙简牍博物馆：《湖南长沙望城坡西汉渔阳墓发掘简报》，《文物》2010年第4期第9页图七）

湖南长沙望城坡西汉渔阳墓题凑内构造(长沙市文物考古研究所、长沙简牍博物馆：《湖南长沙望城坡西汉渔阳墓发掘简报》，《文物》2010年第4期第11页图一四）

西汉诸侯王墓——黄肠题凑墓

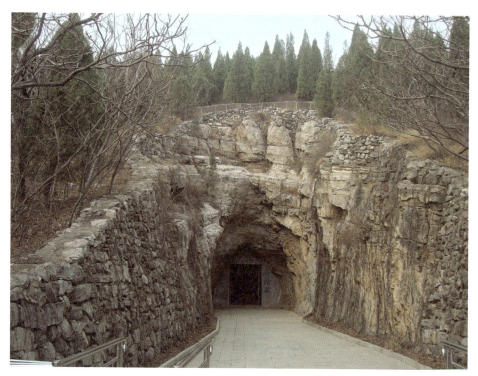

河北满城陵山二号墓（东—西）

河南永城保安山二号墓（东—西）

西汉诸侯王墓——崖洞墓

江苏徐州北洞山汉墓内的水井

江苏徐州龟山汉墓内的厕所

西汉诸侯王墓——崖洞墓

江苏徐州狮子山汉墓镶玉漆棺复原（徐州博物馆）

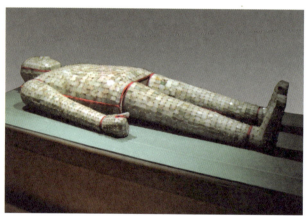

江苏徐州狮子山汉墓金缕玉
衣复原（徐州博物馆）

河南永城僖山汉墓金缕玉衣
复原（河南博物院）

西汉诸侯王墓——镶玉漆棺与金缕玉衣

湖南长沙马王堆一号汉墓椁室平面（长沙市文物局：《长沙重大考古发现》第198页图四，岳麓书社，2013年）

湖南长沙马王堆一号汉墓内棺（湖南省博物馆、中国科学院考古研究所：《长沙马王堆一号汉墓》下集第31页图三七，文物出版社，1973年）

西汉列侯墓

河南安阳西高穴二号墓墓室模型（河南省文物考古研究所安阳考古队部展板）

河南洛阳魏曹休墓（严辉：《洛阳东汉帝陵陵园和曹魏贵族墓》，《2010 中国重要考古发现》第 117 页下图，文物出版社，2011 年）

曹魏墓葬

陕西咸阳平陵一号墓随葬品分布（咸阳市文物考古研究所：《咸阳十六国墓》彩版 8，文物出版社，2006 年）

陕西咸阳平陵一号墓随葬的陶鼓吹骑马俑（咸阳市文物考古研究所：《咸阳十六国墓》彩版 115，文物出版社，2006 年）

陕西咸阳平陵一号墓随葬的陶乐俑（咸阳市文物考古研究所：《咸阳十六国墓》彩版 127，文物出版社，2006 年）

十六国墓葬

河南孟津朝阳官庄北魏孝文帝长陵坟丘

河南洛阳邙山冢头北魏宣武帝景陵神道石人

北魏皇帝陵

河北磁县申庄前港东魏孝静帝西陵坟丘

陕西富平西魏文帝永陵坟丘（刘呆运拍摄）

永陵神道石兽（刘呆运拍摄）

东魏、西魏皇帝陵

江苏句容南朝梁南康简王萧绩墓神道石辟邪

江苏句容南朝梁南康
简王萧绩墓神道石柱

南朝陵墓神道石刻

日本京都府乙训郡下植野南遗址 STJ99 号方形周沟墓（西—东）（《下植野南遗迹》
彩版 4-2，2004 年）

日本京都府峰山町赤坂今井方形台状墓（东—西）（《赤坂今井坟丘
墓发掘调查报告书》彩版 1-1，2004 年）

日本弥生时代坟丘墓

日本奈良县箸墓古坟（南—北）（《大古坟展》第26页图，2000~2001年）

日本奈良县樱井茶臼山古坟的竖穴式石室和残木棺（《奈良县立橿原考古学研究所要览》第47页图，2013年）

日本奈良县樱井茶臼山古坟的竖穴式石室和木棺下的黏土棺床

日本古坟时代前期古坟

日本大阪府堺市大仙古坟（西南—东北）（《大和まほろば展》第 59 页上图，1998 年）

日本大阪府藤井寺市津堂城山古坟的长持形石棺（《百舌鸟·古市大古坟群展》第
31 页图，2009 年）

日本古坟时代中期古坟

日本大阪府高槻市今城塚古坟（西北—东南）（《大古坟展》第184页图，2000~2001年）

日本奈良县藤ノ木古坟的横穴式石室和家形石棺（《大古坟展》第194页上图，2000~2001年）

日本古坟时代后期古坟

目　录

第二章 中国古代坟丘墓的繁荣
——秦汉时期 ……………………………………… 63

前　言

墓葬是安置死者遗体的特殊建筑，普遍存在于各个历史时期，并大量地遗留了下来，成为考古调查、发掘和研究的主要对象之一。

中国已知最早的墓葬属于旧石器时代晚期，经新石器时代一直到夏、商、西周三代，中原地区的墓葬都没有坟丘，或者回填墓坑后在地面上留有少量余土，也很难保留下来。一般认为墓葬上出现人工夯筑的高大坟丘是从春秋战国之际开始的，本文即从东周开始，历经秦汉、魏晋、十六国到南北朝，以坟丘墓的产生、发展和演变为线索，对这一时段的墓葬资料加以总结。

对于中国古代墓葬的研究，是从墓葬的考古调查和发掘开始的。新中国成立后，随着大规模考古工作的展开，发现了大量各时期的墓葬，基于这些墓葬资料，研究者开始着手基础的分期断代研究，例如著名的《长沙发掘报告》（科学出版社，1957 年）、《洛阳烧沟汉墓》（科学出版社，1959 年）和《广州汉墓》（文物出版社，1981 年）等发掘报告，分别对长沙地区、洛阳地区和广州地区的中小型汉墓资料进行了整理和研究，为以后的综合研究奠定了重要基础。中国社会科学院考古研究所编辑出版的《新中国的考古发现和研究》（文物出版社，1984 年）应该是第一本对中国境内各个时期墓葬进行综合研究的著作。随后，专题研究和断代研究的著作不断问世。专题研究以杨宽的《中国古代陵寝制度史研究》（上海古籍出版社，1985 年；《中国皇帝陵の起源と変遷》，学生社，1981 年）为代表，对东周以至明清的皇帝陵寝制度进行了深入探讨，此外还有信立祥的《汉代画像石综合研究》（文物出版社，2000 年；《中国漢代画像石の研究》，同成社，1996 年）和黄佩贤的《汉代墓室壁画研究》（文物出版社，2008 年）等。断代研究的专著有李玉洁的《先秦丧葬制度研究》（中州古籍出版社，1991 年）、印群的《黄河中下游地区的东周墓葬制度》（社会科学文献出版社，2001 年）、黄晓芬的《汉墓的考古学研究》（岳麓书社，2003 年；《中国古代葬制の伝統と変革》，勉誠社，2000 年）、韩国河的《秦汉魏晋丧葬制度研究》（陕西人民出版社，1999 年）、李蔚然的《南京六朝墓葬的发现与研究》（四川大学出版社，1998 年）、韦正的《六朝墓葬的考古学研究》（北京大学出版社，2011 年）等。自 2003 年以来，中国社会科学院考古研究所陆续编辑出版了多卷本《中国考古学》（已出新石器时代、夏商、两周和秦汉四卷），对各个时期的墓葬进行了综合论述。此外，不同时期出版的各大学教材也对各时期墓葬作了总结。与此同时，研究者还发表了不少探讨墓葬的论文。

关于中国古代墓葬的研究虽然取得了很多成果，但大多是关于各个时期的断代研究和专题研究，其中对于魏晋和十六国、北朝墓葬的研究较为薄弱，对于较长历史时段内墓葬制度尤其是墓葬等级制度变迁的研究很不充分，对于各个时期墓葬地上设施的关注也很欠缺。鉴于这种研究现状，本文拟就中国东周至南北朝这一较长历史时段的墓葬制度、墓葬等级制度以及中国古人的冥界观等问题，从墓葬的整体、也就是墓葬的地上设施和地下设施两大部分入手，进行综合的宏观研究，以期能够把握中国古代墓葬制度发展演变的轨迹。最后，本文还想对中日两国古代的坟丘墓进行一些比较研究。

中国幅员辽阔，在古代各地区的社会发展极不平衡。本文将主要以传统意义上的中原及其周边地区为中心，以分析各时期大中型典型墓例为基础展开论述。

本书对中国古代墓葬的研究，虽然着眼于墓葬的整体，但拟将坟丘等地面设施、墓葬形制以及葬具等作为考察的主要对象；对于种类众多的随葬品，将以区分大类的方式加以归纳、概述，以期有助于对中国古代墓葬制度和冥界观的研究。

在中国的近邻日本，旧石器时代还没有发现墓葬，绳纹时代的墓葬一般没有坟丘，到绳纹时代晚期之末，在有的地域，墓葬之上发现有积土的现象，但尚不能说这就是带有封土的坟丘墓。一般认为日本坟丘墓是从绳纹时代之后的弥生时代开始的，到古坟时代达到鼎盛。因此，本文拟从弥生时代坟丘墓的出现开始，历经古坟时代，简述日本坟丘墓产生和发展变化的概况。

日本的弥生时代，传统上认为自公元前 3 世纪到公元 3 世纪，大约相当于中国的战国、秦汉时期，而古坟时代（3~6 世纪）又与中国魏晋、十六国、南北朝时期大体相当，因此，这两个时期中日坟丘墓（古坟）的比较研究成为可能。

下面对中国古代墓葬的一些常用术语加以说明。

坟丘：一般多称封土、墓冢。

坟丘墓：一般多称封土墓、冢墓。

墓制：也称葬制，即墓葬制度、埋葬制度或丧葬制度、丧葬礼制。

陵园、墓园：坟丘周围用垣墙（夯土墙、石墙）或壕沟围成的封闭空间，一般帝王陵墓称陵园，其他级别的墓葬称墓园。

陵寝建筑：位于坟丘之上或坟丘附近的各种陵园礼制建筑的总称。

陪葬坑：分布在墓内或墓外的各种器物坑，也称丛葬坑。

墓坑：也称墓圹、墓穴，常见竖穴土坑，也有竖穴石坑（岩坑）。

墓道：连接墓坑、进入墓室的通道，主要有斜坡式和竖井式两种，有的斜坡墓道带有台阶，也有平底式墓道。

甬道：连接墓道与墓室、墓室与墓室之间的通道。

墓室：用于盛放棺木和放置随葬品的空间，有木椁室，砖室、石室等。

前室、中室、后室：有 2～3 个主要墓室时，按墓室靠近墓门的顺序对它们的称呼。

侧室、耳室：附设于主要墓室一侧的小墓室统一称为侧室，附设于墓道和甬道两侧的小墓室统一称为耳室。

回廊：环绕墓室三面的廊状空间。

椁：在墓坑内构筑的安放棺木的空间，有木椁、砖椁（砖室）、石椁（石室）等。木椁一般由原木、方木或木板组合而成，分底板、侧板和盖板；砖室、石室可看作是砖椁、石椁。

棺：收纳死者尸体的葬具，多由木板钉合而成，也有掏挖整根木头做成的独木舟棺。另有陶棺（瓦棺）、石棺。

第一章　中国古代坟丘墓的起源与初步发展——东周时期

东周自公元前 770 年西周平王自镐京东迁洛邑起始，分为春秋（公元前 770 ~ 公元前 476 年）和战国（公元前 475 ~ 公元前 221 年）两个时期。

第一节　中国古代坟丘墓的起源——春秋时期

一　黄河中下游地区的传统墓制

人类区别于其他动物的一个重要方面，表现在死后对遗体的处理上，采用某些仪式将遗体埋入地下，是人类处理遗体的主要方式。更为久远的情况尚不清楚，现在知道在属于旧石器时代晚期的北京周口店山顶洞遗址（地质年代为晚更新世末，距今约 3 万年）就存在专属葬人的区域。那时的人们已经开始在遗体上及周围撒铺红色颜料（赤铁矿粉）[1]，这种保护死者的做法延续到了后世。

（一）新石器时代

新石器时代的墓葬发现很多，几乎毫无例外地采用了长方形竖穴土坑的形式，这在陕西、河南、山西、河北、山东等地的新石器遗址中常常可以看到。新石器时代早期墓葬还不见使用棺椁，到新石器时代中期已出现陶质（瓮棺）和石质（石椁或石棺）葬具。使用瓮棺的地域较广，主要用于殓葬未成年人，而石椁（或石棺）则主要流行于东北地区，如兴隆洼文化、红山文化和小河沿文化等，在山东地区的北辛文化和龙山文化中也有发现。虽然陶质和石质葬具出现较早，但它们不能全面反映社会复杂化进程中产生的社会等级分化问题，因此，能够代表新石器时代及其以后葬具主流和发展方向的是出现较晚的木质棺椁。

从考古发现的实例看，木质葬具出现于新石器时代晚期，如北方地区的仰韶文化西安半坡 152 号墓使用了木棺，大汶口文化中期开始出现木质葬具，晚期棺椁具备（图 1-1），马家窑文化墓葬的木棺用木板制成，用榫卯结构连接，平面呈梯形；南方地区崧泽文化墓葬中有使用独木舟形的木棺（浙江嘉兴南河浜遗址）。到新石器时代末期，木质葬具发现的更多，如陶寺文化墓葬中棺的平面有"Ⅱ"字形、独木舟形和"工"字形等多种形状，马家窑文化晚期（半山、马厂类型）墓葬中也有长方形、梯形和独木舟形等形状的棺；良渚文化墓葬中的棺基本可以认定是独木舟形。这一时期的棺还出现了彩绘，甚至良渚文化高等级墓葬还使用玉器装饰的棺。

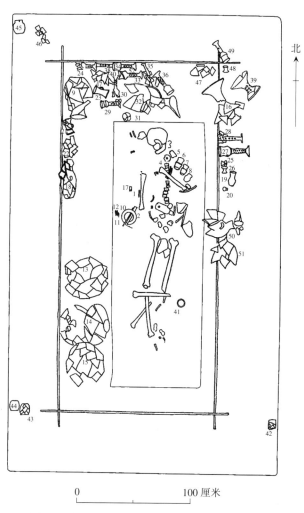

北

0   100 厘米

图 1-1　山东邹县野店 M51 平面图（山东省博物馆、山东省文物考古研究所：《邹县野店》第 114 页图八六，文物出版社，1985 年）

此外，在黄河下游龙山文化同一墓地中出现了两椁一棺（图1-2）、一椁一棺、单棺和无棺四种使用棺椁等级的差别，如山东临朐西朱封和泗水尹家城龙山文化墓地，因此，有学者通过对墓葬中木质棺椁的研究，认为龙山文化时期维系社会秩序的礼制正趋于成熟，并且奠定了后来夏商周三代礼制进一步发展的基础[2]。

作为早期木质葬具的棺椁，棺的平面形状有长方形、梯形、"Ⅱ"字形和独木舟形等，椁的平面形状有"井"字形、"Ⅱ"字形等。

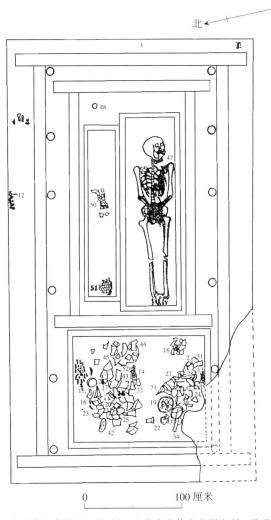

图1-2　山东临朐西朱封M1平面图（山东省文物考古研究所、临朐县文物保管所：《临朐县西朱封龙山文化重椁墓的清理》图二，载张学海主编：《海岱考古》第1辑第220页，山东大学出版社，1989年）

该时期墓葬内使用红色颜料（朱砂）的例子，可以山西襄汾陶寺墓葬为代表[3]。

人类有意识地将遗体埋入地下，也就是墓葬的出现，表明人们对死后的世界有了规划，人们生时有居室，墓葬或许是为死者修建的居室吧。作为人们死后居室的墓葬，这里不仅是埋纳遗体的地方，也应是死者灵魂的栖所——此时人们应该有了灵魂不灭的观念。墓葬最初只是一个简单的小土坑，就像当时人们居住的半地穴式房子。随着社会的发展，人们的生活状况也发生着变化，于是出现了利用自然石料垒成的石椁（石棺），接着又出现用原木围成的木椁和掏挖整根木头做成的独木舟形木棺。而将原木制成木板，再组合成长方形框式木椁或盒式木棺，需要更为复杂的技术，应是较晚出现的木质葬具。

棺椁，尤其是木质棺椁的出现，不仅使墓葬的构造复杂化了，连埋葬的过程也不像原先那样只是将遗体（或者裹以编织物）放入浅小的土坑内掩埋，很快就能完成，随着墓坑的扩大、加深以及木质葬具的使用，人死以后从挖掘墓坑、构建木椁、制作木棺开始，需要更长的时间和动用更多的人力，不仅如此，原先直接将遗体埋入地下的做法，也改为先将遗体放入棺内，再将棺运往墓地，放入墓坑，这样，从人死到纳棺再到运往墓地下葬，埋葬的程序增多了、复杂了，必然会相应地生出一些仪式，现在能够想到的如有纳棺、运棺、下葬等仪式。木质葬具正是随着社会复杂化进程，适应社会分层显著化的需要而出现、发展，并最终形成一套规范社会阶层丧葬等级秩序的制度——丧葬礼制。新石器时代末期，用木质葬具——棺椁来规范丧葬等级秩序的制度正在形成之中，下面就要迎来夏商周的文明时代。

木质葬具的出现并逐步复杂化的过程，不仅与社会的发展进程相关联（用丧葬礼制来规范社会等级秩序，发挥其现实政治作用），也是人们更为重视死后世界的冥界观的反映。人们（社会上层）用木质葬具来营造更加漂亮的地下居室，同时还将越来越多的随葬品放入墓中，表明他们持有的死后有灵的观念不仅没有减弱，反而越来越加强了。

（二）夏商西周时期

夏、商、西周时期的墓葬是沿着新石器时代末期墓葬的发展方向变化而来的，最基本的墓葬形制仍然是竖穴土坑（木棺、木椁）墓。但是，历史进入文明时代后，社会阶层的分化已臻完善，作为维系国家政体的等级秩序，上有贵族，下有黎庶，表现在墓葬上，一是墓葬的规模差空前拉大，二是墓葬等级秩序向前发展，并初步形成了比较规范的丧葬礼制。

夏有夏礼。由于夏都（今河南省偃师市二里头村一带）附近发现的墓葬等级序列还不完整，所以关于夏代丧葬礼制的细节仍不十分清楚。

商有商礼。在晚商都城殷墟（今河南省安阳市小屯村一带）以及分布在各地的方国发掘了大量墓葬，上至商王，下至庶民，可以分出若干等级。这时期的墓葬出现了墓道，并用墓道的多少（与墓坑的大小、葬具的规模和重数、随葬品的多寡以及人殉人牲情况是一致的）来规范墓葬的级差，如有四条墓道的"亞"字形墓（图1-3）（特大型墓，特殊的巨大椁室）、两条墓道的"中"字形墓（图1-4）（大型墓，多二椁一棺，有的为特殊的巨大椁室）、一条墓道的"甲"字形墓（图1-5）（中型墓，多二椁一棺）和无墓道的长方形墓（图1-6）（主要是小型墓，多单棺，有的无葬具；少数为中型墓，一椁一

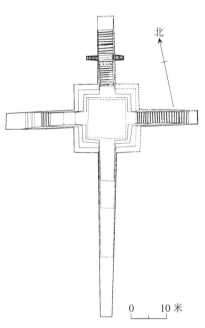

图1-3　河南安阳侯家庄西北冈 HP-KM1500 平面图（中国社会科学院考古研究所编：《殷墟的发现与研究》第 107 页图五五，科学出版社，1994 年）

棺），其中四条墓道的"亞"字形墓当为商王墓，无葬具的长方形墓应属社会下层的墓葬，其他墓葬的墓主等级也可大致推想。

与此前的墓葬相比，除了墓道外，商墓还出现了一些其他设施和特征：一些特大型墓和大型墓的墓坑平面呈正方形或接近正方形；流行腰坑，并出现壁龛；墓内盛行人殉、人牲、车马随葬；墓外附近也附葬车马，形成车马坑；盛行用牺牲（包括人牲）祭祀，等。

作为葬具的"井"字形木椁在新石器时代已经出现，在商代大型墓葬中也可看到，如河南安阳武官村大墓[4]。根据文献的记载（《仪礼·士丧

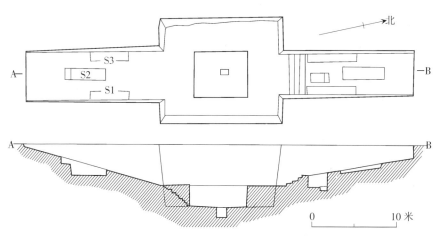

图 1-4　河南安阳武官村大墓平、剖面图（中国社会科学院考古研究所：《殷墟的发现与研究》第 108 页图五六，科学出版社，1994 年）

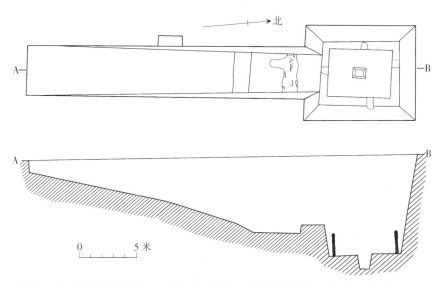

图 1-5　河南安阳武官北地 M260 平、剖面图（中国社会科学院考古研究所：《殷墟的发现与研究》第 109 页图五七，科学出版社，1994 年）

礼》"既井椁"郑注曰："匠人为椁，刊治其材，以井构于殡门外也"），可称之为井椁。井椁是商代墓葬葬具的重要特征。

木棺呈长方形，有的一头略宽于另一头。商墓中于棺底撒铺红色颜料（朱砂），可以山东滕州前掌大 M3、M4 为例[5]。棺上涂漆，常见黑色和红色，有的还绘有纹饰，如河南罗山天湖商墓[6]等。棺外出现积炭。

　　周有周礼。西周墓葬在都城丰、镐（今陕西省西安市斗门镇一带）及各地的诸侯国多有发现。因为周王墓至今尚无任何线索可寻，所以西周墓葬的等级序列并不完善。就墓道数目而言，除北京琉璃河 M1193 燕侯墓外[7]（图1-7），还没有发现其他四条墓道的墓，王墓是否拥有四条墓道，也是研究者关心的问题。其他有两条墓道的"中"字形墓、一条墓道的"甲"字形墓和无墓道的长方形墓，基本上与商墓相类。但是，虽然"中"字形墓和"甲"字形墓都是级别很高的墓制，王室重臣和诸侯国君多采用，但也并非十分严格、整齐划一，如同为诸侯国君，河南浚县辛村卫侯墓用两条墓道[8]（图1-8），山西曲沃县北赵村晋侯墓却大多用一条墓道[9]（图

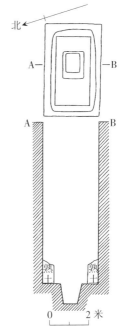

图1-6　河南安阳郭家庄 M160 平、剖面图（中国社会科学院考古研究所：《安阳殷墟郭家庄商代墓葬——1982 年～1992 年考古发掘报告》第 71 页图 51，中国大百科全书出版社，1998 年）

1-9）。此外，就墓葬规模而言，西周相同墓类的规模与商墓是无法比拟的，要小很多。

　　关于棺椁的情况，西周与商代有着明显的不同。椁有一椁、二椁之分，与商并无不同，但椁的构造与平面形制却发生了根本的变化。从保存较好的西周墓葬可以看出，椁是用加工规整的方木围砌而成，平面呈长方形，椁室长边与短边方木的两端凑聚在一起，据我考证，这种形制即是文献记载的"题凑"葬制，到东周时期非常流行[10]。至于棺，在西周以前均为单棺，此时却出现了二棺、三棺，如山西曲沃县北赵村晋侯墓等。当然，此时棺椁的重数尚未与墓主身份等级严格对应，但至少表明用棺椁重数来规范墓主等级秩序的一套制度正在孕育之中，这套丧葬礼制到东周时期基本形成。总之，商墓用井椁，西周墓用题凑，商墓用单棺，西周墓开始用多重棺，商周时期棺椁制的变化最终形成两周丧葬礼制的一个重要内容。

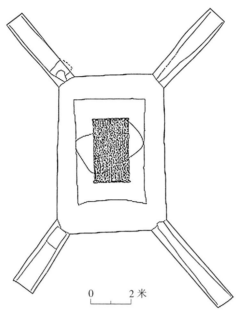

图 1-7　北京琉璃河 M1193 平面图（中国社会科学院考古研究所、北京市文物研究所琉璃河考古队：《北京琉璃河 1193 号大墓发掘简报》，《考古》1990 年第 1 期第 22 页图一）

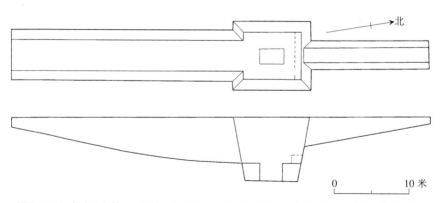

图 1-8　河南浚县辛村 M1 形制示意图（郭宝钧：《浚县辛村》第 8 页图四，科学出版社，1964 年）

　　同前代一样，西周木棺无一存留至今，从棺木的朽痕看，可能多为长方盒形，如见于河南三门峡虢国墓地[11]等。棺内铺撒红色颜料（朱砂）的例子可举河南鹿邑太清宫长子口墓[12]。

　　墓内设腰坑的做法在西周早期墓中仍可看到。出现了积石积炭墓。墓内殉人远不及商墓流行，但流行随葬拆解的车马。墓外也有附葬车马的风习，并且所葬车马数量开始与墓主身份等级发生一定的对应关系，为以后

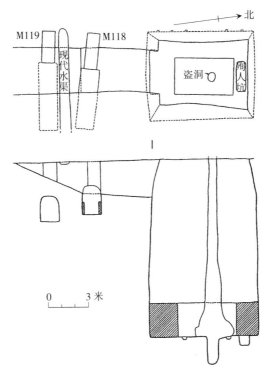

图1-9　山西曲沃北赵村M114平、剖面图（北京大学考古文博院、山西省考古研究所：《天马——曲村遗址北赵晋侯墓地第六次发掘》，《文物》2001年第8期第5页图二）

作为丧葬礼制的组成部分——车马随葬制度的完善奠定了基础。

商人尚酒，墓内常见随葬觚、爵等青铜酒器。周人重食，墓内流行随葬鼎、簋等食器，并开始酝酿、形成一套用于规范墓主等级的使用礼器的列鼎制度，从而构成周代丧葬礼制的又一重要内容。

新石器时代的墓地为氏族墓地，墓葬在一定的区域内集中分布，到新石器时代末期，虽然社会分化显著，反映在墓地布局上，一些较大的墓开始择地而葬，有游离于氏族墓地的趋势，但并未完全脱离氏族墓地。夏代大型墓的分布情况还不清楚，很可能王墓已形成独立的墓区。商代王墓集中布置于洹水以北的西北冈上，构成独立的王墓区。西周时期，连诸侯国君的墓都规划有独立的墓区（山西曲沃县北赵村晋侯墓），王墓更不会例外，因此，一旦发现线索，必将有重大收获。

合葬墓在商周时期已很常见，一般都是采用并穴合葬的形式。

墓内随葬品的种类更丰富，数量更多，人们似乎更加相信死后到另一世界的需求，死后有灵的观念更加根深蒂固了。

与漫长的新石器时代一样，夏、商、西周三代的墓上都没有发现用土堆成的坟丘，这也印证了文献的记载，《周易·系辞下》曰："古之葬者，厚衣之以薪，葬之中野，不封不树"。但是，如后文所述，也有研究者认为商代已经出现了坟丘墓。

二 周边地区具有地面标志的墓葬

（一）新石器时代

1. 东北地区红山文化墓葬

分布于燕山之北辽西丘陵山区的红山文化，其墓葬形制中有一种积石冢，即在墓葬之上垒积石块，形成较高的石堆作为地面上的标志。以辽宁牛河梁遗址为例，已在多个地点发现了积石冢，如牛河梁第二地点有四座冢（一至四号冢），第三地点为单冢，第五地点有三座冢，还有第十六地点等。这些积石冢都是一冢多墓，如第二地点一号冢已发掘墓葬 26 座，二号冢已发掘墓葬 4 座，四号冢已发掘墓葬 16 座；第三地点积石冢已发掘墓葬 10 座等[13]。

积石冢的构造一般是外围砌 1~2 周石墙，平面呈方形或长方形，石墙内布置墓葬，墓葬之上堆砌石块，形成石冢。以牛河梁第二地点二号积石冢为例，外围东、西、北三面围砌石墙，墙内积石，发掘时保存最高处尚存 1.2 米。冢体略呈方形，东西 17.5 米，南北 18.7 米。冢的中央为一座大型石棺墓，棺室长 2.21 米，宽 0.85 米。石棺的上部周围用石块砌成一个方台形石椁，边长 3.6 米，高约 1.5 米。在石椁之上堆土，形成中央封土、四周堆石的结构形制[14]（图 1-10）。

积石冢内一般都有一座中心大墓，其竖穴墓坑既大又深，坑内用石板构筑石棺。以第五地点一号冢中心大墓（M1）为例，冢的基座平面近圆形，M1 位于冢的中心部位，墓圹凿于基岩内，坑口呈圆角长方形，长 3.8 米，宽 3.1 米，坑深 2.25 米。坑底构筑石棺，其两侧壁用长条形石板平砌而成，一般砌 6~7 层，前、后挡用整块石板立砌，棺内壁长 1.9 米，宽 0.55 米。石棺有盖无底，盖为薄石板。棺内仰身直肢躺一男性，身侧置 7 件玉器（图 1-11）。墓顶覆石块构成冢体。中心大墓以外的墓，墓坑有大有小，坑内大多也都有石棺[15]。

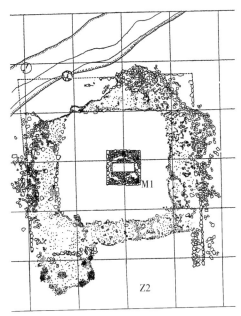

图 1-10　辽宁凌源牛河梁第二地点二号积石冢平面示意图（辽宁省文物考古研究所：《辽宁牛河梁红山文化"女神庙"与积石冢群发掘简报》，《文物》1986 年第 8 期第 8 页图九）

牛河梁遗址的年代，据测定距今约 5580~5000 年。

2. 东南地区良渚文化墓葬

分布于长江下游太湖地区的良渚文化，其墓葬形制中有一种祭坛墓地。祭坛墓地是祭坛与墓地的结合，建于高出地面的人工土墩或自然山丘上。祭坛墓地已发现多处，如上海青浦福泉山，浙江余杭反山、瑶山、汇观山、卢村、海宁大坟墩，江苏昆山赵陵山，等。以汇观山为例说明如下。

汇观山位于余杭市瓶窑镇外窑村，是一座孤立的自然山丘。在山丘顶部发现祭坛一座和墓葬一组。祭坛复原为覆斗形，东西两端呈阶梯状，东西 45 米，南北 33 米。在祭坛的西南部有一组墓葬，发掘了四座，均为长方形竖穴土坑墓。其中 M4 长 4.75 米，宽 2.3~2.6 米，残深 0.2 米，葬具为一椁一棺，棺椁的两侧板略出头。随葬 7 件陶器，17 件（组）玉器和 48 件石钺。年代为良渚文化中期偏早阶段[16]（图 1-12）。

良渚文化的年代距今约 5300~4000 年。

（二）夏商周时期

1. 东北地区的积石冢

在河北平泉发掘了一批属于夏家店上层文化的墓葬，埋葬设施有竖穴

19

北

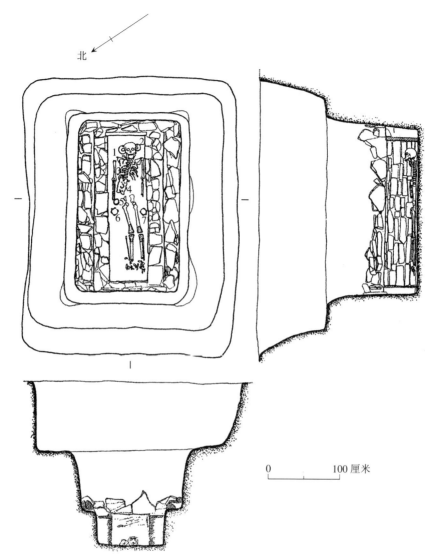

0   100 厘米

图 1-11　辽宁凌源牛河梁第五地点一号冢中心大墓（M1）平、剖面图（辽宁省文物考古研究所：《辽宁牛河梁第五地点一号冢中心大墓（M1）发掘简报》，《文物》1997 年第 8 期第 4 页图一）

土坑石棺、竖穴土坑盖石和竖穴土坑三种，墓上均有封土（图 1-13），从个别墓封土上残存的积石现象看，原来封土之上可能普遍积石，形成类似积石冢的外观。年代约为西周末到春秋初期[17]。

2. 东南地区的土墩墓

土墩墓主要是指地面埋葬（有的垒砌石床、石椁、石室，或建造墓

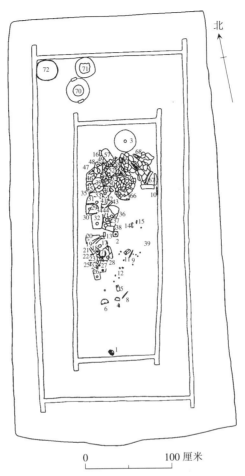

图 1 - 12　浙江余杭汇观山 M4 平面图（浙江省文物考古研究所、余杭市文物管理委员会：《浙江余杭汇观山良渚文化祭坛与墓地发掘简报》，《文物》1997 年第 7 期第 6 页图四）

坑），覆土成丘，不加夯筑的一种独特的埋葬方式，主要分布于长江下游的江南地区，如苏南、皖南、上海、浙江、赣东北、闽西北等地，大多数属于西周时期，早的可到夏商之际，晚的迟至战国早期[18]。

下面介绍几座不同时期具有代表性埋葬设施的土墩墓例，更多的土墩墓资料见表 1 - 1。

（1）江苏丹徒大港烟墩山 2 号墓，位于山坡上的低洼地，土墩底径约 20 米，高不足 2 米。埋葬设施有石床，长 3.6 米，宽 2.4 米。随葬有原始瓷器、几何印纹陶器和陶器。只有 1 墓，时代为西周早期[19]（图 1 - 14）。

（2）江苏丹徒大港母子墩，位于丘陵地带的山冈上，土墩底径 30 米，高 5 米。埋葬设施系用石块砌成墓底边框，长 6.1 米，宽 3.2 米，中间铺

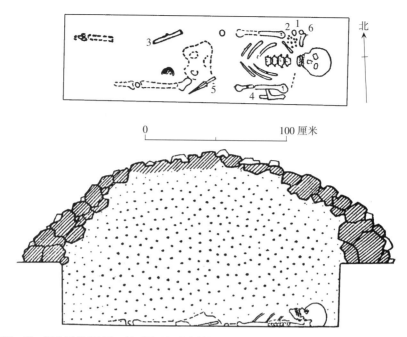

图1-13 河北平泉M6平、剖面图（河北省博物馆、文物管理处：《河北平泉东南沟夏家店上层文化墓葬》，《考古》1977年第1期第53页图五）

表1-1 商周时期江南部分土墩墓简表

单位：米

出土地点	墓葬数量	土墩概况			埋葬设施（长×宽×高）	随葬品	时代	备注
		地形	直径	高				
江苏溧水乌山4号墩[20]	2	山坡上	约9	1	在山坡斜面上用土垫平	陶器、几何印纹陶器和原始瓷器	西周前期	
江苏句容浮山果园D1[21]	16	丘陵地带的山冈上	东西23，南北24	2.5	M2有石床，4.2×1.1—1.3；M11也有石床	陶器、几何印纹陶器和原始瓷器	西周中期	土墩墓群中的1座
江苏句容浮山果园D2[22]	8	丘陵地带的山冈上	东西15，南北20	3	M3器物放置范围3.9×1.6	陶器、几何印纹陶器、原始瓷器和青铜器	西周中期	陶器均残破

出土地点	墓葬数量	土墩概况			埋葬设施（长×宽×高）	随葬品	时代	备注
		地形	直径	高				
江苏金坛鳌墩	2	平地上	东西15，南北9	2	M1平铺一层木炭，范围2×0.9	陶器、几何印纹陶器和原始瓷器	西周中晚期	土墩已残
江苏宜兴丁蜀南山M2	1	山坡上	底径东西12，南北10	3.9	石室由甬道、封门和墓室组成；墓室3.9×0.92～1.04×1.8	几何印纹陶器	西周晚期至春秋早期	
江苏丹徒南岗山D2[23]	1	沿山脊分布（土墩墓群中的1座）	东西14.9，南北10.5	2.45	长方形竖穴土坑，坑口长1.9，宽0.78，深0.12	陶器、几何印纹陶器	春秋早中期	共发掘了14座
江苏丹徒南岗山D12	2	沿山脊分布（土墩墓群中的1座）	东西17.3，南北10.8	3.15	长方形竖穴土坑，M1深1.05，有木质葬具；M2深0.84	M1有陶器、几何印纹陶器和原始瓷器；M2无随葬品		
江苏金坛裕巷D1[24]	3	丘陵地带的山冈上	东西25，南北25.5	残高2.5	M1深0.5，M2深0.43，M3深0.75；另有13外器物群	M1有陶器；M2、M3均有陶器、原始瓷器	春秋中晚期	封土遭破坏
安徽屯溪M1	1	山冈下的平地	33.1	1.75	有石床，8.8×4.4	原始瓷器、青铜器	西周中期	石材为河卵石；另有M3、M4两座墓
安徽屯溪M2	1	山冈末端			有石床，长残5.2×2.2；有边框（石椁）	陶器、几何印纹陶器、原始瓷器、青铜器	西周中期	

出土地点	墓葬数量	土墩概况			埋葬设施（长×宽×高）	随葬品	时代	备注
		地形	直径	高				
江苏丹徒大港烟墩山2号墓	1	山坡上的低洼地	底径约20	不足2	有石床，3.6×2.4	原始瓷器、几何印纹陶器和陶器	西周早期	所用石块、石板均为天然石料
江苏丹徒大港母子墩	1	丘陵地带的山冈上	底径30	5	用石块砌成墓底边框（6.1×3.2），中间铺一层草木灰，其上铺席子	青铜器、几何印纹陶器和原始瓷器	西周早中期	
江苏丹徒四脚墩M6[25]	1		底径27	3.7	用石块砌成高0.5的边框（石椁），残长3.8，宽2.6	玉器、陶器、原始瓷器	西周晚期	
江苏丹徒石桥大笆斗墓[26]	1		底径39	4.25	熟土竖穴土坑，长8.2，宽5.2～5.8，深1.5；内设椁室，下为生土台状棺台	原始瓷器、青铜器	西周晚期	
江苏丹阳大夫墩	1		底径60	12	熟土竖穴土坑，长15.6，宽4.5～6.6，深4.6；有积石二层台；内设椁室	原始瓷器、青铜器	春秋早中期	

出土地点	墓葬数量	土墩概况			埋葬设施（长×宽×高）	随葬品	时代	备注
		地形	直径	高				
江苏丹徒粮山M2[27]	1	山顶	底径约14	约4	长方形竖穴石坑，口东西11.2~12，南北6.4~7，深9；底部铺草木灰	青铜器、原始瓷器、几何印纹陶器、陶器和玉器	春秋前期	有一殉人
江苏苏州真山D9M1	1	山顶	底部东西径70，南北径32；经夯实	7	长方形竖穴石坑，口东西13.8，南北最宽8，最深1.8；有不规则二层台	玉石器为主，还有原始瓷器、海贝、绿松石贝、漆器	春秋中晚期	墓主应为吴王
江苏丹徒北山顶墓	1	山顶	底部东西径32.25，南北径30.75	5.5	刀形竖穴土坑，由墓道和墓室组成；墓室5.8×4.5×1.35~1.45	青铜器、原始瓷器和陶器	春秋晚期	有3殉人；墓主可能为吴王
浙江绍兴印山墓	1	山顶	底部东西72，南北36	9.8	长方形竖穴石坑，口东西46，南北约14，深12.4	陶器、玉石器、漆木器	春秋末期	越王允常?

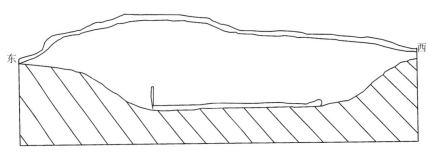

图1-14　江苏丹徒大港烟墩山 M2 剖面示意图（江苏省丹徒考古队：《江苏丹徒大港土墩墓发掘报告》，《文物》1987年第5期第26页图二）

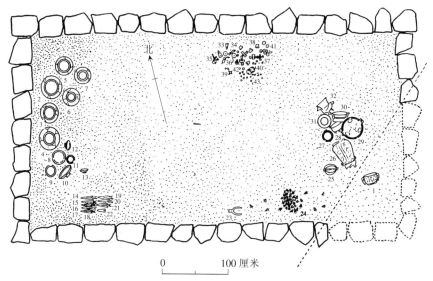

0　　　　　　100 厘米

图1-15　江苏丹徒大港母子墩墓底平面图（镇江博物馆、丹徒县文管会：《江苏丹徒大港母子墩西周铜器墓发掘简报》，《文物》1984年第5期第2页图二）

一层草木灰，其上铺席子。随葬有青铜器、几何印纹陶器和原始瓷器。只有1墓，时代为西周早、中期[28]（图1-15）。

（3）安徽屯溪 M2，位于山冈末端。埋葬设施为石床（带低石框），残长5.2米，宽2.2米。随葬青铜器、陶器、几何印纹陶器、原始瓷器。只有1墓，时代为西周中期[29]。

（4）江苏金坛鳖墩，建于平地上，土墩东西15米，南北9米，高2米。墩内共有2墓，M1平铺一层木炭，范围长2米，宽0.9米。随葬有陶器、几何印纹陶器和原始瓷器。时代为西周中晚期[30]。

（5）江苏宜兴丁蜀南山 M2，位于山坡上，土墩底径东西12米，南北10米，高3.9米。埋葬设施为石室，由甬道、封门和墓室组成，墓室长

3.9 米，宽 0.92~1.04 米，高 1.8 米。随葬几何印纹陶器。时代为西周晚期至春秋早期[31]（图 1-16）。

（6）江苏苏州真山 D9M1，位于山顶，土墩底部东西径 70 米，南北径 32 米，经夯实，高 7 米。埋葬设施为长方形竖穴石坑，口部东西 13.8 米，南北最宽 8 米，最深 1.8 米。随葬以玉石器为主，还有原始瓷器、海贝、绿松石贝、漆器。只有 1 墓，时代为春秋中晚期。墓主推测为吴王[32]（图 1-17）。

（7）江苏丹徒北山顶墓，位于北山的顶部，土墩底部东西径 32.25 米，南北径 30.75 米，高 5.5 米。埋葬设施为刀形竖穴土坑，由墓道和墓室组

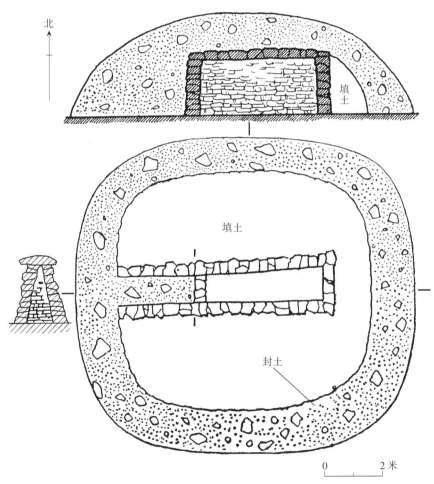

北

填土

填土

封土

0　　　　2 米

图 1-16　江苏宜兴丁蜀南山 M2 平、剖面图（镇江市博物馆（刘建国）：《江苏宜兴石室墓试掘简报》，《考古与文物》1983 年第 4 期第 10 页图二）

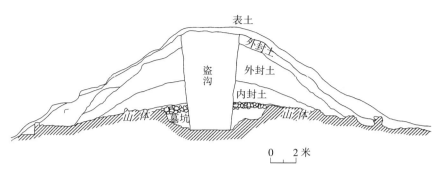

图 1-17 江苏苏州真山 D9M1 坟丘南北向剖面图（苏州博物馆：《江苏苏州浒墅关真山大墓的发掘》，《文物》1996 年第 2 期第 5 页图三）

成，墓室长 5.8 米，宽 4.5 米，高 1.35～1.45 米。随葬有青铜器、原始瓷器和陶器。只有 1 墓，时代为春秋晚期。另有 3 个殉人。墓主可能为吴王[33]（图 1-18）。

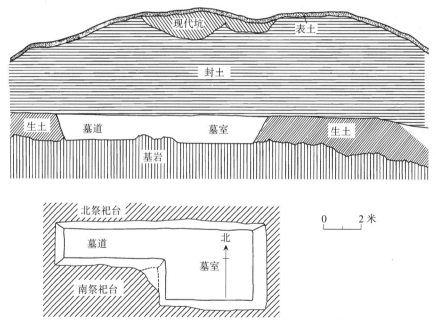

图 1-18 江苏丹徒北山顶墓平、剖面图（江苏省丹徒考古队：《江苏丹徒北山顶春秋墓发掘报告》，《东南文化》1988 年第 3、4 期第 15 页图二）

（8）浙江绍兴印山墓，位于印山顶部，土墩（坟丘）夯筑而成，呈东西长方形覆斗形，底部东西 72 米，南北 36 米，中心最高 9.8 米。墓葬为一条水平墓道的竖穴石坑木椁墓，坑口东西 46 米，南北约 14 米，深 12.4 米。木椁用方木搭建而成，横截面呈等腰三角形的人字坡状，由甬道、前室、中室和后室组成，木棺放于中室，为独木棺，长 6.05 米，口宽 1.12 米，内外均髹黑漆。墓外四周环绕隍壕，平面呈南北长方形，东西 265 米，南北 320 米，四面各留有一条通道。墓主可能是卒于公元前 497 年的越王允常[34]（图 1 – 19、1 – 20）。

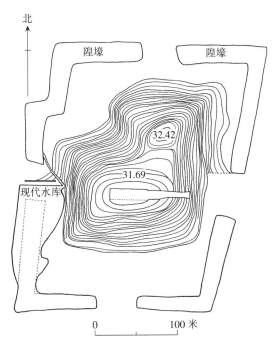

图 1 – 19　浙江绍兴印山墓隍壕平面图（浙江省文物考古研究所、绍兴县文物保护管理局：《印山越王陵》第 7 页图三，文物出版社，2002 年）

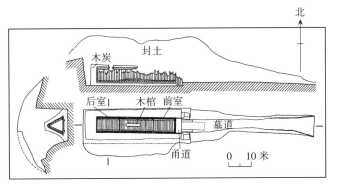

图 1 – 20　浙江绍兴印山墓坟丘与墓坑平、剖面图（中国社会科学院考古研究所：《中国考古学·两周卷》第 404 页图 9 – 26，中国社会科学出版社，2004 年）

从上述墓例及表 1-1 可以看出，土墩墓大多位于丘陵地带的山坡或山顶上，也有少数在平地起墩；土墩的规模有大有小，有高有低，这与时代的早晚及墓主的身份等级有关；埋葬设施除常见的平地直葬外，有的平铺木炭，有的用石块围成边框，中间铺一层草木灰，其上再铺席子，有的用石块整体铺成石床，有的还将石床边沿稍稍加高，形成类似石椁状，有的完全砌成石室；也有构筑熟土墓坑或挖掘生土墓坑（或石坑）的做法，墓坑大小、深浅的差别也是墓主身份等级的反映；随葬品最常见、最有地域特色的是几何印纹陶器和原始瓷器，规格高的墓里还有青铜器、玉器、漆器等，有的还有殉人。

上面的概述非常笼统，既没有分区，也没有分期，更没有分类。有学者指出，研究土墩墓须将大型墓和中小型墓分开，因为大型墓的发展轨迹及其与北方地区墓制的关系与中小型墓不同[35]。现在沿着这一思路总结如下。

就土墩墓的土墩和埋葬设施而言，中小型墓在广大的地域及较长的时期内保持了一定的连续性、稳定性，其主要特征是：土墩较小而且低缓，不加夯筑，底径（或长边）10~25 米，高 2~4 米；多一墩多墓，逐次建成；多平地掩埋，无墓坑，有的平铺木炭或铺成石床，也有竖穴小土坑，一般较浅，深度多在一米以内（较晚阶段）；埋葬设施为石室的墓葬分布在一定的地域，属较特殊的土墩墓类；多没有发现木质棺椁等葬具。这类墓的随葬品以陶器、几何印纹陶器和原始瓷器为主。

大型土墩墓与中小型土墩墓相比，不仅规模更大，发展演变的轨迹也更明显。其主要特征是：土墩更加高大，一般底径 20~30 米，有的可达 60~70 米，一般高 3~5 米，有的可达 7~12 米；均一墩一墓，一次建成；作为埋葬设施，西周早中期多平地筑砌石床，有的还将石床的边沿加高（地上石设施 I 型——石床），有的只用石块砌成墓底边框，其内铺草木灰和席子（地上石设施 II 型——石框），西周晚期还有在墓底砌成较高的石边框，其内为经过平整的生土地面（地上石设施 III 型——石椁），另外，该时期开始筑造熟土墓坑，内设椁室，有的椁室底高出坑底形成生土台（地上熟土设施——竖穴熟土墓坑 I 型），有的椁室为生土坑，形成上熟下生的形制（地上熟土设施——竖穴熟土墓坑 II 型），大约从春秋中期开始出现生土墓坑（地下生土设施——竖穴土坑、石坑），春秋晚期均为竖穴土坑或石坑，并设置一条墓道，坑底有的直接为修整加工过的生土或基岩，有的还铺草木灰；春秋中晚期开始用人殉葬；随葬品除陶器、几何印纹陶器和原始瓷器外，还有青铜器、玉器和漆器等。

大型土墩墓的建造程序是：

（1）选地——多选择山坡、山岗或山顶等地势高敞之地，也有位于临近山岗的平地上。

（2）整地——将地面整平，预备构筑埋葬设施。

（3）构筑埋葬设施——可分为地上设施和地下设施，地上设施又分石设施（无墓坑）和熟土设施（有墓坑），地下设施均为竖穴土坑或石坑；熟土墓坑有两种做法，一种是直接构筑墓坑，一种是先堆土，再下挖墓坑，造成上熟下生的结构；棺椁等木质葬具可能随着熟土设施而出现，遗憾的是没有保存下来结构清楚的实例，只在一些墓内残存有漆皮等痕迹；土墩墓椁室的特点是狭长，一般长度多在 4.5 米以上，宽度则多在 2.5 米以内，其中如大笆斗墓椁室长 6.04 米，宽 1.4 米，深 1.5 米，这种情况应与木棺的形制有关（如独木舟形木棺）。

（4）入葬——直接将遗体放入埋葬设施（无墓坑的地面石设施），或将装有遗体的木棺放入墓坑中的椁室；同时布置随葬品、殉人等。

（5）填土——有墓坑的（熟土坑和生土坑）应先填实墓坑，似多不用夯筑，无墓坑的也应先覆盖遗体。

（6）堆土起墩——用土逐层堆成外观呈馒头状的土墩，底面近似圆形，多不加夯筑，有的可能稍加夯打。

中小型土墩墓的建造程序与大型土墩墓基本相同，只是多数墓在整地后直接放置遗体，缺少更为讲究的埋葬设施，也有砌石床、铺木炭（西周时期）或下挖生土浅坑（春秋时期）的做法。

总之，土墩墓的传统埋葬方法是选择高地，地面埋葬，不用棺椁，堆土成墩。即便是大型墓较早开始构筑墓坑，也是在地面之上，并且在建造土墩墓的过程中非常注意采取排水、防潮的措施，这从选择高地、地面埋葬、设置石床、石框、石椁、熟土墓坑以及墓底铺木炭、草木灰或铺席子等方面都能反映出来。分析其中的原因，有两点似应予以注意。一是建墓可能仿照居室——南方雨水较多，为防止水患，居室多建于高处；二是可能与人们的冥界观有关——人们也许认为地下有水或者潮湿，不宜作死后之居。

大约从西周晚期开始，大型土墩墓即在地面上构筑熟土墓坑，并于坑内置椁室（可能为木质葬具），这应是受到北方竖穴土坑木椁墓制的影响，但直到春秋早中期，墓坑仍多采用地面上熟土坑的形制，显然此时当地传统的丧葬观念还在持续。到了春秋中晚期，墓坑才逐渐挖在地下（中小型墓基本同时，大多墓坑较浅），表明此时人们不仅接受了北方竖穴土坑的埋葬形式，同时也应该接纳了新的丧葬观念——北方传统的地下埋葬的"黄泉"观。

三　坟丘墓的出现

（一）关于坟丘墓出现时间的讨论

中国北方黄河中下游地区传统的墓葬形制是竖穴土坑（石坑）墓，埋葬设施均藏于地面以下。其建筑程序一般是：（1）选地——多选择距都邑不远、地势较高、黄土深厚的岗地、坡地。（2）整地——将地表整平。（3）向下挖掘竖穴深坑（连同墓道）。（4）在墓坑底部构筑木椁。（5）入葬——将装有遗休的木棺运往墓地，放入墓坑中的椁室，布置随葬品后盖上椁盖，分别安置殉人、牲人、车马等。（6）回填墓坑，加以夯实。至今仍罕见地面上有明显坟丘的墓例。

回填墓坑之土应该就是修造墓坑时挖掘出来的土。因为在墓底建筑椁室（或仅有棺）占用了墓坑的一些空间，所以将这些土回填墓坑时，如果不加夯打，肯定会有所剩余，即便夯打坚实，或仍稍有剩余，当时也可能将这些余土堆在墓口处作为墓葬的地面标志，只是随着岁月的流逝，即使墓上有一些堆土，也早已湮灭无存了。

真正的坟丘墓出现以后，在上述造墓程序之后至少多出了一道工序，就是堆筑坟丘。堆筑坟丘用的土量很大，又都是从别的地方搬运过来，因此造墓的工程量较以前增加了许多。所以，高大坟丘的出现，是先秦墓制的一次重大变革。

墓上坟丘究竟出现于何时？这是研究者一直都在关注和探讨的问题。目前主要有以下一些看法。

1. 日本方面较早地关注、研究了这一问题。

（1）关野雄在20世纪50年代就意识到探讨中国古代坟丘墓起源的重要性，并在资料相当缺乏的情况下开展研究工作。他认为中国古代坟丘墓出现于战国之初[36]。

（2）饭岛武次在 20 世纪 80 年代认为南方长江、淮河流域诸国（楚、蔡）的坟丘墓或可上溯到春秋后期以前[37]。

2. 中国方面的研究起步较晚——1981 年 2 月，王仲殊、王世民、徐苹芳、黄展岳应邀到日本东京参加日本第五次古代史讨论会，讨论的主要内容是中国坟丘墓和日本古坟的起源、发展。之后，他们的论文陆续在国内发表。

（1）20 世纪 80 年代，多位学者从考古发现的实例结合文献记载，论证坟丘墓出现于春秋战国之际（春秋晚期出现，战国时期开始流行）[38]。

（2）以前即有学者认为商代晚期已出现坟丘墓[39]，进入 20 世纪 90 年代以后，又有研究者对此看法进行了申论，并认为中原和南方地区在春秋初期已普遍流行封土墓[40]。

早到晚商已出现坟丘墓的认识好像是有一些考古和文献上的依据，但毕竟推测的成分较多，最缺乏的材料是商朝中心区域的墓葬实例。虽然如论者所言，在河南省罗山县蟒张乡天湖村找到了一座残存有封土痕迹的晚商墓葬[41]，但论据仍嫌不足。尤其是在之后的西周时期，至今还没有确认坟丘墓的存在，因此，从墓葬制度发展变化的立场看，现阶段在追溯坟丘墓的起源上应持谨慎态度。此外，春秋时期是否如论者所言在中原以及南方地区已普遍流行坟丘墓，也是需要重新思考的问题。论者所列举的几座春秋早期墓例，如河南光山县宝相寺黄君孟夫妇墓[42]和黄季佗父墓[43]等，有关坟丘的原始报道无一不是发掘者调查所得，至今还不见一例发掘前仍保存有坟丘的例子，因此，从已发掘的大量春秋各国墓葬资料看，即使那几座墓原来确实存在较为高大的坟丘，似也不能断言春秋时期坟丘墓已普遍地流行了。

另一方面，如河南固始侯古堆 1 号墓，这是目前所知时代较早（春秋末年）的明确带有高大夯筑坟丘（高 7 米）的墓例。这里有一个问题，就是为什么春秋战国之际出现的坟丘墓，一开始就以高坟丘的姿态面世。所以也许可以推想，在看似突然出现的高坟丘墓之前，可能曾经存在一个"低坟丘墓"漫长的发展过程。

王世民先生早就指出："墓葬回填的余壤形成为虚土坟丘，即不固定的墓上标志，尽管由来已久，但那毕竟不同于人们有意夯筑的封土……考察高大墓冢的起源和发展，因而不能把早已不存的虚土坟丘和人工夯筑的封土大冢混为一谈"[44]。受此见解的启发，基于探讨中国古代墓制继承与发展问题的需要，相对于拥有高大坟丘的高坟丘墓（即本文所论的坟丘墓），我想有必要提出一个"低坟丘墓"的概念。

可以想象，随着新石器时代末期墓葬中木质葬具的发达，葬具占用墓坑的空间越来越大，于是在使用挖掘墓坑的土回填墓坑时，也就有了越来越多的余土，这时或者将这些余土拢起于墓坑之上，作为墓葬在地面上的标志，因为没有着意进行夯筑，也没有再从其他地方搬运来更多的土使之增高，所以当时即便形成了高出地面的丘垄，其高度也十分有限，而随着时间的推移，这些低小的丘垄大多消失无存了[45]。这种状况也许持续到了夏、商、西周时期。这即是我主张的"低坟丘墓"。

我之所以提出低坟丘墓的概念，还有一个愿望，就是希望今后在调查发掘墓葬、特别是夏商周三代墓葬时，能够多关注墓上是否有坟丘，在这方面若予重视，或许会有新发现。

综上所述，作为丘垄状的低坟丘墓可能出现较早。研究者常常引用的几段文献，也说明在孔子生活的春秋末年，低坟丘墓是常见的，如《礼记·檀弓上》记孔子为其父母合葬于防时说过"吾闻之古也，墓而不坟，今丘也，东西南北之人也，不可以弗识也"，"于是封之，崇四尺"；《礼记·檀弓下》记孔子观看季札葬子："既葬而封广轮揜坎，其高可隐也"。另外，这时期的坟丘形状也不统一，如《礼记·檀弓上》记子夏回忆孔子曾说过"吾见封之若堂者矣，见若坊者矣，见若覆夏屋者矣，见若斧者矣，从若斧者焉，马鬣封之谓也"。从现有考古资料看，墓上竖立的高大坟丘出现于春秋战国之际，到战国时期流行起来。同时，低坟丘墓仍然继续存在，直到今天还流行于广大农村。

（二）关于墓上建筑的出现与发展

与积土成丘不同，在晚商都城殷墟的个别墓坑之上发现有建筑的遗存，其中最为人熟知的就是著名的"妇好"墓（5号墓）[46]（图1-21）。此外，大司空村311号、312号等墓的墓口之上也有类似的建筑遗存。虽然在已发现的晚商墓葬中，墓上有建筑遗存的只占极少数，但似不能否定这些建筑与墓葬之间存在着内在的联系，因为在商代尚存之时，像"妇好"那样重要的人物，是不能在其墓上任意搭建的，至于建筑的用途，当以用于墓祭的可能性最大。另一方面，鉴于考古发现的实例极少，与其说墓上建

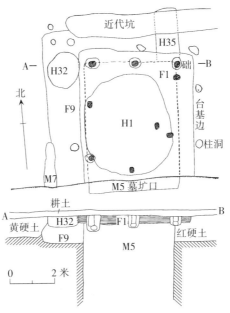

图 1-21　河南安阳小屯 5 号墓（妇好墓）墓上建筑遗址平、剖面图（杨鸿勋：《战国中山王陵及兆域图研究》，《考古学报》1980 年第 1 期第 133 页图一一）

筑是当时普遍流行的一种墓制，还不如将之看作是不同于一般墓制的特例。

河南省浚县辛村西周卫侯墓（1 号墓）的墓口之上有厚 1.5 米的夯土，存在属于墓上建筑基址的可能性[47]。

这种墓上建筑到东周时期继续存在。位于陕西凤翔秦都雍城以南的春秋战国时期秦公陵园，经钻探均未发现坟丘，但在多座墓上发现瓦片等建筑材料，在 1 号墓上还发现了柱洞等遗迹。由此零星的建筑遗迹和遗物推测，当时墓上可能立有规模不小的瓦顶建筑[48]。

战国时期韩、赵、魏、中山国的陵墓上均发现建筑的遗迹或遗物，其中魏国和韩、中山国的墓上建筑均经过发掘，前者为低台式律筑，后者为高台式建筑，代表了两种不同的建筑风格。

（三）关于坟丘墓出现模式的研究

1. 日本方面的研究

（1）关野雄认为，相当于中国的战国之初，在北方广阔的欧亚草原地带，如南西伯利亚地区，正在流行巨大的坟丘墓（kurgan）——坟丘规模有大有小，从直径 3 ~ 4 米、高约 0.5 米到直径 100 米以上、高达 20 米，坟形为圆形或椭圆形，地下竖穴土圹内有木椁或石椁，其内放箱形或独木舟形木棺[49]，这种地下有土圹，地上有坟丘的墓葬特征与中国坟丘墓一致，但其多数在坟丘周围垒砌矩形石墙并树立石块的做法却不见于中国坟丘墓；随着与北方民族、特别是匈奴联系的加强，作为北方文化要素之一的坟丘墓南传，为早已拥有建筑技术并迫切希望炫耀国力和财富的各诸侯国统治者接受，首先出现在北部的燕、赵、秦诸国，然后由燕传入齐、鲁，赵国开始没有坟丘墓，随着向北方开拓疆土，也受到北方的影响而出现坟丘墓，楚国的坟丘墓可能传自秦国；只有中原地区固守着传统，到战国末仍没有坟丘墓。

饭岛武次的研究部分受到关野雄观点的影响。他认为燕国与北方草原地区相邻，其坟丘墓可能承自河北省平泉县夏家店上层文化的坟丘墓传统，而夏家店上层文化的坟丘墓则可能与西伯利亚的坟丘墓（kurgan）有关联。同时，他还认为，中原地域诸国（周、魏、韩、赵、秦、中山）可能继承了商代墓上建筑的形式，如河南省辉县固围村魏王墓和河北省中山县三汲村的中山王墓；而南方长江、淮河流域诸国（楚、蔡）的坟丘墓或可上溯到春秋后期以前，其出现可能与南方的土墩墓传统有关。

（2）町田章在关野雄发表上述观点十多年后著文，不赞成关野雄的观点，认为长方形或方形台状坟丘墓应由中国内部产生，可能起源于墓上建筑的基坛，并受到当时流行的高台宫殿建筑的影响。他还将坟丘与祭祀天地的坛或土台相联系，认为当时人们希望借此把死者神格化，从而达到宣扬其生前所拥有权利和地位的目的。另外，町田章还认为商墓上可能存在低土坛，南方的土墩墓可能受商墓的影响而产生[50]。

2. 中国方面的研究

（1）有研究者认为坟丘墓（当为低坟丘墓）在中原地区出现后，向南发展对楚墓产生了影响[51]。

（2）有研究者认为南方楚地（包括河南南部）的坟丘墓流行得较早[52]。还有研究者认为淮汉之间（今河南南部一带）是南（楚、吴）北（晋、齐）文化交汇之地，东南一带的土墩墓向西发展，在这里生成坟丘墓并首先流行开来[53]。持坟丘墓受土墩墓影响而出现的研究者还有杨楠等[54]。

（3）有研究者持与日本町田章类似的观点，认为坟丘的形状受到墓上建筑形状的影响[55]，坟丘是从墓上建筑演变而来的[56]。

如果上文提出的低坟丘墓概念可以成立，那么经过长时间的发展，到春秋战国之际，由于社会变革需要符合新时代要求的新葬制，坟丘一跃而变为高大壮观的姿态，从而形成了高坟丘墓制。因此，新出现的高坟丘墓与以前的低坟丘墓是两种截然不同的墓制，坟丘从低小到高大不仅仅是体量上的区别，更是墓制上的一种创新，虽然这种创新也许正是从低坟丘墓中孕育出来的。至于说较早的一些高坟丘墓多发现于河南南部的淮汉之间，或者如论者所言，由于特殊的地理位置，分布在这里的一些小国可能不严格遵循中原地区传统的礼制，这有利于开风气之先，创出新制。

如上所述，江南一带的大型土墩墓约从西周晚期开始，即在地面上构筑熟土墓坑，到春秋中晚期，墓坑又逐渐在地下挖成，这可视为受到了北方竖穴土坑墓制的影响。既然长江挡不住南北两地间的相互交流，除去遗物不论，江南长江边上耸立着的那些高大土墩对正在发生变革的北方墓制产生一些影响，从时间和空间关系上看都是有可能的，只是现在仍缺少具有说服力的例证。

（四）早期坟丘墓例与特征

春秋时期坟丘清楚的墓例很少，除上述数例调查得来的坟丘资料外，最清楚、也是最广为引用的仍然是河南固始侯古堆 M1[57]（图 1-22）。其坟丘呈圆锥状，底径 55 米，高 7 米，夯筑而成，夯层厚 0.4~0.5 米。墓葬平面甲字形，东向。墓坑底部东西 10.8 米，南北 9 米，深 16 米。葬具为二椁一棺。椁室外积砂积石。有 17 具殉人。随葬青铜器（礼器、乐器、车马器、杂器等）、玉器、陶瓷器、漆木器等。墓的年代推定为春秋末年。

在现阶段资料缺乏的情况下，如果将这座墓例作为代表，坟丘墓出现之初的特征大概有如下几点：（1）位于中原地区的南部，属于后来的楚文化区；（2）坟丘高大，夯筑而成，可能为圆坟；（3）墓主具有一定的身份等级。

四　坟丘墓出现的原因及意义

持坟丘墓（应指低坟丘墓）出现于晚商观点的研究者，认为商人对祖先灵魂的崇拜以及在墓地举行祭祀祖先的活动导致了坟丘的产生，而坟丘的形状则是借鉴于商人"封土为社"以祀社神的"封土"。

持坟丘墓（应指高坟丘墓）出现于春秋战国之际观点的学者，认为夯

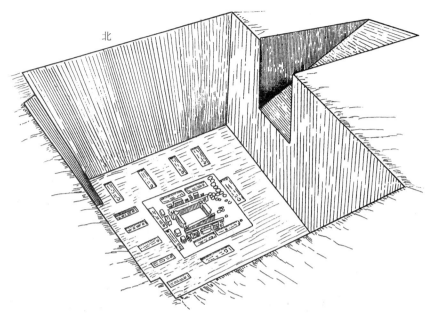

北

图 1-22　河南固始侯古堆 M1 示意图（河南省文物考古研究所：《固始侯古堆一号墓》第 6
页图四，大象出版社，2004 年）

　　土城垣和高大土冢的普遍出现是东周时期社会大变革在考古学上的反映，
同时，墓地制度也发生了变化，春秋战国之际已出现王室大冢集中分布的
情况，到战国中晚期，又出现了以一个国君为中心的陵墓布局。这应是较
为妥当的看法。

　　高坟丘墓的出现是社会深刻变化的结果，是春秋战国之际旧礼制崩坏，
新礼制创出的结果。高大坟丘一旦出现，尽管还不清楚其传播的线路，很
快就在各诸侯国之间流行起来，成为各国强化政治秩序、炫耀国力的工具。

第二节　中国古代坟丘墓的初步发展——战国时期

一　各诸侯国坟丘墓概况

　　以秦、燕、赵、齐、中山、魏、韩、楚的顺序简述各诸侯国坟丘墓的
情况（表 1-2、1-3）。

单位：米

表 1 - 2　东周时期坟丘墓简表

墓葬地点	发掘时间	保存状况	坟丘	墓葬形制	棺椁形制	随葬品	墓主身份	年代	备注
河南固始侯古堆 M1	1978~1979	盗	圆锥状，直径 55，高 7；夯土层厚 0.4~0.5	一条墓道的"甲"字形墓，东向；墓坑底东西 10.8，南北 9；深 16	二椁一棺	青铜器（礼器、乐器、车马器、杂器等）、玉器、陶瓷器、漆木器等	宋景公之妹、吴王夫差的夫人、勾敳夫人	春秋末年	椁室外积砂积石；有 17 具殉人
湖北荆门包山 M2[58]	1982	完好	底部圆形；底径 54，高 5.8	一条墓道的"甲"字形墓；墓坑口南北 7.8，东西 34.4，底长 31.9，宽 6.85，深 12.45	二椁三棺（外椁长方形，中椁悬底弧形，内棺彩绘长方形）	铜、铁、铅、陶、玉、石、骨、角、木、漆、竹、丝麻、皮革等 1935 件（不含竹简）	楚国大夫	战国（公元前 316 年）	坟丘夯筑
河北邯郸周窑 M1	1978	盗	底部 31×29，高 3.3	两条墓道的"中"字形墓；墓坑口 14.5×12.5，深 7.5	外石内仿木椁，石椁现存 3.55 米，高 3.55 米；漆棺已无存	铁、铜、陶器等	陈三陵村 3 号赵王陵的陪葬墓	战国	东墓道内有一车马坑，殉葬 2 匹马；西墓道内有一殉葬坑，殉葬二儿童

续表

墓葬地点	发掘时间	保存状况	坟丘	墓葬形制	棺椁形制	随葬品	墓主身份	年代	备注
河北易县燕下都 M16[59]	1964	盗	底部南北 38.5，东西 32，高 7.6	两条墓道的"中"字形墓；墓坑口南北 10.4，东西 7.7，深 7.6	不清	铁、陶、石、蚌、骨器	燕国高级贵族	战国早期	墓壁夯筑火烧；椁底铺炭；白灰做二层蚌壳台；烧土块填墓坑
陕西咸阳周陵镇 3 号陵南墓	勘探		底边长 43~44，顶边长 4~5，高 10	两条墓道竖穴土坑墓			秦国高级贵族	战国	坟丘覆斗形，呈三级台状
陕西咸阳周陵镇 3 号陵北墓	勘探		底径 22，高 6	两条墓道竖穴土坑墓			秦国高级贵族	战国	坟丘圆丘形

单位：米

表 1－3　战国时期王陵简表

| 墓葬地点 | 坟丘 | | | | 墓葬形制 | 墓主身份 | 年代 | 备注 |
	形状	底部尺寸	高	其他				
安徽淮南市蔡家岗赵家孤堆 M1[60]	圆形	直径约 24	约 4		一条墓道竖穴土坑墓，口部 5×4.3	蔡声侯产的夫人	战国初期	发掘
安徽淮南市蔡家岗赵家孤堆 M2	不明		1~2.4		一条墓道竖穴土坑墓，口部 5×4.1	蔡声侯产	战国初期	发掘
河北邯郸县陈三陵村1号陵	长方台形	南北 57×东西 47	15	陵台南北 288，东西 194；向东有路		某代赵王	战国	调查
河北邯郸县陈三陵村2号陵	长方台形	南陵南北 50×东西 42；北陵南北 47×东西 43	二陵均约 12	陵台南北 242，东西 182；向东有路；陵台以北有一陪葬墓		某代赵王夫妇	战国	调查有二陵
河北邯郸县周窑村3号陵	长方台形	北陵南一七 66×东西 37；西南陵 74×66	北陵 5.5；西南陵 11	陵台南北 181，东西 85；陵台西北有陪葬墓；四周有围墙，东墙 496，西墙 498，南墙 464，北墙 489；向东有路		某代赵王夫妇	战国	调查有二陵

41

墓葬地点	坟丘				墓葬形制	墓主身份	年代	备注
	形状	底部尺寸	高	其他				
河北永年县温窑村1号陵	长方合形	49×47	3	陵台南北340，东西216；向东有路		某代赵王	战国	调查
河北永年县温窑村2号陵	长方合形	南陵39×37；北陵43×30	均约6	陵台南北残172，东西201；向东有路		某代赵王	战国	调查有二陵
河北平山县三汲乡M1			1.7	墓上建筑台基底边东西约90，南北约100.5，墓口之上残存高约9	两条墓道竖穴土石坑墓，口部边长约30	中山王	战国	发掘；东侧并列2号陵，陪葬坑，陪葬墓
河北平山县三汲乡M6				墓上建筑	两条墓道竖穴土石坑墓，口部边长27.5	某代中山王	战国晚期	发掘；有陪葬坑，陪葬墓
河南辉县固围村M1~M3					两条墓道竖穴土坑墓	某代魏王(M2)与夫人(M1,M3)	战国晚期	发掘；有陪葬墓，祭祀坑

续表

墓葬地点	坟丘				墓葬形制	墓主身份	年代	备注
	形状	底部尺寸	高	其他				
河南新郑胡庄村 M1	"中"字形		7		两条墓道竖穴土坑墓，口部东西 18.4～21.3，南北 18.45～26，深约 8；二椁二椁内外髹红漆	某代韩王后	战国末年	发掘
河南新郑胡庄村 M2				墓上建筑台基呈"中"字形，残高 10	两条墓道竖穴土坑墓，口部东西 36.5，南北 26，深约 11.5；二椁二椁内外髹红漆	某代韩王	战国末年	发掘；墓的西侧有建筑遗址；墓周围有三重壕沟

续表

墓葬地点	坟丘			墓葬形制	墓主身份	年代	备注
	形状	底部尺寸	高	其他			
陕西咸阳周陵镇1号陵南墓		东西 90～120，南北 90	2～5	被毁	四条墓道竖穴土坑墓	秦惠文王	战国	钻探有围沟，内有陪葬墓、建筑遗址
陕西咸阳周陵镇1号陵北墓	覆斗形	底边长 75～88，顶边长 32～34	14.8	与南墓间距 160	四条墓道竖穴土坑墓	秦惠文王夫人	战国	
陕西咸阳周陵镇2号陵南墓	覆斗形	底边长 90～103.7，顶边长 41.4～48.1	14		四条墓道竖穴土坑墓	秦悼武王	战国晚期	钻探有内外两重围墙，两墙外又各有一周壕沟；另有建筑遗址 5 处，陪葬坑 27 座，陪葬墓 168 座
陕西咸阳周陵镇2号陵北墓	覆斗形	底边长 55.5～66.2，顶边长 9.5～10	17.5	与南墓间距 146	四条墓道竖穴土坑墓	秦悼武王夫人	战国晚期	

（一）秦

在秦都咸阳城西北的土塬上，今咸阳市周陵镇北有两座南北分布的高大坟丘，均呈覆斗形，以前误传为西周王陵，经过考古勘探，发现了两座陵园、陵墓的墓道以及陵园内的建筑遗址、陪葬坑和陪葬墓等，证明其为战国晚期秦王的陵墓，推测墓主可能为惠文王和悼武王[61]（图1-23）。

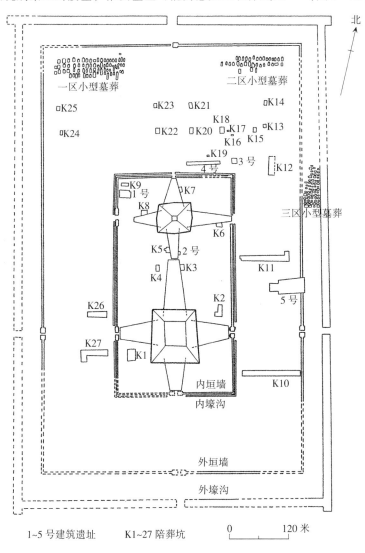

1~5号建筑遗址　　　K1~27陪葬坑　　　0　　　120米

图1-23　陕西咸阳周陵镇秦王陵园遗迹分布图（陕西省考古研究院、咸阳市文物考古研究所、周陵文物管理所：《咸阳"周王陵"考古调查、勘探简报》，《考古与文物》2011年第1期第5页图三）

东周秦国的公、王陵墓分布在几个陵区。陕西凤翔秦都雍城以南的陵区内分布着春秋时期和部分战国时期的秦公墓，该阶段虽已形成集中分布的秦公墓区，外周用隍壕围绕，并且到战国时期也已出现用二重隍壕围成的独立秦公陵园，但尚未形成一陵一地的陵园形制[62]。陕西临潼芷阳一带为战国时期秦的东陵区，分布在这里的几座王陵均有独立的陵园，用隍壕围成[63]（图1-24）。上述秦都咸阳西北土塬上的秦王陵墓也是独立的王陵，并且形成了一整套陵园制度。

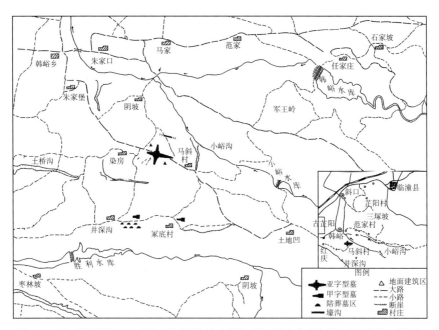

图1-24　陕西临潼芷阳秦东陵第四号陵园布局示意图（陕西省考古研究所秦陵工作站：《秦东陵第四号陵园调查钻探简报》，《考古与文物》1993年第3期第48页图一）

战国秦王陵有如下特征：分布在多个陵区，有的据都城较近，有的较远；已形成一陵一地的独立王陵；已形成一整套陵园制度，包括陵园墙、陵寝建筑、陪葬坑、陪葬墓等；有的王陵有坟丘，有的无坟丘，尚不固定；坟丘多呈覆斗形，甚为高大。

（二）燕

燕国大型坟丘墓位于下都（河北易县）东城之西北角，共有23座，分为南北两个墓区，中间有隔墙，北墓区即"虚粮冢"墓区，南墓区即"九女台"墓区，应是战国时期燕国的王陵区[64]。

"虚粮冢"墓区有 13 座墓，分南北四排布置，北数第一排 4 座，其他三排都是 3 座。

"九女台"墓区有 10 座墓，主要分南北两排布局，北排 5 座，南排 4 座，另有一座位于墓区的西南角。

从调查、钻探以及 16 号墓葬的发掘情况看，燕国王陵有如下特征：位于城内一隅，由两个独立的陵区组成，分布规划整齐；没有形成一王一陵园的布局；地面上都有大小不一的坟丘，坟丘底部多为长方形（以南北长方形居多），有的为方形，最高的达 15 米；地下墓坑壁的上部夯筑而成，并用火烤，木椁底部铺有木炭，木椁外二层台用白灰掺和蚌壳做成，墓坑用烧土块填塞，这些多是防潮的措施，目的主要在于保护墓主人的遗体。有的墓底还钻探发现青灰泥。

（三）赵

赵国王陵分布在国都邯郸西北的丘陵地带，经调查共有五组，分居五个高岗，其中南面三组位于邯郸县，编号 1 ~ 3 号陵，北面二组位于永年县，编号 4 ~ 5 号陵[65]，详细资料见表 1 - 3。

五组赵王陵具有一些共同的特征，例如：墓地都选在丘陵之巅的高敞之地；都设有陵台，并且出路均朝向东；每组多有两座主陵（陈三陵村 1 号陵位于陵台偏南，其北似留有一陵的位置；陈三陵村 3 号陵陵台上主陵之西南那座墓，坟丘规模颇大，并且高度与陵台上的主陵平齐，因此也应属主陵之一），当为并穴合葬墓；陈三陵村 3 号陵周围存有夯土垣墙，构成一座完整的陵园（图 1 - 25），其他四组陵尚未发现陵垣墙；坟丘大多呈长方台形，有的已接近方形；坟丘大多较高，加之又处陵台之上，更独占一个岗丘，甚有凌空俯视，唯我独尊之气势。

（四）齐

战国田齐王陵位于都城临淄东南十余公里的丘陵上，其中一组四座东西并列，即"四王冢"，另一组两座东西并列，即"二王冢"。六陵均为方基圆坟[66]（图 1 - 26）。

"四王冢"以最西的一座为例，方基南北约 245 米，东西约 155 米，基上圆坟高约 8 米。在"四王冢"以北地势较低的阶地上，与西数第一、三、四座陵相对应各有一座小冢，也是方基圆坟，以最西一冢为例，与陵相距

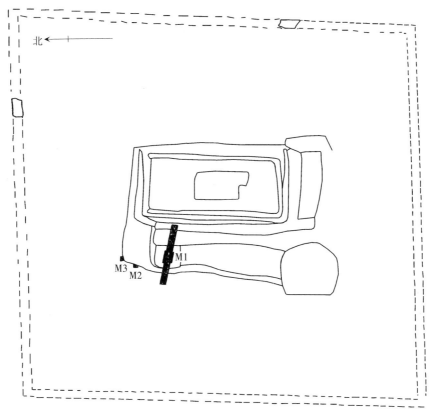

图 1 -25 河北邯郸陈三陵村三号陵平面布局示意图（河北省文管处、邯郸地区文保所、邯郸市文保所：《河北邯郸赵王陵》，《考古》1982 年第 6 期第 599 页图五）

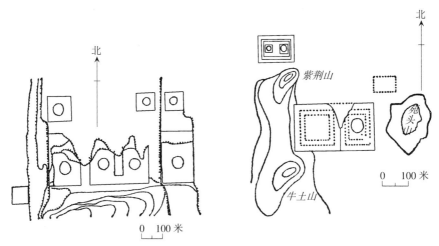

图 1 -26 山东临淄齐"四王冢"、"二王冢"分布示意图（张学海：《田齐六陵考》，《文物》1984 年第 9 期第 20 页图二、图三）

50 米,方基边长 118 米,冢高 10 米,可能是王陵的合葬墓。在"四王冢"的西、南方又有 8 座冢,也都是方基圆坟,可能属于王陵区的陪葬墓。

"二王冢"位于"四王冢"东北约 1 公里,也是方基圆坟。以西冢为例,其方基似为三层,逐层收缩,圆坟较东边的大,高 12 米。在"二王冢"的东北不远处另有一小冢。在其西北又有一基双坟,基呈三层状,坟为圆形。

田齐王陵有如下特征:选择距离都城较远的地势高敞、视线开阔之地营造陵墓,以彰显陵墓的气势;多陵并立形成王陵区,还未形成一陵一地的布局,但不排除"二王冢"为合葬,已单独构成一座陵园的可能性;采用并穴合葬的形式;大小陵墓均呈方基圆形坟,有的方基似作三层状。

(五)中山

中山国的大型陵墓——中山王陵已确认两处,一处在都城灵寿城内的西北部,有三座大墓,发掘了其中的 6 号墓,另一处在城外的西部,有两座大墓(M1、M2),发掘了 M1(中山王)[67]。

M1 为两条墓道的"中"字形墓,墓坑(包括墓道)的上部夯筑而成,坑壁涂抹草泥、浆泥,表面粉刷成白灰面,类似地上居室的墙壁,墓坑的下部是在岩层中掏挖而成。墓坑口边长约 30 米,坑内构筑平面"亚"字形的椁室,顺四壁砌有两层石墙,顶部亦积石。在椁室之东、东北和西南设有三个器物坑,其中东北部的坑内未发现遗物。

墓坑之上为高台建筑的台基,底边东西约 90 米,南北约 100.5 米,在墓口之上残存高约 9 米。

在墓葬南墓道之南的两侧各有一个车马坑,再往西有一个杂殉坑和一个葬船坑,杂殉坑内放有马、羊、狗、车、帐。

在墓坑与北墓道之东有两座陪葬墓,之西有四座陪葬墓(图 1 - 27)。

(六)魏

魏国王陵位于河南辉县固围村一带,其中 M1 ~ M3 三座陵墓自西而东并列于东西 150 米、南北 135 米的夯土台基上,以中间的 M2 规模最大,两侧的 M1 和 M3 规模大体相当。另外,在这三座大墓以南还分布有两座大墓[68]。

M1 ~ M3 作过发掘,均为两条墓道的"中"字形墓,南墓道宽于墓坑,

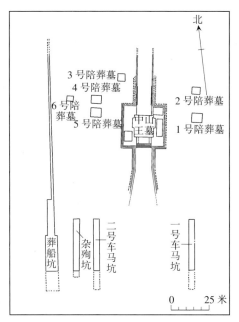

图 1-27　河北平山中山国王 M1 平面图（河北省文物研究所：《䥺墓——战国中山国国王之墓》上册第 12 页图五，文物出版社，1995 年）

墓坑壁上部夯筑而成。以 M2 为例，墓坑底铺 8 层石块，其上用长枋木和短枋木逐层垒砌，构筑成复杂的木椁室，内、外二椁之间积炭，椁室外筑有多道石墙，还填以细沙。

M1～M3 没有坟丘，但在墓口之上存有低矮的建筑台基，从整体上看，三座墓的建筑台基是对称的、整齐的。以 M2 为例，台基长宽各 25～26 米，厚约 0.5 米，其上残存有础石，周围环绕卵石散水，散水四边长各 29 米，宽 1.5～1.7 米（图 1-28）。

此外，在 M1 南墓道内设有一个木椁室，内陈二车；在 M1 附近发现了两处藏玉坑，应是祭祀的遗存；在 M1 附近还发掘了两座小墓（M5、M6），应是陪葬墓。

（七）韩

韩国王陵区位于郑韩故城的西侧，今河南省新郑市城关乡胡庄村一带。近年在这里发掘了两座东（M1）西（M2）并列的王陵级墓葬，均为两条墓道的"中"字形墓，墓坑壁抹草泥，泥面涂白，近底部在涂白层上又涂红，葬具为二棺二椁，其外积石积炭，再在棺椁的上面搭建仿木结构式

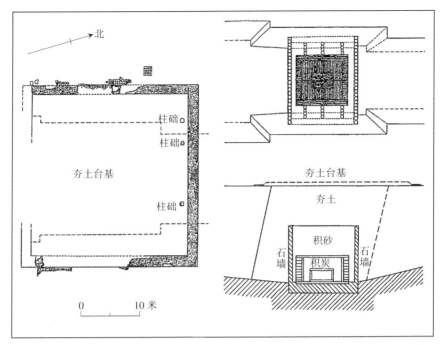

图 1－28　河南辉县固围村 M2 平、剖面图（中国科学院考古研究所：《辉县发掘报告》第 90 页图一〇七，科学出版社，1956 年）

屋顶。

坟丘平面呈"中"字形，覆盖墓室和墓道。在 M2 坟丘距地面 3 米高处设有平面呈"中"字形的建筑，发现壁柱洞、础石、散水和瓦砾堆积。从坟丘表面涂白涂朱的现象看，韩王陵的坟丘实际上应是墓上高台建筑的台基[69]。

在 M2 的西侧有建筑遗址。二墓的周围有三重隍壕。

（八）楚

在湖北江陵楚郢都纪南城的周围分布着众多大大小小的墓冢，其中多数为战国时期的坟丘墓。这些坟丘墓多位于山头、岗地等地势较高的地方，除个别坟丘呈方形外，大多作椭圆形，夯筑而成。楚墓坟丘的另一个特征是坡面比较平缓[70]。以湖北荆门包山 M2 为例，系一条墓道的竖穴土坑墓，用二椁三棺，坟丘底部圆形，底径 54 米，高 5.8 米（图 1－29）。

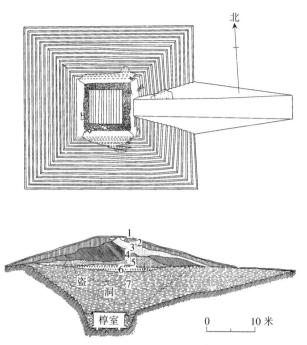

北

樟室

0   10 米

图 1 - 29　湖北荆门包山 M2 平、剖面图（湖北省荆沙铁路考古队：《包山楚墓》第 46 页图二九，文物出版社，1991 年）

二　战国时期坟丘墓的主要特征

与前代相比，战国坟丘墓有一些显著的特征，分地上和地下两部分加以总结。

（一）地上部分

1. 形成了独立的王陵形制和一套陵园制度。

春秋时期的墓地制度仍然是以血缘关系为基础的族墓地，分为贵族聚族而葬的"公墓"和庶民聚族而葬的"邦墓"两种。

东周时期的周王室应有独自的王陵区。战国时期的诸侯国也大都形成了独自的王陵区，如河北易县燕下都燕王陵区，山东临淄齐都东南方的"四王冢"和"二王冢"等。不仅如此，在一些诸侯国还出现了以一个王为中心规划而成的独立王陵，如陕西咸阳秦王陵、河南辉县魏王陵、河北邯郸赵王陵、河北平山中山王陵和浙江绍兴越王陵等。

王陵陵园制度的初步形成对之后的秦汉陵墓制度产生了重要影响，其内容以巨大的坟丘为中心，包括由夯土墙或壕沟围成的陵园（秦、赵、中山、韩、楚等）、陵寝建筑（秦、中山、魏、韩等）、陪葬坑（秦、赵、魏、中山）和陪葬墓（秦、赵、魏、中山、齐）等，其中以经过全面勘探的陕西咸阳周陵镇 2 号秦王陵园的要素最丰富，形制最清楚。

战国时期出现的陪葬墓似可看做是流行已久的殉葬制度的替代品，应是社会进步的一种体现，如河北平山中山王 M1 有 6 座、M6 有 3 座陪葬墓，陕西咸阳周陵镇 2 号秦王陵有 168 座陪葬墓。

独立王陵以及陵园制度的出现、形成，是战国时期铁工具普及，生产力提高，经济发展的结果，是各诸侯国变法图强，革旧创新，相互竞争的产物，更是诸侯国的国王不再作为某一宗族的代表，而是适应新建立的封建政治秩序，作为一个国家的代表，抛开名义上的周王，甚至凌驾于周王之上，生前拥有至高无上的权利和地位，死后也要炫耀国力，并希望借此巩固新的封建政治秩序，实现强国梦想的一种最好的反映。

2. 墓上普遍出现标志物，可分为坟丘和殿堂建筑两大类。

（1）坟丘

坟丘夯筑而成。各诸侯国坟丘的形状既相似，又存在一些差异，其中秦、燕、赵国王陵坟丘呈长方台形或方台形，秦国王陵状似覆斗，坟丘的坡面较陡；齐国王陵作方基圆形坟丘，坡面亦较陡；楚国陵墓坟丘有呈方形的，但大多数呈椭圆形，坡面较平缓；安徽淮南蔡家岗赵家孤堆 M1（蔡国）的坟丘也做圆形。

（2）殿堂建筑

魏、中山、韩国王陵之上建有大型瓦顶殿堂建筑，其中魏王陵上的建筑是低台基式建筑，中山和韩国王陵上的建筑为高台基式建筑。

（二）地下部分

1. 墓葬形制

均为竖穴土（石）坑木椁墓，有的墓坑壁经过装修，先涂抹草泥，再涂白涂红，如中山王 M1、M6 和韩国王陵等，有的还在墓坑壁设假立柱，以象征地下宫殿，如中山王 M6（图 1-30），更有在墓坑上部仿造木结构屋顶的做法，如韩国王陵。

2. 题凑之制

作为棺椁制度之一的题凑之制遍布诸侯列国。题凑即是在墓坑底部用

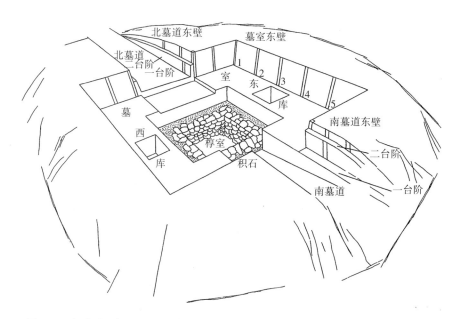

图 1-30　河北平山中山国王 M6 透视示意图（河北省文物研究所:《战国中山国灵寿城——1975~1993 年考古发掘报告》第 126 页图八九，文物出版社，2005 年）

宽厚基本相同的长枋木顺墓壁的方向层层叠置垒成的椁室，题凑之内再安置多重棺椁。

3. 积石积炭积沙

春秋时期已经出现，墓例如山东临淄齐故城 5 号春秋晚期齐国墓[71]和临淄郎家庄 1 号春秋战国之际齐国墓[72]等。战国时期在题凑外积石、积炭、积沙、积泥的做法更加普遍，这与《吕氏春秋·孟冬纪·节丧》"题凑之室，棺椁数袭，积石积炭，以环其外"的记载相符。

一般认为积石积沙主要是为了防盗，积炭为了防潮，这当然是没有问题的，但是，防潮防盗的对象虽然也包括随葬的各种物品，但其中心应是椁内棺中的墓主人。棺椁的设置除了礼制的规范作用外，还与积石、积沙、积炭等措施一起共同担负着保护死者遗体的作用，使墓主的遗体不朽，可能才是构筑墓内诸设施的最终目的。南方常见椁外积泥的做法，应具有同样的目的，故而有时墓主的遗体能得到较好的保护。

4. 单独器物坑

大型陵墓中出现独立于椁室的随葬器物坑，并且蔓延至墓圹、墓道之外，开始形成外藏椁制度。山东地区春秋时期吕国、齐国大墓内较早出现单独的器物坑，吕国墓如山东沂水刘家店子春秋中期的两座墓[73]（图

1－31），齐国墓如山东临淄齐故城 5 号春秋晚期墓等。战国陵墓设置单独器物坑的做法更加流行，辉县固围村 M1 设于墓道内，中山王 M1、M6 不仅设在墓内，墓外也有，咸阳周陵镇战国晚期 2 号秦王陵外共设有 27 个器物坑（即陪葬坑）。

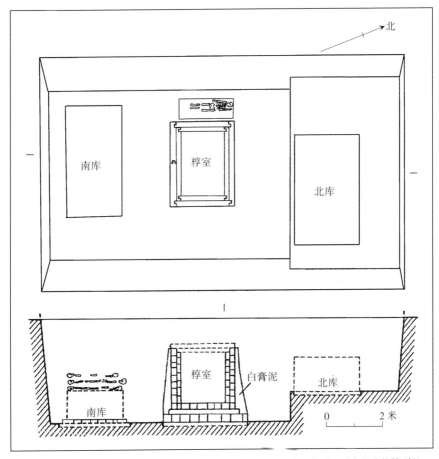

图 1－31　山东沂水刘家店子 M1 平、剖面图（山东省文物考古研究所、沂水县文物管理站：《山东沂水刘家店子春秋墓发掘简报》，《文物》1984 年第 9 期第 2 页图三）

三　墓葬等级制度

东周列国墓葬，虽然仍可区分为四条墓道的"亞"字形、两条墓道的"中"字形、一条墓道的"甲"字形和无墓道的长方形等四种平面形制，但用墓道多少来规范墓主等级的做法，在各诸侯国施行的情况并不一样，总体上较以前有所松弛。相反，用作为葬具的棺椁重数和作为随葬品的鼎、簋数目来规范墓主身份等级的一套礼制趋于成熟。这套礼制肇始于西周，形成于东周，因此可称为两周墓制。同时，随着地面上坟丘及其他设施的出现和完善，墓葬的地面系统逐渐形成，并成为墓葬等级制度的重要组成部分，不过，墓葬的地面设施成为可以量化的等级要素，还要到两汉时期。

（一）棺椁制度

《礼记·檀弓上》曰："天子之棺四重。"郑注："尚深邃也。诸公三重，诸侯再重，大夫一重，士不重。"《庄子·杂篇·天下》："天子棺椁七重，诸侯五重，大夫三重，士再重。"研究者对上述文献记载棺椁重数的这套礼制有着不同的理解和认识，主要有以下两种意见，一种意见认为《礼记·檀弓上》所记为棺制，其"重"代表两层，而《庄子·杂篇·天下》所记为棺椁之制，其"重"代表一层，所以得出的结论是天子用二椁五棺，诸侯用一椁四棺，大夫用一椁二棺，士用一椁一棺[74]。另一种意见认为两种文献记载的所谓"重"意思相同，均指一层，所以这套礼制应是天子用三椁四棺，诸侯用二椁三棺，大夫用一椁二棺，士用一椁一棺[75]。

当然，还有其他的看法，如天子用一椁五棺，诸侯用一椁三棺，大夫用一椁二棺，士用一椁一棺[76]等。

有研究者认为在西周墓葬棺椁制度的基础上，春秋时期墓葬的棺椁秩序又有所发展，但其较为完善的阶段应在战国时期[77]。

战国墓葬的棺椁重数与文献记载有契合之处，也有不符之处，说明一种礼制往往是一种理想化的制度，在具体实施中因为各种各样的原因，会出现各种各样的细微变化，尤其是在东周这样一个急剧变化的时代。有较多的墓葬实例说明，这套见于文献记载的丧葬礼制是曾经存在过的。

（二）用鼎制度

《春秋公羊传》桓公二年何休注曰："礼祭，天子九鼎，诸侯七，卿大夫五，元士三也。"即周礼中关于用鼎的制度是天子用九鼎（大牢），诸侯用七鼎（大牢），大夫用五鼎（少牢），士用三鼎（牲）。此谓正鼎（升鼎），与之相配的还有陪鼎（羞鼎），为大牢（九鼎、七鼎）陪鼎三，少牢（五鼎）陪鼎二，牲（三鼎）或特（一鼎）陪鼎一。另外，簋与鼎的配数为：大牢九鼎配八簋，大牢七鼎配六簋，少牢五鼎配四簋，牲三鼎配二簋，特一鼎不配簋或配二簋。墓葬实例中这套用鼎制度在西周前期呈现严密、稳定的局面（周王室中天子九鼎、卿七鼎、大夫五鼎、士三鼎或一鼎，诸侯国中公侯七鼎、伯五鼎、子男三鼎或一鼎）；西周后期到春秋初期开始遭到破坏，主要表现为诸侯僭用天子鼎制；春秋中期至战国早期遭到进一步破坏，主要表现为诸侯之卿僭用天子鼎制以及东方诸国的庶人逐渐普遍使用作为士礼的特一鼎；到战国中晚期逐渐崩坏，特别是秦国的鼎制[78]。也有研究者认为墓葬中的这套用鼎制度萌芽于西周，春秋早期已经成熟，但仍在继续发展变化中，春秋中期，诸侯已开始用九鼎，而诸侯的卿、上大夫用七鼎，下大夫用五鼎，士仍用三鼎或一鼎，到战国中期，用鼎制度已开始松弛，并逐步走向瓦解。

除鼎、簋等礼器外，乐器和车马随葬也与用鼎制度相呼应[79]。

四　新墓葬形制的出现

（一）洞室墓

洞室墓是指在长方形竖穴土坑（墓道）底部的一边向内掏挖洞室埋葬的一种墓葬形制。

洞室墓最早出现于西北甘青一带的马家窑文化，商周时期已存在于关中地区。关中秦墓中出现洞室墓，据研究约在战国中期晚段[80]，到战国晚期，洞室墓传到了洛阳地区。

（二）空心砖墓

作为建筑材料的一种，空心砖出现较早，但用于造墓却要晚到战国晚期，主要流行于河南郑州一带。

第三节　两周墓制

春秋末年墓上高大坟丘首先出现于淮河以南、距离长江不远的地方，似不能排除江南土墩墓的影响，其后这一地域内楚、蔡等国墓葬的坟丘多呈椭圆形，坟丘坡面较缓，也为土墩墓对该地区的影响提供了间接证据。此区域以北的其他地区，战国时期墓上设施的情况很不一样：处于天下之中的周很可能仍坚守着其祖先的墓制——墓上不起坟丘；中原地区的韩、魏在墓上营建高大台基或低矮台基的宫殿建筑，这一形式还影响到了中山国；靠北边的燕、赵和偏西部的秦国坟丘呈长方形或方形；偏东部的齐国坟丘则呈方基圆形。这些情况说明，战国时期各国的墓上设施虽然可能互有影响，但大多保留着各自的特色。

墓上的高大坟丘一经出现，迅速在诸侯列国流行起来，并且在部分诸侯国形成了一套以坟丘为中心的地面设施，包括坟丘、陵园、陵寝建筑、陪葬坑和陪葬墓等，此后秦汉墓葬地面建置的内涵已基本具备。

商周墓葬的基本形制是竖穴土坑木椁墓，战国中晚期出现的洞室墓主要属于小型墓。竖穴木椁墓的特征是椁室作为完全封闭的空间，墓坑一经填埋，除非迁葬或被盗，墓葬将不再打开，合葬均采用并穴的方式。但随着题凑葬具的使用，椁内空间进一步增大，并且墓内出现了模仿宫殿形式的建筑和单独的器物坑，表明墓室第宅化的倾向更加显著。

虽然在地面设施（出现之后）、墓葬形制和墓葬规模上也能反映墓葬的等级，但两周墓葬等级制度的核心是棺椁、用鼎以及车马随葬制度。无论是作为葬具的棺椁，还是作为随葬品的鼎、簋和车马，它们一旦深埋地下，将永不示人，这表明两周墓制注重埋葬的过程，墓主的身份等级通过这些埋葬细节得以体现。但是，坟丘等地面设施出现后，埋葬的重心，亦即体现墓葬等级制度的重心，由单独的地下设施向地下、地上两套设施转变，虽然这一转变从春秋、战国之交即已开始，但地上设施形成可以量化的等级标准，还要到大一统的两汉时期。

注释

〔1〕贾兰坡：《山顶洞人》，龙门联合书局，1951 年。

〔2〕栾丰实：《史前棺椁的产生、发展和棺椁制度的形成》，《文物》2006 年第 6 期。

〔3〕中国社会科学院考古研究所山西工作队、临汾地区文化局：《1978～1980 年山西襄汾陶寺墓地发掘简报》，《考古》1983 年第 1 期。

〔4〕郭宝钧：《一九五〇年春殷墟发掘报告》，《中国考古学报》第五册，1951 年。

〔5〕中国社会科学院考古研究所：《滕州前掌大墓地》，文物出版社，2005 年。

〔6〕河南省信阳地区文管会、河南省罗山县文化馆：《罗山天湖商周墓地》，《考古学报》1986 年第 2 期。

〔7〕中国社会科学院考古研究所、北京市文物研究所琉璃河考古队：《北京琉璃河1193号大墓发掘简报》，《考古》1990年第1期。

〔8〕郭宝钧：《浚县辛村》，科学出版社，1964年。

〔9〕北京大学考古文博院、山西省考古研究所：《天马—曲村遗址北赵晋侯墓地第六次发掘》，《文物》2001年第8期。

〔10〕刘振东：《题凑与黄肠题凑》，载《新世纪的中国考古学——王仲殊先生八十华诞纪念论文集》，科学出版社，2005年。

〔11〕河南省文物考古研究所、三门峡市文物工作队：《三门峡虢国墓》（第一卷），文物出版社，1999年。

〔12〕河南省文物考古研究所、周口市文化局：《鹿邑太清宫长子口墓》，中州古籍出版社，2000年。

〔13〕郭大顺：《红山文化的"唯玉为葬"与辽河文明起源特征再认识》，《文物》1997年第8期。

〔14〕辽宁省文物考古研究所：《辽宁牛河梁红山文化"女神庙"与积石冢群发掘简报》，《文物》1986年第8期。

〔15〕辽宁省文物考古研究所：《辽宁牛河梁第五地点一号冢中心大墓（M1）发掘简报》，《文物》1997年第8期。

〔16〕浙江省文物考古研究所、余杭市文物管理委员会：《浙江余杭汇观山良渚文化祭坛与墓地发掘简报》，《文物》1997年第7期。

〔17〕河北省博物馆、文物管理处：《河北平泉东南沟夏家店上层文化墓葬》，《考古》1977年第1期。

〔18〕杨楠：《商周时期江南地区土墩遗存的分区研究》，《考古学报》1999年第1期。

〔19〕江苏省丹徒考古队：《江苏丹徒大港土墩墓发掘报告》，《文物》1987年第5期。

〔20〕镇江市博物馆：《江苏溧水、丹阳西周墓发掘简报》，《考古》1985年第8期。

〔21〕镇江市博物馆浮山果园古墓发掘组：《江苏句容浮山果园土墩墓》，《考古》1979年第2期。

〔22〕南京博物院：《江苏句容县浮山果园西周墓》，《考古》1977年第5期。

〔23〕南京博物院：《江苏丹徒南岗山土墩墓》，《考古学报》1993年第2期。

〔24〕南京博物院：《江苏金坛裕巷土墩墓群一号墩的发掘》，《考古学报》2009年第3期。

〔25〕镇江博物馆：《丹徒镇四脚墩西周土墩墓发掘报告》，《东南文化》1989年第4、5期。

〔26〕谷建祥、林留根：《江南大型土墩墓形制之研究》，《东南文化》1998年第1期。

〔27〕刘建国（镇江博物馆）：《江苏丹徒粮山春秋石穴墓——兼谈吴国的葬制及人殉》，《考古与文物》1987年第4期。

〔28〕镇江博物馆、丹徒县文管会：《江苏丹徒大港母子墩西周铜器墓发掘简报》，《文

物》1984 年第 5 期。

〔29〕安徽省文化局文物工作队：《安徽屯溪西周墓葬发掘报告》，《考古学报》1959 年第 4 期。

〔30〕镇江市博物馆、金坛县文化馆：《江苏金坛鳖墩西周墓》，《考古》1978 年第 3 期。

〔31〕镇江市博物馆（刘建国）：《江苏宜兴石室墓试掘简报》，《考古与文物》1983 年第 4 期。

〔32〕苏州博物馆：《江苏苏州浒墅关真山大墓的发掘》，《文物》1996 年第 2 期。

〔33〕江苏省丹徒考古队：《江苏丹徒北山顶春秋墓发掘报告》，《东南文化》1988 年第 3、4 期。

〔34〕浙江省文物考古研究所、绍兴县文物保护管理局：《印山越王陵》，文物出版社，2002 年。

〔35〕谷建祥、林留根：《江南大型土墩墓形制之研究》，《东南文化》1998 年第 1 期。

〔36〕（日本）関野雄：《中国における墳丘の生成——北方文化の波及に寄せて》，载《中国考古学研究》，東京大学出版会，1956 年。

〔37〕（日本）飯島武次：《中国における墓上施設の出現と展開》，载《東アジア世界における日本古代史講座・倭国の形成と古墳文化》，学生社，1984 年。

〔38〕黄展岳：《说坟》，《文物》1981 年第 2 期；王世民：《中国春秋战国时代的冢墓》，《考古》1981 年第 5 期；王仲殊：《中国古代墓葬概说》，《考古》1981 年第 5 期。

〔39〕高去寻：《殷代墓葬已有墓冢说》，《考古人类学刊》（台湾大学）41 期，1980 年。

〔40〕胡方平：《中国封土墓的产生和流行》，《考古》1994 年第 6 期；胡方平：《试论中国古代坟丘的起源》，《考古与文物》1993 年第 5 期。

〔41〕河南省信阳地区文管会、河南省罗山县文化馆：《罗山天湖商周墓地》，《考古学报》1986 年第 2 期。

〔42〕河南信阳地区文管会、光山县文管会：《春秋早期黄君孟夫妇墓发掘报告》，《考古》1984 年第 4 期。

〔43〕信阳地区文管会、光山县文管会：《河南光山春秋黄季佗父墓发掘简报》，《考古》1989 年第 1 期。

〔44〕王世民：《中国春秋战国时代的冢墓》，《考古》1981 年第 5 期。

〔45〕韩国河：《论中国古代坟丘墓的产生与发展》，《文博》1998 年第 2 期；印群：《黄河中下游地区的东周墓葬制度》，社会科学文献出版社，2001 年。

〔46〕中国社会科学院考古研究所：《殷墟妇好墓》，文物出版社，1980 年。

〔47〕郭宝钧：《浚县辛村》，科学出版社，1964 年。

〔48〕陕西省雍城考古队（韩伟）：《凤翔秦公陵园钻探与试掘简报》，《文物》1983 年第 7 期。

〔49〕（日本）《世界考古学事典》（上）327 页，平凡社，1979 年。

〔50〕（日本）町田章：《中国における墳丘の形成》，《歴史教育》第 15 卷第 3 号，日本

書院，1967 年。

〔51〕胡方平：《略论楚墓坟丘产生的背景与年代》，《江汉考古》1995 年第 4 期；胡方平：《楚墓坟丘起源蠡测》，《东南文化》1991 年第 3、4 期。

〔52〕韩国河：《论中国古代坟丘墓的产生与发展》，《文博》1998 年第 2 期。

〔53〕印群：《黄河中下游地区的东周墓葬制度》，社会科学文献出版社，2001 年。

〔54〕杨楠：《论江南地区土墩墓与中国古代坟丘起源的关系》，载北京大学考古文博学院编：《考古学研究（五）》下册，科学出版社，2003 年。

〔55〕李毓芳：《西汉陵墓封土渊源与形制》，《文博》1987 年第 3 期。

〔56〕张立东：《初论中国古代坟丘的起源》，《中原文物》1994 年第 4 期。

〔57〕固始侯古堆一号墓发掘组：《河南固始侯古堆一号墓发掘简报》，《文物》1981 年第 1 期。

〔58〕湖北省荆沙铁路考古队：《包山楚墓》，文物出版社，1991 年。

〔59〕河北省文化局文物工作队：《河北易县燕下都第十六号墓发掘》，《考古学报》1965 年第 2 期。

〔60〕安徽省文化局文物工作队：《安徽淮南市蔡家岗赵家孤堆战国墓》，《考古》1963 年第 4 期。

〔61〕刘卫鹏、岳起：《咸阳塬上"秦陵"的发现和确认》，《文物》2008 年第 4 期；陕西省考古研究院、咸阳市文物考古研究所、周陵文物管理所：《咸阳"周王陵"考古调查、勘探简报》，《考古与文物》2011 年第 1 期。

〔62〕陕西省雍城考古队（韩伟）：《凤翔秦公陵园钻探与试掘简报》，《文物》1983 年第 7 期；陕西省雍城考古队（韩伟）：《凤翔秦公陵园第二次钻探简报》，《文物》1987 年第 5 期。

〔63〕陕西省考古研究所、临潼县文管会：《秦始陵第一号陵园勘查记》，《考古与文物》1987 年第 4 期；陕西省考古研究所、临潼县文管会：《秦东陵第二号陵园调查钻探简报》，《考古与文物》1990 年第 4 期；陕西省考古研究所秦陵工作站：《秦东陵第四号陵园调查钻探简报》，《考古与文物》1993 年第 3 期；赵化成：《秦东陵刍议》，《考古与文物》2000 年第 3 期。

〔64〕河北省文化局文物工作队：《河北易县燕下都故城勘察与试掘》，《考古学报》1965 年第 1 期；河北省文物研究所：《燕下都》，文物出版社，1996 年。

〔65〕河北省文管处、邯郸地区文保所、邯郸市文保所：《河北邯郸赵王陵》，《考古》1982 年第 6 期。

〔66〕张学海：《田齐六陵考》，《文物》1984 年第 9 期。

〔67〕河北省文物管理处：《河北省平山县战国时期中山国墓葬发掘简报》，《文物》1979 年第 1 期；河北省文物研究所：《䂮墓——战国中山国国王之墓》，文物出版社，1995 年。

〔68〕中国科学院考古研究所：《辉县发掘报告》，科学出版社，1956 年。

〔69〕河南省文物考古研究所：《河南新郑胡庄韩王陵考古发现概述》，《华夏考古》2009 年第 3 期。

〔70〕江陵县文物工作组：《湖北江陵楚冢调查》，《考古学集刊（4）》，1984 年。

〔71〕山东省文物考古研究所：《齐故城五号东周墓及大型殉马坑的发掘》，《文物》1984年第 9 期。

〔72〕山东省博物馆：《临淄郎家庄 1 号东周殉人墓》，《考古学报》1977 年第 1 期。

〔73〕山东省文物考古研究所、沂水县文物管理站：《山东沂水刘家店子春秋墓发掘简报》，《文物》1984 年第 9 期。

〔74〕史为：《长沙马王堆一号汉墓的棺椁制度》，《考古》1972 年第 6 期。

〔75〕赵化成：《周代棺椁多重制度研究》，《国学研究》第五卷，北京大学出版社，1998 年。

〔76〕李玉洁：《先秦丧葬制度研究》，中州古籍出版社，1991 年。

〔77〕印群：《黄河中下游地区的东周墓葬制度》，社会科学文献出版社，2001 年。

〔78〕俞伟超、高明：《周代用鼎制度研究》（上、中、下），北京大学学报（哲学社会科学版）1978 年第 1 期和第 2 期、1979 年第 1 期。

〔79〕印群：《黄河中下游地区的东周墓葬制度》，社会科学文献出版社，2001 年。

〔80〕滕铭予：《论关中秦墓中洞室墓的年代》，《华夏考古》1993 年第 2 期。

第二章 中国古代坟丘墓的繁荣
——秦汉时期

秦汉时期包括秦、西汉、新莽和东汉四个朝代。秦代自公元前 221 年至公元前 206 年，共存在了短暂的 15 年。西汉、新莽和东汉自公元前 206 年到公元 220 年，共历 425 年，一般将新莽并入西汉，将这一时期分为西汉和东汉两大段。

第一节　秦代墓葬

一　秦始皇陵

（一）秦始皇陵概况

秦始皇陵位于西安市临潼区以东 5 公里处的骊山北麓，是中国古代第一个大一统封建国家秦朝始皇帝嬴政的陵墓。作为中国历史上第一个皇帝陵，其陵园建制与陵寝制度对西汉帝陵产生了直接而重要的影响。

秦始皇陵拥有一个庞大的陵园系统，随着考古工作的逐步展开，一个又一个新发现不断丰富着陵园的内涵[1]。这里分陵园、陵寝建筑、陪葬坑和陪葬墓四部分加以概述（图 2-1、2-2）。

1. 陵园

有内外两重夯土园墙，平面均呈南北长方形。据最新测量数据，内园南北长 1355 米，东西宽 580 米，试掘得知一周内园墙的内外均设有规格、结构相同的瓦顶廊道。内园中部有一条东西向隔墙，将园内分成南北两部分，北半部又由一条南北向隔墙分成东西两部分，因此内园被分隔为 3 区：南区、东北区和西北区。内园东西南三墙各辟一门，北墙辟二门，东西向隔墙上有一门，连通南区和东北区。外园西墙长 2188.4 米，东墙长 2185.9 米，北墙长 971.1 米，南墙长 976.2 米，东、西、南三墙各辟一门，北墙尚未发现门址。在陵园东西内外园之间、坟丘东西轴线的南北两侧分别发

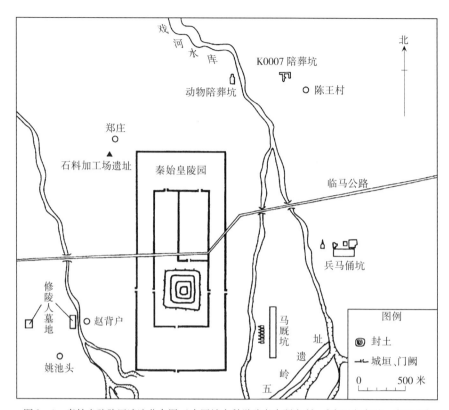

图 2 - 1　秦始皇陵陵区遗迹分布图（中国社会科学院考古研究所：《中国考古学·秦汉卷》第 77 页图 2 - 1，中国社会科学出版社，2010 年）

现一组南北对称的、独立的三出阙。坟丘位于内园的南区，夯筑而成，状如覆斗，底部近方形，东西 345 米，南北 350 米，顶部东西 24 米，南北 10.4 米，高 55 米。经物探和考古钻探，发现坟丘中部的下方有用石墙、夯土墙围成的地宫，墓室居地宫的中央，带东西两条墓道。检测证明地宫中藏有大量水银，与史籍记载相符。此外还勘探发现在坟丘的东南西三面地下修筑有阻水渠，在坟丘西侧地下建有排水渠，用以阻断地下水流往地宫。

2. **陵寝建筑**

陵园内发现多处建筑遗址，一处位于内园南区坟丘的北侧偏西，推测是"秦始出寝，起于墓侧"的寝殿遗址；一处在内园的西北区，可能是便殿遗址；一处在西侧内外园墙之间，由主体建筑和附属建筑组成，从陶器阴刻"丽山飤官"、"……厨"等文字资料分析，这里可能是供奉陵寝饮食的"飤官"旧址；另一处在"飤官"遗址之北，可能是园寺吏舍遗址。

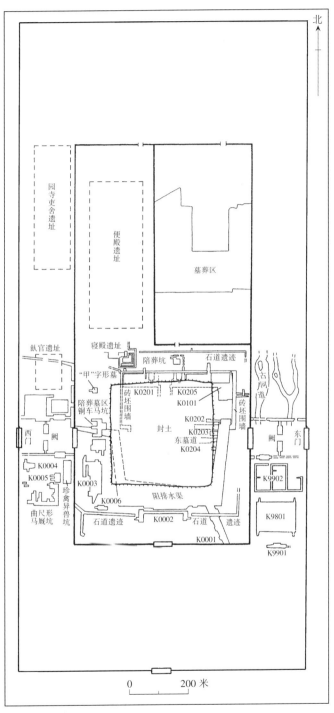

北

园寺吏舍遗址

便殿遗址

墓葬区

饲官遗址

寝殿遗址

陪葬坑

石道遗迹

"甲"字形墓

陪葬墓区
铜车马坑

砖环围墙

K0201　　K0205

K0101

砖环围墙

古河道

K0202

封土

K0203

东墓道

K0204

阙

西门

东门

阙

K0004

K0005

K0003

珍禽异兽坑

K0006

阻排水渠

K9902

曲尺形
马厩坑

石道遗迹

K0002

石道
遗迹

K9801

K0001

K9901

0　　　　200 米

图 2 - 2　秦始皇陵陵园遗址平面图（《中国考古学·秦汉卷》第 79 页图 2 -2）

3. 陪葬坑

陵园内外分布众多陪葬坑，已发现176座，构成外藏系统（表2-1）。陪葬坑中以兵马俑坑的规模最大，最重要。

4. 陪葬墓

主要位于陵园东侧的上焦村西，共探出17座墓葬，发掘了8座，墓主推测是被秦二世处死的秦始皇的宗亲或大臣。在内园东北区探出数十座墓葬，也应属于陪葬墓。

在陵园西南赵背户村和姚池头村一带还发现大面积的修陵人——刑徒墓地，并发掘了部分墓葬。

（二）秦始皇陵的特征

秦国立国短暂，存留下来的坟丘墓资料很少。但以秦始皇陵为代表，足以看出其在继承前代坟丘墓制的基础上又有所创新，从而开创了秦汉皇帝陵的新模式。

构成秦始皇陵的诸要素，如以坟丘为中心，外围垣墙构成陵园，陵园内分布建筑遗址、陪葬坑和陪葬墓等，均在之前的战国时期出现，其中垣墙如赵王陵、中山王陵、秦王陵等，陵寝建筑和陪葬墓如赵王陵、中山王陵、魏王陵和秦王陵，陪葬坑如赵王陵、中山王陵和秦王陵等。但将这些要素整合到一起，并扩大范围，增大规模，使之系统化且具有整体的象征意义，则是始于秦始皇陵。秦始皇陵的坟丘巨大，状如覆斗（战国诸国陵墓坟丘有长方形、方形、方基圆形和圆形多种，同时也有墓上建筑的形式），其外形或者象征巍峨的宫殿；垣墙则有内外两重（战国中山王陵出土兆域铜版上规划的王陵有两重垣墙，咸阳秦王陵有两重垣墙），应是象征郭城和宫城两重城墙；建筑遗址已发现多处，位于坟丘旁侧（战国秦国王陵建筑位于墓侧，赵国、中山国、魏国和韩国王陵建筑位于墓室之上），分属寝殿、便殿、园寺吏舍等；陪葬坑众多，分布在内园、内外园之间以及陵园以外（赵国、中山国、秦国王陵陪葬坑均位于陵园之内，内涵主要为车马等交通工具），据统计已有176座，内涵十分丰富，可能象征百官衙署；陪葬墓有的位于陵园内，有的位于陵园外（赵国、中山国、魏国、秦国王陵陪葬墓均位于陵园内），墓主身份有宗亲、大臣等。此外，秦始皇陵还首创设置陵邑之制。从整体上看，整个陵园系统就像是模拟一座都城，而这座冥界都城的主人虽然居住在地下宫殿中，却怀着也能像生前一样君

表 2 - 1 秦始皇陵陪葬坑简表

名称	位置	与坟丘相对位置	数量	平面形制	内容	性质	发掘时间	备注
铜车马坑	岳家沟村东北	中部西侧20米	1	"巾"字形	已出土铜车马2辆	象征中央官署——太仆	1980年	局部发掘
K0006	岳家沟村东	西南角约50米的内园西南角	1	"中"字形	文官俑8件、御手俑4件、铜钺4件、木车、马约20匹	象征中央官署——廷尉	2000年	全面发掘
跽坐俑坑、禽兽坑	岳家沟村北	西侧内外园之间	31	方形、长方形	跽坐俑 珍禽异兽	象征苑囿	1978年	发掘4座
马厩坑	岳家沟村北	西侧内外园之间南部	1	曲尺形	马、陶俑等	象征马厩		试掘
K9801	下陈村北	东南侧200米内外园之间	1	长方形	石甲胄	象征武库	1998年	试掘
K9901		K9801正南35米	1	"凸"字形	大铜鼎1件、百戏俑11件	象征百戏杂耍	1999年	全面发掘
马厩坑	上焦村西	东南外园东侧	98	近方形、长方形	跽坐俑 马	象征马厩	1976～1977年	发掘37座

续表

名称		位置	与坟丘相对位置	数量	平面形制	内容	性质	发掘时间	备注
兵马俑坑	1号	西杨村	正东外园墙以东1225米，东门外大道北侧	3	长方形	木车、陶马、俑、铜兵器、车马器	象征军队	1974~1984年	局部发掘
	2号				曲尺形	木车、陶马、俑、铜兵器、车马器		1976年至今	局部发掘
	3号				"凹"字形	木车1辆、陶马4件、俑68件、铜兵器34件		1977年	全面发掘
K0007		陈王村西北	东北外园东北约900米	1	"F"形	铜天鹅、仙鹤、鸿雁46件、箕踞姿俑8件、跽姿俑7件	象征中央官署——左弋外池	2001~2003年	全面发掘
动物坑			K0007正西约500米	1	长方形	大鸟(鹤)、鸡、猪、羊、狗、鳖、鱼等动物	象征苑囿	1995年	全面发掘

此外，钻探到的陪葬坑还有37座：坟丘东侧4座（K0101、0202、0203、0204），北侧2座（K0201、0205）；坟丘之北偏东7座，坟丘之西偏东7座，坟丘之西两铜车马坑之南2座（含K0003），坟丘之南2座（K0001、K0002），西内外园之间南部、曲尺形马厩坑之东，北19座（含K0004、K0005），东内外园之间南部、K9801之北1座（K9902）

临天下的愿望。秦始皇帝陵是与大一统封建国家的建立相伴而生的，是始皇帝为了炫耀统一六国的功绩以及展示秦国国力而设计建造的一座空前绝后的陵墓，其中想必也蕴含着强化统治、维护统一的强烈政治愿望。

二　秦代中小型墓

秦代定都咸阳，在咸阳城郊分布有多处墓地，已经发掘的主要有咸阳城西约3.8公里的鸭沟村墓地（125座）[2]，时代自战国中期至秦代；咸阳城更西的任家咀墓地（242座）[3]和塔尔坡墓地（381座）[4]，前者自春秋中期至秦代，延续时间长，后者自战国晚期至秦代。秦都咸阳位于渭河北岸，在北对咸阳的渭河南岸秦上林苑中分布着不少离宫，其中最重要的几处位于西汉长安城范围内，如章台和兴乐宫等，因此，在汉长安城的东郊、今西安市北郊尤家庄一带发现分布密集的秦墓，部分发掘的墓葬资料已经公布（123座）[5]，时代自战国晚期至秦代。另在西安市的南郊也发掘了数量可观的秦墓，已集中报道了315座[6]，时代自春秋末到秦代，这些墓被认为与秦杜县城有关。此外，如上所述，在秦始皇陵以东的上焦村还发掘了一批秦代墓。关中地区以外，在陕西陇县[7]、河南泌阳、湖北云梦等地也发现有秦代墓葬。

秦代墓葬上与战国末期秦墓、下与西汉初期墓葬的面貌基本一致，不易区分开来。秦代中小型墓的基本特征是：墓葬形制有竖穴土坑墓（有的带斜坡墓道）、竖穴墓道洞室墓和斜坡墓道洞室墓。中型墓多采用斜坡墓道竖穴土坑墓或洞室墓，墓道或墓室常带耳室或壁龛，随葬品除陶器外，还有较多金银、铜、铁、玉、骨、漆器等。小型墓多采用竖穴土坑墓和竖穴墓道洞室墓，洞室位于竖穴墓道一端正中或稍偏，墓道宽大于墓室，墓室多带壁龛。随葬品主要是陶器，基本组合为鼎、盒、蒜头壶、茧形壶等，另有罐、釜、钵、甑、缶等。

秦代中小型墓有没有坟丘，由于缺乏考古资料，现阶段还不清楚。

第二节　汉代墓葬

分为皇帝陵（特大型墓）、诸侯王墓、列侯墓、二千石官吏墓（大型墓）、中下级官吏墓、庶民墓（中小型墓）展开叙述。

一　汉代皇帝陵

（一）西汉皇帝陵

1. 西汉皇帝陵概况

西汉 11 位皇帝与皇后（或夫人、后妃）的合葬陵墓中，有 9 座分布在渭河以北的咸阳原上。依照《水经注》等史籍的记载，推定渭北九陵自西向东依次是武帝茂陵与李夫人陵、昭帝平陵与上官皇后陵、成帝延陵、平帝康陵、元帝渭陵与王皇后陵、哀帝义陵、惠帝安陵与张皇后陵、高祖长陵与吕后陵、景帝阳陵与王皇后陵[8]。茂陵居最西，阳陵居最东，长陵和安陵隔渭河与汉长安城南北相望（图 2-3）。近年有研究者经过重新调查，对延陵与安陵之间 3 座帝陵的排序提出新看法，认为自西向东依次为元帝渭陵、哀帝义陵和平帝康陵[9]。渭北帝陵名实问题的解决还有待于今后的考古工作。

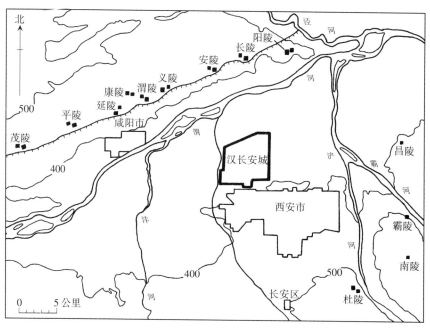

图 2-3　西汉帝陵分布图（《中国考古学·秦汉卷》第 309 页图 7-1）

文帝霸陵与窦皇后陵、宣帝杜陵与王皇后陵分别位于西安市东郊白鹿原和东南郊杜陵原上。西汉 11 陵均经过考古调查或钻探，杜陵和阳陵还作过较多考古发掘（表 2 – 2）。

西汉帝陵除霸陵外，均采用四条墓道的竖穴土坑墓形制，东墓道为主墓道。推测陵内使用黄肠题凑葬制，帝、后身着金缕玉衣。帝、后陵的坟丘夯筑而成，状如覆斗，底部和顶部呈方形或接近方形，底边长 160 ~ 170 米，高 25 ~ 30 米，其中以茂陵的坟丘最大，底边长 230 多米，高 46.5 米（图 2 – 4）。帝、后陵坟丘的四周筑有夯土垣墙，形成平面略作方形的陵园，早期的长陵和安陵帝、后共处一个陵园，自霸陵开始帝、后各自拥有陵园。帝陵陵园边长 400 米左右，后陵陵园边长约 350 米，陵园四面各辟一阙门。陵园内外分布陪葬坑，其中以阳陵陪葬坑的分布最为清楚。陵园

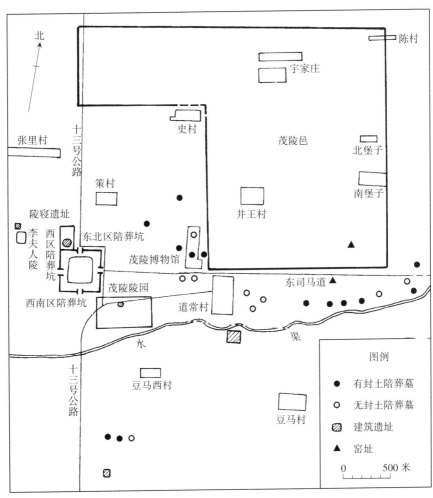

图 2 – 4　西汉武帝茂陵陵区遗迹分布图（《中国考古学·秦汉卷》第 330 页图 7 – 12）

表2-2 西汉十一陵简表

单位：米

帝后陵	位置	坟丘			陵园（东西×南北）	陪葬坑位置、数量	陵旁建筑	陵邑位置（相对于陵园）	陪葬墓位置
		底（东西×南北）	顶（东西×南北）	高					
高祖长陵	窑店乡三义村	164~166×132~134	38.7×17.5	24.6	900×1000	园内坟丘东北部	园内北、园外南	北侧	东北
吕后陵	同一陵园，长陵西北	162~164×134	40.5×15.3	24.5			园内北	北侧	
惠帝安陵	韩家湾乡白庙村	163×140	50×29	28	940×840	园内坟丘东北部			东
张皇后陵	同一陵园，安陵西北	70×63	28×28	8					
文帝霸陵	西安东郊毛西乡杨家塔村								
窦皇后陵	霸陵东南	边长137~143		19.5					
景帝阳陵	正阳镇张家湾村	168.5×167.5	56×63.5	32.28	边长417.5~418	陵园内86个（11个发掘、试掘），外48个（15个发掘、试掘）	四周（东南为陵庙遗址）	东	北、东

帝后陵	位置	坟丘			陵园（东西×南北）	陪葬坑位置、数量	陵旁建筑	陵邑位置（相对于陵园）	陪葬墓位置
		底（东西×南北）	顶（东西×南北）	高					
王皇后陵	阳陵东北	边长 151～167.5	边长 48～64	26.49	边长 347.5～350	陵园内 28 个			
武帝茂陵	兴平县南位乡策村	231×234	39.5×35.5	46.5	430×414	陵园内 63 个，陵园外 115 个	东南、西北	东	东、东北
李夫人陵	茂陵西北	114×131	21×40			坟丘南 4 个	西北		
昭帝平陵	平陵乡大王村、互助村	边长 160～170	40×40	32	东 404 西 429 南 416 北 428	陵园外南 21 个，西南 21 个（发掘 3 个）	北	东北	四周
上官皇后陵	平陵之西北	160×160	边长 45～48	30	东 380 西 386 南 370 北 381	陵园外西，西南 5 个	北，西南		

续表

帝后陵	位置	坟丘			陵园（东西×南北）	陪葬坑位置、数量	陵旁建筑	陵邑位置（相对于陵园）	陪葬墓位置
		底（东西×南北）	顶（东西×南北）	高					
宣帝杜陵	西安南郊曲江池乡三兆村	172×172	50×50	29	433×433	北4个，西南1个	南侧、北、东北	西北	东北、东南
王皇后陵	杜陵东南	148×148	45×45	24	334×335		南侧		
元帝渭陵	周陵乡新庄村	162×164	50×50	29	400×410		北		东北、南
王皇后陵	渭陵西北	85×85	30×30	17	364×360				
成帝延陵	周陵乡严家沟村	173×173	51×51	31	382×400				东
哀帝义陵	周陵乡南贺村	175×175	55×55	30	420×420				四周
平帝康陵	周陵乡大寨村	216×209	60×60	26.6	420×420				东

注：表中坟丘等尺寸有多种测量数值的取其中的一种。近年又有一些新资料发表，见注释。

附近设有寝园，寝园内有寝殿和便殿。帝陵还各自立庙，距帝陵或远或近。此外，在阳陵和茂陵等帝陵陵园以外又发现了一周外垣墙，形成两重垣墙。

帝、后采用同茔异穴的合葬形式，过去一般认为后陵在帝陵之东，近年有研究者认为帝后合葬以帝东后西的形式为主。就规模而言，后陵较帝陵小，惟吕后陵丘与长陵约略相当。

据史籍记载，霸陵是"因其山，不起坟"（《汉书·文帝纪》）。调查获知霸陵的地面建制确与其他十陵不同，既无坟丘，亦无陵园。

长陵至杜陵的前7陵均设陵邑，陵邑多位于帝陵之北、之东，自元帝渭陵以后罢置陵邑。

帝陵附近分布有众多陪葬墓，在咸阳原和杜陵原上皆可看到墓冢累累的场景。

杜陵作过发掘工作的有：杜陵园东门、北门遗址，寝园遗址，1号、4号陪葬坑；王皇后陵园东门遗址和寝园遗址[10]（图2-5）。

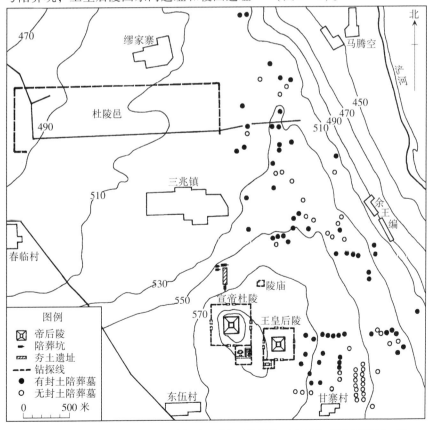

图2-5　西汉宣帝杜陵陵区遗迹分布图（《中国考古学·秦汉卷》第328页图7-9）

阳陵作过发掘工作的有：南阙门、东阙门遗址、陵园内坟丘东侧陪葬坑（11 个）、陵园外南区陪葬坑（14 个）、罗经石遗址、刑徒墓（29 座）、陪葬墓园和陵邑遗址[11]（图 2 - 6、2 - 7）。

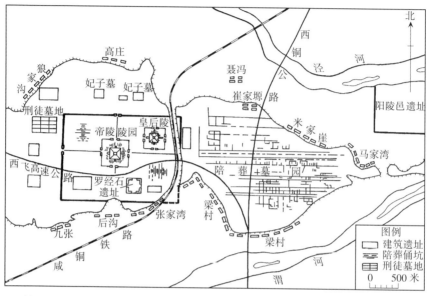

图 2 - 6　西汉景帝阳陵陵区遗迹分布图（《中国考古学·秦汉卷》第 313 页图 7 - 2）

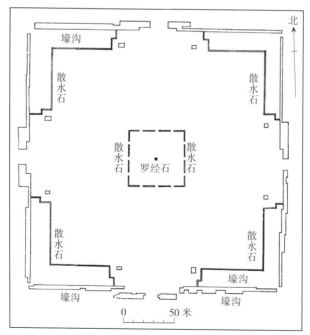

图 2 - 7　西汉景帝阳陵罗经石遗址平面图（《中国考古学·秦汉卷》第 319 页图 7 - 7）

2. 西汉皇帝陵的特征

西汉皇帝陵墓制度明显是从秦始皇陵继承过来的，如方形坟丘之外围绕两重垣墙构成陵园，在陵园内外分布有陵寝建筑、陪葬坑、陪葬墓等。西汉帝陵在全面继承秦制的同时，也逐渐发生着一些变化，如坟丘底部形状由长方形（长陵、安陵）变为方形或接近方形，陵园形状也由长方形（秦始皇陵南北长方形，长陵南北长方形，安陵东西长方形）变为方形或接近方形，陵寝建筑由陵园（内垣墙）内（秦始皇陵、长陵）移往陵园（内垣墙）外（内外垣墙之间），陪葬坑由广泛分布在陵园内外（秦始皇陵）变为整齐地分布在陵园（内垣墙）内外（内外垣墙之间），陪葬墓也由分布在陵园内外（秦始皇陵）变为分布在陵园外，等。这些变化虽然在汉初即已开始，但总体上看是在景帝阳陵时期完成的，包括合葬形式也由长陵和安陵的同园合葬变为异园合葬（文帝时已开始，但较特殊）。

西汉帝陵还设置陵庙和陵邑（高祖长陵到宣帝杜陵），陵庙是西汉帝陵新出现的一个要素。

（二）东汉皇帝陵

1. 东汉皇帝陵概况

东汉 12 座皇帝陵中除献帝禅陵位于河南省焦作市修武县外，其他 11 陵分布在洛阳市东北孟津县境的邙山上以及洛阳市以东偃师市境内，它们是光武帝原陵、明帝显节陵、章帝敬陵、和帝慎陵、殇帝康陵、安帝恭陵、顺帝宪陵、冲帝怀陵、质帝静陵、桓帝宣陵和灵帝文陵。据文献所载各陵与东汉洛阳城的位置关系，北部邙山上应有帝陵 5 座：原陵、恭陵、宪陵、怀陵和文陵，其他 6 陵位于偃师市境内（图 2-8）。虽然《帝王世纪》等文献记载了诸陵的方位与规模，但仅据这些记载尚不能确定各陵的所属。关于邙山 5 陵，传原陵即位于孟津县铁谢村附近的"刘秀坟"，但有研究者不赞同，并考证送庄乡刘家井村西北的大冢为原陵，三十里铺村南、俗呼"大汉冢"的是恭陵，"大汉冢"南侧、平乐村"二汉冢"和"三汉冢"分别是宪陵和怀陵，送庄乡护驾庄村南的大冢为文陵；又有研究者不同意此看法，认为刘家井村西北的大冢不是原陵而是文陵，等等，至今还没有达成共识[12]。关于偃师 6 陵，近年作过一些考古调查、钻探和试掘，位于白草坡、李家村、郭家岭、西干村和寇店等村的大型坟丘（白草坡的坟丘地面上已不存）超过 6 个，目前尚不能准确推定它们与各帝陵的对应关系[13]。

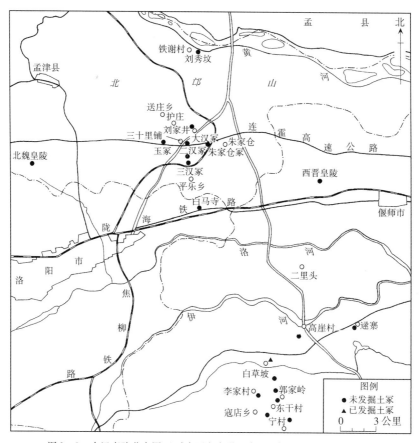

图 2－8　东汉帝陵分布图（《中国考古学·秦汉卷》第 333 页图 7－13）

经初步钻探，确认东汉帝陵的坟丘作圆台形，墓葬形制为一条墓道（南向）的砖石室墓，在坟丘的东北和南部分布有陵寝建筑遗址，在帝陵附近分布有一些陪葬墓。另据文献记载，帝陵坟丘四周设有"行马"。

2. 东汉皇帝陵的特征

与西汉帝陵建制相比，东汉帝陵发生了显著变化。例如围绕坟丘的陵园墙改为"行马"，覆斗形坟丘变为圆台形，四条墓道黄肠题凑墓制变为一条墓道石题凑砖室墓制，帝后异陵并穴合葬变为同陵同穴合葬，陵寝建筑简化为献殿等，陵庙和陪葬坑都没有了，但新出现了神道石刻。总之，陵墓设施是朝着简单化的趋势而变化。

二　汉代诸侯王墓

汉兴之初，立诸侯王和列侯二等爵，开创了两汉分封王侯之制。诸侯王、列侯墓制是汉代丧葬礼制的重要组成部分，也是汉代考古发掘、研究的重要对象。

（一）西汉诸侯王墓

诸侯王墓是规模仅次于皇帝陵的大型墓，其数量较多，分布地域较广，部分进行过考古工作，其中有的全面发掘，有的部分发掘，有的只作过调查。考古资料公布的情况也不同，有的全面，有的简单，有的只见到简讯。经过全面或部分发掘，资料公布较多，时代及墓主身份较清楚的西汉诸侯王、王后墓有45座，分属18个王国：广阳、中山、赵、常山、河间、菑川、齐、吕、济南、济北、昌邑、鲁、梁、楚、泗水、广陵、长沙和南越（表2-3），分布在北京市和河北、山东、河南、江苏、湖南、广东省。王墓中以梁国和楚国发现最多，但有的墓仅做过调查；北京老山汉墓、安徽六安汉墓等王墓虽然经过全面发掘，但资料尚未公布，这里均不收录。因此，西汉王墓发现的实际数量比这里统计的要多。

对于王墓的研究，是伴随着一系列考古发现逐步展开的。当考古资料积累到一定程度时，出现了专题研究，如黄肠题凑葬制研究、玉衣使用制度研究、车马殉葬制度研究、地面建制以及墓葬外藏椁制度研究等。近年来，一方面加强了王墓的综合性研究，另一方面研究更加细化、深入，王墓研究成为汉代考古学研究中的一个热点。

王墓研究中首先遇到的问题是认定墓主的身份。较易认定的王墓如使用"黄肠题凑"葬制或墓主穿着金缕玉衣，有的墓出土铭刻或朱书王国名称、纪年的器物和封泥、印章等文字资料，不仅能断定墓葬的国属，有时还可确定是某王。没有上述明显特征的大型墓，通过考察墓葬地望、封土高度、墓葬形制、随葬品特征等，参考相关的文献记载，虽然也能认定墓主身份，但却难以确定墓主所属，发掘者和研究者往往由于认识不同而产生争议。这是王墓研究中的一个难点。

1. 西汉诸侯王墓概况

分墓葬形制和随葬品两部分加以概述。

（1）墓葬形制

从修建方法上区分为竖穴土石坑墓和横穴崖洞墓两大类。竖穴土石坑墓又依据坑底墓室材质与筑造方法的差异，区分为木椁墓、黄肠题凑墓和石室墓。

表2-3 西汉诸侯王墓简表

序号	地点	墓葬形制	随葬品	时代	墓主	备注
1	北京大葆台1号墓	一条墓道的竖穴土坑黄肠题凑墓；坐北向南；墓主着玉衣；墓道内筑木椁玉室，藏3辆车，13匹马	有铜、铁、银、铅、陶、玉石、骨、角、牙，漆木器及丝织品800余件	元帝初元四年（公元前45年）	广阳王刘建	异穴
2	大葆台2号墓	位于1号墓之西；一条墓道的竖穴土坑黄肠题凑墓，坐北向南；坑口长17.7，宽11.75米；墓道内葬车3辆，马10匹	多被盗	与1号墓接近	广阳王刘建之妻	合葬
3	河北满城陵山1号墓	一条墓道的崖洞墓，坐西朝东；南北耳室、前室、后室和回廊组成；墓主着金缕玉衣	二墓保存完好，共出土铜、铁、金、银、陶、玉石、漆器及丝织品4200多件	武帝元鼎四年（公元前113年）	中山靖王刘胜	异穴
4	满城陵山2号墓	位于1号墓之北，相距120米，只是后室位于前室之南，后室外不设回廊；墓主着金缕玉衣，用镶玉漆棺		与1号墓接近	中山靖王刘胜之妻窦绾	合葬
5	河北定县40号墓	一条墓道的竖穴土坑黄肠题凑墓；通长约61米，墓坑长31，宽12.9米，似用题凑木围成了前后两部分，互不相通，前面部分又分隔成三间，放置随葬品，有车3辆，马13匹及大量鎏金车马器，其后面部分分题凑墙和棺室，其间为回廊；棺室内陈漆玉层棺，墓主着金缕玉衣，具九窍塞	棺室内放置铜器、漆器、丝织品、书写用具和竹简等；墓主周身摆放铜镜、剑、弩机、铁剑、削，金饼40块，马蹄金2块，麟趾金1块和大量玉器	宣帝五凤三年（公元前55年）	中山怀王刘修	

序号	地点	墓葬形制	随葬品	时代	墓主	备注
6	河北石家庄小沿村汉墓[14]	南、北两条墓道的竖穴土坑黄肠题凑墓；题凑用木板围成，题凑内似置一椁二棺	有少量铜器、陶器和玉器，其中有一枚"长耳"铜印	公元前202年	赵景王张耳	墓主有争议
7	河北获鹿高庄1号墓	东、西两条墓道的竖穴土坑木椁墓；总长95.4米；墓坑口长35.3，宽32.2~33.8米；坑底筑木椁，木椁外垒石材形成石椁；墓圹四周设9个器物箱外藏椁，内置车3辆实用车，14匹马，9辆铜明器车和木船、木俑模型等；该墓之北另有2号墓	外藏椁内出土大量铜、铁、银、陶、玉、石和漆器以及铜、银器有刻铭，如"五官"、"常山"、"常山食官"、"常食中般"，者铜般"廿九年"等	武帝元鼎3年（公元前114年）	常山宪王刘舜	异穴合葬
8	河北献县36号墓	竖穴土坑木椁墓，由墓道、耳室和墓室组成；墓道朝东，长50余米，内部积沙；耳室位于墓道南侧近墓室处，盛18件釉陶壶和一堆鸡舍；墓室土圹近方形，边长10.2~14.4米，内置三重棺椁，木椁结构复杂，外部用青膏泥填塞，再用外积炭积沙；该墓之南另有一墓，规模更大，二墓同在一个坟丘下	有铜器、金饼、陶器和玉器等；玉器种类颇多，有礼玉璧、葬玉耳鼻塞和装饰用玉环、瑗、璜、心形佩、舞人、辚、带钩、串珠、瑞兽等	西汉早期	某代河间王后	异穴合葬
9	山东昌乐东圈1号墓	崖洞墓；由竖井式墓道（下部为甬道）、南室、北室及四个侧室组成；该墓之西20米另有一座2号墓	有鎏金铜器、铁器、陶器和玉器；文字资料有铜灯盘铭文"菑川"，封泥"菑川后府"等	西汉中期	某代菑川王后	异穴合葬

续表

序号	地点	墓葬形制	随葬品	时代	墓主	备注
10	山东临淄窝托村汉墓	未发掘；两条墓道的"中"字形竖穴土坑墓；墓坑口长约42、宽约41米；在北墓道西侧和南墓道两侧发现5个陪葬坑，1号坑主要放置生活用具，2号坑为殉狗坑，殉狗30只，3号坑和5号坑陈铜铁兵器，4号坑为车马坑，该坑陪葬3辆大车、1辆小车、13匹马和2只狗	5个陪葬坑出土器物12100余件，其中刻铭铜器、银器共53件，刻铭中常见"齐大官"、"齐食官"、"大官北官"、"齐大官"、"南官鼎"等	文帝元年（公元前179年）	齐哀王刘襄	
11	山东章丘洛庄汉墓	未发掘；两条墓道的"中"字形竖穴土坑墓，东墓道为主墓；在墓葬周围共发现各种陪葬坑和祭祀坑36个	22座祭祀坑主要出土动物遗骸、俑、陶器、漆器；14座陪葬坑各有一定的内涵，如马、犬坑、兵器坑，出土食物坑（动物坑）和乐器坑等，车马坑、陶、铜、石、骨、木器以及大量金、"吕内史印"、"吕大官印"、"吕大行印"封泥和大量铜器铭文	高后二年（公元前186年）	吕王吕台	
12	山东章丘危山汉墓	未发掘；一条墓道的竖穴土坑墓；墓周围分布有陪葬坑	1号陪葬坑出土四套陶车马和步兵俑、骑兵俑；2号陪葬坑出土一套陶车马和一些陶俑，另外还有11个木箱	景帝前元三年（公元前154年）	济南王刘辟光	

续表

序号	地点	墓葬形制	随葬品	时代	墓主	备注
13	山东长清双乳山1号墓[15]	一条墓道的竖穴石坑木椁墓；坐南向北；在墓道南部靠近墓室处用木板围成一椁室，内置真车马，车马器和冥器；椁室内陈二椁三棺，相距42.3米，为在该墓之西还有一座2号墓，异穴合葬	保存完好；椁室内出土大量铜器、金饼、陶器、玉器、漆器和家畜家禽等；另有一辆单辕彩绘漆车模型，约为真车的二分之一	武帝后元二年（公元前87年）	末代济北王刘宽	墓主有争议
14	山东巨野红土山汉墓	一条墓道的竖穴石坑木椁墓；坐西向东；墓道长60.5米、宽4.7米，内埋1车4马；墓室分前后室，前室长4、宽4.7米，陈一棺一椁；墓室顶部棚以木材，上面平铺四层石块；另外，墓室和墓道填土以及封土中还铺设三层石块	出土大批铜铁兵器、铁器、金银器、玉器和漆器	武帝后元二年（公元前87年）	昌邑哀王刘髆	
15～18	山东曲阜九龙山2～5号墓[16]	坐北向南，东西并列；四墓形制相似，只是墓室数量不同；由墓道（有四侧室）、前室（带二耳室）、甬道（带二耳室）、后室（5号墓无前室），即5号墓主室、4号、5号墓设二侧室）和壁龛（2号墓无）组成	四墓出土铜器、玉石器、金银饰品、陶器、玉石器1900余件，能表明墓主身份的有银缕玉衣、"宫中行乐钱"、"王未央"铜印以及"王陵塞石"刻文等	西汉中晚期	鲁王及王后（3号墓主为孝王刘庆忌）	墓主有争议

续表

序号	地点	墓葬形制	随葬品	时代	墓主	备注
19	河南永城保安山1号墓	崖洞墓；朝东；全长96.45米，由墓道及两对耳室、主室及四个角室组成；回廊及四个角室，墓内面积612平方米，容积1367立方米	早年被盗，墓室内空无一物，只在墓道口底部出土20余枚"货泉"钱币	景帝中元六年（公元前144年）	梁孝王刘武	异穴合葬 墓主有争议
20	保安山2号墓[17]	位于1号墓之北，相距200米；崖洞墓；全长210.5米，设东西二条墓道，墓室西向开闾前室有回廊，后室周围有回廊；后室西设耳室，前室及墓室，侧室共34个；墓室面积1600平方米，容积6500立方米；墓外设二陪葬坑	有铜器、铁器、陶器和玉石器；玉衣片只存一片；1号陪葬坑出土实用车马饰，兵器、玉器等二千余件，其中有"梁后园"铜印1枚，2号陪葬坑出土大量明器铜车马器	武帝元朔年间	梁孝王刘武之妻李后	
21	永城柿园汉墓	位于保安山1号墓东南，相距150米；向西，全长95.7米，面积383.55平方米，容积1738立方米；该墓独特之处是主室壁施彩色壁画，内容有四神、仙草和云气纹等；由墓道、甬道、主室和8个侧室组成	有铜兵器、鎏金鎏银铜车马饰、陶俑、玉片、石片等万余件，钱币万余斤	西汉早期	某代梁王	

序号	地点	墓葬形制	随葬品	时代	墓主	备注
22	永城夫子山1号墓	未发掘;崖洞墓;向东;在墓东南约150米处有一陪葬坑	有金狮头、羊头形饰、鎏金车马器,陶俑、玉衣片等;陪葬坑出土铜钫、壶、瓶、盆、鋆、勺、灯等(征集)	西汉中期	某代梁王	
23	永城夫子山2号墓	未发掘;位于1号墓之北,相距约100米;崖洞墓;墓道向东,设南北耳室,后室分前室和后室,墓东约50米处有一陪葬坑	陪葬坑出土大量鎏金铜车马器和1件象牙马衔镳	西汉中期	某代梁王后	异穴合葬
24	永城铁角山2号墓	未发掘;崖洞墓;墓道向东,设南北耳室;墓东约50米处有一陪葬坑,2号墓之南另有1号墓,二墓封土相距20米	陪葬坑出土大量鎏金、鎏银铜车马器,还有铁质、骨质车马器(征集)	西汉中期	某代梁王后	异穴合葬
25	永城南山1号墓	未发掘;崖洞墓;向东;墓室、墓道设6个侧室,墓道西接甬道,甬道西有一陪葬坑;1号墓之北另有2号墓,相距约30米	陪葬坑出土铜镈,铜壶各1件,五铢钱2枚	西汉中期	某代梁王	异穴合葬
26	永城黄土山2号墓	崖洞墓;墓道向北;墓室分前室和后室,前室设东西两耳室;2号墓之南另有1号墓,相距约20米	金、银、铜、铁、陶、玉石、漆木器1200余件,文字有墓石刻字和朱书文字600余个以及铜器刻铭和封泥等	西汉中期	某代梁王后	异穴合葬

续表

序号	地点	墓葬形制	随葬品	时代	墓主	备注
27	永城窑山1号墓	未发掘；一条墓道的竖穴石坑石室墓，墓道向东	金缕玉衣片300枚，玉璧9件，玉环1件，铜钫1件，铜剑1件，骨饰1件	西汉晚期	某代梁王	异穴合葬
28	永城窑山2号墓	位于1号墓北侧，二墓相距20米；一条墓道的竖穴石坑石室墓，墓道向东	铜器，陶器，漆器（银箍），玉器（37件璧等），乐器（55枚），玉器（铜瑟枘）等	西汉晚期	某代梁王后	
29	永城僖山1号墓	一条墓道的竖穴石坑石室墓，墓道向东	金缕玉衣片1000多枚，璧、圭、钺、戈、舞人、蝉、鸽、猪等玉器，珍珠玛瑙饰等	西汉晚期	某代梁王	异穴合葬
30	永城僖山2号墓	位于1号墓之西，二墓相距50米；一条墓道的竖穴石坑石室墓，墓道向西	铜器、铁器、陶器、玉衣片、璧、璜等玉器，水晶饰、玛瑙饰等	西汉晚期	某代梁王后	
31	江苏徐州狮子山汉墓[18]	崖洞墓；向南，全长117米，由墓道、甬道、前室、后室组成；墓道分外墓道和内墓道；内墓道上部开凿天井，下部两侧设耳室3个；甬道两侧有耳室6个；前室东半部似为棺床；墓主身着金缕玉衣，用镶玉漆棺；墓外设兵马俑陪葬坑	有铜、铁兵器、容器、金银器、陶器、玉器共2000余件，尤以铜钱、官印、玉器和封泥数量多，价值高，墓中还有3具殉人	西汉早期（公元前175～公元前154年）	楚夷王刘郢客或楚王刘戊	墓主有争议

续表

序号	地点	墓葬形制	随葬品	时代	墓主	备注
32~33	徐州驮篮山1号、2号墓	崖洞墓；向南，东西并列，相距130米；1号墓在西面，总长53.74米，由墓道、甬道（带6个耳室）、前室（带5个侧室）和后室组成；2号墓总长51.6米，形制略同于1号墓，唯前室设3个侧室	二墓有随葬品千余件	西汉早期	某代楚王与王后	异穴合葬
34	徐州北洞山汉墓	崖洞墓；向南；总长77.3米，由墓道和附属墓室组成；墓道两侧设两个土墩，其中主体墓室和两个耳室；主体墓室包括甬道、前室（带二耳室）、主室（带二侧室）、七个壁龛和两个耳室（带二耳室）、前室和后室（带二侧间）；附属墓室共11间，位于墓道东则	有铜、铁、金、陶、玉、漆木器；其中金缕玉鳞甲状衣片及"楚宫司丞"、"楚御府印"、"楚邸印"等铜印章判定墓主身份的实物资料	武帝元光六年（公元前129年）	楚安王刘道	
35~36	徐州龟山2号墓	崖洞墓；向西；是南北并列的两座墓；南墓总长约83米，由墓道、甬道（附3耳室）、前室（附2侧室）和后室（附2侧室）组成，北墓总长83.5米，由墓道、甬道（附1耳室）、前室（附2侧室）和后室组成；二墓室之间设门相通	多被盗；南墓后室的西侧室内出土一方"刘注"龟纽银印	武帝元鼎元年（公元前116年）	楚襄王刘注（南墓）及其妻	异穴合葬

序号	地点	墓葬形制	随葬品	时代	墓主	备注
37	徐州石桥1号墓	崖洞墓；向西；总长61米，由墓道、甬道（附1耳室）、前室（附2侧室）和后室组成	传1号墓曾出土铜器、玉衣片等遗物	西汉中期	某代楚王	异穴合葬
38	徐州石桥2号墓	崖洞墓；向西；位于1号墓之北，相距10米，墓道已毁，由甬道和一主室组成	有铜、铁、陶、玉、漆器167件，铜器上有"明光宫"、"王后家"刻铭，漆器上朱书"中宫"	西汉中期	某代楚王后	
39	江苏泗阳大青墩汉墓	一条墓道的竖穴土坑木椁墓；向南；墓室南北长9.60、宽8.80米，南三面另设木椁放置随葬品，主椁室的东、西、"王宅"、"泗水王家"等刻铭；墓道西侧有一陪葬坑	有铜、铁、陶、玉、漆、木器数百件，其中木俑、木马等动物俑数量多，颇具特色	西汉	某代泗水王	
40	江苏高邮天山1号墓	一条墓道的竖穴石坑黄肠题凑墓；向南；墓坑底部题凑墙体内置棺椁；樟木外层棺室间为内回廊，回廊内隔成若干小间，房间木门上漆书"食官内户"、"中府内户"等文字；里层棺室内前面为前室，后面置二层套棺；题凑墙外侧另筑外回廊	还见"广陵船官"刻文；板材上	宣帝五凤四年（公元前54年）	广陵厉王刘胥	异穴合葬

续表

序号	地点	墓葬形制	随葬品	时代	墓主	备注
41	天山2号墓	一条墓道的竖穴石坑黄肠题凑墓；向南，与1号墓东西并列；形制与1号墓略同，但题凑墙体外无外回廊，南题凑墙到盖顶墓道处设木椁室，内放车马器；墓主着金缕玉衣	有"广陵私府"封泥和"六十二年人月戊戌"墨书木楬，是确定墓主的重要资料	与1号墓接近	广陵厉王刘胥之妻	异穴合葬
42	湖南长沙象鼻嘴1号墓	一条墓道的竖穴石坑黄肠题凑墓；向西；墓道东端两侧置"偶人"；墓坑口长20.55、宽18.5～18.9米；坑底由外向内依次为题凑墙体、外椁、内椁、棺室和三重套棺；外椁与内椁、内椁与棺室间构成二层回廊；内、外椁门间为前室	多为陶器，还有少量玉器和漆器	西汉早期	某代长沙王	
43	长沙陡壁山汉墓	一条墓道的竖穴石坑黄肠题凑墓；向西；墓道两侧放置"偶人"；现存墓坑口长12.8、宽10米；坑底构筑题凑墙体、墙体内置椁、椁室和棺前室；椁与棺室间为回廊，回廊内隔成若干小间；棺室内空间狭小，仅容套棺	有铜、铁、陶、玉、石、漆木器300余件；其中有三枚印章，二枚文曰"曹媭"，一枚文为"妾媭"；另有"长沙后丞"封泥	西汉早期	某代长沙王后曹媭	

续表

序号	地点	墓葬形制	随葬品	时代	墓主	备注
44	长沙望城坡1号墓	一条墓道的竖穴石坑黄肠题凑墓；向西；墓道东端两侧放置"偶人"；墓坑口长约15.98、宽约13.3米；坑底题凑墙体内设梓、椁、内设前室和椁室；梓与椁室同为回廊，回廊内隔成若干小间；棺房内陈二层套棺；墓旁发现三个陪葬坑	有铜、铁、金、银、陶、琉璃、漆、竹木、骨器3000余件；文字资料有"长沙后府"、"长沙丞丞"封泥、"渔阳家"铭漆器等	西汉早期	某代长沙王后"渔阳"	
45	广东广州象岗山汉墓	一条墓道的竖穴石坑石室墓；向南；由墓道、前室及东西耳室、主室及东西三侧室组成；大部分墓室是在石坑底部用石块构筑而成，只有东西耳室是在掏掘洞室内垒砌，再用石块在洞室内垒砌；主室内陈一梓一棺；墓主着丝缕玉衣	保存完好；有大量铜、铁、金银、陶、玉石、象牙、漆木竹器和丝织品等；"文帝行玺"龙钮金印和"赵眜"玉印等文字资料是判定墓主的主要证据	武帝时期	第二代南越王赵眜	

①竖穴木椁墓

凿山为圹或掘土成坑，在坑底构筑木椁室。多带一条斜坡墓道（山东巨野红土山汉墓为平底墓道），有的带两条斜坡墓道。约有 8 座，墓室清楚的 4 座，即河北献县 36 号墓[19]、河北获鹿高庄 1 号墓[20]、山东长清双乳山 1 号墓[21] 和巨野红土山汉墓[22]。山东章丘洛庄汉墓[23]、危山汉墓[24] 和临淄窝托村汉墓[25] 的墓室尚未发掘；江苏泗阳大青墩汉墓[26] 虽经发掘，但墓室报道不清楚。此外，湖南长沙 401 号汉墓规模较大，并出土有金饼、木车模型、"杨主家般"铭漆盘等遗物，墓西南侧还有长沙王后墓[27]，该墓墓主是否为长沙王还有待于新资料的验证。以长清双乳山 1 号墓为例简述如下。

长清双乳山 1 号墓为一条墓道的竖穴石坑木椁墓，坐南向北，由墓道和墓室组成。墓道长 60、深 18 米，两侧设高、宽各 14 米的二层台。在墓道南部靠近墓室处用木板围成 31.55 米长的椁室。椁室中部偏南设一横挡板，将椁室一分为二，北部放置真马 1 匹和冥器车马器，南部陈大车 3 辆、小车 1 辆、马 7 匹、鹿 2 只，鎏金或错金银车马器种类齐全，工艺精良。在墓道与墓室连接处的两侧凿出高 11 米和 12 米的双阙。墓室长 25、宽 24.3、深 5 米，底部高出墓道底 13 米。椁室位居墓室北部中央，长 10.6、宽 9.3 米，底部低于墓室底 17 米，总深达 22 米。椁室内陈二椁三棺。椁室内出土大量铜器、金饼、陶器、玉器、漆器和家畜家禽等，玉器中的覆面和枕尤为精美。另有一辆单辕彩绘漆车模型，约为真车的二分之一。发掘者推测墓主是卒于武帝后元二年（公元前 87 年）的末代济北王刘宽[28]（图 2-9）。

②黄肠题凑墓

由一条或两条斜坡墓道连接土石墓坑组成。在墓坑底部用加工规整的木枋叠置围成长方框形墙体，在墙体内外构筑环绕墙体的木椁，再在墙体内的木椁里建造前室和棺房，棺房内陈套棺。棺房与木椁间往往形成回廊。这种用大量木材营造复杂结构墓室的形制称为黄肠题凑葬制。《汉书·霍光传》曰："光薨，赐梓宫、便房、黄肠题凑各一具，枞木外藏椁十五具。"注引苏林曰："以柏木黄心致累棺外，故曰黄肠。木头皆内向，故曰题凑。"考古发掘所见墓葬实例与文献记载的黄肠题凑葬制完全相符。黄肠题凑葬制不单是指用木枋垒成的长方框形墙体——"黄肠题凑"，同时还包括"梓宫"、"便房"和"枞木外藏椁"等葬具，是一种葬制的总括，"黄肠题凑"是其中不可缺少的主要葬具之一。

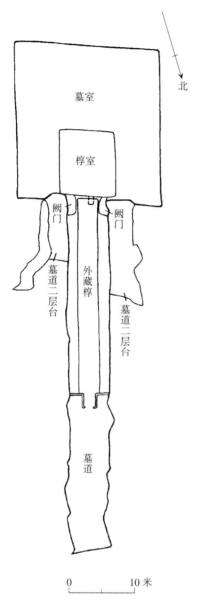

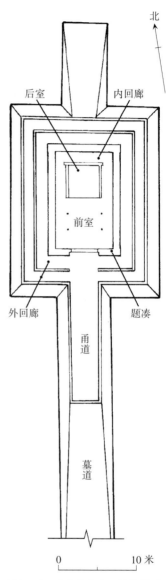

0   10 米

图 2－9　山东长清双乳山 1 号墓平面
图（《中国考古学・秦汉卷》第 349
页图 7－14A）

0   10 米

图 2－10　北京大葆台 1 号墓平面
图（《中国考古学・秦汉卷》第
349 页图 7－14B）

　　资料公布较多的黄肠题凑墓共有 9 座：北京大葆台 1 号墓（图 2－10）、
2 号墓[29]、河北定县 40 号墓[30]、石家庄小沿村汉墓[31]、江苏高邮天山 1 号
墓、2 号墓[32]、湖南长沙象鼻嘴 1 号墓[33]、陡壁山汉墓[34]、望城坡 1 号
墓[35]。此外，北京老山汉墓、河北定县三盘山汉墓[36]、定州 137 号墓[37]

和安徽六安汉墓等也是黄肠题凑墓，但报道简略，形制不明。以北京大葆台1号墓、石家庄小沿村汉墓和长沙象鼻嘴1号墓为例简述如下。

北京大葆台1号墓为一条斜坡墓道的竖穴土坑墓，坐北向南。墓坑口长26.8、宽21.2米。坑底题凑墙体之内设前室和棺室，题凑墙与棺室、前室间为内回廊，棺室内陈二椁二棺。墓主着玉衣。题凑墙外建二层外回廊，在对应墓道的位置设过道。墓道内筑木椁室，藏3辆车、13匹马。随葬品有铜、铁、铅、银、陶、玉石、骨、角、牙、漆木器及丝织品800余件。墓主推定为卒于元帝初元四年（公元前45年）的广阳王刘建。

石家庄小沿村汉墓有南、北两条斜坡墓道。墓坑口长14.5、宽12.4米，设二层台，东西台面上分布对称柱洞。坑底建题凑和棺椁。题凑用木板围成，在东南角题凑木上发现"王"字标记。题凑内似置一椁二棺。随葬品有少量铜器、陶器和玉器，其中"长耳"铜印是确定墓主的重要物证，发掘者据此认为墓主是卒于汉初公元前202年的赵景王张耳（图2-11）。

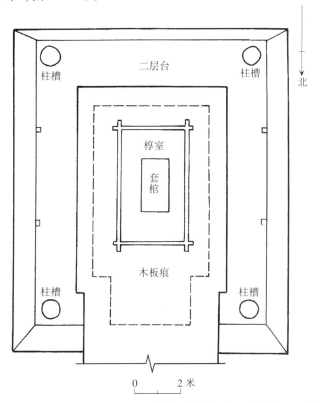

图2-11 河北石家庄小沿村汉墓平面图（《中国考古学·秦汉卷》第349页图7-14C）

象鼻嘴1号墓位于长沙湘江西岸咸家湖畔的小山丘上,是一条斜坡墓道的竖穴石坑墓。墓向西。墓道东端两侧放置"偶人"。墓坑口长20.55、宽18.5~18.9米,向下设二级台阶。坑底建极为复杂的棺椁结构:由外向内依次为题凑墙体、外椁、内椁、棺室和三重套棺。外椁与内椁、内椁与棺室间构成二层回廊,回廊内隔成若干小间。内、外椁门间用枋木铺成整个木结构中地面最高的前室,前室前通过道,后通棺室,左右通回廊。随葬品多为陶器,还有少量玉器和漆器。墓主推定为西汉早期某代长沙王(图2-12)。

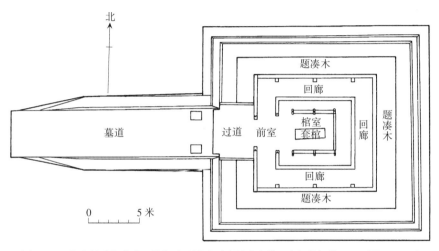

图2-12 湖南长沙象鼻嘴1号墓平面图(《中国考古学·秦汉卷》第351页图7-15A)

③竖穴石室墓

由一条斜坡墓道连接石墓坑组成。墓室以石块筑砌。共有5座:河南永城窑山1号墓、2号墓、僖山1号墓、2号墓[38]和广东广州象岗山汉墓[39]。以永城窑山2号墓和广州象岗山汉墓为例说明如下。

永城窑山2号墓坐西朝东,为单室墓。墓室的南北两壁用石条垒砌,顶部用长条形石块搭扣成两面坡式。墓道用塞石封堵。所用石材上有20余处刻字。墓室内出土玉衣片、玉璧、玉璜等玉器,另有小件铜器、铜饰、银饰和釉陶器等。墓主应为西汉晚期某代梁王后(图2-13)。

广州象岗山汉墓坐北向南,由墓道、前室及东西耳室、主室及东西北三侧室组成。墓道与前室、前室与主室间共设二道石门,其他各室设木门。大部分墓室是在石坑底部用石块构筑而成,只有东西耳室是掏掘洞室,再用石块在洞室内垒砌。主室内陈一椁一棺。墓主着丝缕玉衣,周身置大量精美玉器、玉具铁剑,棺外散布铜、铁兵器、漆屏风和铜、玉灯具。北侧

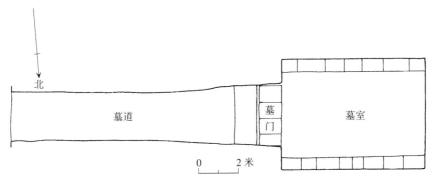

图 2 – 13　河南永城窑山 2 号墓平面图（《中国考古学·秦汉卷》第 351 页图 7 – 15B）

室内堆满铜器、铁器、陶器和漆器，器内盛各种动物骨头，还出土"泰官"封泥。东侧室葬殉人 3~4 具，都有葬具，佩带组玉饰并各自拥有大量随葬品，由出土印章知道她们的身份为右夫人赵蓝（"右夫人玺"、"赵蓝"）、左夫人（"左夫人印"）、泰夫人（"泰夫人印"）和另一夫人（"□夫人印"）。西侧室藏大量动物骨骼，并有殉人七具，佩"景巷令印"。前室放木车，有一具殉人。东耳室出土大量乐器和宴饮用具，也有一具殉人。西耳室出土器物最丰，有铜、陶生活用器、铜、铁兵器、工具、金银器皿、玉石器、象牙器、漆木竹器、丝织品和印章封泥等。此外，墓道内还有两处放置随葬品和殉人。发掘者主要依出土"文帝行玺"龙纽金印和"赵眜"覆斗纽玉印，并参照文献，断定墓主为卒于武帝时期的第二代南越王赵眜。该墓是少数未盗王墓之一，也是岭南地区规模最大的汉墓。它形制清楚，随葬品丰富，为研究西汉南越国的历史提供了重要实物资料（图 2 – 14）。

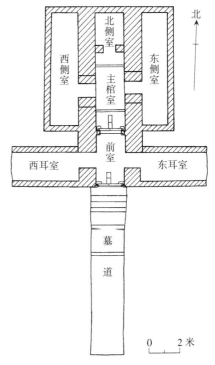

图 2 – 14　广东广州象岗山汉墓平面图（《中国考古学·秦汉卷》第 352 页图 7 – 16A）

④崖洞墓

崖洞墓是指在山体腹部开凿出的横穴洞式墓，一般带一条露天墓道，只有河南永城保安山2号墓有两条墓道，山东昌乐东圈汉墓的墓道作竖井式。墓道多用石块堵塞，河北满城陵山汉墓用铁水灌注土坯墙（1号墓）和砖墙（2号墓）的封门方法较为特殊。墓道或甬道两侧往往开凿出成双成对的耳室。墓室工程浩大，主要墓室一般有两个，即前室和后室，前后室还附设数量不等的侧室，有的在后室周围凿出回廊。墓室刻意模仿地面宫室建筑：地面布置完整的排水渠道、渗井；墙壁先处理平整，再涂漆或朱砂，有的还彩绘壁画；顶部除平顶外，还有拱形顶、穹隆顶、两面坡顶、四面坡顶和盝顶；有的墓还在主要墓室内搭建木构瓦顶房屋或用石板构建石屋；除安放墓主棺椁的主要墓室外，还分门别类设有车马房、厨房、兵器库、钱币库等，更有在厨房附近凿水井、凌室，在后室旁附设浴室、厕所，在墓门前墓道两侧凿出双阙，陈列侍卫、仪仗俑的做法。

资料公布较多的崖洞墓共有23座，其中中山国2座：满城陵山1号墓、2号墓[40]；菑川国1座：昌乐东圈1号墓[41]；鲁国4座：山东曲阜九龙山2~5号墓[42]；梁国8座：河南永城保安山1号墓、2号墓、柿园汉墓、夫子山1号墓、2号墓、铁角山2号墓、南山1号墓、黄土山2号墓[43]；楚国8座：江苏徐州狮子山汉墓[44]、驮篮山1号墓、2号墓[45]、北洞山汉墓[46]、龟山2号墓南墓、北墓[47]、石桥1号墓、2号墓[48]。这些墓分布在河北、山东、河南和江苏相互比邻的几个省。

诸侯王较早使用崖洞墓埋葬形式的是梁国和楚国。梁国已知年代最早的崖洞墓是孝王墓。孝王刘武文帝十二年（公元前168年）由淮阳王徙为梁王，在景帝时为王十二年，卒于景帝中元六年（公元前144年），其墓应在此前基本凿成。梁孝王墓规模宏大，开凿工程需相当长的时间，所以有可能在文帝时已着手修建。楚国第一代刘姓王是元王刘交，卒于文帝元年（公元前179年），有研究者认为徐州楚王山1号墓是元王刘交墓[49]。该墓尚未正式发掘，所以暂缓确定墓主为宜。楚国第二代刘姓王是夷王刘郢客，文帝二年（公元前178年）继位，文帝五年（公元前175年）卒。关于刘郢客墓的所属虽然还存在争议，但墓为崖洞墓似无疑问，这应是已知最早的西汉诸侯王崖洞墓。据文献记载，汉文帝的霸陵不同于西汉其他帝陵，是"因山为藏，不复起坟"（《史记·孝文本纪》集解）。从现有资料看，尽管霸陵的真相尚未揭开，诸侯王使用崖洞墓还是应从霸陵寻找源头，至少在埋葬观念和埋葬形式上受到了霸陵"因山为藏"的影响。已知西汉诸侯王的一些埋葬情况，如使用覆斗形坟丘、黄肠题凑葬具、玉衣殓服、"裸体"陶俑（永城柿园汉墓）和实用车马等，都是因为诸侯国"同制京师"或者某诸侯王得到了皇帝的恩赐，从皇帝与诸侯王陵墓制度的关系看，在崖洞墓的使用上，诸侯王模仿皇帝（文帝）的可能性更大。至于是否存在比霸陵始建年代（约在文帝初年）更早的崖洞墓，还有待于新的考古发现和研究。

下面按中山国、菑川国、鲁国、梁国和楚国的顺序举例说明如下。

中山国

满城陵山 1 号墓、2 号墓居陵山主峰东坡，坐西朝东，南北并列，相距 120 米。1 号墓在南，全长 51.7 米，容积约 2700 立方米。由墓道、甬道、南北耳室、前室、后室和回廊组成。后室位于前室之西，内部隔出一间侧室（图 2 – 15）。2 号墓全长 49.7 米，容积 3000 立方米。墓室平面布局与 1 号墓大同小异，只是后室位于前室之南，后室外不设回廊。二墓耳室、甬

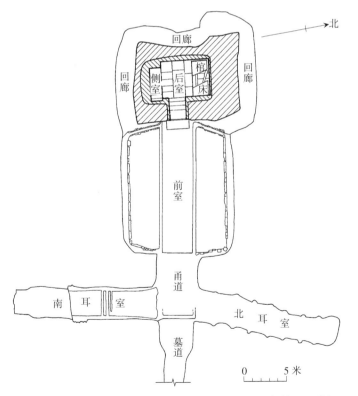

图 2 – 15　河北满城陵山 1 号墓平面图（《中国考古学·秦汉卷》第 352 页图 7 – 16B）

道摆放实用马车和储藏食物的陶器，前室置帐和各种质地的器物，后室陈棺椁，棺椁周围散布珠玉珍宝。墓主所着金缕玉衣系首次发掘出土成套完整的玉衣。2号墓的镶玉漆棺也是首次发现。二墓均是地下文物宝库，共出土铜、铁、金、银、陶、玉石、漆器及丝织品四千二百多件，其中不乏精品。形制完整的铁铠甲和帐构也是首次出土。此外，有些器物对自然科学史的研究有重要价值，如医用金银针、铜盒，计时用铜漏壶，度量用铁尺等。1号墓墓主着金缕玉衣，出土铜器铭文、封泥多见"中山"国名，表明是西汉中山王墓；铜器、漆器铭文中纪年都在二十年以上，对照《汉书·诸侯王表》认定墓主是卒于武帝元鼎四年（公元前113年）的靖王刘胜。2号墓主也着金缕玉衣，铜器铭文、封泥文字也见"中山"国名，据此断定应是1号墓的异穴合葬墓，墓主是刘胜之妻，由出土铜印知其名为"窦绾"，字"君须"。

菑川国

昌乐东圈1号墓形制特殊，由竖井式墓道（下部为甬道）、南室、北室及四个侧室组成（图2-16）。出土鎏金铜器、铁器、陶器和玉器。据铜灯盘上铭文"菑川宦谒右般北宫豆元年五月造第十五"、封泥"菑川后府"等文字材料，综合随葬品的时代特征，推断墓主为西汉中期某代菑川王后。

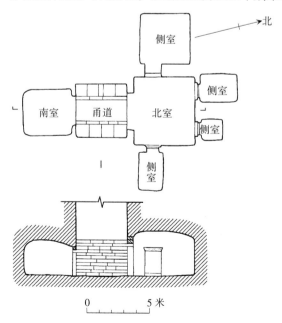

图2-16　山东昌乐东圈1号墓平面、剖视图（《中国考古学·秦汉卷》第354页图7-17A）

鲁国

曲阜九龙山 2～5 号墓，共 4 座，墓向南，东西并列。2 号墓全长 64.9 米，容积 2600 立方米。3 号墓最大，全长 72.1 米，容积 2900 立方米（图 2－17）。4 号墓全长 70.3 米，容积 2800 立方米。5 号墓最小，全长 53.5 米，容积 2100 立方米。四墓形制相似，只是墓室数量不同。由墓道（带二耳室）、甬道（带二耳室）、前室（有四侧室，5 号墓无前室）、后室（即 5 号墓主室。4 号墓、5 号墓设二侧室）和壁龛（2 号墓无）组成。四墓出土铜器、铁器、金银饰品、陶器、玉石器 1900 余件。据墓葬形制、规模和随葬的银缕玉衣、实用车马、"宫中行乐钱"、"王未央"铜印、"王陵塞石"刻文等资料推断墓主为西汉中晚期鲁王及王后。发掘者依所出"王庆忌"铜印断 3 号墓墓主为鲁孝王刘庆忌。

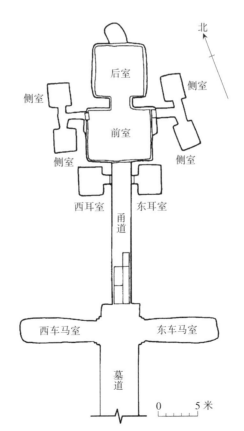

图 2－17 山东曲阜九龙山 3 号墓平面图（《中国考古学·秦汉卷》第 354 页图 7－17B）

梁国

除资料公布较多的 8 座墓外，铁角山 1 号墓、南山 2 号墓和黄土山 1 号墓[50]也都是崖洞墓，墓主应为梁王或王后。以保安山 1 号墓、2 号墓为例简述如下。

保安山 1 号墓、2 号墓各居保安山一峰，南北并列，相距 200 米，墓向东。1 号墓全长 96.45 米，由墓道及两对耳室、主室及 6 个侧室、回廊及四个角室组成。墓内面积 612 平方米，容积 1367 立方米（图 2 - 18）。早年被盗，墓室内空无一物，只在墓道口底部出土 20 余枚 "货泉" 钱币，为了解被盗时间提供了重要物证。

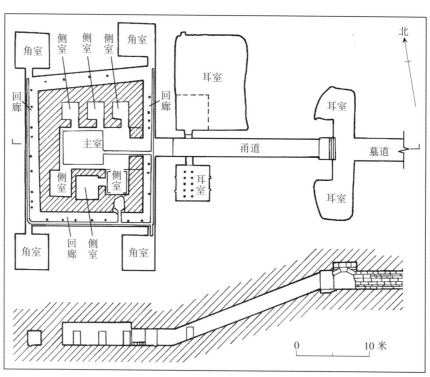

图 2 - 18　河南永城保安山 1 号墓平面、剖视图（《中国考古学·秦汉卷》第 354 页图 7 - 18）

保安山 2 号墓全长 210.5 米，设东西二条墓道，从墓室布局上看，东墓道应是主墓道。前室和后室是主要墓室，后室周围凿有回廊。墓道、甬道、前室及回廊共设耳室、侧室 34 个。较为特别的是在东墓道西端设前庭，在回廊南部开凿隧道。墓室总面积 1600 平方米，总容积达 6500 立方米（图 2 - 19）。墓道、甬道、前庭塞石、墓室封门石板、墓室门扉等处的刻字及墓室壁上的朱书文字对研究墓葬年代、墓室性质用途、墓主所属等有重要作用。随葬品有铜器、铁器、陶器和玉石器。玉衣片只存一片。墓外设二陪葬坑。1号坑出土实用鎏金铜车马器、兵器、玉器等二千余件，其中有"梁后园"铜印1枚。2号坑出土大量铜车马明器。该墓是迄今发现规模最大、形制最复杂的崖洞墓。发掘者认为1号墓是梁孝王墓，2号墓是梁孝王妻李后墓。

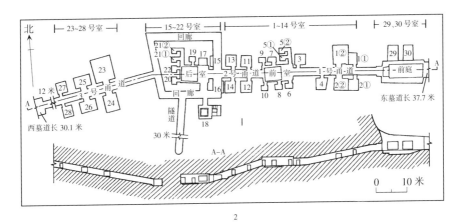

图2-19 河南永城保安山2号墓平面、剖视图（《中国考古学·秦汉卷》第355页图7-19）

楚国

除资料公布较多的8座墓外，楚王山汉墓（2座）、南洞山汉墓（2座）和卧牛山汉墓（1座）[51]也多是大型崖洞墓，墓主有可能是楚王或王后。以狮子山、北洞山、龟山2号墓为例简述如下。

狮子山汉墓坐北向南，全长117米，由墓道、甬道、前室、后室组成。墓道分外墓道和内墓道。外墓道有一殉人，出土"食官监印"等遗物40余件。内墓道上部开凿天井，下部两侧设耳室3个。甬道两侧凿出耳室6个（图2-20）。前室东半部稍高，似为棺床，出土玉鼻塞和人骨。墓主着金缕玉衣，用镶玉漆棺。该墓部分墓室凿制精致，部分墓室凿制粗糙，显系未竣工程。内墓道上方开凿天井的做法为西汉崖洞墓首见。随葬品丰富，有铜器、铁器、金银器、陶器、玉器共2000余件，尤以铜钱、官印、玉器和封泥数量多，价值高。墓中还有3具殉人。墓外设兵马俑陪葬坑的做法，在西汉王墓中系首次发现。发掘者推测墓主是卒于文帝前元五年（公元前175年）的第二代楚王夷王刘郢客或自杀于景帝前元三年（公元前154年）的第三代楚王刘戊。

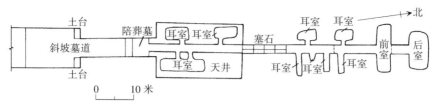

图 2-20 江苏徐州狮子山汉墓平面图（《中国考古学·秦汉卷》第 356 页图 7-20A）

北洞山汉墓坐北向南，总长 77.3 米，由墓道、主体墓室和附属墓室组成。墓道两侧设两个土墩（门阙）、七个壁龛和两个耳室。主体墓室包括甬道（带二耳室）、前室和后室（带二厕间）。附属墓室共 11 间，位于墓道东侧，低于主体墓室，设 12 级台阶与墓道相通（图 2-21）。附属墓室采用在竖穴石坑内建筑石室的方法，与横穴式洞室的主体墓室不同。这种将整座墓分成主体与附属两部分，采用两种不同方法建造的王墓为首次发现。随葬品有铜、铁、金、陶、玉、漆木器等，其中金缕玉鳞甲状衣片及"楚宫司丞"、"楚御府印"、"楚武库印"、"楚邸"等铜印章是判定墓主身份的实物资料。发掘者认为墓主是卒于武帝元光六年（公元前 129 年）的第五代楚工安王刘道。

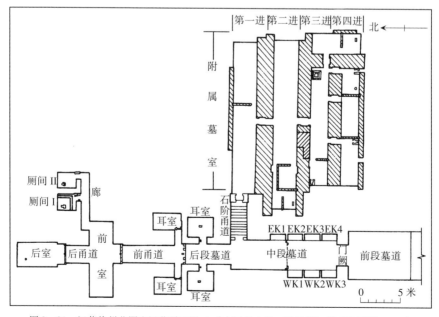

图 2-21 江苏徐州北洞山汉墓平面图（《中国考古学·秦汉卷》第 357 页图 7-21）

　　龟山 2 号墓座东向西，由南北并列的双墓道、双甬道及两组墓室组成，应是南北并列的两座墓。二墓道相距 14 米，墓室之间设一壶形门相通。南墓通长约 83 米，由墓道、甬道（附 3 耳室）、前室（附 3 侧室）和后室（附 2 侧室）组成；北墓总长 83.5 米，由墓道、甬道（附 1 耳室）、前室（附 2 侧室）和后室组成（图 2 - 22）。二墓前后室均南北向设置，与墓道方向不一致。随葬品多被盗。在南墓后室的西侧室内出土一枚"刘注"龟纽银印，据此确定南墓墓主为卒于武帝元鼎元年（公元前 116 年）的第六代楚王襄王刘注。北墓为刘注之妻墓。

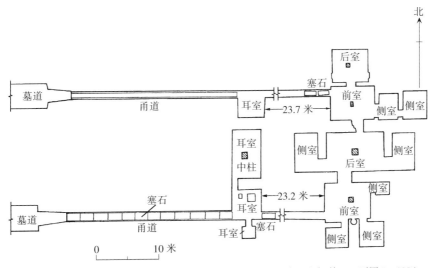

图 2 - 22　江苏徐州龟山 2 号汉墓平面图（《中国考古学·秦汉卷》第 356 页图 7 - 20B）

　　（2）随葬品

　　西汉王墓绝大多数被不同程度地盗掘过，只有满城陵山 1 号墓、2 号墓、广州象岗山汉墓和长清双乳山 1 号墓未被盗掘。未盗王墓的随葬品非常丰富，即使被盗的王墓，多数仍不乏珍贵精美之物。王墓随葬品中除了一般汉墓常见的陶器、小件铜器和铁器外，还有一些贵重的大型铜器、鎏金铜器、金器、银器和玉器等。铜器和鎏金铜器大量随葬是王墓的显著特征之一，汉代高度发达的鎏金技术主要用于各种装饰配件上，如盖弓帽等车马器，铺首衔环等棺饰，耳杯耳、器足等漆器扣饰、附件以及牌饰等。王墓出土金银制品虽然较少且多为小件饰品，但金银本为贵重之物，是墓主尊贵身份的象征。另外，王墓中还出土大量精美的玉器和绿松石、珍珠、玛瑙、琥珀、玻璃等珍稀物品。王墓中出土的铜器铭文、漆器铭文、印章、封泥等文字资料，是判定墓主身份的直接依据，也是王墓随葬品的重要特征之一。

2. 葬制综论

汉代王墓称陵，《后汉书·礼仪志》中有记载。曲阜九龙山 3 号墓封堵墓道的石块上有"王陵塞石广四尺"的刻铭。

西汉王墓一般分布在王都附近的土原或山丘上，墓室深挖于地下或开凿于山中，坟丘高积于墓上或山顶。较多的王墓还在墓外安排数量不等的陪葬坑。坟丘外围绕垣墙形成墓园，墓园内设置礼制建筑。王墓周围还多分布陪葬墓。王墓一般采用王、后异穴合葬的形式，在规模上一般王墓大于王后墓。

下面分地面建制、墓葬形制和随葬制度三部分加以论述。

（1）地面建制

一座完整的王墓分为地上和地下两部分。地上部分包括坟丘、墓园、礼制建筑和陪葬墓等内容[52]。

①坟丘

汉代丧葬礼制对坟丘的高度有严格规定，墓主身份不同，坟丘高度也不一样。古代文献对汉代诸侯王墓坟丘高度缺载，从诸侯王的身份等级看，其坟丘高度应低于皇帝陵而高于列侯墓。《汉旧仪》载西汉帝陵"坟高十二丈。武帝坟高二十丈"（清孙星衍等辑，周天游点校：《汉官六种》，中华书局，1990 年）。考古调查西汉诸帝陵的坟丘高度在 30 米左右，武帝茂陵坟丘高 46.5 米，与文献记载基本相符。《周礼·春官·冢人》郑注曰："汉律曰列侯坟高四丈，关内侯以下至庶人各有差。"考古调查西汉列侯墓坟丘高度与上述记载也基本一致。因此，诸侯王墓坟丘高度应在四丈至十二丈之间。

西汉王墓分竖穴土石坑墓和横穴崖洞墓两种形式。竖穴土坑墓多选择坡地建造，坟丘以黄土夯筑而成，底部多呈圆形或椭圆形，底径 40～250 米，现存高度一般是 12～16 米，如石家庄小沿村汉墓坟丘高 15 米、定县 40 号墓坟丘高 16 米。还有更高的，如临淄窝托村汉墓坟丘高 24 米。营建于山丘顶部的竖穴石坑墓也有高大的坟丘，如永城窑山 1 号墓坟丘高约 10 米、巨野红土山汉墓坟丘高 10.2 米。可见，保存较好的西汉王墓，坟丘一般都高于列侯墓的四丈（约折合 9.2 米）而低于皇帝陵的十二丈（约折合 27.7 米），与前面依文献记载所做的分析一致。

开凿于山体中的崖洞墓，上部是高耸的山顶，形如巨大的坟丘。有的崖洞墓还在山顶上夯筑封土，如永城诸梁王墓，徐州狮子山、北洞山楚王墓等。

有的王墓坟丘呈覆斗形，如章丘洛庄汉墓、永城保安山 2 号墓和夫子山 1 号墓等。少数诸侯王墓采用皇帝之制的覆斗形坟丘，可能是得自皇帝的恩赐。

②墓园

西汉帝陵设陵园，王墓也设墓园。墓园环绕坟丘四周，多用黄土夯筑而成。

定县 40 号墓的坟丘周围有夯土围墙，平面长方形，南北长 145、东西宽 127、墙基宽约 11 米。这种形制的夯土墙墓园可能是坡地王墓墓园的一般形制。江苏盱眙大云山汉墓的墓园平面近方形，边长 490 米。永城保安山 1 号墓、2 号墓和柿园汉墓的外围发现夯土围墙，将保安山的大部分地区包围了起来，平面呈不规则长方形，南墙和北墙残长 400 余米，东墙断续长约 900 米，西墙已毁。在东墙上发现门址一座，门道南北宽 4 米，地面铺方形石块。该墓园规模较大，主要原因大概是受到地形的影响，保安山上崎岖不平，不宜筑墙，所以只好将墙筑在山下平坦的地方。

徐州石桥 1 号、2 号崖洞墓所在山体的顶部有南北长 60、东西宽 30 米比较平坦的地面，周围残存有断续的石墙。石墙以石块垒砌，仅存基础部分，西北角保存较好，残长 1.9、宽 1.5、残高 0.7 米。由此可知，位于高大山丘中的崖洞墓，有的可能在山顶平坦的地方垒砌石墙墓园（或为下述的寝园）。

③礼制建筑

西汉皇帝陵园附近分布有礼制建筑，"同制京师"的诸侯国王墓也不例外。

在石家庄小沿村汉墓西 50 米处，地面散布较多秦汉砖瓦；满城陵山汉墓所处山丘的顶部也可见到西汉砖瓦残块，表明那里原来有建筑存在。在墓顶或墓侧发现砖瓦等建筑材料的情况还见于永城保安山 2 号墓、窑山 1 号墓、铁角山 2 号墓和徐州狮子山汉墓。迄今发现规模最大、保存最好的王墓建筑遗址位于保安山墓园内。该遗址坐落在保安山 1 号墓东北方较高的一级阶地上，坐北向南，平面呈长方形，南北长 110、东西宽 60 米。遗址四周夯筑围墙，南面和东面各辟一门，南门应为正门。南门外有一小广场，门内分为南北两区，有门道相通。南区以东西 22.2、南北 16.4 米的大殿为中心，其外围以庭院和回廊；北区以庭院为中心，东、南、北三面环绕大小不等、形制各异的堂、室类建筑（图 2 - 23）。出土板瓦、筒瓦上有"孝园"戳印。发掘者推测该建筑遗址是保安山 1 号墓寝园的旧址。

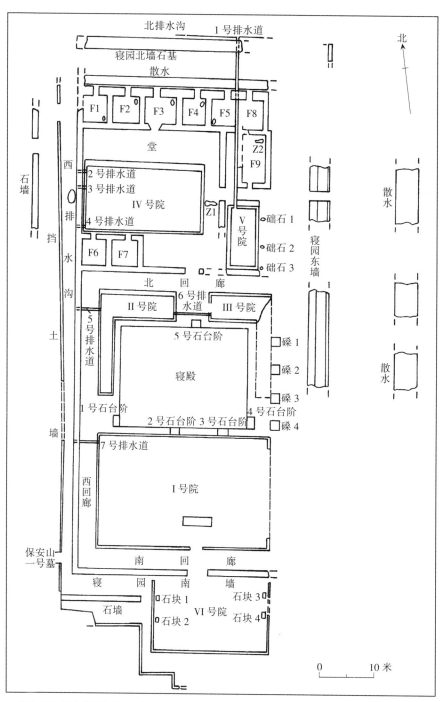

图 2-23　河南永城保安山梁孝王寝园遗址平面图（《中国考古学·秦汉卷》第 360 页图 7-22）

西汉帝陵附近的礼制建筑主要有寝、庙两种，它们性质不同，作用也不一样。王墓附近发现的建筑遗存也可能分属于寝和庙，其区别或与建筑所处墓顶或墓侧的位置有关。

④陪葬墓

像西汉帝陵一样，王墓附近也分布着数量不等的陪葬墓。距满城陵山汉墓不远的山坡上有18座小坟丘，上圆下方，长宽各10～20米，残高3～5米，它们就是陵山中山王墓的陪葬墓。永城梁王墓和徐州楚王墓附近也发现有陪葬墓。保安山2号墓的西北有3号墓，保安山1号墓的东、西方和柿园汉墓的南、东南、东北方分布有一些小型墓，其中保安山3号墓出土有金缕玉衣片和玉鼻塞、玉握等物，表明墓主具有一定的身份。徐州北洞山汉墓以北的后楼山汉墓群应是它的陪葬墓，其中1号墓和5号墓出土玉面罩、玉枕，4号墓墓主着银缕玉衣，具有较高的身份[53]。这些陪葬墓的墓主身份可能有多种，如王的嫔妃、家族成员、王国的官吏以及守墓者等。

（2）墓葬形制

①形制的演变

与西汉帝陵形制基本一致（文帝霸陵除外）不同，西汉王墓形制多样。竖穴木椁墓是先秦贵族普遍使用的墓葬形制，西汉早中期王墓继续沿用，是王墓的主要形制之一。章丘洛庄和临淄窝托村西汉早期墓还保留着双墓道"中"字形、墓外设多个陪葬坑的传统平面布局。西汉晚期以后，王墓已不再使用木椁墓的形制。

黄肠题凑墓虽在汉初就出现，并一直延续到西汉晚期偏早阶段，但在王墓形制中并不占主导地位。西汉初年的石家庄小沿村汉墓也保留着传统的"中"字形平面布局。长沙地区的三座黄肠题凑墓，在墓道近墓室处的两侧放置"偶人"，在内棺底板上铺透雕苓床以及内回廊隔间的做法，显然是受到了楚墓传统的影响。黄肠题凑墓的出现可能与西汉新丧葬礼制的制定与实施有关，它本为皇帝之制，之所以没有在王墓中形成主导形制，可能与使用该葬制需得到皇帝的恩赐有关。从黄肠题凑墓的考古发现看，它们大多位于西汉分封诸侯国的边远地区，如北方的中山国、广阳国，东南方的六安国、广陵国和中南方的长沙国等，皇帝赐给这些诸侯国王高级别的葬制，可能是从政治上进行笼络的一种策略。西汉黄肠题凑葬制对东汉砖石题凑葬制有着直接的影响。

　　竖穴石室墓可能是竖穴木椁墓与横穴崖洞墓相结合的一种形式，以竖穴木椁墓的形式达到横穴崖洞墓"因山为藏"的目的，这在广州象岗山汉墓上表现明显。该墓主体采用竖穴墓的形式（二耳室采用掏洞的形式），但平面布局与立体空间类似崖洞墓。永城梁国的四座竖穴石室墓，可能是西汉晚期梁国国力变弱背景下的产物。竖穴石室墓的时代属于西汉中、晚期。

　　崖洞墓在西汉早期一出现，就很快流行起来，成为几个王国，如鲁国、梁国和楚国王墓的主要形制。崖洞墓是西汉新兴的一种墓葬形制，它摆脱了传统竖穴木椁墓的平面布局和立体结构，适应"事死如事生"丧葬观念和墓室第宅化的实际需要，在山体中开凿出空间立体化、建筑式样、装饰和功用第宅化的庞大墓室群，并且在用棺制度和衣衾制度上比竖穴木椁墓和"黄肠题凑"墓更彻底地与传统决裂，开创了新局面。在西汉的不同时期，崖洞墓的形制也不太一样。西汉早期，梁国、楚国国大力强，崖洞墓规模巨大，墓室众多、凿制规整；墓道宽而长，墓葬的总体平面布局呈现出复杂化倾向。如永城保安山 2 号墓设两条墓道，并且不在一条直线上；墓室布局较自由，基本不对称。又如徐州狮子山汉墓内墓道上设天井、北洞山汉墓主体墓室之外另设附属墓室等做法在崖洞墓中都是仅有的发现。到了西汉中晚期，崖洞墓规模减小，墓室减少，凿制也较粗糙，有的墓还在洞室内建造瓦木建筑；墓道变短，甬道变长，墓葬的总体平面布局如满城陵山、曲阜九龙山、徐州龟山 2 号和石桥汉墓等，一般由墓道、甬道（附设耳室）和前后墓室（附设侧室）组成，布局比较规整、简洁。至于像满城陵山 1 号墓和永城保安山 1 号墓、2 号墓设回廊的做法，可能体现出地域上的差别。

　　综上所述，西汉王墓采用木椁墓是沿用传统的墓葬形制，而石室墓是在崖洞墓影响下出现的竖穴墓系统的一种新形式。黄肠题凑墓和崖洞墓是新出现的两种形制，前者比后者出现得早，后者比前者消亡得晚，两者在墓室布局、结构、发展演变上自成体系，但崖洞墓中出现回廊可能是受到黄肠题凑葬制的影响。黄肠题凑葬制虽然也发生着一些变化，但相对比较稳定，崖洞墓西汉早期与中晚期相比，形制布局变化较大。

　　与先秦墓制相比，西汉大型墓形制上最大的变化是由竖穴式封闭的木椁向横穴式开放的洞室、石室或木（椁）室转变。崖洞墓不需多言。石室墓虽然采用了竖穴形式的建造方法，但墓室却呈横穴的开放式。同样，黄肠题凑墓是传统的竖穴墓形制，但由题凑围成的空间在西汉早期即已形成了开放的构造，如同木室，与横穴式墓室类似。即使是最为传统的竖穴木椁墓，在西汉的某阶段也在对应墓道的木椁处设置门扉，从而椁内空间实际上也就变成了横穴的开放式。

与墓室结构变化相关联的，是墓道构造的变化，即从先秦墓道底高出墓坑底的形式转变为墓道底与墓坑底相连通的形式。

与墓道构造变化相关联的，是纳棺方式的变化，即从先秦由墓坑或木椁之上悬棺入椁变为顺墓道运棺入椁。

因此，就传统的竖穴墓制而言，纳棺方式的变化、墓道构造的变化与椁室结构的变化是互为关联，同时发生的。

②黄肠题凑葬制

黄肠题凑葬制本为天子之制，诸侯王和朝中重臣能够享用大概都是得自皇帝的恩赐。

黄肠题凑墓虽沿用竖穴系统墓制，但与传统的棺椁构造完全不同，是西汉兴起后适应新礼制而出现的全新葬制。据文献记载，先秦墓葬中已出现"题凑"之制，"题凑"之制与黄肠题凑葬制虽然存在一些联系，但有着本质的区别，黄肠题凑葬制赋予了"题凑"之制全新的内容[54]。

自西汉黄肠题凑墓发现以来，研究者对"黄肠题凑"、"便房"、"梓宫"和"外藏椁"等问题展开了全面探讨[55]。这里简要予以论述。

由文献记载参照墓葬实例，"黄肠题凑"最易辨识。长沙望城坡1号墓垒砌墙体的枋木上就有自名"题凑"的刻文。已知最早的"黄肠题凑"见于石家庄小沿村汉墓，如果该墓确系张耳之墓，表明"黄肠题凑"在汉初就出现在王墓中。

黄肠题凑墓的题凑形制与棺椁结构在不同时期有不同特征。汉初以石家庄小沿村汉墓为例，题凑墙用木板构建，平面呈"凸"字形；题凑墙内棺椁结构简单，保留着先秦木椁墓棺椁形制的特征；题凑墙与内部的木椁不留通道或门，构成封闭的空间，表现出较原始的特征。文景时期，黄肠题凑墓的题凑墙已用枋木，但多采用平铺垒叠、不设榫卯的方法；长沙陡壁山汉墓的题凑木层数不多，题凑墙高度低于木椁高度；陡壁山和望城坡1号墓的题凑墙与棺椁仍构成封闭的空间；棺椁结构也显简单。这些特征同样表现出形制上的原始性。同时，望城坡1号墓的题凑墙高度已超过木椁；象鼻嘴1号墓的题凑平面虽呈"凸"字形，但题凑与二层木椁均设通道或门，已形成开放的空间；题凑墙内棺椁结构已很复杂。这些特征又表明该时期题凑已渐趋成熟。西汉中晚期，黄肠题凑墓的题凑已臻成熟。北京大葆台 1 号墓题凑墙的顶端用压边木加固，高邮天山汉墓的题凑木四面出阴阳榫，使与上下左右的题凑木互相嵌合，全部题凑木还被安置于一个框架式结构中；题凑墙高度均与木椁相同；不仅题凑墙内设内回廊，题凑墙外还设外回廊，并且构成开放的空间；更有如天山汉墓的题凑木两端横截面中心嵌入一小方木块，用以象征"柏木黄心"。

黄肠题凑墓对建筑用料的材质有严格要求。所谓"黄肠"就是指题凑木要用柏木的黄心。已知黄肠题凑墓中，除有的墓材质不清外，大部分墓的题凑木确是柏木，与文献记载基本相合。但也有例外，如高邮天山 1 号墓的题凑木就不是柏木，而是楠木，北京老山汉墓的题凑则用了大量杂木。

"便房"是黄肠题凑墓中一套重要的葬具。按照文献记载黄肠题凑墓中各葬具的安置顺序，它应居"黄肠题凑"和"梓宫"之间。一般黄肠题凑墓在题凑墙体之内设一层或二层椁，椁内建棺室和前室，棺室内陈套棺。笔者认为，棺室、前室与题凑墙之间的空间即是"便房"，一般表现为环绕棺室和前室的一层或二层回廊，回廊内多被隔成若干小间。

研究者对"便房"在墓中位置的看法分歧最大，或认为"便房"是墓中的前室[56]，或认为棺室即"便房"[57]，或认为内椁与棺房总称为"便房"[58]，或认为"便房"是指围绕棺房的那层内回廊[59]。

"梓宫"居"黄肠题凑"的中央，研究者多认为棺房内陈放的套棺为"梓宫"。在黄肠题凑墓中，棺室是陈棺之所，与棺有着不可分割的联系。前室位于棺室前方，多与棺室相通，有的直接相连（北京大葆台 1 号墓）或即为一体（高邮天山 1 号墓）；前室内陈各种器具，其服务的对象即后面躺卧棺中的墓主人。由此看来，前室与棺室有着直接、密切的关系。考虑到黄肠题凑墓中前室与棺室的地面往往比其他部分高敞，笔者认为"梓宫"是包括了棺室和前室的一套葬具。高邮天山 1 号墓的棺室特殊，共有二层，均属"梓宫"。文献中常见"梓棺"、"梓宫"的区别或即在于"梓棺"是指单棺或套棺，而"梓宫"则包括了墓中的棺室和前室。

《汉书·霍光传》颜注引服虔曰：外藏椁"在正藏外，婢妾之藏，或曰厨厩之属也。"可见黄肠题凑墓中有"正藏"和"外藏椁"的区分。从霍光受赐葬具的顺序看，由内及外为"梓宫"、"便房"和"黄肠题凑"，再外为"外藏椁"。"外藏"之意，正暗示出前述"梓宫"、"便房"、"黄肠题凑”为“正藏”。“外藏椁”的位置既然在“正藏”外，也就是说它应在题凑墙外，题凑墙内不应有“外藏椁”。正如《汉书·霍光传》刘敞注：“以次言之，先亲身着衣被，次梓宫、次便房、次题凑、次外藏”（清王先谦：《汉书补注》，上海古籍出版社，2008 年）。在黄肠题凑墓中，位于中央的棺房和前室（“梓宫”）设门与其外围的回廊（“便房”）连通，再与“黄肠题凑”共同构成一个相互关联的整体，即为“正藏”。“外藏椁”设在题凑墙外，如高邮天山 1 号墓和北京大葆台 1 号墓题凑墙外的外回廊、墓道内的木椁室等。长沙陡壁山汉墓与象鼻嘴 1 号墓之间的 1 个陪葬坑，望城坡 1 号墓旁的 3 个陪葬坑也属于“外藏椁”。

③正藏与外藏椁

外藏椁的概念虽然出自黄肠题凑墓，在其他形制的墓葬中也存在。如传统的木椁墓，棺或套棺居墓室中心，棺外置椁，由棺椁构成多重封闭的空间即为正藏，这是墓葬的主体部分。外藏椁是相对于正藏存在的，它位于墓葬正藏之外，是正藏的附属部分。它或位于墓圹内的棺椁之外，或位于墓道中，有的还被安置在墓外。外藏椁起源于殷商贵族大墓的殉人棺和车马殉葬坑，从春秋中晚期开始出现了单独的器物坑[60]。秦汉时期，这种器物坑外藏椁非常流行。在西汉诸侯王木椁墓中，如献县 36 号墓耳室内的木椁箱，长清双乳山 1 号墓墓道内的木椁室，巨野红土山汉墓墓道内放置的车马，临淄窝托村和章丘洛庄汉墓墓道两侧所设的器物坑，泗阳大青墩汉墓主椁室以外的木椁室以及墓外的一个器物坑，获鹿高庄 1 号墓周围的器物坑，章丘危山汉墓附近的陪葬坑等，都属于墓葬的外藏椁。

黄肠题凑墓正藏与外藏椁的情况已如前述。

石室墓虽属竖穴墓系统，但墓内结构与崖洞墓有相似之处。它们一般都有一个或两个主要墓室，有两个土室的，后室陈棺，前室布置各种器具，有的墓后室周围设回廊。前室和后室还附设侧室。墓道或甬道两侧设耳室，用于储藏食品、宴饮用品，放置车马、偶人。从石室墓和崖洞墓的结构布局、各墓室的功能可以看出，前、后二室设门相通，前室直接为后室服务，关系密切，前、后室以及与之直接相连的侧室、回廊等构成墓葬的正藏；墓道、甬道两侧的耳室属于外藏椁。以满城陵山 1 号墓为例，正藏包括前室、后室（带一侧室）和回廊，两个耳室是外藏椁。墓外的陪葬坑也属于外藏椁，如永城多座梁王墓外的陪葬坑等。

王墓外藏椁的基本内容，正如服虔所说，有“婢妾”，有“厨厩”。随着社会的发展进步，汉代用真人殉葬的恶俗只发现于个别王墓中，如广州象岗山汉墓和徐州狮子山汉墓。活人殉葬被禁止后，替代他们的是各种质地的俑，其中以陶俑随葬最普遍。因为陶俑是活人殉葬的替代品，活人的身份各种各样，所以陶俑的形象也各有不同。章丘危山汉墓、徐州狮子山汉墓外的兵马俑坑外藏椁，陶俑着甲持兵骑马，排列成整齐的军阵，用以象征墓主生前统领的军队。徐州北洞山汉墓内的陶俑，放置位置不同，代表的身份也不一样，如墓道两侧7个小龛中出土的222件彩绘陶俑佩长剑、背箭箙，可能象征楚国王宫的仪卫；附属建筑5室内的陶俑与铜编钟、石磬、陶瑟同出，身份当为乐伎舞女；附属建筑6~11室象征厨房，这里陶俑的身份应是在厨房劳作的杂役。因此，外藏椁中的"婢妾之属"，是指为墓主服务的所有人（俑）。

关于"厨"，在西汉王墓中有发现，如徐州北洞山汉墓附属建筑6~11室内建造有砖灶、水井、粮仓，出土有炊器陶釜、甑、动物骨骼（肉食）、炭化谷物和陶俑等，构成一组象征厨房的建筑。当然，并非所有墓葬外藏椁中的"厨"都做得如此逼真，大多数情况是用其中的几项内容起到象征的作用，如随葬陶灶、储粮罐、酒壶、水缸、动物或动物俑、蒸煮煎烤器具、饮食器具等。

关于"厩"，在西汉王墓中表现为车、马或车马器具。如长清双乳山1号墓在墓道椁室内放置大车3辆、小车1辆、马8匹、鹿2只；广州象岗山汉墓在墓道与前室中各置一辆漆木车模型；北京大葆台1号墓墓道椁室内置彩绘朱轮马车3辆、马13匹；满城陵山1号墓甬道内陈车2辆、马5匹，南耳室放车4辆、马11匹；陵山2号墓北耳室放车4辆、马13匹等等。

后汉人服虔对墓葬外藏椁的解释具有高度概括性，他只是列举了外藏椁最主要的几项内容。从已见王墓外藏椁的情况看，大到军队（兵马俑坑）、小到武库、钱库、丝织品库等，内容丰富，基本上包罗了衣、食、住、行、用的各个方面，是墓主生前奢华生活的反映。

3. 随葬制度

（1）车马殉葬

以实用车马殉葬是西汉诸侯王墓与其他大型墓相区别的重要特征之一。王墓殉葬真车马始于西汉早期，流行于西汉中期和晚期前段，大约在西汉晚期后段被此前已长期使用的真车马器和车马明器取代。一般殉车3辆，如北京大葆台1号墓、2号墓、定县40号墓、满城陵山2号墓、获鹿高庄1

号墓、长清双乳山 1 号墓和曲阜九龙山 4 座墓等；有的墓还同时殉小车 1 辆，如满城陵山 2 号墓和长清双乳山 1 号墓等；也有如满城陵山 1 号墓殉车 6 辆的例子。据研究，入殉西汉王墓的 3 辆车应是载送衣冠到墓穴的魂车，相当于先秦时期丧葬活动中使用的乘车、道车与櫜车[61]。也有研究者持不同看法，认为西汉王墓所殉 3 车是王青盖车（安车）、戎车（或猎车）和辂车[62]。

（2）棺椁

竖穴木椁墓和黄肠题凑墓还保留着先秦时期使用多重棺椁的遗风。竖穴木椁墓如长清双乳山 1 号墓为二椁三棺，献县 36 号墓也是三棺（一椁），但巨野红土山汉墓却是一椁一棺，并不一致；黄肠题凑墓多为二棺，如石家庄小沿村汉墓、长沙陡壁山汉墓、长沙望城坡 1 号墓和高邮天山 1 号墓等，但也有如北京大葆台 1 号墓和长沙象鼻嘴 1 号墓为三棺，定县 40 号墓为五棺的例子，看来也不统一。

竖穴石室墓和横穴崖洞墓由于罕见棺椁保存较好的例子，所以使用棺椁的情况并不清楚，但从广州象岗山汉墓使用一棺一椁以及徐州狮子山汉墓、满城陵山 2 号墓仅见镶玉漆棺的情况看，这两种新兴的墓葬形制有可能完全抛弃了先秦的多重棺椁制，而仅使用单棺。

（3）玉衣殓服

玉衣是汉代皇帝和贵族死后穿着的一种特殊殓服，在王侯墓中多有发现。据研究，汉代的玉衣起源于先秦贵族墓中覆盖在死者脸部的缀玉面幕和身上穿着的缀玉衣服[63]。关于玉衣的使用制度，按《后汉书·礼仪志》的记载，皇帝用金缕玉衣，诸侯王、初封的列侯、贵人、公主用银缕玉衣，大贵人、长公主用铜缕玉衣。就考古发现的玉衣资料看，西汉时期在玉衣使用上尚未形成严格的等级制度，诸侯王和列侯也可使用金缕玉衣，诸侯王墓如满城陵山 1 号墓、2 号墓、定县 40 号墓、永城窑山 1 号墓、永城僖山 1 号墓、徐州狮子山汉墓、徐州北洞山汉墓、高邮天山 2 号墓等，列侯墓如邢台南郊汉墓；也有王墓不使用玉衣，如长清双乳山 1 号墓等；还有如广州象岗山汉墓使用丝缕玉衣的特例。

文献记载某些达官显贵死后还可受赐使用玉衣。

（二）东汉诸侯王墓

东汉继承了西汉分封诸侯王和列侯的制度。东汉诸侯王、列侯的埋葬制度与西汉有着继承与发展的内在联系。

1. 东汉诸侯王墓概况

东汉诸侯王墓考古发现的数量与分布范围均不及西汉。见于报道的有8座：河北定县北庄汉墓[64]、定县43号墓[65]、山东临淄金岭镇1号墓[66]、山东济宁肖王庄1号墓[67]、济宁普育小学汉墓[68]、河南淮阳北关1号墓[69]、江苏徐州土山汉墓[70]、江苏邗江甘泉2号墓[71]。涉及的王国有中山、齐、任城、陈、彭城和广陵，分布在河北、山东、河南和江苏等省（表2-4）。

（1）墓葬形制

东汉王墓都是一条墓道的竖穴土坑砖石墓，墓室大多用砖和石材构筑而成，也有只用砖或石材砌筑墓室的。一般墓道或甬道附设1~2个耳室，墓室分前室和后室，有的为两个并列的后室。墓室周围大多环绕回廊，有的墓在回廊外围砌石墙。以邗江甘泉2号墓、定县北庄汉墓、淮阳北关1号墓和济宁普育小学汉墓为例说明如下。

邗江甘泉2号墓的墓宰建于地面之上的封土堆内，坐北向南，由前室、并列的二后室和回廊组成。后室两端无门无墙，直接通前室和回廊。随葬品散布前室、后室和回廊中，有铜、铁、银、陶瓷、玻璃、漆器及金、玉、玛瑙、琥珀、珍珠、绿松石、琉璃饰品。由铜雁足灯上"山阳邸"、"建武廿八年造"铭推定墓主为自杀于东汉明帝永平十年（公元67年）的广陵思王刘荆。该推断为采集到的龟纽"广陵王玺"金印所证实。该墓有并列的二后室，应是夫妇同穴合葬墓（图2-24）。

定县北庄汉墓用砖石砌成，坐北朝南，由墓道、东耳室、前室、后室与环绕后室的回廊组成。前室与后室、回廊设门相通。墓室外周砌石墙，顶部平铺三层石块。耳室内放置陶质饮食器具。墓室内出土铜、铁、玉石器400余件，有两套鎏金铜缕玉衣。从玉片背面墨书"中山"、陶釜刻文"大官釜"、铜弩机刻铭"建武卅二年"以及石块刻文、墨书等文字资料综合分析，认定墓主为卒于东汉和帝永元二年（公元90年）的中山简王刘焉及其妻（图2-25）。

淮阳北关1号墓用砖石砌成，坐西向东，由墓道、甬道、南北耳室、前室、后室和回廊组成。回廊围绕整个墓室，内设7个小室。各室有甬道、券门相通。随葬品中石器最具特色，石仓楼上还雕刻画像。另有铜器、陶器和玉器等。从墓葬规模、形制布局、随葬银缕玉衣、回廊壁砖上模印

表 2 - 4　东汉诸侯王墓简表

序号	地点	墓葬形制	随葬品	时代	墓主	备注
1	河北定县北庄汉墓	用砖石砌成；坐北朝南；由墓道、前室、后室、东耳室与环绕后室的回廊相通；后室与后室、回廊设门相通；墓室外周围石墙，顶部平铺三层石块	墓室内出土铜、铁、玉石器400余件，有两套鎏金铜缕玉衣；文字资料有：玉片背面墨书"中山"，陶金刻文"大官釜"以及石块刻文、墨书字等，铜弩机刻铭"建武卅二年"	和帝永元二年（公元90年）	中山简王刘焉夫妇	同穴合葬
2	定县43号墓	坐北朝南；由墓直、甬道、东西耳室、前室和并列的二后室组成	有铜、铁、金银、陶、玉、骨器千余件，后室发现银缕玉衣和铜缕石衣各一套，表明墓主有二人	灵帝熹平三年（公元174年）	中山穆王刘畅夫妇	同穴合葬
3	山东临淄金岭镇1号墓	墓向南；由墓道、甬道、东西耳室、前室、后室和后室三面的回廊构成；墓扩南北23.6、东西17.4米；墓室主体以砖砌筑，唯甬道、前室、后室及回廊内侧平铺青石板一周	有铜、铁、陶、瑙、瓒、格、剑首、剑格等，其他还有珠琅珰、五铢钱、画像石、金箔和丝织品朽迹等；玉器有璧、环、璜、佩、塞，银缕玉衣片多残	明帝永平十三年（公元70年）	齐炀王刘石	
4	山东济宁普育小学汉墓	坐西向东；东西6.18、南北8.08米；由墓道、前室、后室与后室三面的回廊构成；墓道在南北侧室，整个墓室用石灰岩石材构筑	有铜、陶、玉石、骨器百余件，钱币350枚，重要的是铜缕玉衣片	东汉晚期桓灵之际	任城王刘博或刘佗之妻	

续表

序号	地点	墓葬形制	随葬品	时代	墓主	备注
5	济宁肖王庄1号墓	坐北朝南；由墓道、南北耳室、甬道、前室、后室与围绕前室的回廊构成；墓室南北15.89、东西15.9，高8.35米	有铜、陶、玉石器等；墓主着银缕玉衣；4000余块石材中782块上有刻铭或朱书	和帝永元十三年（公元101年）	任城孝王刘尚	
6	河南淮阳北关1号墓	用砖石砌成；坐西向东；由墓道、甬道、南北耳室、前室、后室和回廊组成；在1号墓的北侧同冢之下还有一座墓	随葬品中石器最具特色，石仓楼上还雕刻画像；另有铜器、陶器和玉器等；墓主着银缕玉衣	安帝延光三年（公元124年）	陈顷王刘崇	异穴合葬
7	江苏徐州土山汉墓	用砖石砌而成，由墓道、甬道、前室、后室组成；在此墓之南另有一座墓	墓主着银缕玉衣	东汉中晚期	某代彭城王	异穴合葬
8	江苏邗江甘泉2号墓	墓室建于地面之上的封土堆内，坐北朝南，由前室、并列的二室和回廊组成	有铜、铁、银、陶瓷、玻璃、漆器及金、玉、玛瑙、琥珀、珍珠、绿松石、琉璃饰品；铜雁足灯上有"山阳邸"，"建武廿八年造"铭文；龟纽"广陵王玺"金印	明帝永平十年（公元67年）	广陵思王刘荆夫妇	同穴合葬

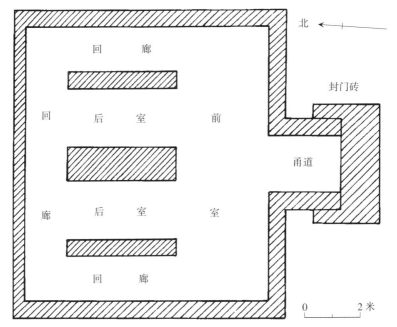

图 2-24 江苏邗江甘泉 2 号墓平面图（《中国考古学·秦汉卷》第 374 页图 7-25A）

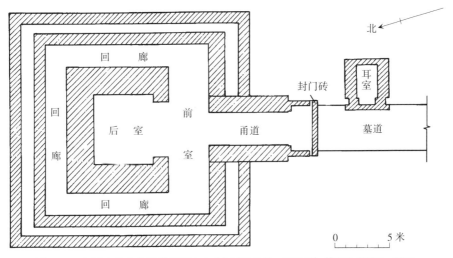

图 2-25 河北定县北庄汉墓平面图（《中国考古学·秦汉卷》第 374 页图 7-25B）

"安君寿壁"等情况分析，墓主应是卒于东汉安帝延光三年（公元 124 年）的陈顷王刘崇。在同冢之下的 1 号墓北侧还有一座墓，墓主应是刘崇之妻（图 2-26）。

济宁普育小学汉墓用石材构筑而成，坐西向东，由墓道、前室、南北

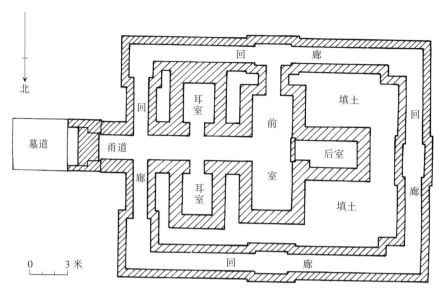

图 2 - 26　河南淮阳北关 1 号墓平面图（《中国考古学·秦汉卷》第 375 页图 7 - 26A）

侧室、后室与围绕后室三面的回廊构成。整个墓室，除门与铺地石外，石材面上都阴线刻、浅浮雕或镶嵌各种花纹，如连弧纹、垂幛纹、菱形纹、水波纹、几何纹和星象图等。出土铜、陶、玉石、骨器百余件，钱币 350枚，另有铁器、漆器残片等，其中重要的是铜缕玉衣片。发掘者认为墓主是东汉晚期桓灵之际的任城王刘博之妻或刘佗之妻（图 2 - 27）。

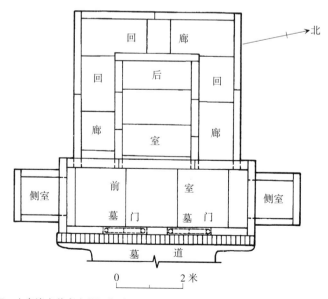

图 2 - 27　山东济宁普育小学汉墓平面图（《中国考古学·秦汉卷》第 375 页图 7 - 26B）

（2）随葬品

东汉 8 座诸侯王墓均遭盗掘，因此难以了解随葬品的全貌。东汉王墓已不用真车真马殉葬，而代之以模型车马，故而小件鎏金车马器具较为常见，也有鎏金铜容器、砚盒、博山炉等生活用器。金制品有如定县 43 号墓造型别致的各种金饰等，银制品有盒、碗及各种饰品。东汉王墓还流行随葬模型明器，如陶楼房、仓、米碓风车、井、灶、圈厕、猪、鸡、狗以及石井、猪、羊、鸡等。王墓中还出土了一些文字资料，如邗江甘泉 2 号墓的有铭铜雁足灯、"广陵王玺"龟纽金印；定县北庄汉墓的背面有墨书文字玉衣片、刻文陶釜、有铭铜弩机、刻文、墨书石块；淮阳北关 1 号墓的模印文字砖等。

2. 葬制综论

东汉诸侯王墓并穴合葬与同穴合葬并存。临淄金岭镇 1 号汉墓、济宁肖王庄 1 号汉墓、淮阳北关 1 号汉墓、徐州土山 1 号汉墓和济宁普育小学汉墓都只有一个后室且出土一套玉衣，尤其是在淮阳北关 1 号汉墓的北侧同冢之下还有一座墓，在徐州土山 1 号汉墓之南另有一座 2 号汉墓，显然都属于并穴合葬。邗江甘泉 2 号汉墓和定县 43 号汉墓设有并列的两个后室，定县 43 号汉墓和定县北庄汉墓还都出土两套玉衣，表明这 3 座墓属同穴合葬。

（1）地面建制

①坟丘

东汉王墓中除 3 座墓的坟丘不存或没有报道外，其他 5 座墓坟丘的情况是：定县北庄汉墓坟丘长宽各 40 米，高 20 米；定县 43 号汉墓坟丘底径 40 米，高 12 米；临淄金岭镇 1 号汉墓坟丘略呈圆台状，底径 35.4～37.2 米，高 10.75 米；济宁肖王庄 1 号汉墓坟丘底径约 60 米，高约 11 米；邗江甘泉 2 号汉墓坟丘直径 60 米，高约 13 米。从总体情况看，5 座墓的坟丘高度分别为 20、12、10.75、11 和 13 米，都在 10 米以上。由此说明，东汉王墓坟丘的高度与西汉王墓基本一致，即在列侯墓（《周礼·春官·冢人》郑注曰："汉律曰列侯坟高四丈，关内侯以下至庶人各有差。"）与帝陵（《汉旧仪》载西汉帝陵"坟高十二丈，武帝坟高二十丈"。）坟丘高度之间，这从一个侧面说明西汉、东汉丧葬制度的一致性和连贯性。

临淄金岭镇 1 号汉墓坟丘略呈圆台状，定县 43 号汉墓、济宁肖王庄 1 号汉墓、邗江甘泉 2 号汉墓描述坟丘大小时均用"直径"一词，看来坟丘也是圆台形，至于定县北庄汉墓的坟丘，也应为圆坟。东汉诸侯王墓坟丘形状与东汉帝陵相似。

②其他

已知东汉王墓没有发现墓园遗迹。东汉帝陵在陵园设置上改垣墙为"行马"，东汉王墓是否模仿了帝陵的陵园形制，尚待研究。

文献记载东汉王墓附近有庙类建筑，如《后汉书·东海恭王疆传》曰："将作大匠留起陵庙。"但至今尚无考古发现的实例。

西汉帝陵、王陵前未发现石雕像。在武帝茂陵的陪葬墓——霍去病墓周围有一组著名的石像，如象、牛、马、鱼、猪、虎、羊、人熊相斗、马踏匈奴等。霍去病生前屡征匈奴，立下了赫赫战功，他的墓之所以立有这么多石像，应与他个人特殊的经历有关。东汉帝陵前发现有大象等石雕像，传世的许多东汉石羊、石天禄、石辟邪、石狮等一般认为是墓前之物，说明东汉时期盛行在墓前树立石雕像。从文献记载中可以看到，诸侯王墓前有可能也立有石像。《水经注·易水》记载："中山简王焉之葬也，厚其葬，采涿郡山石以树坟茔，陵隧石兽，并出此山，有所遗二石虎，后人因以名冈。"

（2）墓葬形制

①形制特征

东汉诸侯王墓完全抛弃了西汉木椁墓和崖洞墓的形制，适应时代发展变化，在继承西汉竖穴墓形式、崖洞墓平面布局与空间结构的石室墓的基础上，受到黄肠题凑墓的影响，形成了带回廊的前后室砖石结构墓，这是东汉王墓的基本形制和重要特征。

②砖石题凑

东汉王墓中设置回廊，应是继承了西汉黄肠题凑墓和崖洞墓的回廊形制。以定县北庄汉墓为例，墓室布局结构颇似黄肠题凑墓，也有"梓宫"（后室）、"便房"（回廊）、题凑墙体（石墙）和"外藏椁"（耳室），不同的是前室相对独立了出来。在这座墓里，黄肠石代替了黄肠木，木题凑墙体变成了石题凑墙体，题凑墙内外的木质"梓宫"、"便房"和"外藏椁"都变成了砖室。虽然多数墓没有像该墓在回廊外围另建石题凑墙，但这些墓回廊外侧的砖墙或石墙也可起到象征题凑墙的作用。

③正藏与外藏椁

东汉诸侯王砖石室墓的平面布局与前述西汉石室墓和崖洞墓相似，一般都有前、后两个主要墓室，后室陈棺，前室放置各种器具；有的前室附设侧室，后室周围设回廊。墓道或甬道两侧设耳室，用于储藏食品，放置车马与偶人。从墓的结构布局及各墓室的功能来看，前、后二室设门相通，前室直接为后室服务，关系十分密切，因此，前、后墓室及与之相连通的侧室、回廊等构成墓葬的正藏，墓道、甬道两侧的耳室属于外藏椁。如临淄金岭镇一号汉墓的前室、后室和回廊为正藏，甬道两侧的耳室为外藏椁。

（3）玉衣殓服

关于玉衣的使用制度，据《后汉书·礼仪志》记载，皇帝用金缕玉衣，诸侯王、初封的列侯、贵人、公主用银缕玉衣，大贵人、长公主用铜缕玉衣。如前所述，就考古发现的玉衣资料看，西汉时期在玉衣使用上尚未形成严格的等级制度。到了东汉时期，正如文献所载，已形成按身份使用缕质的制度，诸侯王和始封列侯用银缕玉衣，文献未载的嗣位列侯、诸侯王及列侯的妻子用铜缕玉衣，还有一些使用铜缕玉衣的墓，墓主身份可能是大贵人、长公主等。

东汉诸侯王墓普遍发现玉衣殓服。定县43号汉墓、临淄金岭镇1号汉墓、济宁肖王庄1号汉墓、淮阳北关1号汉墓、徐州土山1号汉墓等5座墓的墓主身穿银缕玉衣，身份为诸侯王；济宁普育小学汉墓墓主着铜缕玉衣，定县43号汉墓另有一墓主着铜缕石衣，她们的身份应为王后。比较特殊的是定县北庄汉墓和邗江甘泉2号墓，前者出土了两件鎏金铜缕玉衣，或认为鎏金铜缕相当于银缕[72]，或认为鎏金铜缕是金缕的代用品[73]；后者没有出土玉衣，一般认为与墓主自杀身亡的背景有关。总之，东汉王墓出土玉衣殓服的状况，与文献记载按墓主身份使用玉衣缕质的制度是基本一致的。

就现有考古资料而论，东汉时期的墓葬以是否使用玉衣殓服最能体现等级的特征，例如已经发现的十多座二千石官吏墓，除河北望都2号汉墓墓主着铜缕玉衣，应是身为刘姓皇族受赐而用外，其他墓均未见使用玉衣。

总之，由于受到墓葬资料的限制，东汉诸侯王墓的考古学研究，在有些方面还无法深入进行，例如地面建制和随葬制度等，因此，期待着更多、更完整的诸侯王墓被发现。

三　汉代列侯墓

列侯是仅次于诸侯王的第二等爵位，西汉初开始分封，一直延续到东汉末。列侯墓制是汉代丧葬礼制的重要组成部分，是研究汉代墓葬等级制度的重要一环。

研究列侯墓与研究诸侯王墓一样，首先得加以识别。少数墓内出土印章、封泥、漆器、铜器铭文等文字资料，可确定墓主为某代侯。有的墓中出土玉衣殓服，根据墓的地望、坟丘高度、随葬品特征并参考文献记载，也可推定墓主身份。

（一）西汉列侯墓

能够基本认定的西汉列侯、列侯夫人墓共 13 座，其中西汉早期墓 12 座，西汉中期墓 1 座。它们是：河北邢台南郊汉墓[74]、陕西咸阳杨家湾 4 号墓、5 号墓[75]、西安新安机砖厂汉墓[76]、四川绵阳双包山 2 号墓[77]、山东济南腊山汉墓[78]、安徽阜阳双古堆 1 号墓、2 号墓[79]、江苏徐州簸箕山 3 号墓[80]、湖南长沙马王堆 1 号墓、2 号墓、3 号墓[81]、沅陵虎溪山 1 号墓[82]。其中徐州簸箕山 3 号墓、长沙马王堆 1 号墓、3 号墓和沅陵虎溪山 1 号墓保存完好。这些墓涉及的侯国有南曲侯、绛侯或条侯、汝阴侯、宛朐侯、轪侯和沅陵侯等，分布在河北、陕西、四川、山东、安徽、江苏和湖南等省（表 2-5）。另外，河北隆尧汉墓出土金缕玉衣片 230 余片，多数雕刻纹饰并镶贴金箔，推测墓主可能是西汉中晚期的某代象氏侯[83]。山东阳谷吴楼 1 号墓是一座规模较大的砖室墓，南北全长 12.06 米，东西最宽 9.56 米，有并列的两个墓室，墓室四周围绕回廊，随葬品有铜、铁、铅、陶、石、骨器和钱币等，推测墓主可能是西汉晚期的某代阳平侯夫妇[84]。

1. 墓葬形制

除一座砖室墓外，多为一条墓道的竖穴土石坑木椁墓。

（1）木椁墓

墓室用木材构筑。以咸阳杨家湾 4 号墓、徐州簸箕山 3 号墓、长沙马王堆 1 号墓和沅陵虎溪山 1 号墓为例简述如下。

咸阳杨家湾 4 号墓由曲尺形斜坡墓道（向南）和墓室组成，墓道和墓室壁设多层台阶，原来建有极其复杂的木构造。墓室底部东西长 10.57 ~ 11.01 米，南北宽 8 ~ 8.75 米。墓室内积炭，棺椁形制不清。墓坑内外共设陪葬器物坑 18 个，其中墓道内 5 个，墓外 13 个。陪葬坑分类放置器物，如有车坑（K7）、粮食、车马坑（K4、K5、K6 等）、陶器坑（K1、K2、K3）、铜器坑和兵马俑坑（10 个，6 个放置骑马俑，共有 580 多件，4 个放

表2-5 西汉列侯墓简表

序号	地点	墓葬形制	随葬品	时代	墓主	备注
1	河北邢台南郊汉墓	由墓道和砖砌墓室组成，坐西向东	有铜、铁、陶、玉石器等30余件，包括金缕玉衣片和一枚"刘迁"龟组铜印	宣帝甘露三年（公元前51年）	南曲阳侯刘迁	
2	陕西咸阳杨家湾4号墓	由曲尺形斜坡形墓道（向南）和墓室组成；墓室内外共设陪葬器物坑18个，其中墓室内5个，墓外13个	陪葬坑中有车坑、粮食、车马坑、陶器坑，铜器坑和兵马俑坑；另有200多片银缕玉衣片	文景时期	绛侯周勃或条侯周亚夫夫妇	异穴合葬
3	咸阳杨家湾5号墓	位于4号墓以北26米，与4号墓形制相同，墓道方向相反；葬具为一椁一棺，棺椁周围积炭，棺椁间置随葬品	有铜、铁、陶、玉器和钱币等，最能说明墓主身份的是202片银缕玉衣片			
4	陕西西安新安机砖厂汉墓	由斜坡墓道（向北）、器物箱和墓室组成；器物箱内放骑马俑、立俑、陶牛和车等；椁室四周置积灰，椁室内陈棺，椁室与棺室间形成边箱（2边箱，3足厢）	有铜、铁、釉陶、陶、石、漆木器和铜钱等，最具特色的是一批陶俑，有裸体骑马俑、裸体男女立俑，形体特征如裸体立俑的塑衣俑，鸡和鸽等；文字资料有"利成家丕"封泥	西汉早期	列侯级别	
5	四川绵阳双包山2号墓	由斜坡墓道和墓椁室、椁室内建木椁室（前室、后室）组成，椁室四周填青灰色膏泥，后室置棺，前、后室间设门相通	有铜、铁、银、陶、玉、竹、漆木器和钱币等千余件，以漆木器最具特色，如漆车、漆马、木牛、木杜等，还有银经脉漆雕木人、木俑、木猪、牛、羊，木灶，银缕玉衣片	西汉早期	列侯级别	

续表

序号	地点	墓葬形制	随葬品	时代	墓主	备注
6	山东济南腊山汉墓	由墓道和墓室组成，平面呈曲尺形，墓道向南，墓室东西向；墓室分成前室和后室，前室放置三个木椁箱，后室陈棺椁	有铜、铁、陶、玉、漆器以及"傅媛"水晶印章、"姿媛"玛瑙印章和"夫人私府"封泥等70余件	西汉早期	某列侯夫人傅媛	
7	安徽阜阳双古堆1号墓	由墓道（向南）和墓室组成；墓口南北长9.2米，东西宽7.65米；椁室外积炭，椁室内置一道隔板，分椁室为头厢和棺室两部分；棺室内置棺床，其上陈棺与棺椁同放置随葬品	共206件，有铜、铁、铅、金银、陶、石、漆木器和钱币等，重要的有二十八宿圆盘、六壬栻盘、太乙九宫占盘等漆器以及竹简（有《苍颉篇》、《万物》、《刑德》等），是研究汉代天文学、医学等古代科学技术和典籍的珍贵资料	文帝十五年（公元前165年）	第二代汝阴侯夏侯灶	
8	阜阳双古堆2号墓	形制布局与1号墓相同；墓口南北长23.5米，东西宽13米	有铜、银、陶、漆器等64件，其中重要的是漆器和铜器铭文"女阴侯"和"女阴家丞"封泥	与1号墓接近	夏侯灶之妻	异穴合葬
9	江苏徐州簸箕山3号墓	竖穴石坑，葬具似一棺一椁，在墓底东西二壁各掏挖一浅龛，盛放随葬品；在墓室西北28米处设一陪葬器物坑	保存完好，有铜、金、银、陶、玉石、骨器等100件（组），其中有1枚"宛朐侯埶"龟纽金印，陪葬坑出土男女陶俑25件	景帝时期	宛朐侯刘埶	

续表

序号	地点	墓葬形制	随葬品	时代	墓主	备注
10	湖南长沙马王堆1号墓	由斜坡墓道（向北）和墓室组成，墓坑底部构筑椁室，椁室为设棺室，棺室内陈四层套棺，棺室、椁室间为东、西、南、北四个边厢	保存完好，有竹简、帛画、丝织品、漆器、俑、竹木器具等，另有小件铜器、锡器、陶器和角封泥，共千余件；文字资料有"軑侯家"漆器铭文等	文帝初元十二年以后数年	軑侯利苍之妻"辛追"	异穴合葬
11	长沙马王堆2号墓	位于1号墓之西，由斜坡墓道（向北）和墓室组成；墓坑呈椭圆形，坑口大径11.23米，小径8.9米；椁室外积炭和白、黄青泥；葬具为二椁二棺	以漆器为主，还有铜器、银器、陶器、玉器等，其中最重要的是三棵印章："利苍"玉印、"軑侯之印"龟纽铜印和"长沙丞相"龟纽鎏金铜印	吕后二年（公元前186年）	长沙国丞相、軑侯利苍	合葬
12	长沙马王堆3号墓[85]	位于1号墓之南，由斜坡墓道（向北）和墓室组成；墓坑口南北长16.3米，东西宽15.45米；墓坑壁设三层台阶；椁室外积炭和青膏泥；椁室内设棺室，棺室内陈三层套棺；棺室、椁室间为东、西、南、北四个边厢	保存完好，有千余件，主要有帛画（4幅）、帛书（《周易》、《老子》，地图2幅）、简书（610支，内容分遣策和医书两部分）、竹简（兵器、乐器、木博具1套，竹简52个，有的器物上未书"軑侯家"等文字	文帝初元十二年（公元前168年）	第二代軑侯利豨的兄弟	有认为是軑侯利豨
13	湖南沅陵虎溪山1号墓	由墓道（向东）、南北耳室和墓室组成，墓室由主椁室和南北两列外藏椁室组成，主椁室又分成头庖，南北边厢和棺室；墓主葬椁棺内，该墓南侧不到20米处另有2号墓	保存完好，有铜、陶、玉、滑石和漆木器以及丝织品、竹简等1500余件；文字资料有漆器铭文"沅五十三"等，"吴阳"玉印和1336枚（段）竹简	文帝后元二年（公元前162年）	第一代沅陵侯吴阳	异穴合葬

127

置立俑，约有2000件）。最能说明墓主身份的遗物是墓室内出土了200多片银缕玉衣片。推测墓主为绛侯周勃或条侯周亚夫（图2-28）。

徐州簸箕山3号墓为竖穴石坑墓，不设斜坡墓道。墓口南北长3.6米，东西宽2.6米。墓底东西二壁各掏挖一浅龛，盛放随葬品。葬具似一棺一椁。在墓西北28米处设一陪葬器物坑，南北长7米，东西宽1.1米。墓室随葬品100件（组），有铜、铁、金、银、陶、玉石、骨器等。陪葬坑出土男女陶俑25件。据墓主腰部佩带的篆书"宛朐侯埶"龟纽金印知墓主为宛朐侯刘埶。史载刘埶因参与"七国之乱"被免或被诛杀。

长沙马王堆1号墓由斜坡墓道（向北）和墓室组成。墓道两壁设有二层台。墓坑口南北长19.5米，东西宽17.8米。墓坑壁设四层台阶。墓坑底部构筑椁室，椁室外积炭和白膏泥。椁室内设棺室，棺室内陈四层套棺。棺室、椁室间为东、西、南、北四个边厢。墓主为一女性，尸体保存甚好。随葬品千余件，主要有竹简（312支，内容为遣策）、帛画（1幅）、丝织

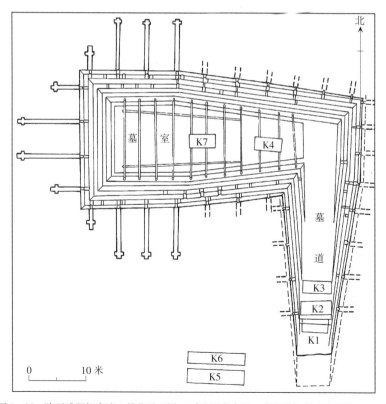

图2-28　陕西咸阳杨家湾4号墓平面图（《中国考古学·秦汉卷》第369页图7-23）

品（有绢、纱、绮、罗绮、锦、绦、组带、印花纱、刺绣等）、漆器（184件，有的器物上朱书、墨书"轪侯家"等文字，也有戳记文字）、木俑（162件）、竹木器（竹竽、竹竽律、竹篓、竹夹、竹扇、竹熏罩、竹箸、竹席、木瑟、木杖、木璧、木梳、木筐、木犀角、木象牙，48个竹笥盛放衣物、丝织品、食品、草药和明器等），另有小件铜器、锡器、陶器和角器等。据墓中出土"轪侯家丞"封泥、"轪侯家"漆器铭文，参考与之并列的2号墓墓主为长沙国丞相、轪侯利苍，推测该墓墓主为利苍之妻，可能卒于文帝初元十二年以后数年（图2-29）。

沅陵虎溪山1号墓由斜坡墓道（向东）、南北耳室和墓室组成，墓室由主椁室和南北两列外藏椁室构成，主椁室又分成头厢、南北边厢和棺室。墓主藏二层套棺内。三厢、内棺、外藏椁室和耳室内出土铜、陶、玉、滑石和漆木器以及丝织品、竹简等1500余件（套）。文字资料有漆器铭文"沅五十三"等、"吴阳"玉印和1336枚（段）竹简（内容有黄簿、《日书》和《美食方》三种）。墓主是卒于文帝后元二年（公元前162年）的第一代沅陵侯吴阳。在该墓南侧不到20米处另有一座2号墓（图2-30）。

图2-29　湖南长沙马王堆1号墓平、剖面图
（《中国考古学·秦汉卷》第370页图7-24A）

（2）砖室墓

只有邢台南郊汉墓一座。由墓道（朝东）和墓室组成，墓室四壁砖砌，顶盖木板，东西长7.05米，南北宽2.85米。随葬品有铜、铁、陶、玉石器等30余件。据出土的金缕玉衣片和阴刻"刘迁"龟纽铜印并参照文献记载，确定墓主为卒于宣帝甘露三年（公元前51年）的南曲炀侯刘迁。

2. 葬制综论

西汉列侯墓多分布在侯国都城附近地势较高的家族墓地内，一般采用夫妇异穴合葬的形式。下面从地面建制、墓葬形制和随葬品三方面加以论述。

（1）地面建制

包括坟丘、墓园、墓侧建筑、石雕像等内容。

①坟丘

《周礼·春官·冢人》郑注曰："汉律曰列侯坟高四丈，关内侯以下至庶人各有差"。列侯墓坟丘高 4 丈，以汉一尺 23.1 厘米计算，4 丈约合 9.24 米。从已知列侯墓资料看，除个别墓葬（阜阳双古堆汉墓）外，坟丘高度均在 8 米以内。考虑到列侯墓坟丘长期受自然力量的侵蚀，其原始高度与文献记载应基本一致。

列侯墓的坟丘夯筑而成，底部多呈圆形或椭圆形。咸阳杨家湾 5 号墓坟丘作覆斗形，应是陪葬高祖长陵时受赐而用。也有如冠军侯霍去病墓坟丘形似祁连山、长平侯卫青墓坟丘形似庐山的特例。

②墓园

文献记载列侯墓设置墓园，如《汉书·董贤传》："又令将作为贤起冢茔义陵旁……外为徼道，周垣数里，门阙罘罳甚盛。"陕西西安南郊凤栖原富平侯张安世墓的墓园呈长方形，东西长约 195 米，南北宽约 159 米。

③墓侧建筑

西汉列侯墓旁立有祠堂类建筑。济南腊山汉墓的早期盗洞内发现大量云纹瓦当、绳纹板瓦、筒瓦和花纹砖等遗物，推测是用墓侧建筑倒塌废弃后的建筑材料填塞盗洞所形成。西安凤栖原张安世墓之东有祠堂，基址长、宽各 19 米。

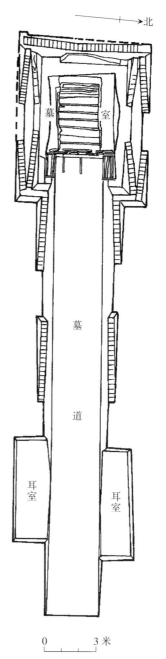

图 2-30　湖南沅陵虎溪山 1 号墓平面图（《中国考古学·秦汉卷》第 370 页图 7-24B）

④石雕像

武帝茂陵的陪葬墓——霍去病墓周围分布着一些石雕像，有象、牛、马、鱼、猪、虎、羊、人熊相斗、马踏匈奴等形象，这在西汉列侯墓中属特例。

（2）墓葬形制

西汉列侯墓主要采用传统的竖穴木椁墓形制，西汉中期虽然出现砖砌墓室，但墓室顶部却用木板覆盖，形制仍类似于木椁墓。

西汉列侯墓在正藏外也设置外藏椁，如西安新安机砖厂汉墓墓道内的器物箱、咸阳杨家湾 4 号墓墓道内的 5 个器物坑和墓外的 13 个器物坑、徐州簸箕山 3 号墓墓外的陶俑坑等都属于墓葬的外藏椁。

（3）随葬品

西汉列侯墓的随葬品也很丰富，但与王墓相比，大型铜器、鎏金铜器和大型玉器较少，金银器也主要是一些小件饰品。阜阳双古堆汉墓、长沙马王堆汉墓、沅陵虎溪山 1 号墓和绵阳双包山 2 号墓均出土大量漆木器，其中保存下来的大量竹木简牍是重要的原始文献资料。

玉衣殓服在西汉列侯墓中没有普遍使用，部分列侯墓可能像马王堆 1 号墓那样仍沿用先秦时期的衣衾之制。使用玉衣的除邢台南郊汉墓为金缕外，咸阳杨家湾 4 号墓、5 号墓和绵阳双包山 2 号墓均为银缕。

（二）东汉列侯墓

墓主身份比较清楚的东汉列侯级别墓有 3 座：河南洛阳白马寺汉墓[86]、安徽亳县董园村 1 号墓、2 号墓[87]。另有一些墓虽然出土玉衣片或石衣片，但墓主身份还不能确定，将这些墓列表附于文后（表 2 - 6）。

1. 墓葬形制

东汉列侯墓以砖石砌筑室墓，一般由墓道、甬道和 2 ~ 3 个墓室组成。

（1）洛阳白马寺汉墓为砖室墓，由斜坡墓道（向南）、横前室（附一侧室）和后室组成。墓室南北长 12 米，东西宽 11.7 米。其坟丘底面呈圆形，直径 48 米，夯筑而成，发掘时仅余 1 米高。前室与耳室盛放各种随葬品，有铜、铁、陶、玉器和钱币等，多是小件或残件器物。后室陈棺。墓的年代为东汉晚期。墓中出土玉片可能是玉衣片，加之墓葬规模颇大，说明墓主具列侯级别（图 2 - 31）。

表 2-6 东汉玉衣墓简表

序号	地点	墓葬形制	随葬品	时代
1	江苏睢宁刘楼汉墓[88]	砖室墓，东南向，由甬道（附二耳室）、前室和后室组成，南北长11.9米，宽6米	铜、铁、铅、陶器等，铜缕玉衣片130余片，银缕玉衣片2片	东汉前期
2	河北石家庄北郊汉墓[89]	砖室墓，南向，由墓道、甬道（附二耳室）、前室和后室组成	铜、陶、玉石器和钱币等，铜缕玉衣片76片	东汉前期
3	河北蠡县汉墓[90]	砖室墓，南向，由墓道、中室（附二侧室）、前室（附二侧室）和后室组成，连墓道南北长32.55米，宽11.6米，封土高7.9米	铜、铁、金、银、陶、骨、玉石、珍珠、漆器等，铜车马器多鎏金，白玉衣片222片	东汉中期（某代蠡侯）
4	山东东平王陵山汉墓[91]	砖石室墓，南向，由墓道、前室（附二侧室）和后室组成，长7.82米，宽7.48米，后室陈二棺	铜、陶、玉器、象牙尺和钱币等，铜缕汉白玉衣片1647片	东汉中晚期（东平宪王家族）
5	江苏睢宁九女墩汉墓[92]	砖石室墓，南向，由墓道、前室（附二侧室）、中室和后室组成，长15米，宽11.5米，所用石材上雕刻画像	铜、铁、银、锡、陶、珉玉、琉璃、骨器和钱币等，珉玉器有璧，猪和229片铜缕玉衣片	东汉晚期
6	河南洛阳西关汉墓[93]	砖室墓，南向，由墓道、甬道、前室（附一侧室）和后室组成，后室陈二棺	铜、铁、陶、玉石器和钱币等、鎏金铜缕汉白玉衣片，石衣片1100余片	东汉晚期

续表

序号	地点	墓葬形制	随葬品	时代
7	洛阳东花坛机车厂1号墓	砖室墓，南向，由墓道、甬道、前室（附一侧室）和后室组成	金、银、陶、玉器等、鎏金铜缕白玉衣片近千片	东汉晚期
8	洛阳东花坛机车厂346号墓	砖室墓，南向，由墓道、甬道、前室（附一侧室）和后室组成，封土高6.8米	铜、铁、银、铅、陶、玉石器等，铜缕玉衣片完整的750片	东汉晚期
9	洛阳东北郊575号墓	砖室墓，东向，由墓道、甬道、前室（附二侧室）和后室组成	银缕、鎏金铜缕玉衣片530余片	东汉晚期
10	江苏徐州拉犁山1号墓[94]	石室墓，北向，由前室（附二侧室）、二中室（附二侧室）、后室和回廊（附一小室）组成，全长14.9米，最宽处10米，封土高5.1米	铜、铁、金银、玉石、陶、骨、琥珀、水晶器和钱币等，铜缕玉衣片500余片	东汉时期
11	山东邹城庙东村汉墓[95]	砖室墓，南向，由墓道（附左右耳室）和双主室组成，封土高9.5米	银缕玉衣片	东汉晚期（某代高平侯）
12	山东济南长清大觉寺2号墓[96]	砖石室墓，南向，由墓道、前室（附二侧室）、中室和后室组成，全长47米，封土最宽14米	铜、铁、金银、陶、玉石器和钱币1000余片、余件，有铜缕玉衣片110余片，应属两套玉衣	东汉晚期

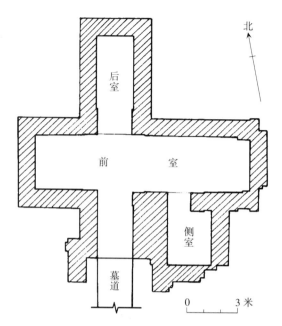

图 2 - 31　河南洛阳白马寺汉墓平面图（《中国考古学·秦汉卷》第 375 页图 7 - 26C）

（2）亳县董园村 1 号墓为砖室墓，由墓道（向东）、前室、中室和后室（附二侧室）组成。墓长 13 米，宽 10.4 米。墓室壁上彩绘壁画。出土文字资料有阳文印字砖、阴文刻字砖等。随葬品中有银缕玉衣、铜缕玉衣各一套，另有铜、铁、金、银、青瓷、陶、玉石、牙、玻璃器等。墓的年代为东汉晚期（桓帝延熹年间），墓主当为列侯夫妇。该墓是亳县曹氏宗族墓之一。

（3）亳县董园村 2 号墓的大部分墓室以石砌筑，耳室砖砌。由甬道（向东）、前室（附二侧室）、中室（附二侧室）和后室组成。墓长 15.3 米，宽 10.2 米。甬道石壁阴线刻人物像；石门里外刻铺首衔环，门边刻龙虎，石额上刻凤、鹿、羽人；前、中、后室石壁上绘有壁画。随葬品被洗劫一空，但留下了数百片银缕玉衣片，由此推测墓主为列侯级别。墓的年代为东汉晚期。该墓也是亳县曹氏宗族墓之一。

2. 地面建制

东汉列侯级墓葬地面有坟丘，为圆形。坟丘外设置墓园，如洛阳白马寺汉墓墓园以黄土夯筑垣墙，平面呈长方形，南北二垣各长约 190 米，东西二垣各长约 135 米。周垣墙基部宽 2.5 ~ 4 米，墙体部宽 1.2 ~ 1.3 米。墓园四角筑有小房，用于守卫。

墓侧建筑也只有洛阳白马寺汉墓一例。该墓墓侧建筑位于墓园的东部，是一个建筑群，分布范围东西 90 米，南北约 70 余米。建筑群的整体布局为：四周有宽 1 米的夯土院墙；院墙内又南北向夯筑两道 1 米宽的隔墙，将院内分成东西毗邻的三个院落，每个院落内建有殿堂廊舍；院墙外还有附属建筑。1 号院西邻墓园主人墓，院内 1 号殿基规模最大，应是该建筑群的主体建筑。1 号殿基东西宽 28 米，南北残长 12.5～22 米，四周设多处踏道或慢道，外围为铺砖廊道和卵石散水。

四　汉代二千石官吏墓

二千石官秩属于汉代地方行政级别最高的官吏，即郡太守（二千石）和郡都尉（比二千石）。同时，中央官吏系统中也存在大量二千石官秩的高官（包括中二千石、二千石和比二千石）。二千石官吏是汉代中央和地方官僚体系的重要组成部分，这一阶层的埋葬状况是构成汉代丧葬等级制度的重要内容。

因为这一级别的墓葬无论是形制布局，还是随葬器物均没有十分明确、固定的等级特征，所以二千石官吏墓的识别比较困难。幸而有的墓出土了印章，有的墓壁存有榜题等文字资料，给辨认墓主身份提供了重要物证。

（一）二千石官吏墓概况

能够基本确认的二千石级别官吏墓共有 11 座，它们在两汉时期的分布很不平均，绝大多数集中在东汉晚期，有 10 座，另有 1 座属于新莽时期。墓葬分布在河南、河北、山东、江苏以及内蒙古、甘肃等地。另有几座墓葬，从其规模和形制特征看颇似二千石级别，但仍缺少能够直接下结论的证据，所以不能最终确认，这里附带简述于后，供研究者参考。

西汉时期的二千石官吏墓无一得到认定，期待今后会有所发现。

从建造墓室的材料看，有砖室墓、砖石合砌墓和石室墓三种。墓葬均被盗。

1. 河南唐河新店汉墓

砖石合砌墓。封土和墓道被毁。墓室东向，由前室（附带二侧室）、中室、并列二后室及围绕后室、中室的回廊组成（图 2－32）。东西长

9.5 米，南北宽 6.15 米。有画像石刻 35 幅，经朱彩描绘，题材有二龙穿璧、执笏门吏、四神、铺首衔环、羽人、二龙交尾、材官蹶张、谒拜、击鼓、兽斗、门阙、房屋、人物、动物、百戏、驯虎、骑象等，雕刻技法主要是减地浅浮雕，有一幅为阴线刻。墓中刻文有：前室南侧室东门柱刻"郁平大尹冯君孺人车库"，前、中室之间门楣后刻"东方"、南门柱刻"郁平大尹冯君孺人中大门"，中室南北与回廊间门楣分别刻"南方"、"北方"，中室与南主室间门楣刻"西方内门"、"大尹冯君孺人藏阁"，二后室间中柱刻"郁平大尹冯君孺人始建国天凤五年十月十柒日葵巳葬千岁不发"等。随葬品有铜、铁、釉陶、陶器和钱币等。据墓内刻文题记知墓主为郁平郡大尹冯君孺人，葬于王莽始建国天凤五年（公元 18 年）。郡名"郁平"和官名"大尹"均为王莽改制的产物，"大尹"相当于太守，官秩二千石[97]。

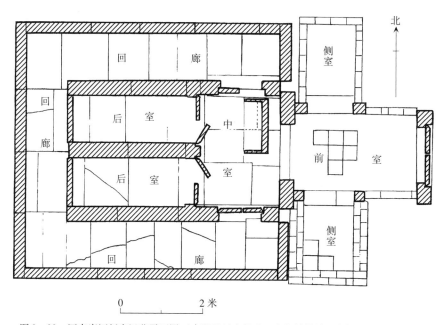

图 2-32　河南唐河新店汉墓平面图（南阳地区文物队、南阳博物馆：《唐河汉郁平大尹冯君孺人画像石墓》，《考古学报》1980 年第 2 期第 240 页图二）

2. 江苏邳县青龙山汉墓

石室墓。西向。由墓园垣墙、封土和墓室组成。墓园垣墙石砌，依山坡地形修筑，平面南半部呈方形，北半部呈梯形，总面积约 250 平方米。经复原，墙基为夯土和碎石，墙体叠砌四层条石，高 1.35 米，顶石加工成屋脊状，凿刻出瓦垄和云纹瓦当。封土位于墓园北半部，为圆形（图2-33）。墓室用石材构筑，铺地用花纹砖，由前室、后室及环绕后室的回廊组成（图2-34）。东西长7.2米，南北宽4.65米。有7幅画像石刻，题材有门吏、车马出行、庖厨、宴饮、对弈、乐舞杂技、狩猎、四神、瑞兽、吊丧、大傩等，雕刻技法属浅剔底阴线刻，经朱彩描绘。据杂刻在画像中的一方墓志确认墓主为卒于东汉桓帝和平元年（公元150年）7月7日、葬于桓帝元嘉元年（公元151年）3月20日的彭城相缪宇。相的官秩为二千石[98]。

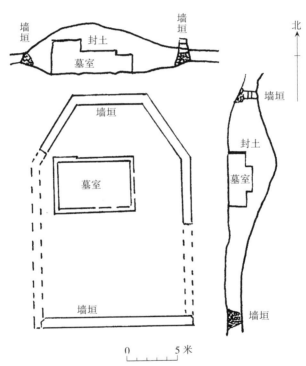

图2-33　江苏邳县青龙山汉墓墓室、坟丘与墓园平、剖面图（南京博物院、邳县文化馆：《东汉彭城相缪宇墓》，《文物》1984年第8期第22页图一）

3. 河南密县打虎亭汉墓

2座，南向，东西并列，相距30米。均为砖石合砌墓。

1号墓在西边，由封土、斜坡墓道、甬道、前室、中室（附带3个侧室）和后室组成（图2-35）。封土高15米。封土下部周围用石材环砌一周石围墙。据称封土的南面还有石碑座和石材建筑的基础。墓内南北长25.16米，东西最宽处17.78米。墓中主要装饰画像石，题材有铺首衔环、

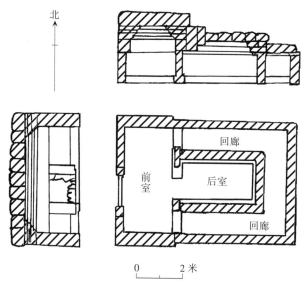

图 2-34　江苏邳县青龙山汉墓平、剖面图（南京博物院、邳县文化馆：《东汉彭城相缪宇墓》,《文物》1984 年第 8 期第 23 页图三）

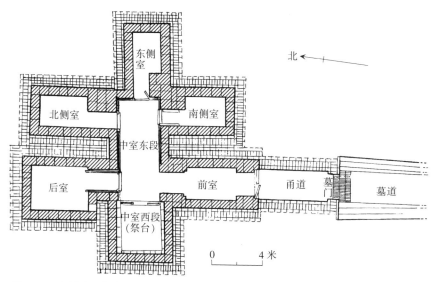

图 2-35　河南密县打虎亭 1 号汉墓平面图（河南省文物研究所：《密县打虎亭汉墓》,文物出版社，1993 年）

四神、庭院、庖厨、人物、车马、宴饮、动物、花卉、几何纹等，雕刻技法主要为减地浅浮雕和线刻。

2 号墓在东边，形制与 1 号墓基本相同（图 2-36），墓内南北长 19.14

米，东西宽 16.65 米。封土高约 7.5 米。墓中除装饰画像石外，主要是绘制壁画，内容有人物、动物、车马、庖厨、宴饮、乐舞百戏、花卉、几何纹等。

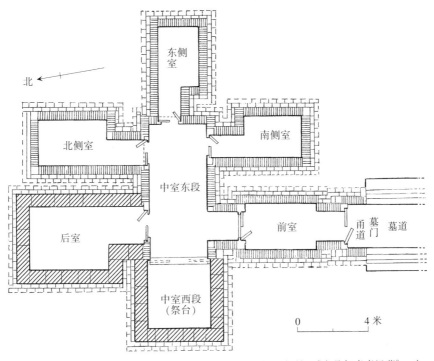

图 2-36　河南密县打虎亭 2 号汉墓平面图（河南省文物研究所：《密县打虎亭汉墓》，文物出版社，1993 年）

1 号墓、2 号墓的年代为东汉晚期。参照《水经注》的记载，推测 1 号墓主是弘农太守张伯雅，2 号墓主或是其配偶。据《水经注》记载，张伯雅墓前还有石庙、石阙、石碑、石人、石柱、石兽等。发掘过程中从二墓的墓道出土了屋顶形残石构件和画像石残块，画像的雕刻技法与二墓内的画像不同，这些石构件可能即是建造石庙或石阙时致残的建筑部件[99]。

4. 河南荥阳苌村汉墓

砖石合砌墓，北向。由封土、甬道、前室（附一侧室）和并列的三后室组成，南北长约 17 米，东西最宽处约 20 米（图 2-37）。封土高约 10 米。墓内有画像石数幅。墓室装饰主要是彩绘壁画，总面积约 300 平方米，题材丰富多样，有楼阙庭院、车马出行、人物故事、珍禽异兽、乐舞百戏、

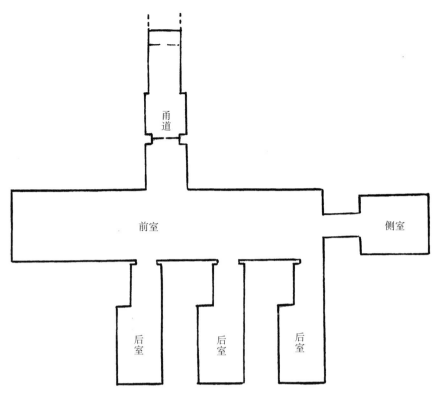

图 2 - 37　河南荥阳苌村汉墓平面示意图（郑州市文物考古研究所、荥阳市文物保护管理所：《河南荥阳苌村汉代壁画墓调查》，《文物》1996 年第 3 期第 19 页图二）

花卉和几何纹图案等。该墓年代为东汉晚期。据墓室壁画墨书榜题"巴郡太守时车"、"济阴太守时车"、"齐相时车"等文字资料，推测墓主身份具二千石官秩[100]。

5. 河北望都汉墓

2 座，南向，东西并列，相距约 30 米。均为砖室墓。

1 号墓在西，由封土、墓道、甬道、前室（附带二侧室）、中室（附带二侧室）和后室（附带一壁龛）组成（图 2 - 38）。连墓道南北长 20.35 米，东西最宽处 14.74 米。封土高 11 米。随葬品仅有陶器和石器等。前室壁上满绘壁画，内容主要是人物和动物，多有榜书。中室券顶砖面上书有白色文字。该墓时代应与 2 号墓相近，为东汉晚期。据壁画内容推测，墓主官秩至少具二千石。

2 号墓在东，由封土、甬道和五个墓室（前面四室东西两侧各带一侧室，最后一室北壁附一壁龛）组成（图 2 - 39）。连墓道南北长 32.18 米，

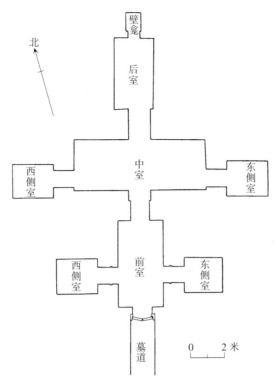

图2-38　河北望都1号汉墓平面图（北京历史博物馆、河北省文物管理委员会：《望都汉墓壁画》，中国古典艺术出版社，1955年）

东西最宽处13.4米。墓室建于地面，上筑封土。封土高约13米。墓室壁彩绘有人物等内容的壁画。随葬品有铜、铁、釉陶、陶、玉石、骨器和钱币等，铜车马器多鎏金，陶器多带朱绘，重要的有452片铜缕玉、石衣片和一块买地券。据买地券知墓的年代为东汉灵帝光和五年（公元182年）；墓主身份应为二千石官秩的太守。墓主身着铜缕玉衣殓服，应是作为刘姓皇室，受赐而用[101]。

6. 河北安平汉墓

砖室墓。东向。由封土、甬道、前一室（附二侧室）、前二室（附二侧室）、中室（附一侧室）和并列的二后室（各附一壁龛）组成（图2-40）。墓室东西通长22.58米，南北最宽处11.63米。封土高3米。二后室陈棺。墓室券顶砖面上普遍书有白色文字。前一室南侧室、前二室和前二室南侧室内绘有壁画，内容有车马出行、建筑、谒见、伎乐等场面。随葬品有铜、铁、瓷、陶器和钱币等。据后室顶"惟熹平五年"题记知墓的年代为东汉灵帝熹平五年（公元176年）。又据壁画车马出行图分析，墓

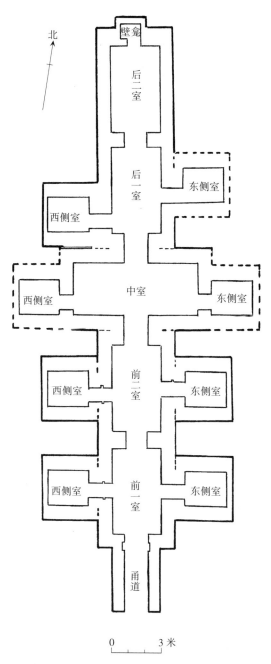

图 2 - 39　河北望都 2 号汉墓平面图（河北省文物研究所：《河北考古重要发现》第 191 页，科学出版社，2009 年）

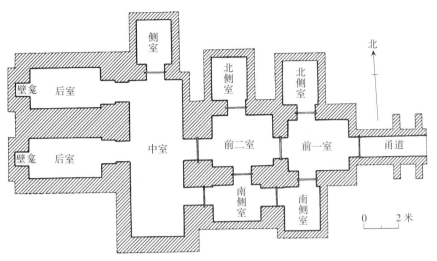

图 2-40　河北安平汉墓平面图（河北省文物研究所：《安平东汉壁画墓》第 4 页图 4，文物出版社，1990 年）

主身份可能为二千石官吏[102]。

7. 山东沂南汉墓

石室墓。南向。由封土、前室（附带二侧室）、中室（附带三侧室）和并列二后室组成（图 2-41）。墓室南北长 8.7 米，东西宽 7.55 米。随葬品只有一件铜镞和一些陶器。墓中门、前室、中室、后室共装饰画像石 73 幅，内容有攻战、祭祀、车马出行、宴饮、乐舞百戏、家居生活、历史故事、神话人物、羽人、仙异禽兽、马厩等。墓的时代应为东汉晚期。从墓的规模及画像资料看，墓主身份可能为二千石官吏[103]。

8. 甘肃武威雷台汉墓

砖室墓。东向。由封土、斜坡墓道、甬道、前室（附二侧室）、中室（附一侧室）和后室组成（图 2-42）。后室陈二棺。墓室东西总长 19.2 米，最宽处 10.3 米。封土高 6 米。墓道、前室、中室、后室壁上都有简单图案的壁画，内容有树形纹、莲花纹和几何形图案等。随葬品有铜、铁、金、银、陶、玉石、骨、琥珀、漆器等 231 件，另有铜钱 21125 枚。重要的随葬品有铜俑、铜车马队列、银印等，其中最著名的一件艺术品是铜踏燕奔马。据研究，该墓时代为东汉晚期，墓主为张姓将军夫妇。张姓将军官秩可能为比二千石[104]。

9. 内蒙古和林格尔汉墓

砖室墓。东向。由封土、斜坡墓道、前室（附带二侧室）、中室（附

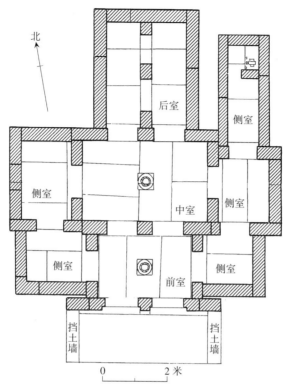

图 2 - 41　山东沂南汉墓平面图（南京博物院、山东省文物管理处：《沂南古画像石墓发掘报告》第 3 页插图 2，文化部文物管理局出版，1956 年）

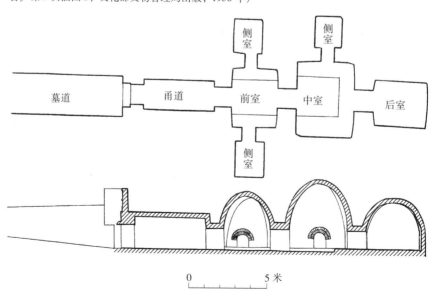

图 2 - 42　甘肃武威雷台汉墓平、剖面图（甘肃省博物馆：《武威雷台汉墓》，《考古学报》1974 年第 2 期第 88 页图一）

带一侧室）和后室组成（图2-43）。墓室东西长 12.65 米，南北最宽处约
11 米。随葬品有铜、铁、陶、漆器等。墓内装饰壁画 46 组，57 个画面，
面积约百余平方米，可辨识的榜题近 250 条。壁画内容十分丰富，主要有
车马出行、宫寺、府舍、庄园、家居、宴饮庖厨、乐舞百戏、农耕、采桑、
放牧、历史故事、仙人、四神、祥瑞、渭水桥等。墓的时代为东汉晚期。
据壁画榜题知墓主生前曾任"使持节护乌桓校尉"，官秩二千石[105]。

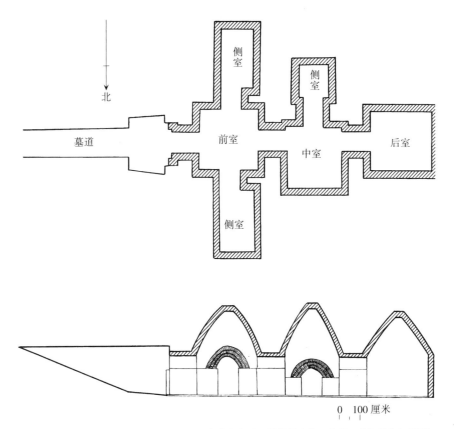

图2-43　内蒙古和林格尔汉墓平面图（内蒙古自治区博物馆文物工作队：《和林格尔汉墓
壁画》，文物出版社，1978 年）

　　除上述 11 座汉墓的墓主身份等级清楚或较为清楚外，还有 2 座墓虽然
规模较小，但形制与二千石官吏墓相类。

　　河南唐河针织厂汉墓是一座石室墓，东向。由封土、墓道、前室、并
列二后室及围绕后室的回廊组成，东西长 5.08 米，南北宽 4.52 米（图
2-44）。墓中装饰画像石 74 幅，内容有历史故事、神话故事、车马出行、
门吏、楼阁、武库、乐舞百戏、四神、天象等。雕刻技法为减地浅浮雕和

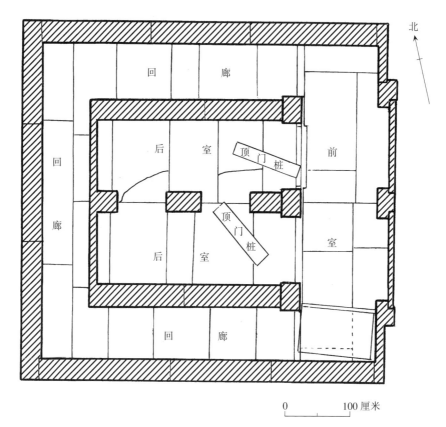

图 2-44　河南唐河针织厂汉墓平面图（周到、李京华：《唐河针织厂汉画像石墓的发掘》，《文物》1973 年第 6 期第 33 页图一：3）

阴线刻。该墓时代属东汉早期。墓中没有出土直接反映墓主身份的物证，从前、后墓室并带回廊的形制特征看，墓主有可能具二千石官秩[106]。河南南阳杨官寺汉墓也是一座石室墓，东向。由斜坡墓道、前室、并列二后室及围绕后室的回廊组成（图 2-45）。东西长 6.47 米，南北宽 5.6 米。墓中装饰画像石 14 幅，内容有建筑、人物故事、珍禽异兽、几何图案等。随葬品有铜、铁、铅、陶器和钱币等。该墓年代为东汉早期。从前、后墓室并带回廊的形制特征看，墓主也有可能具二千石官秩[107]。

（二）二千石官吏墓的特征

1. 地面建制

二千石官吏墓的地面上原有封土，发掘前有的已无存，有的尚存 10 余米之高，如密县打虎亭 1 号墓的封土高 15 米，望都 2 号墓的封土高约 13

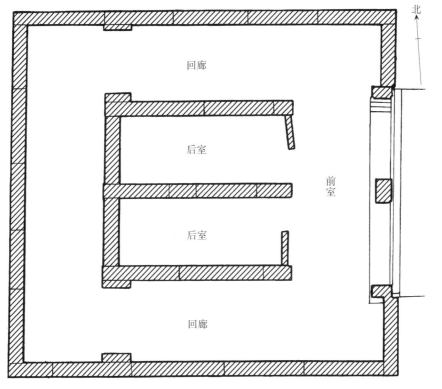

回廊

后室

后室

前室

北

回廊

0   100 厘米

图 2-45 河南南阳杨官寺汉墓平面图（河南省文化局文物工作队:《河南南阳杨官寺汉画像石墓发掘报告》,《考古学报》1963 年第 1 期第 115 页图七）

米，望都 1 号墓的封土高 11 米，荥阳苌村汉墓的封土高约 10 米，均超过了文献记载列侯墓封土的高度。造成封土高度愈制的原因，可能与东汉晚期、尤其是东汉末年丧葬礼制的废毁有关。

封土的形状应为圆形，如邳县青龙山汉墓的封上为圆形土墩，密县打虎亭 1 号墓的封土下部周围还用石材环砌了一周石围墙。

封土周围建筑垣墙构成墓园的实例如邳县青龙山汉墓。文献记载在墓葬附近还建有石庙，立有石碑和各种石兽等，这在密县打虎亭汉墓中有所反映。

2. **墓葬形制**

二千石官吏墓均为带一条斜坡墓道的砖、石室墓。墓葬规模有大有小，墓室有多有少，但基本平面布局有两种。一种是具前、后室或前、中、后室（前、中室多附带侧室）的多室墓，有的后室为并列的两个或三个墓室，比较特殊的有河北安平汉墓，由前一室、前二室、中室和并列的二后室（各附一壁龛）组成，还有河北望都2号汉墓，共由五个主要墓室（最后一室附一壁龛）组成。另一种是具前、后室或前、中、后室，中、后室三面围绕回廊（前室有的附带侧室）的带回廊多室墓，有的后室为并列的两个墓室。

从已知二千石官吏墓看，带回廊的多室墓至迟出现于新莽时期（河南唐河新店汉墓），经东汉早期，一直使用到东汉晚期；不带回廊的多室墓主要流行于东汉中晚期。带回廊的多室墓是东汉诸侯王墓的基本形制，看来二千石官吏也可以使用。但从总体上看，二千石官吏墓的主流还是不带回廊的多室墓，主要墓室二至五个不等，以三个最为流行。

新莽、东汉时期的二千石官吏墓，墓内普遍采用了画像石和壁画的装饰形式，构成富丽堂皇的画像石墓和壁画墓，这是东汉诸侯王墓所没有的鲜明特征，是否说明地方官吏墓受丧葬礼制的约束较少，而与民间世俗文化的联系更多一些。这里需要说明的是，在已发现大量的画像石墓和壁画墓中，可能还有一些二千石官吏墓没有识别出来。

由于墓葬中墓主的尸骨保存不好，给判断二千石官吏墓的合葬形式带来了困难。据分析，东汉二千石官吏墓可能有并穴合葬的情况，如河南密县打虎亭1号墓和2号墓东西并列，相距30米，存在属于夫妻并穴合葬的可能性。但是，墓葬的主流应是同穴合葬，多室砖墓的布局结构为同穴合葬提供了条件。甘肃武威雷台汉墓于后室中部似东西并列有两具髹漆木棺，被认为是张姓将军夫妇的合葬墓，另有多座墓中存在并列的两个或三个后室，很有可能就是为了同穴合葬而设置，如在河北安平汉墓并列的两个后室内均发现棺木痕迹和少量人骨。

3. 随葬品

已知二千石官吏墓的随葬品多被盗。与王侯墓相比，随葬品中金银器、鎏金铜器、珠宝、玉器等珍稀物品可能少有随葬，因为这些物品多是小件饰品，劫余一般会有所遗留。另外，玉衣片也罕见，说明二千石官吏不享用玉衣殓服。玉衣殓服和市面上不易见到的珍稀物品可能是王侯与二千石官吏地位、身份相别的重要特征。

附带说一下，广西贵县罗泊湾1号、2号墓[108]、贵港汉墓[109]等也属大型地方官吏墓。陕西潼关吊桥杨氏墓群共有7座砖室墓（编号墓1~墓7），一般由封土、斜坡墓道、甬道、前室和后室组成，墓7甬道和前室附带 1 耳室和侧室，墓 4 前室附带 2 侧室、后室为并列的二室。各墓都有两具以上骸骨。该墓群为东汉中晚期杨震的家族墓。杨震家族数代官至太尉，而墓葬规模适中，形制布局简洁，墓主不着玉衣殓服，表明在都城任职的高级官吏死后应是遵循丧葬礼制的[110]。

五 汉代中小型墓

汉代中小型墓也应拥有坟丘等地面设施，但因规模较小，多已不存。下面分区介绍墓葬概况。

(一) 西安地区

西安是西汉京师所在，历年来发现大量汉代墓葬。近年配合城郊建设发掘的汉墓资料已陆续刊布出来，为分期研究奠定了基础。已发表的汉墓大多分布在西安市北郊[111]，即汉长安城的东郊和东南郊，推测是生活在长安城内的中下层居民墓葬。此外，在西安市东郊白鹿原的西北坡也发掘了一批两汉墓葬[112]。分期予以简要说明。

西汉早期（武帝元狩五年以前）：墓葬形制有竖穴土坑墓（个别中型墓带斜坡墓道）、竖穴墓道洞室墓（墓道宽度大于、等于或小于墓室）和斜坡墓道洞室墓，以竖穴墓道洞室墓为主。随葬品组合以彩绘仿铜陶礼器鼎、盒、钫为主（较大墓有壶），另有罐、仓、灶、灯、熏炉等。钱币均为汉初半两钱。

西汉中期（武帝元狩五年至宣帝前段）：墓葬形制以墓道宽度等于或小于墓室的洞室墓为主，也有竖穴土坑墓、墓道宽于墓室的洞室墓和斜坡墓道洞室墓。墓室封门除早期的木板封门外，新出现土坯和条砖封门。随葬品组合与早期基本相同，新出现甑、小陶釜等器类。陶器的型式有所变化，如早期的房形仓消失，圆形筒腹仓逐渐流行，等等。出现五铢钱。

西汉晚期：墓葬形制以竖穴墓道洞室墓为主，次为斜坡墓道洞室墓，新出现条砖和子母砖砌壁券顶砖室墓。墓室封门以条砖封门为主，土坯、木板封门逐渐减少。随葬品组合中仿铜陶礼器鼎、盒、壶（钫）退居次要地位，以罐、甑、仓、灶等生活明器为主，器表多施釉。铜钱均为五铢钱，新出现磨郭五铢和小五铢钱。

新莽至东汉初：墓葬形制与西汉晚期略同。随葬品组合以壶、罐、甑、仓等生活明器为主，器表多施釉，鼎、盒、壶完整的仿铜陶礼器组合极为少见。钱币有五铢和各种新莽钱。

东汉早期：墓葬形制为单室或双室砖墓。随葬品组合以壶、罐、仓、灶为主，新出现井等模型明器以及釜、甑组合。钱币主要为东汉五铢。

东汉中晚期：墓葬形制流行多室砖墓，前室有的为穹隆顶。随葬品中仿铜陶礼器消失，新出现陶案、耳杯、勺等器类以及猪、狗、牛、鸡等家畜家禽模型明器。五铢钱中新出现类"四出"纹五铢。

（二）洛阳地区

20世纪50年代初，配合洛阳城市建设在市区西北烧沟村西南发掘了225座汉代墓葬，因地处汉河南县城的近郊，所以推测这里是生活在县城中的一般官吏和居民的墓地。发掘者对这批汉墓资料进行了分期研究[113]。

西汉中期：墓葬形制主要是竖穴墓道平顶洞室墓，有的墓在洞室内用空心砖构筑1~2个墓室。陶器组合既有仿铜礼器鼎、敦、壶，又有罐、瓮、仓、灶、井、炉等模型明器。铜镜流行星云纹镜，也有草叶纹镜，出现日光镜、昭明镜。铜钱均为西汉五铢。

西汉晚期（包括新莽）：墓葬形制主要为竖穴墓道洞室弧顶砖券墓，墓室1~2个，另有少数平顶或穹隆顶墓。墓葬流行附带耳室或侧室。陶器组合与中期基本相同，但型式发生了变化。新出现方盒、案、盘、勺、耳杯、碗等器形。铜镜除日光镜、昭明镜外，出现变形四螭纹镜、四乳镜、连弧纹镜和规矩镜。钱币有西汉五铢和王莽钱。

东汉早期：墓葬形制主要是竖穴墓道单穹隆顶（前室）砖室墓，也有单穹隆顶土圹墓，出现双穹隆顶砖室墓。陶器组合与西汉晚期略同，成套仿铜礼器鼎、敦、壶的组合已消失，杯、案、盘、勺等成主要器形。铜镜有四乳镜和规矩镜。钱币为东汉五铢和王莽钱。

东汉中期：墓葬形制与东汉早期略同。陶器组合中出现鸡、狗、猪等家畜家禽模型明器。铜镜出现云雷纹镜、夔凤纹镜和长宜子孙镜。钱币同东汉早期。

东汉晚期：墓葬形制主要有竖穴墓道横前室土圹墓和砖室墓，规模较大的墓使用斜坡墓道。陶器组合略同于东汉中期。铜镜流行长宜子孙镜，出现变形四叶纹镜、四凤镜、人物画像镜和神兽镜等，钱币有东汉晚期五铢以及剪轮、綖环五铢。另外还出土铁镜和铁钱。

洛阳地区西汉早期墓的资料比较少，墓葬形制为竖穴墓道平顶洞室墓或平顶空心砖洞室墓，陶器组合主要为仿铜陶礼器鼎、敦、壶，另有俑头等。

（三）长沙地区

20 世纪 50 年代初，配合长沙市近郊的建设工程，在陈家大山、伍家岭、识字岭和五里碑、徐家湾等地发掘了一批汉代墓葬，初步总结出两汉各时期墓葬的特征[114]。此后，随着墓葬资料的增加（已达两千余座），研究者又对长沙汉墓的分期进行了补充[115]。

西汉早期前段（下限为文景之际）：墓葬形制为平面略呈正方形的竖穴土坑墓，少数带有斜坡墓道或阶梯墓道。随葬品以陶器为主，组合为鼎、盒、壶、罐、坛、瓿、熏炉等，罐的大量使用具有时代特征。"郢称"、半两钱和金饼等泥质冥币的随葬极富时代特色。

西汉早期后段（文景之际至武帝元狩五年前）：墓葬形制和陶器组合与前段略同，陶器器形有变化。泥质冥币为"两"版、半两钱。

西汉中期（武帝元狩五年至宣元之际）：墓葬形制为平面呈长方形的竖穴土坑墓。随葬陶器中出现灶、硬陶罐和南越国式釉陶器。泥质冥币为五铢钱和金饼。

西汉晚期（下限到新莽）：墓葬形制向更长的长方形发展。随葬陶器中新出现仓、灶、井等模型明器。泥质冥币为五铢钱，也有铜五铢、大泉五十和货泉。

东汉时期：墓葬形制均为砖室墓。随葬陶器中硬陶、釉陶以及模型明器增多。

随葬品除陶器外，铜镜的演变有规律可循，亦可作为断代的主要依据之一。

（四）广州地区

20 世纪 50 年代配合广州市城市建设发掘清理了 409 座两汉中小型墓葬，以这批墓葬资料为基础将两汉墓葬分为五期[116]。

西汉前期（公元前219～公元前111年）：墓葬形制有竖穴土坑、竖穴木椁和竖穴分室木椁三种，以竖穴木椁墓为主。随葬品以陶器为主，其中大宗是灰白色硬陶，纹饰以印纹和刻划纹的几何图形为主。个别墓出土秦半两和汉初半两铜钱。

西汉中期（下限在元、成之际）：墓葬形制以带墓道的竖穴木椁墓和竖穴分室木椁墓（双层分室）为主，也有一些竖穴土坑墓。陶器以灰白色硬陶为主，施釉的增多，纹饰趋向简朴，西汉前期带地方特色的一些器形基本消失，模型明器比西汉前期增多。极个别墓葬出土五铢铜钱。

西汉后期（下限到建武初年）：墓葬形制均为带墓道的竖穴木椁墓和竖穴分室木椁墓，后者以双层分室墓为主，新出现双层横前堂结构。陶器器形增加，纹饰上印纹显著减少，刻划纹发展起来，模型明器极为普遍。钱币有五铢和大泉五十。珠饰品增多。

东汉前期（下限在建初之前）：基本沿袭西汉后期的墓葬形制，竖穴分室木椁墓中新出现假双层分室结构。新出现直券顶砖室墓等。出土陶器与西汉后期相同，但型式有所变化。各种质料的珠饰品发现较多。

东汉后期（下限到东汉末年）：墓葬形制以砖室墓为主，竖穴分室木椁墓尚存。砖室墓中新出现穹隆顶合券顶砖室和双穹隆顶砖室。随葬品中模型明器种类增多，型式也有变化。铜器有镜、钱币等。

（五）其他地区

汉代墓葬在全国各地均有发现，总数可达数万座，这里只是以汉代两京地区的西安、洛阳以及长沙、广州地区为重点作了简单概括。除上述几个地区外，还在甘肃武威、酒泉，内蒙古中南部，山东济南、临沂，江苏徐州、扬州，湖北江陵，广西贵港、合浦等地发掘成批的汉墓，对于揭示汉墓的地域性特征有重要价值。

六　汉代壁画墓、画像石墓、画像砖墓

（一）壁画墓

壁画墓在汉代墓葬中所占比例很小，主要分布在如下区域：河南洛阳周边、苏北、皖北、鲁西南地区；西安周边地区；冀中到冀南地区；长城沿线地区；辽宁辽阳地区（表2－7）。墓葬主要有河南永城柿园汉墓（西汉前期）、河南洛阳卜千秋墓（西汉中期稍后）、洛阳61号墓（西汉元帝—成帝）、陕西西安交通大学壁画墓（西汉晚期）[117]、西安理工大学壁画

表2-7 汉代壁画墓简表

名称	时代	壁画内容	墓葬形制
河南永城柿园汉墓	西汉前期	主墓室顶部：以龙为主纹饰、白虎、朱雀、怪兽、灵芝夹杂其中，填以云气纹图案，边框饰菱形纹及穿璧纹；南壁：斑豹、朱雀、仙山、边框饰穿璧纹；西壁门道口以北仅存穿璧纹	多室崖洞墓
河南洛阳卜千秋墓	西汉中期稍后（公元前86～公元前49年）	主墓室顶部：升仙图；主墓室后壁：方相氏	竖穴墓道多室空心砖砖墓
河南洛阳烧沟61号墓	西汉元帝—成帝（公元前48～公元前7年）	顶脊：日月星象图，虎食旱魃，历史故事，大傩仪式图（宴饮图），三个"恐"字；羊头浮雕	竖穴墓道多室空心砖砖顶墓
西安交通大学西汉壁画墓	西汉晚期	日（金乌）月（蟾蜍、玉兔）、青龙白虎朱雀玄武、二十八星宿图，鹤鹿天鹅等瑞禽异兽	斜坡墓道单室砖券墓
西安理工大学西汉壁画墓	西汉晚期	券顶：日（金乌）月（蟾蜍、玉兔）、青龙、白虎；南壁：朱雀、仙鹤、鸿雁、云气纹；北壁：乐舞；西壁：车马出行；东壁：狩猎，乘龙仙人，瑞兽斗鸡图	斜坡墓道单室砖券墓
河南洛阳浅井头西汉壁画墓	西汉成帝—王莽时期	顶脊南部由14块砖组成一幅长画卷，由南向北：朱雀、伏羲、太阳（金乌）、白虎、双龙、朱雀、二龙穿璧、蟾蜍、人面兽身神兽、月亮（蟾蜍、玉兔）、女娲；北部由7块砖组成端云图；墓顶斜坡：云气纹图	竖穴墓道多室空心砖墓

续表

名称	时代	壁画内容	墓葬形制
内蒙古托克托县闵氏壁画墓	西汉末年	侍者奴仆、牛车、马车、庖厨、鸡狗等供食肉的家禽家畜、酒缸、水井、灶等	多室穹隆顶及券顶砖墓
河南洛阳金谷园壁画墓	新莽地皇元年—地皇四年	穹隆顶：星象图、日月图、仙鹤、飞鸟	多室穹隆顶及券顶空心砖小砖墓
河南洛阳偃师县新莽壁画墓	新莽时期	前室：虎头方相氏、常仪棒月、羲和棒日；后室：西王母、玉兔、蟾蜍、九尾狐	竖穴墓道多室空心砖券顶墓
河南洛阳尹屯新莽壁画墓	新莽时期	中室藻井：日（三足乌）月（蟾蜍），云彩；东坡：仙人骑神兽，青龙；南坡：虬龙、人首蛇身；西坡：双阙，虎，女子，楼台，北坡：人首蛇身兽，人首鱼身风鸟等；后室：勾连云纹内填仙草，花卉图案	竖穴墓道多室穹隆顶券顶砖墓
陕西省千阳县新莽壁画墓	新莽时期	日（金乌）、月、青龙、白虎、云气	砖铺地土洞墓
山西平陆枣园村壁画墓	王莽—东汉初	青龙、白虎、玄武（无蛇），其间布满流云纹，流云间绘百余颗星宿，日月、白鹤、山水、人物、屋舍、牛耕、马车、挑担等生活场景	单室砖券墓
河南洛阳北郊东汉壁画墓	东汉初	前室：伏羲擎日、女娲擎月，仙人驾龙车、仙人驾鹿车、弓箭、侍者、门吏	竖穴墓道多室空心砖墓

续表

名称	时代	壁画内容	墓葬形制
陕西旬邑百子村东汉壁画墓	东汉前期	墓道口：方相氏、门吏；前室穹隆顶：日（金乌）月（蟾蜍）、青龙白虎朱雀；前室四壁：庭院屋舍、牲畜粮仓、农耕放牧；后室：庖厨宴客、属下吏门吏	多室砖石墓
内蒙古凤凰山M1	东汉前期	墓门：门吏、捧食侍者；墓室顶部：月（蟾蜍、玉兔）、星；后壁上部：方相氏与独角兽，后壁下部：垂帐；东壁：乐舞百戏、庄园武库、相氏与独角兽、出行与狩猎	斜坡墓道的人字坡顶土洞墓
河北望都东汉壁画墓	东汉中期	壁画分为上下两层：上层为人物，有守门吏，如寺门卒、门亭长、有墓主的属吏，如仁恕掾、贼曹、门下游徼、辟车伍佰、门下史、门下小史、主记史、主簿；下层为祥禽瑞兽，如羊、鸡、白兔游东山、鸳、鹭、獐、芝草等	多室砖券顶墓
辽宁辽阳旧城东门里东汉壁画墓	东汉中期偏后	门卒持盾、小史持案、出行、宴居、牛车、星座、流云纹水波纹中兼饰瑞兽	石板搭建的平顶洞室墓
河北安平东汉墓	熹平五年（公元176年）	墓主坐像、车马出行、建筑、乐舞百戏	多室砖券顶墓
内蒙古和林格尔东汉壁画墓	东汉晚期	前室：墓主仕途图（中层描绘了墓主所历任官职），下属官曹（下层）、朱雀、凤凰、白象、麒麟；中室：庭园图、乐舞百戏图、历史故事图、七女为父报仇图、祥瑞图；后室：四灵图、夫妇图、庄园图、婢女图、宴饮图、庖厨图、农耕收获图、谷仓图、牧马图、牧牛图；南北侧室：	多室穹隆顶及顶砖墓

续表

名称	时代	壁画内容	墓葬形制
河南偃师杏园村东汉壁画墓	东汉晚期	车马出行、作坊宴饮	斜坡墓道多室砖券墓
河南洛阳机车工厂东汉壁画墓	东汉晚期	门侍、车马出行、瑞兽祥禽、侍女、乐舞百戏	多室砖石券顶墓
河南洛阳西工东汉壁画墓	东汉晚期	夫妻帐下坐榻图、车马图、步行图	砖室券顶墓
河南洛阳朱村东汉壁画墓	东汉晚期	车马出行、瑞兽图	斜坡墓道带耳室横向砖室券顶墓
河南荥阳苌村东汉壁画墓	东汉晚期	楼阙庭院、乐舞图、车马出行图、瑞禽图、历史故事、侍吏	多券顶砖室墓
河南密县打虎亭东汉壁画墓	东汉晚期	甬道和各室顶部：莲花、菱形藻井、祥禽瑞兽图；中室南壁：车马出行、北壁：百戏图，各壁有捧物侍者图；侧室：家禽家畜等庄园图、庖厨图、奴仆图	斜坡墓道多室砖石室墓
山西夏县王村东汉壁画墓	东汉晚期（桓灵时期）	神仙图、歌舞宴饮图、车马出行图、夫妻帐下坐榻图、文武侍史	斜坡墓道多室砖券顶墓

续表

名称	时代	壁画内容	墓葬形制
山东梁山汉墓	东汉晚期	伏羲、凤凰、庭院、庖厨	多室穹隆顶及券顶砖室墓
辽宁三道壕汉墓	东汉晚期	夫妻对坐宴客图、庖厨图、车马出行图（男女主人出行）	多室石板墓
辽阳棒台子屯汉壁画墓	东汉晚期	门吏门犬、乐舞百戏、车马出行、宅第庖厨、日月云气、墓主坐榻宴饮	多室石板墓
辽宁三道壕令支令张君墓	东汉晚期—魏	夫妻帐下坐榻图、庖厨图、人马图	多室石板墓
辽宁辽阳鹅房一号墓	东汉末年	日月、持经图、宴饮百戏图、楼阁图、挂马图、梅花鹿	多室石板墓

157

墓（西汉晚期）、洛阳浅井头壁画墓（西汉成帝—新莽）、内蒙古托克托县闵氏壁画墓（西汉末年）、洛阳金谷园新莽壁画墓（地皇元年—地皇四年）、洛阳偃师县新莽壁画墓、洛阳尹屯新莽壁画墓、陕西省千阳县新莽壁画墓、山西平陆枣园村壁画墓（新莽—东汉初期）、洛阳北郊东汉壁画墓（东汉初期）、陕西旬邑百子村东汉壁画墓（东汉前期）、内蒙古凤凰山 1号墓（东汉前期）、河北望都东汉壁画墓（东汉中期）、辽宁辽阳旧城东门里东汉壁画墓（东汉中期偏后）、河北安平东汉壁画墓（熹平五年，即公元 176 年）[118]、内蒙古和林格尔东汉壁画墓（东汉晚期）[119]、河南偃师杏园村东汉壁画墓（东汉晚期）[120]、洛阳机车厂东汉壁画墓（东汉晚期）、洛阳西工东汉壁画墓（东汉晚期）、洛阳朱村东汉壁画墓（东汉晚期）、河南荥阳苌村东汉壁画墓（东汉晚期）、河南密县打虎亭东汉壁画墓（东汉晚期）、山西夏县王村东汉壁画墓（东汉晚期）、山东梁山东汉壁画墓（东汉晚期）、辽阳三道壕东汉壁画墓（东汉晚期）、辽阳棒台子屯东汉壁画墓（东汉晚期）、辽阳鹅房 1 号墓（东汉末年）等。

壁画墓的来源说法不一，可以肯定的是洞室墓的出现为壁画墓提供了发展的空间。汉墓壁画布局大致分为非人间与人间两大主题，不论何种墓葬形制，墓室顶部及上部多用来表现日月星辰、女娲、伏羲、西王母、羽人、方相氏、神兽等非人间形象，下部则表现车马出行、狩猎、宴饮、乐舞百戏、城池庭院、农耕收获等人间生活场景。从壁画题材看，西汉中晚期壁画墓中神仙及避除不祥的题材占很大比例，而东汉中晚期壁画墓中宣扬墓主仕途及表现现实生活的题材则占据了突出的位置。

（二）画像石墓

画像石墓是指用雕刻有图像的石材垒砌墓室的墓葬，墓室有纯石结构，也有砖石混筑结构。画像石墓出现于西汉晚期，到东汉末消失，是汉代特有的一种墓葬形式。画像石墓的产生源于汉代的厚葬之风，其分布区域又是汉代经济、文化比较发达的地区，加之这些地区有着丰富的可供利用的石材资源，诸多因素催生了这种独特的墓葬形式。

画像石墓已发掘数百座，研究者对之进行了分区，一般分为 4 个区：山东、江苏中北部、安徽北部、河南东部和河北东南部（简称东区）；以南阳市为中心的河南西南部和湖北北部（简称中区）；陕西北部和山西西部（简称西区）；四川、重庆地区（简称南区）。除 4 个中心分布区外，在河南洛阳、郑州、北京、天津、甘肃以及江南的浙江等地也有发现。

东区重要的墓葬有山东沂南画像石墓、安丘董家庄画像石墓，江苏徐州茅村画像石墓、青山泉白集画像石墓等，雕刻技法有阴线刻、凹面线刻、凸面线刻、浅浮雕、高浮雕和透雕。中区有河南南阳杨官寺画像石墓、襄城茨沟画像石墓、唐河新店画像石墓、唐河针织厂画像石墓等，雕刻技法主要采用浅浮雕，也有阴线刻和凹面线刻。西区以陕西神木大保当画像石墓比较集中，雕刻技法主要采用凸面线刻，辅以彩绘。南区画像石墓多发现于成都和重庆一带，雕刻技法主要为浅浮雕。

汉墓画像石的内容十分丰富，大致可分为生产活动类，社会生活、日常生活类，历史故事类，神话故事类，天文图像类，祥瑞辟邪类，仙人、升仙类，装饰图案类等。生产活动图像有农业（牛耕、耱地、除草、收割）、牧业（放牧、阉牛）、渔业（捕鱼）、手工业（纺织、造车、冶炼、酿酒）；社会生活、日常生活图像有拜谒、车马出行、建筑、庖厨、宴饮、乐舞百戏、投壶、六博、狩猎等；历史故事图像有周公辅成王、孔子见老子、二桃杀三士、完璧归赵、荆轲刺秦王、泗水捞鼎、鸿门宴等；神话故事图像有伏羲、女娲、东王公、西王母、嫦娥奔月、牛郎织女等；天文图像有日月、北斗七星、东宫苍龙、西宫白虎、南宫朱雀、北宫玄武等；祥瑞辟邪图像有铺首衔环、神荼郁垒、方相氏、龙、象、嘉禾、四神等；装饰图案有几何纹、钱币纹、卷草纹等。有研究者主张按照汉代人们的宇宙观念对画像石的图像内容进行解释，可分为天上世界、仙人世界、人间现实世界和地下鬼魂世界 4 大类[121]。

汉墓画像石不仅是了解当时社会生产、生活、思想信仰以及生死观、宇宙观的重要材料，也是研究艺术史的珍贵资料。

（三）画像砖墓

墓室壁嵌入模印的画像砖形成画像砖墓。画像砖有空心砖和一般的长方砖、方砖两种。画像空心砖墓主要发现于河南郑州、洛阳、南阳等地区，时代多为西汉中晚期；一般画像砖墓主要分布于四川成都平原一带，时代多为东汉，有的晚至蜀汉。画像砖内容丰富，有农桑、盐井、建筑、市井、道路交通、车马、传经讲学、乐舞百戏、神话传说等图像，为研究汉代社会生产、生活、风俗、信仰等提供了真实形象的实物资料[122]。

第三节 秦汉墓制

　　如前章所述，两周墓制的核心是以棺椁、列鼎和车马随葬等要素来规范各个阶层的等级秩序，这些要素一旦埋入地下即不再示之于人。到了春秋战国之际，地面上出现了高大的坟丘，传统墓制开始发生深刻变化。战国时期，墓上设施除了坟丘，还有陵园、陵寝类建筑、陪葬坑和陪葬墓等，构成陵园制度的各种要素虽然基本齐备，但各国陵墓地上设施的内容却不尽相同。

　　秦统一六国后，始皇帝陵集各国陵墓制度之大成，形成了一套更加完备的陵园建置，内容包括坟丘、陵园、陵寝建筑、陪葬坑、陪葬墓和陵邑等。秦立国甚短，其开创的陵寝制度为汉代继承，经过两汉四百年的传承与变革，这套地面建置以可量化的标准被纳入墓葬等级制度之中。

　　汉代皇帝陵与诸侯王、列侯、二千石官吏等大型墓葬的地面设施由坟丘、陵园（墓园）、礼制建筑等要素组成，帝王陵墓流行设置陪葬墓，西汉帝陵设有陵邑（高祖长陵到宣帝杜陵），西汉帝王陵墓多有陪葬坑，东汉陵墓流行设置神道石刻，石刻以动物造型为主，有象、羊、天禄、辟邪、狮子等。

　　西汉帝陵应采用四条墓道的黄肠题凑葬制，墓主应着金缕玉衣；诸侯王墓采用传统的竖穴木椁墓以及新兴的黄肠题凑墓、崖洞墓和石室墓，墓葬形制并不统一，墓主有的着金缕玉衣或银缕玉衣；列侯墓一般采用传统的竖穴木椁墓，墓主有的着金缕玉衣或银缕玉衣。东汉帝陵、王侯墓和二千石官吏墓均使用一条墓道的砖石室墓，帝王陵墓带有黄肠石题凑，王墓流行带回廊的前后室墓，列侯墓为多室墓，二千石官吏墓为多室墓或带回廊的多室墓，皇帝应着金缕玉衣，诸侯王和始封列侯用银缕玉衣，嗣位列侯、诸侯王及列侯的妻子用铜缕玉衣。总起来说，除了西汉诸侯王墓形制比较多样外，两汉各级别墓葬的形制基本上是统一的。

　　由于墓葬形制的变革，汉代墓内空间进一步增大，墓室第宅化进一步发展，这在西汉崖洞墓上表现得尤为充分，例如徐州北洞山汉墓在墓外设门阙，墓室顶作两面坡等多种形式，墓内设有厨房、歌舞厅和厕所等生活设施，永城保安山 2 号墓的两个主要墓室还自名为"东宫"和"西宫"。

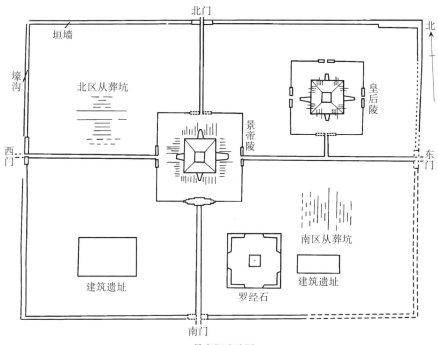

景帝阳陵陵园

北

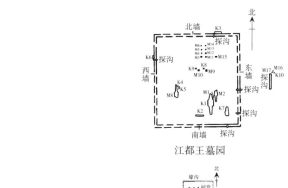

江都王墓园

富平侯张安世墓园

0　　　　　　　　　　500 米

图 2－46　西汉皇帝、诸侯王、列侯陵园形制、规模对比图

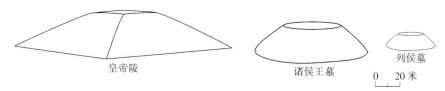

皇帝陵　　　　　　　　　诸侯王墓　　　　列侯墓

0　20 米

图 2－47　西汉皇帝、诸侯王、列侯坟丘形状、规模对比示意图

汉代壁画、画像石、画像砖等墓内装饰的兴起，为探讨当时人们的冥界观提供了直观、形象的材料。

两汉实行封建的丧葬等级制度，这套制度包括地上、地下两大部分，地上部分的中心是坟丘，用坟丘的高度来严格规范墓主的等级秩序，标志着地面设施已成为丧葬等级制度中非常成熟的要素（图 2-46、图 2-47）；地下部分除了墓葬形制外，主要用殓服玉衣来体现等级差别。

注释

〔1〕陕西省文物管理委员会：《秦始皇陵调查简报》，《考古》1962 年第 8 期；袁仲一：《秦始皇陵兵马俑研究》，文物出版社，1990 年；陕西省考古研究所、秦始皇兵马俑博物馆：《秦始皇帝陵园考古报告（1999）》，科学出版社，2000 年；陕西省考古研究所、秦始皇兵马俑博物馆：《秦始皇帝陵园考古报告（2000）》，科学出版社，2006 年；陕西省考古研究所、秦始皇兵马俑博物馆：《秦始皇帝陵园考古报告（2001~2003）》，科学出版社，2007 年；段清波、张颖岚：《秦始皇帝陵的外藏系统》，《考古》2003 年第 11 期；陕西省考古研究所、始皇陵秦俑坑考古发掘队：《秦始皇陵兵马俑坑一号坑发掘报告（1974~1984）》，文物出版社，1988 年。

秦始皇帝陵的考古工作近年又有新发现，如勘探到墙垣（内城新南北向隔墙，内城东西向隔墙向西延伸到西内外城之间）、道路、门阙（外城北垣上 1 个门，北内外城之间 1 组门阙，确认内城北垣西侧豁口非门）、陵寝建筑（北内外城之间）、外藏坑（南内外城垣之间的 K0901、K201001，西内外城垣之间的 K0902、K201101，鱼池南侧的 K201201，坟丘北侧 1 座，坟丘西北侧的"甲"字形墓实为外藏坑）和陪葬墓（西内外城和南内外城之间等多处），并局部试掘了陵寝建筑遗址，全面发掘了外藏坑 K9901 和 10 座小型陪葬墓，对兵马俑一号坑作了第三次发掘。详见陕西省考古研究院：《2009 年度秦始皇帝陵园考古勘探简报》，《考古与文物》2010 年第 5 期；秦始皇帝陵博物院、秦始皇兵马俑博物馆：《秦始皇帝陵园北门勘探简报》，《文物》2010 年第 6 期；秦始皇帝陵博物院：《秦始皇帝陵园考古报告（2009~2010）》，科学出版社，2012 年；秦始皇帝陵博物院：《西安市秦始皇帝陵》，《考古》2014 年第 7 期。

〔2〕陕西省考古研究所：《秦都咸阳考古报告》，科学出版社，2004 年。

〔3〕咸阳市文物考古研究所：《任家咀秦墓》，科学出版社，2005 年。

〔4〕咸阳市文物考古研究所：《塔尔坡秦墓》，三秦出版社，1998 年。

〔5〕陕西省考古研究所：《西安北郊秦墓》，三秦出版社，2006 年。

〔6〕西安市文物保护考古所：《西安南郊秦墓》，陕西人民出版社，2004 年。

〔7〕陕西省考古研究所：《陇县店子秦墓》，三秦出版社，1998 年。

〔8〕杜葆仁：《西汉诸陵位置考》，《考古与文物》1980 年第 1 期；刘庆柱、李毓芳：《西汉诸陵调查与研究》，《文物资料丛刊（6）》，文物出版社，1982 年；刘庆柱、李毓芳：《西汉十一帝陵》，陕西人民出版社，1987 年；岳起、刘卫鹏：《由平陵建制谈西汉帝陵制度的几个

问题》,《考古与文物》2007 年第 5 期。

近年对西汉帝陵展开系统考古调查和勘探,新发现一些陵寝建筑、陪葬坑和陪葬墓等,精测了坟丘和陵园布局。考古资料陆续发表,详见咸阳市文物考古研究所编著:《西汉帝陵钻探调查报告》,文物出版社,2010 年;陕西省考古研究院、咸阳市文物考古研究所、茂陵博物馆:《汉武帝茂陵考古调查、勘探简报》,《考古与文物》2011 年第 2 期;陕西省考古研究院、咸阳市文物考古研究所、茂陵博物馆:《汉元帝渭陵的考古调查、勘探简报》,《考古》2013 年第 11 期;陕西省考古研究院、咸阳市文物考古研究所、茂陵博物馆:《汉平帝康陵考古调查、勘探简报》,《文物》2014 年第 6 期。

〔9〕王建新:《西汉后四陵名位考察》,北京大学中国考古学研究中心、北京大学震旦古代文明研究中心:《古代文明》(第 2 卷),文物出版社,2003 年。

〔10〕中国社会科学院考古研究所:《汉杜陵陵园遗址》,科学出版社,1993 年。

〔11〕焦南峰:《汉阳陵从葬坑初探》,《文物》2006 年第 7 期;《试论西汉帝陵的建设理念》,《考古》2007 年第 11 期。

〔12〕陈长安:《洛阳邙山东汉陵试探》,《中原文物》1982 年第 3 期;李南可:《从东汉"建宁"、"熹平"两块黄肠石看灵帝文陵》,《中原文物》1985 年第 3 期;洛阳市第二文物工作队:《洛阳邙山陵墓群的文物普查》,《文物》2007 年第 10 期;洛阳市第二文物工作队、偃师市文物管理委员会:《偃师白草坡东汉帝陵陵园遗址》,《文物》2007 年第 10 期。

近年在河南省洛阳市孟津县平乐镇朱仓村一带勘探到两座大型陵墓。一座编号 M722,陵垣墙夯筑,平面略呈方形,边长 420 米,东垣墙外侧有壕沟,墓冢位于陵园中西部,地下保存的封土呈圆形,直径约 136 米。墓葬砖筑,由墓道和墓室组成,平面呈"甲"字形,墓道南向。陵寝建筑主要分布在封土东、南部。另一座编号 M707,紧邻 M722 陵寝遗址的东侧,没有发现陵园墙,地下保存的封土呈圆形,直径 86 米,砖室墓平面"甲"字形,陵寝建筑位于墓葬以东。发掘者认为二墓同属帝陵级别的陵墓,可能分属顺帝的宪陵和冲帝的怀陵,陵寝建筑可能属于"石殿"、"寝殿"、"园省"、"园寺吏舍"等。资料见洛阳市第二文物工作队:《洛阳孟津朱仓东汉帝陵陵园遗址》,《文物》2011 年第 9 期;严辉、张鸿亮、卢青峰:《洛阳孟津朱仓东汉帝陵陵园遗址相关问题的思考》,《文物》2011 年第 9 期。

〔13〕韩国河:《东汉帝陵有关问题的探讨》,《考古与文物》2007 年第 5 期。

〔14〕孙贯文、赵超:《由出土印章看两处墓葬的墓主等问题》,《考古》1981 年第 4 期。

〔15〕黄展岳:《汉代诸侯王墓论述》,《考古学报》1998 年第 1 期。

〔16〕孙贯文、赵超:《由出土印章看两处墓葬的墓主等问题》,《考古》1981 年第 4 期。

〔17〕刘振东、谭青枝:《关于河南永城保安山二号墓墓主问题》,《考古与文物》2001 年第 4 期。

〔18〕关于徐州狮子山、驮篮山和北洞山楚王墓的墓主所属存在较多争议。参见宋治民:《狮子山西汉楚陵的两个问题》,《考古与文物》2000 年第 1 期;黄盛璋:《徐州狮子山楚王墓墓主与出土印章问题》,《考古》2000 年第 9 期;耿建军:《试析徐州西汉楚王墓出土官印及封泥的性质》,《考古》2000 年第 9 期;梁勇:《从西汉楚王墓的建筑结构看楚王墓的排列

顺序》，《文物》2001 年第 10 期；韦正：《江苏徐州市狮子山西汉墓墓主的再认识》，《考古》2002 年第 9 期；孟强：《从随葬品谈徐州狮子山汉墓的墓主问题》，《考古》2006 年第 9 期；梁勇：《徐州狮子山楚王墓出土印章与墓主问题的再认识》，《考古》2006 年第 9 期。

〔19〕河北省文物研究所、沧州市文物管理处、献县文物管理所：《献县第 36 号汉墓发掘报告》，《河北省考古文集》，东方出版社，1998 年。

〔20〕河北省文物研究所、鹿泉市文物保管所：《高庄汉墓》，科学出版社，2006 年。

〔21〕山东大学考古系、山东省文物局、长清县文化局：《山东长清县双乳山一号汉墓发掘简报》，《考古》1997 年第 3 期。

〔22〕山东省菏泽地区汉墓发掘小组：《巨野红土山西汉墓》，《考古学报》1983 年第 4 期。

〔23〕济南市考古研究所、山东大学考古系、山东省文物考古研究所、章丘市博物馆：《山东章丘市洛庄汉墓陪葬坑的清理》，《考古》2004 年第 8 期。

〔24〕王守功：《危山汉墓——第五处用兵马俑陪葬的王陵》，《文物天地》2004 年第 2 期。

〔25〕山东省淄博市博物馆：《西汉齐王墓随葬器物坑》，《考古学报》1985 年第 2 期。

〔26〕张金萍、张蔚星：《大胆抽象与拙朴的汉代木雕——西汉泗水国王陵出土》，《文物天地》2004 年第 1 期。

〔27〕中国科学院考古研究所：《长沙发掘报告》，文物出版社，1957 年。

〔28〕任相宏：《双乳山一号汉墓墓主考略》，《考古》1997 年第 3 期。

〔29〕大葆台汉墓发掘组：《北京大葆台汉墓》，文物出版社，1989 年。

〔30〕河北省文物研究所：《河北定县 40 号汉墓发掘简报》，《文物》1981 年第 8 期；河北省博物馆、文物管理处、中共定县县委宣传部、定县博物馆：《定县 40 号汉墓出土的金缕玉衣》，《文物》1976 年第 7 期。

〔31〕石家庄市图书馆文物考古小组：《河北石家庄市北郊西汉墓发掘简报》，《考古》1980 年第 1 期。

〔32〕梁白泉：《高邮天山一号汉墓发掘侧记》，《文博通讯》第 32 期。

〔33〕湖南省博物馆：《长沙象鼻嘴一号西汉墓》，《考古学报》1981 年第 1 期。

〔34〕长沙市文化局文物组：《长沙咸家湖西汉曹㛢墓》，《文物》1979 年第 3 期。

〔35〕曹砚农、宋少华：《长沙发掘西汉长沙王室墓》，《中国文物报》1993 年 8 月 22 日；长沙市文物考古研究所、长沙简牍博物馆：《湖南长沙望城坡西汉渔阳墓发掘简报》，《文物》2010 年第 4 期；宋少华：《长沙西汉渔阳墓相关问题刍议》，《文物》2010 年第 4 期。

〔36〕文物编辑委员会：《文物考古工作三十年》，文物出版社，1979 年。

〔37〕樊书海、李恩佳：《定州 137 号汉墓》，《中国考古学年鉴（1997）》第 96 页，文物出版社，1999 年。

〔38〕河南省文物考古研究所：《永城西汉梁国王陵与寝园》，中州古籍出版社，1996 年；河南省商丘市文物管理委员会、河南省文物考古研究所、河南省永城市文物管理委员会：《芒

砀山西汉梁王墓地》，文物出版社，2001 年。

〔39〕广州市文物管理委员会、中国社会科学院考古研究所、广东省博物馆：《西汉南越王墓》，文物出版社，1991 年。

〔40〕中国社会科学院考古研究所、河北省文物管理处：《满城汉墓发掘报告》，文物出版社，1980 年。

〔41〕潍坊市博物馆、昌乐县文管所：《山东昌乐县东圈汉墓》，《考古》1993 年第 6 期。

〔42〕山东省博物馆：《曲阜九龙山汉墓发掘简报》，《文物》1972 年第 5 期。

〔43〕河南省文物考古研究所：《永城西汉梁国王陵与寝园》，中州古籍出版社，1996 年；河南省商丘市文物管理委员会、河南省文物考古研究所、河南省永城市文物管理委员会：《芒砀山西汉梁王墓地》，文物出版社，2001 年；河南省文物考古研究所、永城市文物旅游管理局：《永城黄土山与酂城汉墓》，大象出版社，2010 年；永城市博物馆：《河南永城僖山二号汉墓清理简报》，《文物》2011 年第 2 期。

〔44〕狮子山楚王陵考古发掘队：《徐州狮子山西汉楚王陵发掘简报》，《考古》1998 年第 8 期；韦正、李虎仁、邹厚本：《江苏徐州市狮子山西汉墓的发掘与收获》，《考古》1998 年第 8 期；徐州博物馆：《徐州狮子山兵马俑坑第一次发掘简报》，《文物》1986 年第 12 期。

〔45〕邱永生、徐旭：《徐州市驮篮山西汉墓》，《中国考古学年鉴（1991）》173 页，文物出版社，1992 年。

〔46〕徐州博物馆、南京大学历史学系考古专业：《徐州北洞山西汉楚王墓》，文物出版社，2003 年。

〔47〕南京博物院、铜山县文化馆：《铜山龟山二号西汉崖洞墓》，《考古学报》1985 年第 1 期；尤振尧：《〈铜山龟山二号西汉崖洞墓〉一文的重要补充》，《考古学报》1985 年第 3 期；徐州博物馆：《江苏铜山县龟山二号西汉崖洞墓材料的再补充》，《考古》1997 年第 2 期。

〔48〕徐州博物馆：《徐州石桥汉墓清理报告》，《文物》1984 年第 11 期；孟强：《徐州东洞山三号汉墓的发掘及对东洞山汉墓的再认识》，《东南文化》2003 年第 7 期。

〔49〕耿建军：《试析徐州西汉楚王墓出土官印及封泥的性质》，《考古》2000 年第 9 期。

〔50〕河南省商丘市文物管理委员会、河南省文物考古研究所、河南省永城市文物管理委员会：《芒砀山西汉梁王墓地》，文物出版社，2001 年。

〔51〕梁勇：《从西汉楚王墓的建筑结构看楚王墓的排列顺序》，《文物》2001 年第 10 期。

以前发掘的西汉诸侯王墓，又公布了一些资料，如北京老山燕国王后墓（国家文物局：《2000 中国重要考古发现·北京老山汉墓》，文物出版社，2001 年）和安徽六安国王陵（安徽省文物考古研究所、安徽省六安市文物局：《安徽六安双墩一号汉墓发掘简报》，《文物研究》第 17 辑，科学出版社，2010 年；汪景辉、杨立新：《汉代六安国王陵墓葬的发现与研究》，中国社会科学院考古研究所、广州市文物考古研究所：《西汉南越国考古与汉文化》，科学出版社，2010 年）等。此外，近年还新发现、发掘了数座西汉王墓，有湖南长沙望城风篷岭汉墓（长沙市文物考古研究所、望城县文物管理局：《湖南望城风篷岭汉墓发掘简报》，《文物》2007 年第 12 期；何旭红：《湖南望城风篷岭汉墓年代及墓主考》，《文物》2007 年第 12 期）、望城风盘岭汉墓（长沙市文物考古研究所、长沙市望城区文物管理局：《湖南长沙风盘岭汉墓发掘简报》，《文物》2013 年第 6 期）、江苏盱眙大云山汉墓（南京博物院、盱眙县文广新局：《江苏盱眙县大云山汉墓》，《考古》2012 年第 7 期；南京博物院、盱眙县文广新局：《江苏盱眙县大云山江都王陵二号墓发掘简报》，《文物》2013 年第 1 期；南京博物院、盱眙县文广新局：《江苏盱眙县大云山西汉江都王陵一号墓》，《考古》2013 年第 10 期；《江苏盱眙县大云山西汉江都王陵东区陪葬墓》，《考古》2013 年第 10 期；南京博物院、盱眙县文广新局：《江苏盱眙县大云山西汉江都王陵北区陪葬墓》，《考古》2014 年第 3 期）和山东定陶灵圣湖汉墓（山东省文物考古研究所、菏泽市文物管理处、定陶县文管处：《山东定陶县灵圣湖汉墓》，《考古》2012 年第 7 期）。

〔52〕刘振东：《汉代诸侯王、列侯墓的地面建制——汉代王侯墓制研究之一》，《汉唐与边疆考古研究》第一辑，文物出版社，1994 年。

〔53〕徐州博物馆：《徐州后楼山西汉墓发掘报告》，《文物》1993 年第 4 期；徐州博物馆、南京大学历史学系考古专业：《徐州北洞山西汉楚王墓》175 页，文物出版社，2003 年。

〔54〕刘振东：《题凑与黄肠题凑》，《新世纪的中国考古学——王仲殊先生八十华诞纪念论文集》，科学出版社，2005 年。

〔55〕单先进：《西汉"黄肠题凑"葬制初探》，《中国考古学会第三次年会论文集》，文物出版社，1984 年；刘德增：《也谈汉代"黄肠题凑"葬制》，《考古》1987 年第 4 期。

〔56〕鲁琪：《试谈大葆台西汉墓的"梓宫"、"便房"、"黄肠题凑"》，《文物》1977 年第 6 期。

〔57〕黄展岳：《释"便房"》，《中国文物报》1993 年 6 月 20 日。

〔58〕单先进：《西汉"黄肠题凑"葬制初探》，《中国考古学会第三次年会论文集》，文物出版社，1984 年；刘德增：《也谈汉代"黄肠题凑"葬制》，《考古》1987 年第 4 期。

〔59〕俞伟超：《汉代诸侯王与列侯墓葬的形制分析——兼论"周制"、"汉制"与"晋制"的三阶段性》，《中国考古学会第一次年会论文集》，文物出版社，1979 年。

〔60〕李如森：《汉代"外藏椁"的起源与演变》，《考古》1997 年第 12 期；刘振东：《中国古代陵墓中的外藏椁——汉代王侯墓制研究之二》，《考古与文物》1999 年第 4 期。

〔61〕高崇文：《西汉诸侯王墓车马殉葬制度探讨》，《文物》1992 年第 2 期。

〔62〕郑滦明：《西汉诸侯王墓所见的车马殉葬制度》，《考古》2002 年第 1 期。

〔63〕卢兆荫：《试论两汉的玉衣》，《考古》1981 年第 1 期；卢兆荫：《再论两汉的玉衣》，《文物》1989 年第 10 期。

〔64〕河北省文化局文物工作队：《河北定县北庄汉墓发掘报告》，《考古学报》1964 年第 2 期。

〔65〕定县博物馆：《河北定县 43 号汉墓发掘简报》，《文物》1973 年第 11 期。

〔66〕山东省文物考古研究所：《山东临淄金岭镇一号汉墓》，《考古学报》1999 年第 1 期。

〔67〕济宁市文物管理局：《山东济宁市肖王庄一号汉墓》，《考古学集刊》第 12 集，中国

大百科全书出版社，1999 年。

〔68〕济宁市博物馆：《山东济宁发现一座东汉墓》，《考古》1994 年第 2 期。

〔69〕周口地区文物工作队、淮阳县博物馆：《河南淮阳北关一号汉墓发掘简报》，《文物》1991 年第 4 期。

〔70〕《徐州土山东汉墓清理简报》，《文博通讯》第 15 期。

〔71〕南京博物院：《江苏邗江甘泉二号汉墓》，《文物》1981 年第 11 期。

〔72〕史为：《关于"金缕玉衣"的资料简介》，《考古》1972 年第 2 期。

〔73〕黄展岳：《汉代诸侯王墓论述》，《考古学报》1998 年第 1 期。

〔74〕河北省文物管理处：《河北邢台南郊西汉墓》，《考古》1980 年第 5 期。

〔75〕陕西省文管会、博物馆、咸阳市博物馆：《咸阳杨家湾汉墓发掘简报》，《文物》1977 年第 10 期；陕西省文物管理委员会、咸阳市博物馆：《陕西省咸阳市杨家湾出土大批西汉彩绘陶俑》，《文物》1966 年第 3 期。

〔76〕郑洪春：《陕西新安机砖厂汉初积炭墓发掘报告》，《考古与文物》1990 年第 4 期。

〔77〕四川省文物考古研究院、绵阳博物馆：《绵阳双包山汉墓》，文物出版社，2006 年。

〔78〕济南市考古研究所：《济南市腊山汉墓发掘简报》，《考古》2004 年第 8 期。

〔79〕安徽省文物工作队、阜阳地区博物馆、阜阳县文化局：《阜阳双古堆西汉汝阴侯墓发掘简报》，《文物》1978 年第 8 期。

〔80〕徐州博物馆：《徐州西汉宛朐侯刘埶墓》，《文物》1997 年第 2 期。

〔81〕湖南省博物馆、中国科学院考古研究所：《长沙马王堆一号汉墓》，文物出版社，1973 年；湖南省博物馆、湖南省文物考古研究所：《长沙马王堆二、三号汉墓——第一卷：田野考古发掘报告》，文物出版社，2004 年。

〔82〕湖南省文物考古研究所、怀化市文物处、沅陵县博物馆：《沅陵虎溪山一号汉墓发掘简报》，《文物》2003 年第 1 期。

〔83〕隆尧县文物保管所：《河北隆尧县出土刻花贴金玉片》，《文物》1992 年第 4 期。

〔84〕聊城市文物管理委员会：《山东阳谷县吴楼一号汉墓的发掘》，《考古》1999 年第 11 期。

近年在陕西西安南郊凤栖原发掘了西汉富平侯张安世墓，确认有坟丘、墓园、祠堂、陪葬坑和陪葬墓等地面设施。资料见陕西省考古研究院：《2009 年陕西省考古研究院考古调查发掘新收获》，《考古与文物》2010 年第 2 期。

〔85〕傅举有：《汉代列侯的家吏——兼谈马王堆三号墓墓主》，《文物》1999 年第 1 期；陈松长：《马王堆三号墓主的再认识》，《文物》2003 年第 8 期。

〔86〕中国社会科学院考古研究所洛阳汉魏城队：《汉魏洛阳城西东汉墓园遗址》，《考古学报》1993 年第 3 期。

〔87〕安徽省亳县博物馆：《亳县曹操宗族墓葬》，《文物》1978 年第 8 期。

〔88〕睢文、南波：《江苏睢宁县刘楼东汉墓清理简报》，《文物资料丛刊（4）》，文物出版社，1980 年。

〔89〕石家庄市文物保管所：《石家庄北郊东汉墓》，《考古》1984 年第 9 期。

〔90〕河北省文物研究所：《蠡县汉墓发掘记要》，《文物》1983 年第 6 期。

〔91〕山东省博物馆：《山东东平王陵山汉墓清理简报》，《考古》1966 年第 4 期。

〔92〕李鉴昭：《江苏睢宁九女墩汉墓清理简报》，《考古》1955 年第 2 期。

〔93〕洛阳市文物工作队：《洛阳发掘的四座东汉玉衣墓》，《考古与文物》1999 年第 1 期。

〔94〕李银德：《徐州市屯里拉犁山东汉石室墓》，《中国考古学年鉴（1986）》第 123 页，文物出版社，1988 年；王恺：《徐州市屯里村东汉石室墓》，《中国考古学年鉴（1987）》第 141 页，文物出版社，1988 年。

〔95〕《山东邹城市郭里镇庙东村东汉砖墓》，《中国文物报》1998 年 2 月 4 日。

〔96〕济南市考古研究所、长清区文物管理所：《济南市长清区大觉寺村一、二号汉墓清理简报》，《考古》2004 年第 8 期。

〔97〕南阳地区文物队、南阳博物馆：《唐河汉郁平大尹冯君孺人画像石墓》，《考古学报》1980 年第 2 期。

〔98〕南京博物院、邳县文化馆：《东汉彭城相缪宇墓》，《文物》1984 年第 8 期。

〔99〕河南省文物研究所：《密县打虎亭汉墓》，文物出版社，1993 年。

〔100〕郑州市文物考古研究所、荥阳市文物保护管理所：《河南荥阳苌村汉代壁画墓调查》，《文物》1996 年第 3 期。

〔101〕北京历史博物馆、河北省文物管理委员会：《望都汉墓壁画》，中国古典艺术出版社，1955 年；河北省文化局文物工作队：《望都二号汉墓》，文物出版社，1959 年。

〔102〕河北省文物研究所：《安平东汉壁画墓》，文物出版社，1990 年。

〔103〕南京博物院、山东省文物管理处：《沂南古画像石墓发掘报告》，文化部文物管理局出版，1956 年。

〔104〕甘肃省博物馆：《武威雷台汉墓》，《考古学报》1974 年第 2 期。

〔105〕内蒙古自治区博物馆文物工作队：《和林格尔汉墓壁画》，文物出版社，1978 年。

〔106〕周到、李京华：《唐河针织厂汉画像石墓的发掘》，《文物》1973 年第 6 期。

〔107〕河南省文化局文物工作队：《河南南阳杨官寺汉画像石墓发掘报告》，《考古学报》1963 年第 1 期。

〔108〕广西壮族自治区文物工作队：《广西贵县罗泊湾一号墓发掘简报》，《文物》1978 年第 9 期；广西壮族自治区文物工作队：《广西贵县罗泊湾二号汉墓》，《考古》1982 年第 4 期。

〔109〕陈文：《贵港发掘西汉大型木椁墓》，《中国文物报》1995 年 11 月 19 日。

〔110〕陕西省文物管理委员会：《潼关吊桥汉代杨氏墓群发掘简记》，《文物》1961 年第 1 期。

〔111〕西安市文物保护考古所：《西安龙首原汉墓（甲编）》，西北大学出版社，1999 年；西安市文物保护考古所、郑州大学考古专业：《长安汉墓》，陕西人民出版社，2004 年。

〔112〕陕西省考古研究所：《白鹿原汉墓》，三秦出版社，2003 年。

〔113〕洛阳区考古发掘队：《洛阳烧沟汉墓》，科学出版社，1959 年。

〔114〕中国科学院考古研究所：《长沙发掘报告》，科学出版社，1957 年。

〔115〕宋少华：《西汉长沙国（临湘）中小型墓葬分期概论》，《考古耕耘录——湖南省中青年考古学者论文选集》，岳麓书社，1999 年。

〔116〕广州市文物管理委员会、广州市博物馆：《广州汉墓》，文物出版社，1981 年。

〔117〕陕西省考古研究所、西安交通大学：《西安交通大学西汉壁画墓》，西安交通大学出版社，1991 年。

〔118〕河北省文物研究所：《安平东汉壁画墓》，文物出版社，1990 年。

〔119〕内蒙古自治区博物馆文物工作队：《和林格尔汉墓壁画》，文物出版社，1978 年。

〔120〕中国社会科学院考古研究所：《杏园东汉墓壁画》，辽宁美术出版社，1995 年。

〔121〕信立祥：《汉代画像石综合研究》，文物出版社，2000 年。

〔122〕刘志远、余德章、刘文杰：《四川汉代画像砖与汉代社会》，文物出版社，1983 年。

第三章　中国古代坟丘墓的衰落
——魏晋时期

东汉末年，地方州郡自拥强兵，相互攻伐，各方势力此消彼长，最终形成了魏蜀吴三国鼎立的局面。

曹魏拥有北方广大地域，建都洛阳。传统上曹魏始自公元220年曹丕（魏文帝）代汉称帝，终于公元265年司马炎（晋武帝）代魏立晋，历时45年。西晋亡于公元316年，共历51年。曹魏、西晋前后延续了近一个世纪，主要是在公元三世纪。下面分别论述曹魏和西晋墓葬。

第一节　曹魏墓葬

一般认为，曹魏立国短暂，其墓制前期类似东汉墓，后期又易与西晋墓混同，所以非常难以识别，给研究曹魏墓制带来了困难。以前经常被使用的资料仅限于1956年在洛阳涧西发掘的正始八年（公元247年）墓[1]等少数几座墓葬。近年来又报道了1951年在山东省东阿县鱼山发掘的修建于青龙元年（公元233年）的陈思王曹植墓[2]、在陕西省西安市郭杜镇发掘的景元元年（公元261年）墓[3]、在河南省安阳县西高穴村发掘的葬于东汉建安二十五年（即曹魏黄初元年——公元220年）的魏武王曹操墓（高陵）[4]以及在洛阳孟津三十里铺发掘的葬于太和二年（公元228年）的壮侯曹休墓[5]。上述几座可以确定年代的墓葬，与经过比对大致能够推定为曹魏时期的一些墓葬，为研究这一时期的墓制带来了新的机遇。有不少研究者对魏晋墓葬进行了研究[6]。

一　墓葬概况

这里以年代明确的墓葬为代表，介绍曹魏墓的概况（表3-1）。

1. 河南安阳西高穴2号墓

无封土。系一条斜坡墓道的多室砖墓，方向110度。由墓道、甬道

173

单位：米

表3-1　曹魏墓葬简表

序号	地点	墓道				台阶	墓室						合葬	年代	墓主
		方向	长	宽 上口~下口	最深		前室			后室					
							东西	南北	顶	东西	南北	顶			
1	河南安阳西高穴2号墓	东	39.5	9.8~4.1	15	7	3.85	3.87	攒尖	3.82	3.85	攒尖	3	公元220年	曹操
2	河南孟津三十里铺44号墓	东	35	9	10.5	7	3.5	4.25	拱形	3.55	2	拱形	2	公元228年	曹休
3	山东东阿鱼山墓						4.35	4.35					1	公元233年	曹植
4	河南洛阳涧西曹魏墓	东	23.5	2.8~1.84	10.3	5	3.38	3.25		3.2	1.95			公元247年	
5	陕西西安邻杜13号墓	南		0.8~0.88	6.2	无	2.38~2.6	2.8	穹隆	1.3~1.5	2.7	拱形	2	公元261年	
6	陕西西安邻杜14号墓	南		0.8~0.9		无	2.12~2.32	2.4~2.5	穹隆	1.5	2.7~2.8	拱形	3		
7	河南新乡1号墓	北		1.14	3.6	无	1.6	1.4	攒尖	1.6	2.38	攒尖	2		
8	河南偃师杏园村6号墓	西	12	2.6~1	9	4	3	1.9		9.25	3				

（内侧设墓门，外侧有厚1.45米的封门砖墙）、前室及南侧室、北侧室、后室及南侧室、北侧室组成（图3-1、3-2）。全长近60米。

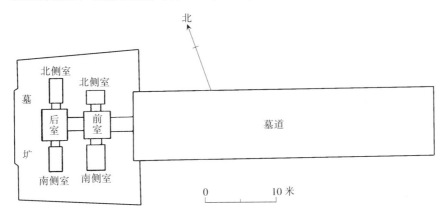

图3-1 河南安阳西高穴2号墓平面图（河南省文物考古研究所、安阳县文化局：《河南安阳市西高穴曹操高陵》，《考古》2010年第8期第36页图二）

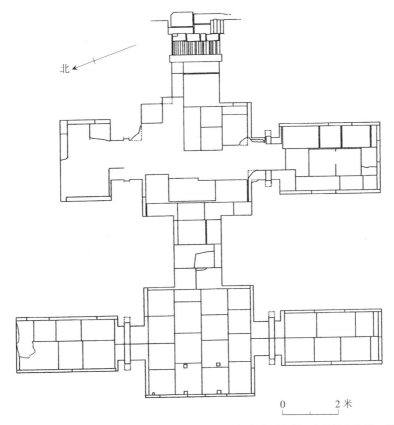

图3-2 河南安阳西高穴2号墓室平面图（河南省文物考古研究所、安阳县文化局：《河南安阳市西高穴曹操高陵》，《考古》2010年第8期第36页图三）

墓壁表面涂抹白灰，并分布有上下多层铁钉，从个别钉孔上残留的丝绳痕迹推测，当时沿着墓壁应悬挂有幕布一类的织物。

墓室内共发现三个头骨及其他骨骼，经鉴定分属三个个体，一个为60岁左右的男性，一个为50岁左右的女性，一个为20岁左右的女性。结合在后室及其两个侧室内发现的木棺等葬具情况，可推测男性墓主居后室后部，二女性分居两个侧室。

墓葬被盗，随葬品散落墓内各处，大多已失原位。计有金银器、铁器、铜器、玉石器、陶瓷器、骨器、漆木器以及水晶、玛瑙、珍珠等约400件。

根据墓葬的地望、年代、出土文字资料（石牌）等随葬品结合新近出土后赵时期的鲁潜墓志以及历史文献进行综合分析，该墓墓主应是著名的历史人物曹操，葬于东汉建安二十五年（公元220年）。

2号墓周围构筑垣墙形成陵园，平面长方形，北墙长100.8米，南墙长108.2米，东墙长68.8米，西墙遭到破坏。东墙外面有壕沟。东墙设有2个门道。

另据文献记载，曹操高陵原来立有祭殿，后来在文帝时被拆除。《晋书·志第十·礼中》："魏武葬高陵，有司依汉立陵上祭殿。至文帝黄初三年，乃诏曰：'先帝躬履节俭，遗诏省约。子以述父为孝，臣以系事为忠。古不墓祭，皆设于庙。高陵上殿皆毁坏，车马还厩，衣服藏府，以从先帝俭德之志。'"

2. 河南孟津三十里铺44号墓

无坟丘。系一条斜坡墓道的多室砖墓，方向98度。由墓道、甬道、前室及南双侧室、北侧室、东侧室、后室组成。全长50.6米。为合葬墓。

墓葬被盗，随葬品有铁器、铜器、金银饰、陶器等。

由后室出土的"曹休"铜印章可确定墓主为卒于太和二年（公元228年）的壮侯曹休。

3. 山东东阿鱼山曹魏墓

1951年发掘，但资料公布较迟，墓葬形制存有争议。应无坟丘。形制可能是二室砖墓，前室方形，后室不太清楚（图3-3）。前室放置一棺。

墓葬被盗，随葬品有铁器、铜器、玉石器、料器、陶器共132件。

从墓葬地望、出土铭文砖等随葬品结合文献记载，断此墓墓主为多次徙封，曾为鄄城王、雍丘王、东阿王而终于陈王的陈思王曹植，墓葬修建于青龙元年（公元233年）。

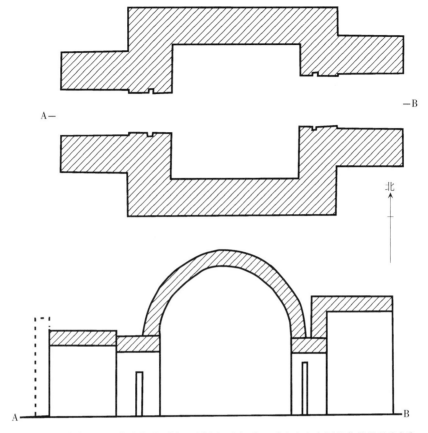

图 3-3 山东东阿鱼山曹魏墓平、剖面示意图（刘玉新：《山东省东阿县曹植墓的发掘》，
《华夏考古》1999 年第 1 期第 8 页图二）

4. 河南洛阳涧西曹魏墓

一条斜坡墓道的多室砖墓，由墓道、甬道、前室及南侧室、北侧室、
后室组成，方向 100 度（图 3-4）。

墓葬被盗，随葬品有铁器、铜器、玉石器、陶器共 65 件。其中最重要
的当属带"正始八年"刻铭的铁帐架。由此纪年可知该墓的年代为正始八
年（公元 247 年）或稍后。

5. 陕西西安郭杜 13 号墓

一条斜坡墓道的前后二室土洞墓，由墓道（上部带有台阶）、甬道、
前室、后室组成，方向 182 度（图 3-5）。后室陈木棺，系双人合葬。

随葬品有铁器、铜器、陶器共 20 件。其中一件镇墓陶瓶上朱书有"景
元元年十二月"等文字。据推算，景元元年十二月相当于公元 261 年。

上述五座墓葬年代明确，从公元 220 年到 261 年，其中年代相近者仅

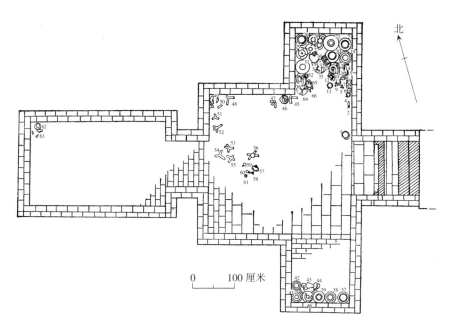

图 3-4　河南洛阳涧西曹魏墓平面图（洛阳市文物工作队：《洛阳曹魏正始八年墓发掘报告》，《考古》1989 年第 4 期第 315 页图一之一）

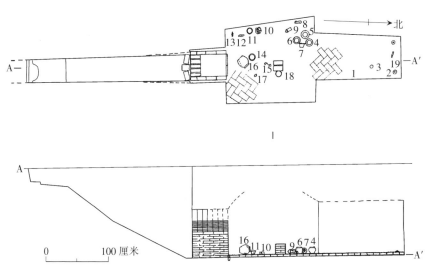

图 3-5　陕西西安郭杜 13 号墓平、剖面图（西安市文物保护考古所：《西安三国曹魏纪年墓清理简报》，《考古与文物》2007 年第 2 期第 21 页图一）

距数年或十余年，分布在河南、山东、陕西几个相邻的地区，基本上代表了曹魏四十余年的墓葬状况。此外，还有几座墓大致可断为曹魏时期，一座是河南新乡 1 号墓（一条斜坡墓道的前后二室墓）[7]（图 3-6），一座是河南偃师杏园村6号墓（一条斜坡墓道的前后二室墓，前室带二侧室，后室带一小侧室）[8]（图3-7），一座是与西安郭杜13号墓相距很近的14号墓（一条斜坡墓道的前后二室墓，前室带二侧室）（图3-8）。

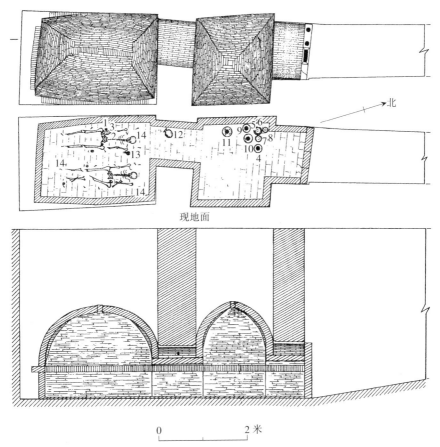

图3-6 河南新乡1号墓平，剖面图（新乡市文物工作队：《河南新乡市发现一座魏晋墓葬》，《考古》2007年第10期第95页图二）

二 葬制综论

曹魏帝陵，至今尚未发现。上述八座墓都是具有前、后主要墓室的二室墓，其中安阳西高穴2号墓系魏武王曹操墓，东阿鱼山墓为陈思王曹植墓，孟津三十里铺墓为壮侯曹休墓，其他几座墓的墓主虽然不明，但从墓葬形制和规模看，都应属于大中型墓的范畴。这里暂不细分墓葬等级，只

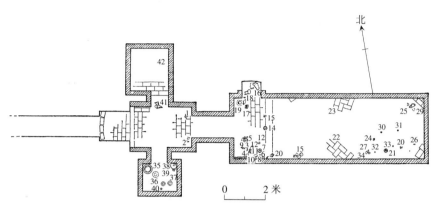

图 3 - 7　河南偃师杏园村 6 号墓平面图（中国社会科学院考古研究所河南第二工作队：《河南偃师杏园村的两座魏晋墓》，《考古》1985 年第 8 期第 721 页图一）

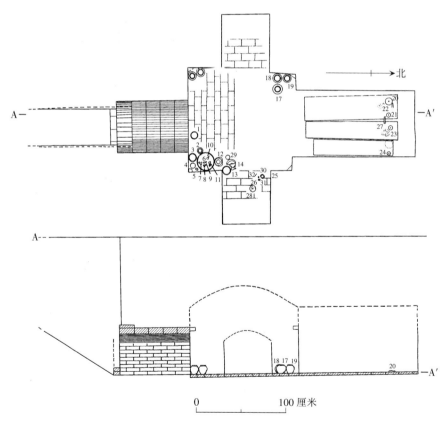

图 3 - 8　陕西西安郭杜 14 号墓平、剖面图（西安市文物保护考古所：《西安三国曹魏纪年墓清理简报》，《考古与文物》2007 年第 2 期第 24 页图五）

笼统地以大中型墓为例，分析曹魏之墓制。

之所以将曹操墓放入曹魏墓制中讨论，其一因为该墓处在曹魏代汉的当年，曹操死时名义上属于东汉纪年，实际上就在曹魏自立的前夜，其二因为曹操事实上是曹魏墓制的开创者，这一点在后面还要论及。

下面从地面设施、墓葬形制和随葬品三方面加以论述。

（一）地面设施

两汉墓制均极重视地面设施，如坟丘、陵园、陵寝建筑等，及至东汉，又流行在坟丘旁侧开神道，列石兽。但上述曹魏墓葬除曹操墓发现陵园外，都没有发现相关地面设施，连汉代最为普通、也是最能直观体现被葬者等级身份的坟丘也未予保留，真正做到了"不封不树"。地面设施的有无关涉墓葬制度的大局，是曹魏墓制与两汉墓制相区别的重要特征。

（二）墓葬形制

从已知曹魏大中型墓葬来看，均为一条长斜坡墓道二个主要墓室的前后室墓，有的不带侧室（东阿鱼山墓、新乡1号墓、西安郭杜13号墓），有的只在前室带二至四个侧室（孟津三十里铺44号墓带四个、洛阳涧西墓带二个、西安郭杜14号墓带二个），有的前后室都带侧室（安阳西高穴2号墓前后室各带二个；偃师杏园村6号墓前室带二个、后室带一个）。墓室大多全为砖室，有的前室为砖室，后室为土洞（偃师杏园村6号墓），有的全为土洞（西安郭杜13号墓、14号墓）。

从墓室的平面形状看，前后两个墓室均作方形或接近方形的只有安阳西高穴2号墓，东阿鱼山墓前室方形，但后室不明；前室方形或接近方形而后室为长方形的有新乡1号墓、洛阳涧西墓和西安郭杜13号墓、14号墓四座；前后室均为长方形的有孟津三十里铺44号墓和偃师杏园村6号墓两座，其中前者的前室为横列式。

从墓室的立体形状看，凡是平面方形或接近方形的墓室均作四角攒尖顶或穹隆顶，墓室长方形的则多为拱顶，只有新乡1号墓长方形后室亦作四角攒尖顶。

葬具均为木棺，呈长方形，有的尚存棺痕，有的仅存棺用铁钉，钉长6~20厘米。墓内多合葬2~3人。

洛阳涧西曹魏墓出土了九个铁质帐构件，出土地点虽然在前室的一侧，但当时帐应该张挂于后室的木棺之上，只是因为盗扰才使它们移动了位置。安阳西高穴 2 号墓后室南北侧室内木棺四周也发现了铁质帐构件，说明帐原罩于棺上。另外，该墓前室和后室壁上分布有多层铁钉，前室的钉端为圆孔状，后室的钉头为钩状，从前室钉孔内残存丝绳痕迹分析，这些铁钉可能用于悬挂顺墓室壁垂下的幕布，幕布上或者绘有各种图案，张挂起来好像壁画一样。该墓的后室内不知有没有发现帐构件，若没有发现，则后室内陈放的木棺，其外之帐有可能悬挂于室壁的铁钉上。

与东汉晚期大中型墓葬的形制相比，曹魏墓葬形制发生了根本性的变化，主要表现在以下几点。

1. 墓葬埋藏较深，斜坡墓道相应就较长。墓道壁多带台阶，台阶数与墓葬深度、墓道长度成正比。造成这种现象的原因在于整体上葬制的变化，即东汉大中型墓的墓室上面堆筑有高大的坟丘，可以保护下面的墓室，所以墓圹不用下挖太深，而曹魏墓葬"不封不树"，墓室就得埋藏较深。

2. 墓葬规模整体上变小，具体表现在墓室数量减少和形制布局简化上。

东汉诸侯王墓已发现八座，绝大多数为带回廊的前后室砖石墓，也有前中后三室砖墓。列侯墓辨认出的较少，主要为前中后三室的砖石墓。二千石官吏墓可识别十多座，有两种形制布局，一种是具前、后室或前、中、后室的多室墓，有的后室为并列的两个或三个墓室，另一种是具前、后室或前、中、后室，中、后室三面围绕回廊的带回廊多室墓，有的后室为并列的两个墓室，从总体上看，二千石官吏墓的主流是不带回廊的多室墓，主要墓室二至五个不等，以三个最为流行。

曹魏墓葬墓主身份清楚的只有曹操墓、曹植墓和曹休墓三座，前两座为诸侯王墓，与东汉诸侯王相比，不仅彻底取消了回廊制，主要墓室也由三个变为两个；后一座为列侯墓，与东汉列侯墓相比，墓室也减少了。曹魏王侯墓甚至还没有东汉二千石官吏和地方豪强墓葬的墓室多，规模大。

3. 曹魏大中型墓的墓内装饰趋于简单化，均没有发现墓壁装饰壁画或画像石，而东汉晚期列侯和二千石官吏却普遍采用了壁画墓或画像石墓。

4. 与东汉晚期墓相比，曹魏墓的平面形状发生了变化。东汉晚期，无论是王、侯、二千石官吏的大型墓，还是其他中型墓，基本上都采用横前室（二室墓的前室或多室墓的中室）的形制，只有少数的墓室接近方形

（内蒙古和林格尔汉墓等）。而曹魏墓的前室多为方形或顺长方形，后室为顺长方形或方形，较之东汉发生了全面而显著的变化，并且这一变化是从曹操墓就开始了。

5. 东汉晚期流行多人、多代合葬，横前室并列后室墓就是适应了这种合葬的需要，而曹魏多是二人、三人的一代合葬，合葬风俗的变化也是导致墓室减少和墓室形状变化的原因之一。

曹魏皇帝陵墓尚未发现，作为诸侯王的曹植，其墓葬形制还存在一些疑问，其他墓葬除曹休墓明确为列侯级别外，墓主身份均不清楚。因此，从现有墓葬资料尚难以厘清曹魏墓的等级标准和等级秩序。不过，单就墓葬形制而言，墓主等级的高低应与墓室的大小、埋藏的深浅、墓道的长短以及墓室、墓道所带台阶的多少成正比。

就现有资料，从墓葬形制上大致可以看出曹魏墓葬的变化轨迹：高级别墓从曹魏之初墓室（或前室）就作方形，如曹操墓（公元 220 年）和曹植墓（公元 233 年），其他大中型墓在曹魏前期前室虽然已向方形演进，但还残留有横前室的特征，如曹休墓（公元 228 年）和河南新乡 1 号墓，大约从曹魏中期开始，墓葬的前室都作近方形或顺长方形，如洛阳涧西曹魏墓（公元 247 年）、西安郭杜 13 号墓（公元 261 年）、14 号墓和偃师杏园村 6 号墓。

（三）随葬品

与地面设施和墓葬形制比较急剧、彻底的变化相比，随葬品的变化则较为缓慢，东汉晚期常见的陶器被曹魏墓葬沿用了下来，如日用陶器鼎、罐、壶、盆、案、奁、盘、碗、勺、耳杯、灯等和模型明器仓、灶、井、鸡、鸭、鹅、狗、猪圈等，但同时新器物或新器形逐渐出现，如双沿罐、空柱盘、侍俑、武俑等，这种变化的过程一直持续到西晋时期。

（四）小结

从以上分析可以看出，曹魏墓地面设施的消失和墓葬形制的变化是急遽的和较为彻底的，并且这种变化是从还没有进入曹魏纪年的曹操时期就开始了，这充分表明一种新墓制的成立不是自然发生的，而是有着深刻的历史原因，概括起来说就是存在改朝换代的大背景。如果借助文献的记载，即可明确揭示这一历史背景及其进程。

东汉末年，群雄并起，逐鹿中原，曹操于建安元年（公元 196 年）迎献帝于许，挟天子以令诸侯，东汉政权徒有其名，实已灭亡。曹操在四处征伐，统一北方的过程中，针对当时积贫积弱的社会现状，进行了一系列改革，比如在政治方面改革官制，包括司法制度，在经济方面实行屯田，在文化教育方面兴办县学，在民俗方面禁止厚葬，改易风俗等，且多以政令的形式颁布实行。《三国志·魏书一·武帝纪》载曹操于建安十年平定冀州后，"令民不得复私雠，禁厚葬，皆一之于法。"同年还下令"……吾欲整齐风俗……"，在曹操死前两年的建安二十三年六月，下令曰："古之葬者，必居瘠薄之地。其规西门豹祠西原上为寿陵，因高为基，不封不树。周礼冢人掌公墓之地，凡诸侯居左右以前，卿大夫居后，汉制亦谓之陪陵。其公卿大臣列将有功者，宜陪寿陵，其广为兆域，使足相容。"到建安二十五年"庚子，王崩于洛阳，年六十六。遗令曰：'天下尚未安定，未得遵古也……敛以时服，无藏金玉珍宝。'谥曰武王。二月丁卯，葬高陵。"裴松之注引《魏书》曰："及造作宫室，缮治器械，无不为之法则，皆尽其意。雅性节俭，不好华丽……常以送终之制，袭称之数，繁而无益，俗又过之，故预自制终亡衣服，四箧而已。"

曹操墓的发掘情况与上述文献记载是相一致的。从墓葬本身结合文献记载可以看出，曹操主张节俭、禁止厚葬的思想和做法是一贯的，这主要表现在：废除沿用数百年的坟丘墓制，地面上不起坟丘，不封不树；对地下的墓葬形制加以规制，取消东汉诸侯王普遍使用的回廊墓制，省减列侯、二千石官吏以及地方豪强普遍使用的三个主要墓室的墓葬形制，采用前、后两个墓室的结构布局；一改东汉晚期流行的横前室墓制，前后墓室的平面形状均接近方形；不用画像石或壁画装饰墓壁；由于地面不筑坟丘，所以墓室埋葬较深，致使墓道加长，并且设置台阶；不用玉衣，敛以时服，使两汉四百多年的玉衣葬制寿终正寝；不藏金玉珍宝，随葬品以陶器为主，杂以少量的铁器、铜器和玉石器等。这些足以说明曹魏墓制的主要变革在曹操时代已大体完成。

曹操墓相对于其生活的东汉末年的墓葬整体情况而言，是发生了根本性变化，并且这种变化不是偶然出现的，是曹操力行改造旧社会、旧制度的必然结果，就像上文所引，"（曹操）及造作宫室，缮治器械，无不为之法则"，所以他对于"送终之制"，肯定也是"为之法则"的。同时，曹操墓与东汉墓之间并非没有任何联系，比如在地面上设置陵园、建造祭殿、规划陪葬墓域的做法都应是直接继承了汉墓制度，另外，曹操晚年居住在略偏北方的邺城，其墓葬的前后室均作方形四角攒尖顶结构，隐约可以看到陕西北部和内蒙古南部一带东汉晚期墓葬的影子，如陕西神木大保当汉墓[9]和内蒙古和林格尔汉墓等。

曹丕代汉自立后，在丧葬上进一步强化了曹操的薄葬制度。《三国志·魏书二·文帝纪》记载曹丕于黄初三年（公元222年）作终制曰："……封树之制，非上古也，吾无取焉。寿陵因山为体，无为封树，无立寝殿，造园邑，通神道。夫葬也者，藏也，欲人之不得见也。骨无痛痒之知，冢非栖神之宅，礼不墓祭，欲存亡之不黩也，为棺椁足以朽骨，衣衾足以朽肉而已。故吾营此丘墟不食之地，欲使易代之后不知其处。无施苇炭，无藏金银铜铁，一以瓦器，合古涂车、刍灵之义。棺但漆际会三过，饭含无以珠玉，无施珠襦玉匣，诸愚俗所为也。……自古及今，未有不亡之国，亦无不掘之墓也。丧乱以来，汉氏诸陵无不发掘，至乃烧取玉匣金缕，骸骨并尽，是焚如之刑，岂不重痛哉！祸由乎厚葬封树。……其皇后及贵人以下，不随王之国者，有终没皆葬涧西，前又以表其处矣。……若违今诏，妄有所变改造施，吾为戮尸地下，戮而重戮，死而重死。臣子为蔑死君父，不忠不孝，使死者有知，将不福汝。其以此诏藏之宗庙，副在尚书、秘书、三府。"

分析上文，可知曹丕关于葬制的规定：地上不仅不封不树，还禁止立寝殿、造园邑、通神道；地下墓室、棺椁简化；禁用玉衣；随葬品以陶器为主；可以不合葬。这些规定基本上在曹操时代已经创出，曹丕对其中的某些方面又进行了强化，并以国家政令的形式予以颁布，标志着曹魏墓葬制度正式确立。

关于曹魏葬制变革的原因，从上面曹丕所作的终制中能够反映出一些，研究者也多有论及。这里想要强调的是，除了经济、丧葬观念等方面的原因外，最重要的当属政治方面的原因：从曹操时期就开始酝酿着建立一个新朝代，为了适应新朝代，需要制定一套新礼制，而丧葬礼制就属于这套新礼制的组成部分。

以前，由于能够识别的曹魏墓葬资料较少，研究者一般将该时期的墓葬当作汉墓与晋墓之间的过渡形态看待，因此产生了对曹魏墓制认识不足的现象。随着曹魏墓葬资料的增加，现在应该改变这一研究思路和状况。曹魏墓制是为了适应改朝换代的政治需要，根据当时的经济、民俗等现实情状，又鉴于盗墓盛行的历史教训，再加上曹操本人的性情、喜好等因素，自曹操开始就已建立的一套与东汉墓制完全不同的新墓制，这是历史的必然性与偶然性碰撞后产生的结果。从这样的认识出发，西晋墓制应当看作是在继承曹魏墓制基础上的变化。就墓制而言，可以说魏制是对汉制的颠覆，而晋制则是对魏制的继承和改造。

东汉献帝和夫人均卒于魏世。献帝（山阳公）卒于青龙二年（公元234年），《后汉书·孝献帝纪》曰："以汉天子礼仪葬于禅陵，置园邑令丞。"献帝夫人卒于景元元年（公元260年），《三国志·魏书四·三少帝纪》曰："及葬，车服制度皆如汉氏故事。"这里强调献帝和夫人之葬采用了汉礼，正可说明曹魏已不用汉礼。

第二节　西晋墓葬

西晋于公元265年代魏而立，公元316年亡，仍都洛阳。其中公元304～306年张方劫持惠帝到长安，晋末愍帝公元313～316年移都长安。

一　墓葬概况

西晋墓葬以都城洛阳为中心的中原地区和以南京为中心的江浙地区发现较多。

首先介绍西晋帝陵的考古发现，这对于了解西晋的丧葬等级制度有重要意义。

（一）皇帝陵

根据洛阳故城东出土荀岳墓志和左棻墓志提供的线索，经过调查、钻探、发掘和研究，基本确认了文帝（司马昭）崇阳陵和武帝（司马炎）峻阳陵的地望、陵区墓葬布局和墓葬形制[10]。

1. 文帝崇阳陵

位于洛阳故城以东邙山的南坡。共钻探出5座墓葬，都是南向长宽斜坡墓道土洞墓。其中1号墓位于墓地最东，规模最大，墓道长46米，宽11

米，墓室长 4.5 米，宽 3.7 米，高 2.5 米，推测应是文帝的崇阳陵。其他 4 座墓分南北两排居 1 号墓之西，规模均小于 1 号墓，应属崇阳陵的陪葬墓。

在墓地的东、北、西三面钻探发现夯土墙垣，围成平面北窄南宽的梯形陵园，唯南墙不存。东垣长约 384 米，北垣长约 80 米，西垣长约 330 米。另发现两处建筑遗址与陵园有关（图 3 - 9）。

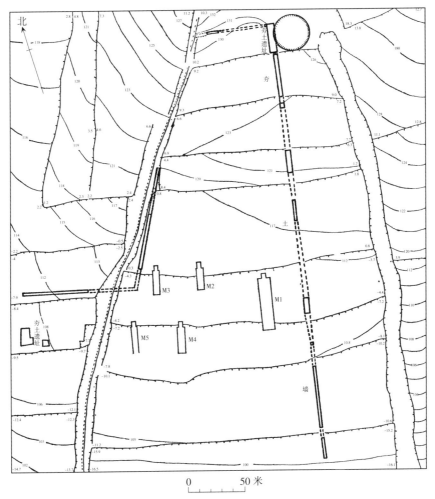

图 3 - 9　西晋文帝崇阳陵布局图（中国社会科学院考古研究所洛阳汉魏故城工作队：《西晋帝陵勘察记》，《考古》1984 年第 12 期第 1101 页图四）

2. 武帝峻阳陵

位于崇阳陵以西约 3 公里的邙山南坡。陵区集中分布着 23 座墓葬，墓向均朝南，均是长宽带台阶斜坡墓道的土洞墓，排列有序，布局整齐。其中1号墓在陵区东南部，略独立于其他墓葬，其规模最大，墓道长36米，宽10.5米，墓室长5.5米，宽3米，高2米，应是武帝的峻阳陵。其他22座墓居陵区西北部，分南北四排布置，规模均较1号墓小，应是帝陵的陪葬墓（图3-10）。

钻探未发现陵园遗迹。

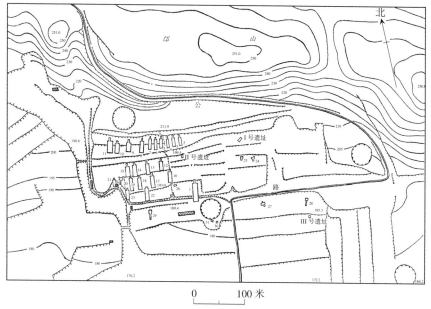

图3-10　西晋武帝峻阳陵布局图（中国社会科学院考古研究所洛阳汉魏故城工作队：《西晋帝陵勘察记》，《考古》1984年第12期第1099页图二）

（二）其他墓葬

这里分为两大地域，即以洛阳为中心的北方地域和以南京为中心的南方地域，对西晋墓葬的整体情况加以把握。

1. 北方地域

历年来在都城洛阳城的周围，今洛阳市区以及周边的偃师[11]、孟津[12]、新安[13]等地发掘了较多的西晋墓葬，在河南省的巩义[14]、郑州、新乡[15]、南阳[16]等地也有所发现，此外，在陕西、山西、山东、河北省和北京市也可见到一些报道，特别是其中有一部分纪年墓，为确定西晋墓葬的特征发挥了重要作用（表3-2）。

表3-2　北方地域西晋纪年墓葬简表

单位：米

序号	地点	墓道					墓室							年代与墓主	备注
		方向	长	宽	最深	台阶	前室			后室			合葬		
							东西	南北	顶	东西	南北	顶			
1	北京顺义秦始七年墓（砖室）						有前室和后室的二室墓							公元271年	
2	山东临朐胸咸宁三年墓（砖室）	南					1.9~2.1	2	穹隆	2.6~2.7	3~3.1	穹隆		公元277年	
3	山东诸城太康六年墓（砖室）	南	残5	1.2			单室墓，东西2.1~2.3，隆顶				南北2.5~2.6；穹			公元285年	残墓志碑
4	河南洛阳太康八年墓（砖室）	南					单室墓，约东西3.2，南北3.7							公元287年	铭文砖
5	河南洛阳太康八年墓（土洞）					3	单室墓，东西1.3，南北2.2							公元287年；苏华芝	
6	河南洛阳元康三年墓（砖室）[17]	东	26	1.12	12		3.1	3	穹隆	4.44	1.76	拱形	4	公元293年；关中侯裴祇一家	墓志碑，前室带一侧室
7	陕西西安元康四年墓（土洞）[18]	北	17.35	0.9		1	2.85	2.85	穹隆	3.15	3	穹隆	3	公元294年	前室带一侧室

序号	地点	墓道					墓室						合葬	年代与墓主	备注
		方向	长	宽	最深	台阶	前室			后室					
							东西	南北	顶	东西	南北	顶			
8	山东滕州元康九年墓（石室）	南					3.08	2.46	方形	2.75	2.36	方形		公元299年	竖穴土坑画像石室墓，前室带二侧室
9	河南洛阳元康九年墓（砖室）		37.36	5.1	12.2	4	单室墓，约4.8×4.4						1	公元299年；徐美人	墓志碑
10	河南偃师永康元年墓（土洞）	南	13.2	1	7.8	竖井式	单室墓，东西3.7，南北3.1						1	公元300年；支伯姬	
11	山东邹城永康二年墓（砖室）	南	18.2				2.75	2.9	弧形	2.75	3.5	弧形	2	公元301年；关内侯刘宝	墓志碑；有高大封土，前室带二侧室
12	河南洛阳永宁二年墓（土洞）	西		约7.4		4	约7	约7.3		约7.4	约4		3	公元302年；孙世兰及二子	墓志碑；前室带一侧室
13	北京西郊永嘉元年墓（砖室）	南					单室墓，东西2.7，南北5.6						1	公元307年；华芳	墓志碑

需要说明的是，在甘肃省武威、酒泉、嘉峪关、玉门、敦煌等地的河西走廊一带以及青海省的部分地区发掘了大量魏晋十六国时期的墓葬，在辽宁省的朝阳、锦州、辽阳、沈阳等地也发现了不少魏晋十六国墓葬。因为各种原因，西北地区和东北地区的魏晋十六国墓葬形成了与中原地区墓葬既有联系又有区别的自身特色，这里暂予搁置，不加讨论。

由于墓主身份、等级清楚的墓例很少，因此，这里依据墓葬规模较为笼统地分为大中型墓和小型墓两大类。

（1）大中型墓

带一条斜坡墓道的多室墓或单室墓，多室墓中以有前后两个主要墓室的双室墓为主，另有极少数具中后三个主要墓室的三室墓。墓室有砖室、砖室与土洞相结合以及土洞三种形式。

①三室墓

只在北京顺义发现了两座（M3、M5）。这两座墓与其他六座墓共处一个墓地，其他六座墓中有一座单室墓，五座双室墓。这八座墓葬方向均朝南，排列整齐，除规模上有所区别外，所用墓砖及墓室平面、立体构造均相类似，据 M8 出土砖铭"泰始七年（公元 271 年）夏四月作砖"可知这批墓葬的时代应为西晋初期。

二墓均由斜坡墓道、甬道、前室、中室和后室组成。其中 M3 前室（2.62×1.68 米）和后室（2.8×1.05 米）平面呈顺长方形，中室（1.7×1.7 米）平面呈正方形，三个墓室的西壁在一条直线上[19]（图 3–11），墓室顶作四角攒尖或"人"字形。中室和后室各置一棺。

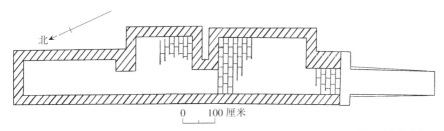

图 3–11　北京顺义 M3 平面图（北京市文物工作队：《北京市顺义县大营村西晋墓葬发掘简报》，《文物》1983 年第 10 期第 64 页图七）

②双室墓

由于双室墓中前室和后室的平面形状不同，造成墓葬整体视觉上的差异，而墓室的平面形状又往往与其立体构造相关联，所以，据此可将双室墓分为四型。

191

Ⅰ型——横前室双室墓

只有极少数的墓例，如山东滕州元康九年墓，并且横前室的宽度只比后室宽出一点。该墓为竖穴土坑画像石室墓，朝南，用石板垒砌而成，前室带有二个耳室，前室和后室顶部均叠涩成方形藻井。前室南壁、横额和顶盖共用画像石6块[20]（图3－12）。另有山东苍山晋墓，被认为是利用了东汉画像石墓的墓室[21]。

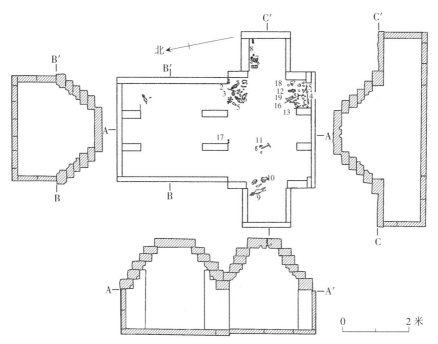

图3－12　山东滕州元康九年墓平、剖面图（滕州市文化局、滕州市博物馆：《山东滕州市西晋元康九年墓》，《考古》1999年第12期第39页图二）

Ⅱ型——前后顺长方形双室墓

非常少见，如河南郑州晋墓，朝向西，由墓道、甬道、前室和后室组成，前室、后室均作顺长方形。前后室内各置一棺（图3－13）[22]。

Ⅲ型——前方形后长方形双室墓

是双室墓中最常见的一种，在北方各地都有分布。一般前室方形或接近方形，后室顺长方形，有的前室附带侧室。

洛阳及其周边地区以及陕西西安地区的该型墓葬，一般前室方正宽大，后室狭长较小，如洛阳HM719，为砖室墓，前室带两个侧室[23]（图3－14），洛阳永宁二年墓，为土洞墓，前室带一侧室[24]（图3－15）。

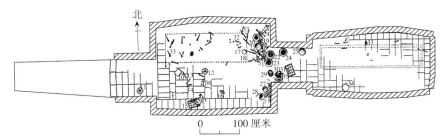

图 3-13　河南郑州晋墓平面图（河南省文化局文物工作队第一队：《河南郑州晋墓发掘记》，《考古通讯》1957 年第 1 期第 38 页图一）

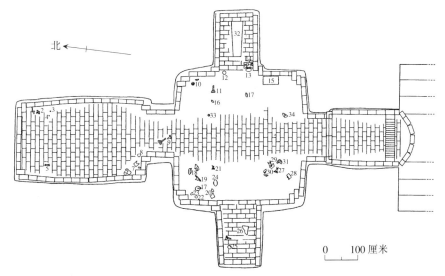

图 3-14　洛阳 HM719 平面图（洛阳市第二文物工作队：《洛阳新发现的两座西晋墓发掘简报》，《文物》2009 年第 3 期第 25 页图二八）

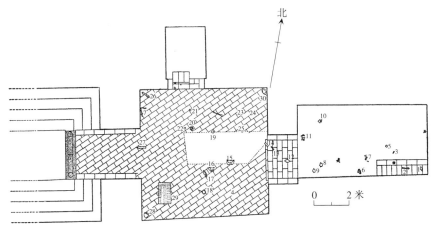

图 3-15　洛阳永宁二年墓平面图（河南省文化局文物工作队第二队：《洛阳晋墓的发掘》，《考古学报》1957 年第 1 期第 172 页图三）

山东境内的几座墓葬呈现出前室较小、后室与前室等宽或者更为宽大的特征，如邹城永康二年刘宝墓[25]（图3－16）和临朐咸宁三年墓[26]（图3－17）；而北京顺义晋墓，如前所述，前室、后室的一壁在一条直线上，如M2（图3－18）。

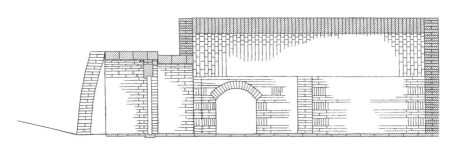

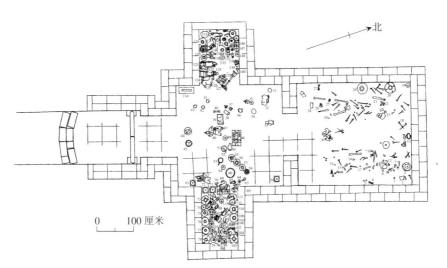

图3－16　山东邹城永康二年刘宝墓平、剖面图（山东邹城市文物局：《山东邹城西晋刘宝墓》，《文物》2005年第1期第6～7页图四、图五）

Ⅳ型——前后方形双室墓

流行于洛阳及其周边地区和陕西西安地区，前后二室均作方形或接近方形。如偃师杏园村34号墓，前室为土洞，后室为砖室穹隆顶[27]（图3－19）；又如洛阳谷水FM4，前后室均为砖室穹隆顶，前室带一侧室[28]（图3－20）。

③单室墓

一般由墓道、甬道（有的内设石门）和墓室组成。根据墓道和墓室的平面形状，分为三型。

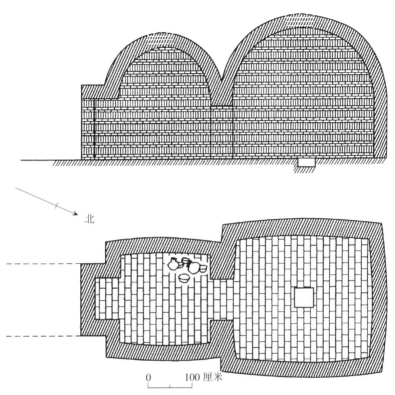

图 3-17 山东临朐咸宁三年墓平、剖面图（宫德杰、李福昌：《山东临朐西晋、刘宋纪年墓》，《文物》2002 年第 9 期第 31 页图二）

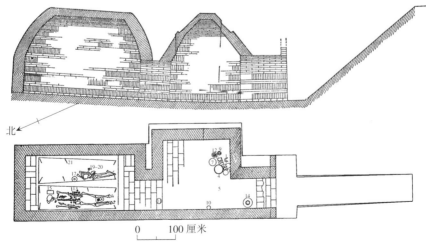

图 3-18 北京顺义 M2 平、剖面图（北京市文物工作队：《北京市顺义县大营村西晋墓葬发掘简报》，《文物》1983 年第 10 期第 62 页图四）

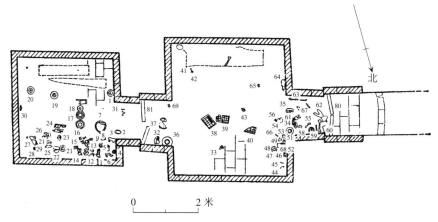

0   2 米

图 3 - 19   河南偃师杏园村 34 号墓平面图（中国社会科学院考古研究所河南第二工作队：《河南偃师杏园村的两座魏晋墓》，《考古》1985 年第 8 期第 727 页图一〇）

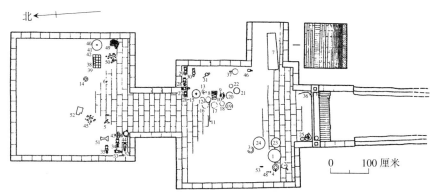

0   100 厘米

图 3 - 20   洛阳谷水 FM4 平面图（洛阳市第二文物工作队：《洛阳谷水晋墓》，《文物》1996 年第 8 期第 38 页图一）

Ⅰ型——墓道比墓室宽的单室墓

长斜坡墓道宽于墓室，墓道两侧留有台阶，多为 5 级或 7 级，墓室呈顺长方形，多为拱形顶土洞，也有砖室。

这类墓葬的形制十分独特，就现有资料知其主要分布在崇阳陵和峻阳陵及周边，属于帝陵和帝陵的陪葬墓。如崇阳陵区钻探到的 5 座墓（其中 M4、M5 已发掘）（图 3 - 21）、峻阳陵区钻探到的 23 座墓以及在偃师市首阳山镇发掘的三座墓（02YXM1、02YXM1、08YXM4）[29]（图 3 - 22）等。另外，孟津三十里铺 M120 也是这种形制[30]。

Ⅱ型——墓道比墓室窄的方形单室墓

墓道多为斜坡式，也有竖井式，有的斜坡墓道两壁带多级台阶。墓室

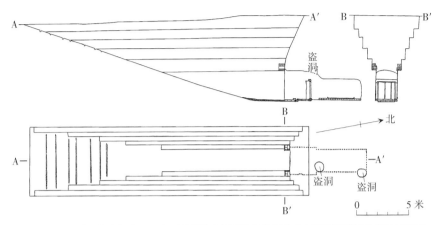

图 3 - 21　西晋文帝崇阳陵 M4 平、剖面图（中国社会科学院考古研究所洛阳汉魏故城工作队：《西晋帝陵勘察记》，《考古》1984 年第 12 期第 1103 页图五）

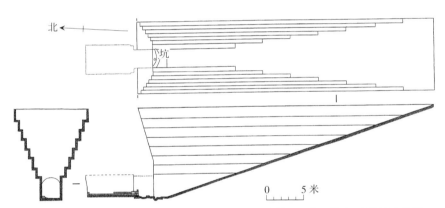

图 3 - 22　河南偃师首阳山 02YXM1 平、剖面图（洛阳市第二文物工作队、偃师市文物局：《河南偃师市首阳山西晋帝陵陪葬墓》，《考古》2010 年第 2 期第 48 页图四）

多为穹隆顶方形或接近方形的砖室或土洞。有的墓室带 1 ~ 2 个侧室，或设有假侧室。砖室墓的例子举洛阳元康九年（公元 299 年）徐美人墓（图3 -23）[31]，土洞墓的例子如洛阳厚载门街 CM3032[31]（图 3 -24）。

Ⅲ型——墓道比墓室窄的长方形单室墓

墓室或为土洞，或为砖室。如洛阳孟津三十里铺 M117 为砖室墓（图3 - 25）。北京地区所见这种墓葬的墓道多偏于墓室的一侧，如 M7（图 3 - 26）。

（2）小型墓

在洛阳发掘了一些小型竖穴土坑墓，土坑面积约 3 平方米，棺有陶棺

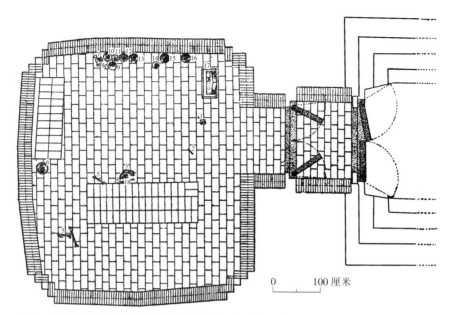

图 3 - 23　河南洛阳元康九年徐美人墓平面图（河南省文化局文物工作队第二队：《洛阳晋墓的发掘》，《考古学报》1957 年第 1 期第 171 页图二）

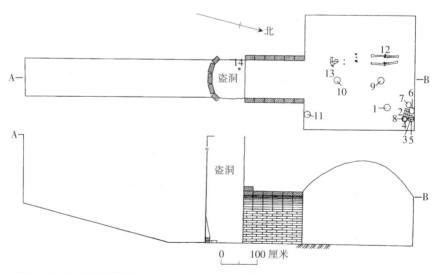

图 3 - 24　河南洛阳厚载门街 CM3032 平、剖面图（洛阳市文物工作队：《洛阳厚载门街西晋墓发掘简报》，《文物》2009 年第 11 期第 31 页图二）

（M51）[32]（图 3 - 27）和木棺二种，有的墓不用棺，直接埋葬。另外，像苏华芝墓虽然带有墓道，但土洞墓室长 2.2 米，宽 1.3 米，面积还不到 3 平方米，也应属于小型墓[33]（图 3 - 28）。

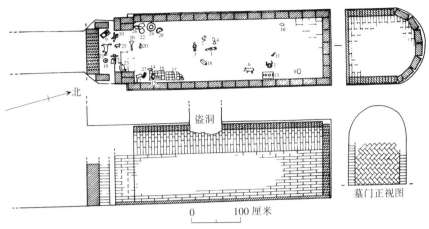

图 3-25　河南洛阳孟津三十里铺 M117 平、剖面图（310 国道孟津考古队：《洛阳孟津三十里铺西晋墓发掘报告》，《华夏考古》1993 年第 1 期第 32 页图四）

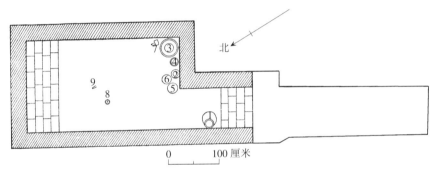

图 3-26　北京顺义 M7 平面图（北京市文物工作队：《北京市顺义县大营村西晋墓葬发掘简报》，《文物》1983 年第 10 期第 62 页图三）

2. 南方地域

西晋墓葬在南方的江浙一带发现较多，其中以南京地区最为集中。此外，在湖北、湖南、安徽、江西、福建、云南等地也有一些发现。同北方一样，南方的西晋墓中也有一部分纪年墓（表 3-3）。

南方西晋墓常见双砖室和单砖室两种，应属大中型墓葬。三室墓也有零星的发现，如江西靖安虎山西晋墓[34]（图 3-29）等。

双室墓一般前室呈方形或近方形，后室呈顺长方形，墓室顶多为穹隆顶（与北方地域的Ⅲ型双室墓略同）。墓例如宜兴晋墓中的 1 号墓[35]（图 3-30）和 4 号墓[36]（图 3-31）等。与北方地域不同的是，双室墓后室的宽度接近、等同、甚至大于前室。这种墓葬形制在东吴时期已经存在，如

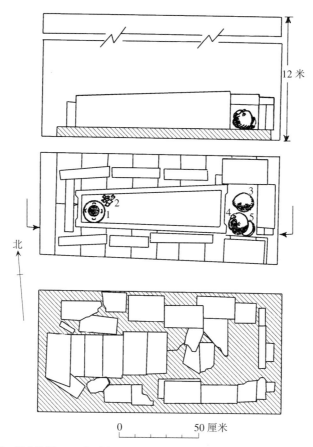

北

12 米

0   50 厘米

图 3 - 27 河南洛阳 M51 平、剖面图（河南省文化局文物工作队第二队：《洛阳晋墓的发掘》，《考古学报》1957 年第 1 期第 174 页图五）

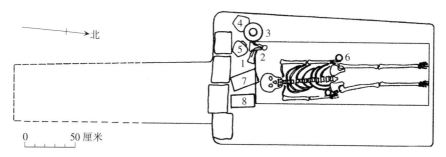

北

0   50 厘米

图 3 - 28 河南洛阳苏华芝墓平面图（洛阳市文物工作队：《西晋苏华芝墓》，《文物》2005 年第 1 期第 27 页图一）

表 3－3　南方地域西晋纪年墓葬简表

单位：米

序号	地点	墓葬形制	墓室							合葬	年代与墓主	备注
			前室			后室					
			东西	南北	顶	东西	南北	顶			
1	江苏南京柳塘西晋墓[37]	南向，二室墓，前室有一方形祭台	2.1	2	穹隆	2.1	3.53	穹隆		大康六年（公元285年）	纪年砖
2	江苏南京将军山西晋墓[38]	坟丘直径约20米，南向，二室墓，前室、甬道底设有排水沟	2.5	2.5	穹隆	2.06～2.2	3.66	穹隆	1?	大康七年（公元286年）	纪年砖
3	江苏宜兴西晋1号墓	有坟丘，东向，二室墓，前室有一祭台，后室有一祭台	2.32	2.34	穹隆	4.5	2.2	穹隆	2?	元康七年（公元297年）；前将军周处	纪年砖
4	江苏宜兴西晋4号墓	东向，二室墓，前室有一石案，后室正中有一石棺床，其前有一石案	3.54	3.54	穹隆	5.5	3.58	穹隆		永宁二年（公元302年）；关内侯周靖	纪年砖
5	江苏南京殷巷西晋墓[39]	南向，二室墓，前室有一方形祭台	2.8	2.76	穹隆	2.16	3.64	拱形		永兴二年（公元305年）	纪年砖

续表

序号	地点	墓葬形制	墓室						合葬	年代与墓主	备注
			前室			后室					
			东西	南北	顶	东西	南北	顶			
6	江苏宜兴西晋5号墓	东向，二室墓，前室带二侧室	3.06	2.94	穹隆	4.12	2.82	穹隆		建兴四年（公元316年）；周玘	纪年砖
7	浙江安吉天子岗2号西晋墓[40]	北向，二室墓（横前室）	2.52	1.26		1.79	3.27			太康六年（公元285年）	纪年砖
8	浙江绍兴后家岭西晋墓[41]	西向，单室墓	4.4	2.2						太康七年（公元286年）	纪年砖
9	浙江平阳西晋墓[42]	南北向，二室墓								元康元年（公元291年）	各仓罐碑文
10	浙江奉化余家坝3号西晋墓[43]	北向，单室墓								元康九年（公元299年）	纪年砖
11	浙江绍兴凤凰山西晋墓[44]	南向，单室墓，带棺床	1.73	3.95						永嘉七年（公元313年）	纪年砖
12	湖北宜都3号西晋墓[45]	西向，单室墓	11.95	2.05	拱形					永平元年？（公元291年）	纪年砖

序号	地点	墓葬形制	墓室						合葬	年代与墓主	备注
			前室			后室					
			东西	南北	顶	东西	南北	顶			
13	湖北新洲旧街西晋墓[46]	东西向，单室墓	约2	约1	拱形					太康元年（公元280年）	纪年砖
14	湖北黄梅松林咀西晋墓[47]	南向，二室墓，前室有祭台，墓道下有排水沟	2.48	2.44	穹隆	1.7	3.14	穹隆		元康四年（公元294年）；中郎冯氏	纪年砖
15	湖北老河口李楼西晋墓[48]	南向，二室墓，前室带一侧室，后室为并列的双室	2.8	2.8	穹隆	1.18×2	3.35	拱形	3？	泰始九年（公元273年）	铭文陶座
16	湖南安乡西晋墓	单室墓，墓道下有排水道，墓室中央有棺床，沿墓室四壁四壁张挂帐	3.6	3.6	穹隆				1	光熙元年（公元306年）；镇南将军、宣城公刘弘	金印
17	安徽马鞍山桃冲村2号晋墓[49]	南向，二室墓								建兴四年（公元316年）	纪年砖

续表

序号	地点	墓葬形制	前室东西	前室南北	前室顶	后室东西	后室南北	后室顶	合葬	年代与墓主	备注
18	安徽马鞍山桃冲村3号晋墓	南向，二室墓	1.7	1.35			3.65			永嘉二年（公元308年）	纪年砖
19	安徽凤台西晋墓[50]	南向，单室墓	1.58	3.15						永宁二年（公元302年）	纪年砖
20	江西靖安虎山1号西晋墓	东向，三室墓								太康七年（公元286年）	纪年砖
21	江西靖安虎山2号西晋墓	东向，三室墓							校尉	太康九年（公元288年）；校尉	纪年砖
22	福建连江西晋墓（3座）[51]	单室墓								元康二年（公元292年），元康三年（公元293年），元康九年（公元299年）	纪年砖

续表

序号	地点	墓葬形制	墓室						合葬	年代与墓主	备注
			前室			后室					
			东西	南北	顶	东西	南北	顶			
23	福建浦城吕处坞1号西晋墓[52]	西向，单室墓	4.32	1.68						元康六年（公元296年）	纪年砖
24	福建浦城吕处坞2号西晋墓	西向，二室墓（横前室）	1.6	3.48		4.36	1.48			元康六年（公元296年）	纪年砖
25	福建浦城吕处坞3号西晋墓	西向，单室墓	3.84	1.54						元康六年（公元296年）	纪年砖
26	福建浦城吕处坞4号西晋墓	西向，单室墓	3.8	1.42						元康六年（公元296年）	纪年砖
27	云南大理荷花寺村西晋墓[53]	东向，二室石室墓	3.45	1.85	拱形	4.15	1.8			太康十年（公元289年）	纪年砖
28	云南大理喜洲镇西晋1号墓[54]	东向，单室墓								太康六年（公元285年）	纪年砖
29	云南大理喜洲镇西晋2号墓	东向，单室墓	2.82	1.13						泰始五年（公元269年）	纪年砖

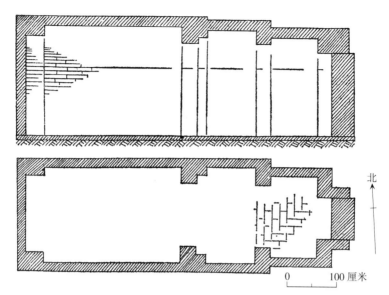

图 3-29　江西靖安虎山 M1 平、剖面图（江西省文物工作队：《江西靖安虎山西晋、南朝墓》，《考古》1987 年第 6 期第 538 页图一）

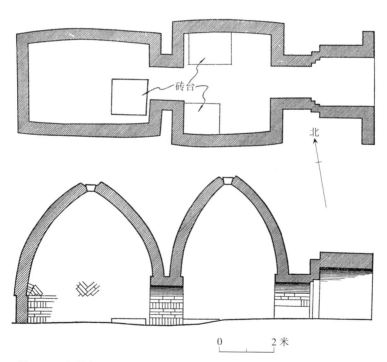

图 3-30　江苏宜兴 1 号墓平、剖面图（罗宗真：《江苏宜兴晋墓发掘报告》，《考古学报》1957 年第 4 期第 85 页图二）

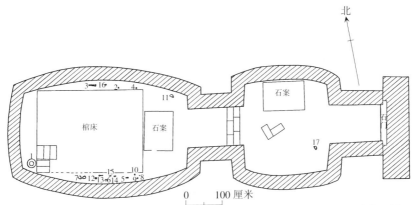

图 3 - 31　江苏宜兴 4 号墓平面图（南京博物院：《江苏宜兴晋墓的第二次发掘》,《考古》1977 年第 2 期第 116 页图三）

著名的安徽马鞍山朱然墓[55]（图 3 - 32）等，显然两者之间存在继承关系。这种双室墓的形制还对山东地区的西晋墓产生了影响，如诸城 1 号（太康六年）墓[56] 和临朐咸宁三年墓等。

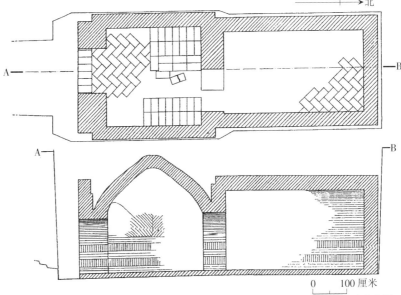

图 3 - 32　安徽马鞍山东吴朱然墓平、剖面图（安徽省文物考古研究所、马鞍山市文化局：《安徽马鞍山东吴朱然墓发掘简报》,《文物》1986 年第 3 期第 2 页图二）

双室墓中也有个别横前室墓，在浙江和福建有所发现。

单室墓的墓室一般呈顺长方形，连甬道整体平面呈“凸”字形，如南京江宁上湖 M1[57]（图 3 - 33）。也有个别墓室呈方形，如湖南安乡光熙元年（公元 306 年）刘弘墓[58]（图 3 - 34），此墓沿墓室四壁张挂有大帐。

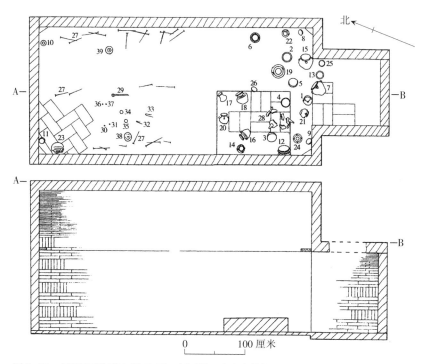

图 3-33　江苏南京江宁上湖 M1 平、剖面图（南京市博物馆、南京市江宁区博物馆：《南京江宁上湖孙吴、西晋墓》，《文物》2007 年第 1 期第 36 页图二）

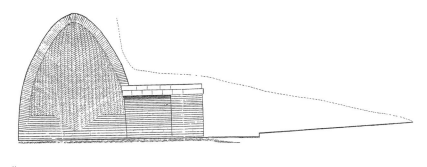

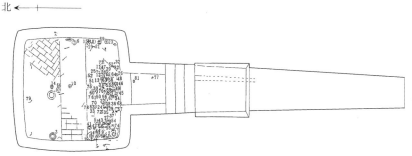

图 3-34　湖南安乡西晋刘弘墓平、剖面示意图（安乡县文物管理所：《湖南安乡西晋刘弘墓》，《文物》1993 年第 11 期第 2 页图二）

二 葬制综论

从地面设施、墓葬形制和随葬品三方面加以论述。

（一）地面设施

在北方地域中，洛阳及其周边地区发掘的大量晋墓，包括皇帝陵在内，均没有发现坟丘等地面设施。山东和北京有几座墓虽然报道可能存在坟丘，但大多不能得到确认。目前能够确定带坟丘的西晋墓只有一例，就是山东邹城永康二年刘宝墓。该墓坟丘夯筑而成，直径达 40 米，高 12.4 米。但是，在坟丘中发现有东汉晚期的画像石残块，所以不能排除此墓是利用了东汉墓葬坟丘的可能性。

在南方地域中，虽然也有发掘简报提到了墓上封土的情况，但多数没有详细说明。南京将军山西晋墓发掘前尚存直径约 20 米，最厚处约 2 米的封土[59]。还有如宜兴晋墓在平地修建墓室，然后封土加以覆盖的做法。因此，是否可以说南方地域的西晋墓部分存在坟丘，但并不十分高大。

（二）墓葬形制

北方地域的西晋墓，墓道多为长斜坡式，有的带台阶。流行双室墓和单室墓，墓室埋藏很深。墓道与墓室常见不对称布局，即墓道略偏于墓室一侧；双室墓中也有两个墓室布局不对称，即前室略偏于后室的一侧，甚至前室和后室的一壁在一条直线上。有的墓室不太方正，略呈梯形。墓室壁多呈弧形，墓室四角多砌筑转角柱，有的墓室壁还砌有斗栱和壁龛。

有少数墓葬在墓室内垒砌棺床，棺床上停放木棺，如洛阳元康九年徐美人墓在偏墓室的一侧砌成两层砖高的棺床，洛阳涧西 16 工区 82 号墓也砌有棺床[60]，西安地区的晋墓中同样有这种做法。

洛阳及其周边地区与陕西西安地区在墓葬形制方面具有较强的一致性，而山西、山东和北京等地区则表现出一些地方特色。

山西太原尖草坪晋墓在墓道与甬道之间设置过洞和天井的做法非常少见[61]。北京石景山区八角村墓在前室的一侧用石板围成石龛，并于龛内壁和顶部绘制壁画，这种做法也具有特殊性[62]。

关于墓葬的合葬情况，单室墓中崇阳陵 M4、M5 为单人葬，偃师首阳山发掘的四座帝陵陪葬墓也应是单人葬，此外，属于帝陵陪葬墓、但仅见有墓志碑的荀岳墓、左棻墓、羊瑾墓和何桢墓等可能也都是单人葬。洛阳衡山路 DM115 墓室内有一具骨架，一个侧室内有两具骨架，这是单室墓合葬的例子[63]。双室墓中除了有单人葬外，河南郑州晋墓前后室各放一具木棺，河南巩义站街晋墓后室并列放置两个木棺，偃师杏园村 M34 前室置一棺，后室置二棺（内盛一男一女），洛阳 HM719 据铭文砖知为裴玄冶和其一儿一女（放在前室的两个侧室内）的合葬墓，这些都是双室墓合葬的例子。50 年代在洛阳发掘的 54 座墓葬中，可以辨认出三人合葬的 1 座，二人合葬的 8 座，单人葬者 18 座。

从以上墓例可以看出，不管是单室墓还是双室墓，都存在单人葬、二人或三人合葬。其中二人合葬者应多为夫妇，二人以上合葬者应为家族，多见父辈与早夭的子女合葬。

关于该时期木棺的形状和颜色，有一些实物资料可以说明。

洛阳谷水 FM4 前室的侧室内放有一个陶棺，一头大一头小，平面略呈梯形，长 0.9 米，宽 0.21～0.27 米，高 0.27 米[64]（图 3－35）。洛阳 HM719 前室的两个侧室内都残存有陶棺板，平面形状同样为梯形。洛阳华山路 CM2348 甬道内放一陶棺，不仅一头大一头小，而且一头高一头低，长 0.79 米，宽 0.194～0.254 米，高 0.21～0.24 米[65]（图 3－36）。洛阳谷

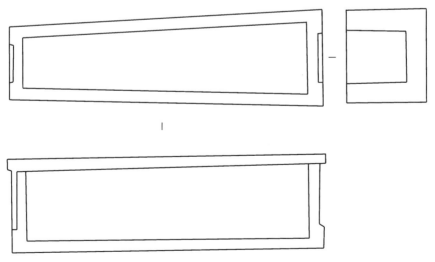

图 3－35　河南洛阳谷水 FM4 出土陶棺平、剖面示意图（洛阳市第二文物工作队：《洛阳谷水晋墓》，《文物》1996 年第 8 期第 43 页图一八）

水 FM5 墓室内残存两具木棺痕迹，平面均呈梯形，一具长 2.04 米，宽 0.44～0.5 米，另一具长 2 米，宽 0.4～0.5 米[66]。棺木痕迹呈梯形的例子也见于西安地区的晋墓[67]。同时也有长方形棺。洛阳 C1M8632 墓室内除了一具人骨外，还有一具陶棺，为长方形，长 0.9 米，宽 0.3 米，高 0.28 米，内盛一具小孩骨架[68]。北京西郊永嘉元年华芳墓木棺亦为长方形，长 2.6 米，宽 0.8 米，高 1.1 米，棺盖长 3.1 米[69]。

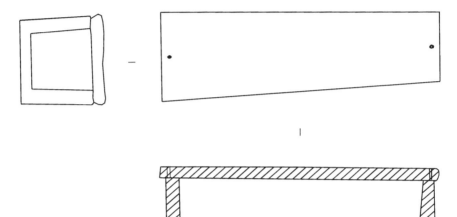

图 3－36　河南洛阳华山路 CM2348 出土陶棺平、剖面示意图（洛阳市第二文物工作队：《洛阳华山路西晋墓发掘简报》，《文物》2006 年第 12 期第 22 页图八－4）

由上述陶棺的形状结合墓中残存木棺痕迹以及出土棺钉的情况可以了解到，西晋墓中普遍使用漆木棺，木棺形状至少有长方形和梯形两种，平面梯的木棺有的可能呈一头高一头低的形状。陶棺当为小孩专用。

偃师首阳山六和饲料厂 M4 残存木棺髹黑漆。这种情况在西安和北京的晋墓中也有发现，如北京西郊永嘉元年华芳墓木棺残存有黑漆皮。

墓中偶有出土铜质帐构件的，如河南新安西晋墓（C12M262），从 8 个构件的出土位置看，当时帐应张挂在木棺的上方（图 3－37）。帐呈长方体（图 3－38），长度略大于棺长，宽度可能比棺宽大出一些。另外，不少墓中出土据称是陶质帐座的东西，有的作兽形，有的为方形或圆形素面，座中央均开有一圆孔或方孔。在洛阳北郊西晋墓中出土了一组四件的陶座，从其在墓室中的分布看，大致可以围成一个长方形空间，再从其他随葬品所处的位置看，这里原来可能即是停棺之处，因为正好在这个空间内遗有一枚铁镜，而镜类多是放于棺中的，并且在这个空间外侧还散布有两件陶榼，此棺前之地正是可以布置以陶榼为中心的陶质器皿的场所。从上述两例资料可以推知，帐应该是张挂于木棺之上的。当然，有不少墓内出土的陶帐座并不够一组四件，并且放置凌乱，好像并不是实际用来悬挂帐的，可能只是起到象征的作用。

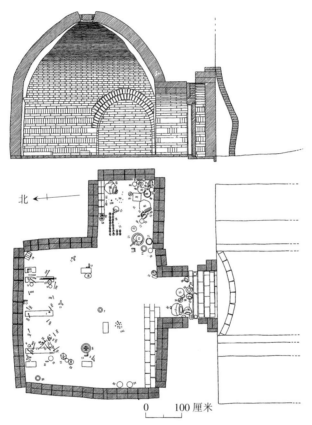

图 3-37　河南新安 C12M262 铜帐构件分布平面图（洛阳市文物工作队：《河南新安西晋墓（C12M262）发掘简报》，《文物》2004 年第 12 期第 14 页图二）

　　南方地域的西晋墓同样流行双室墓和单室墓，但墓室埋藏不太深，墓道不太长，且不带台阶。一般墓道与墓室布局对称，墓室方正规矩。墓室壁也有呈弧形的，还有在墓室壁设置直棂假窗、在墓室转角处设置灯台的做法。在双室墓的前室以及单室墓内比较流行垒砌一个祭台，也有垒砌两个的。单室墓和双室墓的后室存在铺砌棺床的做法，有的双室墓在棺床前又砌祭台，如宜兴 4 号墓。甬道、墓道下垒砌排水道以及双室墓中后室比

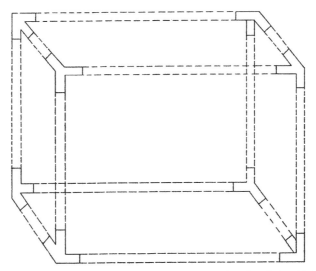

图 3 - 38　河南新安 C12M262 出土铜帐架复原示意图（洛阳市文物工作队：《河南新安西晋墓（C12M262）发掘简报》，《文物》2004 年第 12 期第 23 页图二〇）

前室略高、前室中央比两侧略高的做法，都是为了更好地排出墓内的积水。灯台、棺床、祭台、排水道等设施在东吴墓中已经存在。

　　南方西晋墓的棺木不易保存，但从出土铁棺钉和铜棺钉的情况看，也是使用木棺的。关于合葬的情况，虽然保存较好的墓例很少，仍可知有单人葬、夫妇合葬和二人以上的家族合葬等几种形式，夫妇合葬的墓例如南京板桥镇杨家山并列的双室墓[70]，家族合葬的墓例有宜兴 5 号墓等。

　　在木棺上张挂帐子的做法远不如北方流行，实例有湖南安乡光熙元年刘弘墓。

　　南方西晋墓存在多座墓葬并列整齐分布的情况，这是当时聚族而葬习俗的反映，例如宜兴周氏家族墓地（1~6 号墓）（图 3 - 39）等。这种习俗在东吴时期已经存在，如南京仙鹤山孙吴墓[71]。

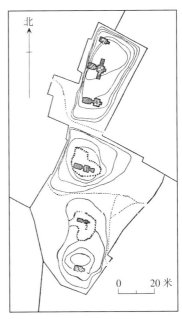

图 3 - 39　江苏宜兴晋墓（M1 ~ M6）分布图（南京博物院：《江苏宜兴晋墓的第二次发掘》，《考古》1977 年第 2 期第 115 页图一）

（三）随葬品

因为曹魏墓葬资料较少，所以没有对其随葬品进行分类。这里依据随葬品在墓内的位置和用途，将北方地域西晋墓的随葬品分为四大类。

第一类：装身用具，主要放于棺内。有铜（铁）镜、铜钱；铜弩机等兵器、铜带钩（多为男性）；铜、银簪，金、银镯，金、银、铜指环等首饰（多为女性）。

第二类：实用（或明器）器具。质地有铁（戟、戈、剑、刀、削、剪）、铜（鼎、洗、熨斗、熏炉、灯、刀、削）、玉石（石板砚）、陶瓷、漆木等。常见陶器有瓮、壶（盘口壶，扁壶）、罐（双系罐、四系罐、盘口罐）、甑、盆、案、盘（空柱盘）、碗、耳杯、奁、勺、槅等，多为炊厨、饮食器具，另外还有灯、博山炉、帐座等。

第三类：陶质模型明器。有水井、水斗、仓、灶、碓、磨、（猪）舍（象征厨）、厕所和（牛、马）车（象征厩）等。

第四类：陶俑。有武士俑、镇墓兽、狗（镇墓类），马、牛（车）（象征厩），男女侍俑（象征婢妾），猪、羊、鸡、鸭（象征厨）等。

关于第二至第四类随葬品在墓葬中的位置，虽然各墓不尽一致，但仍可看出一些规律。其中武士俑、镇墓兽和狗多位于墓室的前端，面对甬道；灯多位于墓室转角处；厕有位于棺旁的例子，如河南巩义站街晋墓；象征"厨"的模型明器、器具和猪、鸡、鸭等动物俑，与象征"厩"的马、牛车等位于墓室附带的侧室内或墓室靠墙壁处，象征"婢妾"的男女侍俑则杂处其间，这三种东西有时分处异地，如两个侧室中或墓室的两个侧壁旁，有时放在一处。此外，在墓主人的棺前，一般摆放槅、盘、碗、耳杯、奁、勺等饮食器具，似构成一个较为独立的祭奠场所，如洛阳春都路西晋墓[72]和洛阳谷水 FM5 等，有个别墓还在甬道内放置猪、狗、牛等肉食动物，似为封闭墓门时举行祭奠的遗存，如西晋文帝崇阳陵 4 号墓等。

南方地域西晋墓随葬品的显著特色是有较多青瓷器和釉陶器，且有的器类或器形有别于北方，如谷仓罐、鸡首壶、唾盂、烛台、虎子、熏蓝、熏炉、杵、臼、筛、扫帚、簸箕、鸡笼、鸭圈、鹅圈、猪圈、狗圈、水井、吊桶等等。南方地域西晋墓随葬品中属于陶俑类的人物俑和镇墓兽发现较少，帐座也不多见。

（四）小结

上文已经提到，西晋墓制是对曹魏墓制的继承和改造。《晋书·帝纪第一·宣帝》曰：（宣帝司马懿）"先是，预作终制，于首阳山为土藏，不坟不树；作《顾命》三篇，敛以时服，不设明器，后终者不得合葬。一如遗命。"《晋书·志第十·礼中》曰："宣帝豫自于首阳山为土藏，不坟不树，作《顾命终制》，敛以时服，不设明器。景（司马师）、文（司马昭）皆谨奉成命，无所加焉。景帝崩，丧事制度又依宣帝故事。武帝（司马炎）泰始四年，文明王皇后崩，将合葬，开崇阳陵（文帝司马昭），使太尉司马望奉祭。"宣帝司马懿、景帝司马师和文帝司马昭虽然专魏政但并未代魏自立，其中宣帝的高原陵和景帝的峻平陵尚未发现，从上述记载可以看出，他们不仅完全遵守着魏制"不封不树"、"敛以时服"，甚至还"不设明器"，连瓦器也不随葬了，真是薄葬到了极致！文帝的崇阳陵经过考古钻探得到初步确认，墓葬为带长宽斜坡墓道的单室土洞墓，也是极其简陋，但是，此陵在墓区外围夯筑了围墙。到了武帝的峻阳陵，考古资料表明墓葬本身仍是极其简单的单室土洞墓，并且陵墓周边没有发现诸如坟丘、祭殿、陵园等地面设施，说明峻阳陵至少也是延续着曹魏时期帝陵的葬制。

魏文帝所作终制中有关于地面设施的规制，"寿陵因山为体，无为封树，无立寝殿，造园邑，通神道"，西晋帝陵大多延续不改，有研究者认为帝陵之上可能立有"标"。此外，在北方广大地域发现的大量墓葬，除了个别含糊不清的报道外，基本上都没有发现坟丘等地面设施，说明至少北方地域的西晋墓整体上是延续着曹魏的墓制。南方地域西晋墓虽然有几例带坟丘的资料，但是否能代表整体的情况，尚需考察。

文献记载曹操高陵规划有陪葬墓区，考古工作也证明西晋崇阳陵和峻阳陵均设置有陪葬墓，说明魏晋帝王陵墓应有陪葬之制。

关于墓葬的形制，从已有考古资料看，帝陵及其陪葬墓有着严格的规制，如崇阳陵区和峻阳陵区及其周边发现、发掘的墓葬全部都是大墓道小墓室的Ⅰ型单室墓。虽然在洛阳的其他地方也可看到个别形制类似的墓葬，如徐美人墓也是长宽带台阶斜坡墓道的单室墓，但其墓室略呈方形，且为砖室，已不同于Ⅰ型墓。可以说Ⅰ型单室墓是帝陵及其陪葬墓的专用形制，应由中央官署统一设计、修建。

帝陵以外的大中型墓，除了极个别的三室墓外，不管是南方还是北方都流行双室墓和单室墓。双室墓中除了极个别的横前室墓（Ⅰ型）外，北方多见前室方形后室顺长方形（Ⅲ型）和双方形（Ⅳ型）的双室墓，这些都是继承了曹魏的墓葬形制，而南方则多见前室方形后室顺长方形的双室墓，这应是受到了孙吴墓葬形制的影响。单室墓中北方流行方形单室墓（Ⅱ型），这是西晋墓的一个重要类别，也是西晋墓葬形制的一个重要特征，而南方则流行长方形单室墓。

魏文帝所作终制中有关于葬具和葬服的规制，"棺但漆际会三过，饭含无以珠玉，无施珠襦玉匣"，西晋墓中普遍使用漆木棺以及没有发现使用玉衣殓服的情况，说明在葬具和葬服上，曹魏墓制得到了延续。不仅如此，曹魏墓葬中使用帐罩棺的做法也为晋墓继承。

曹魏大中型墓流行同穴合葬，这当是东汉丧葬风习的延续。宣帝司马懿所作终制中有"后终者不得合葬"的内容，但景帝峻平陵（《晋书·帝纪第三·武帝》："祔葬景献皇后羊氏于峻平陵"）和文帝崇阳陵都进行了合葬。不管怎么说，"后终者不得合葬"可能对其他等级的墓葬产生了一些影响，例如双室墓和单室墓中既有合葬，同时也有不少单人葬，尤其是陪葬帝陵的Ⅰ型单室墓普遍为单人葬。

从秦汉以来大量的考古资料可以看出，封建社会丧葬礼制的核心是规范皇帝和王侯等皇族的等级秩序。文献记载和现有考古资料已揭示出部分西晋帝陵的埋葬制度，其他如诸侯王等，因资料缺乏，尚不清楚其墓制。此外，帝王的丧葬礼制还对在中央任职的官吏产生着影响，例如文献记载在朝廷做官的王祥、皇甫谧、石苞等人皆遗令薄葬。

魏文帝所作终制中有关于随葬品的规制，"无藏金银铜铁，一以瓦器，合古涂车、刍灵之义。"宣帝司马懿的终制中也有"不设明器"的记录。因西晋帝王陵墓均未发掘，其随葬品的详情不得而知。但从其他大中型墓的情况看，金银铜铁均有随葬，有的甚至还非常丰富，北方如山东邹城刘宝墓，南方如湖南安乡刘弘墓等。刘宝爵为关内侯，刘弘官爵为镇南将军、宣城公。由此也可看出，上述关于随葬品的规制对非皇族的公侯或地方官吏的约束力并不强。

如上所述，晋墓随葬品可分为四大类，在大的类别上与汉魏以来的墓葬并无大的差别，其内容无外乎"厨厩"和"婢妾"之属。作为象征"厩"的单马和牛车随葬颇具特色，不同于秦汉以来的马车；陶俑中的镇墓俑类组合是晋墓随葬品的显著特色之一；在双室墓的前室或单室墓棺的一侧布置以陶槅、盘、碗、耳杯、盒、勺等饮食器具为主的祭奠区，也是西晋墓随葬品放置上的一个特征。由于地面设施遭禁，所以墓内立碑之风渐盛。

由于缺少文献记载和墓葬实例，帝陵以外墓葬的等级秩序还不详知。从墓葬形制看，山东邹城关内侯刘宝墓为双室墓，前室带二侧室；洛阳关中侯裴祇墓因为是四人家族葬，为双室墓，前室带一侧室，侧室又带一附室；江苏宜兴 1 号前将军周处墓为双室墓；宜兴 4 号关内侯周舫墓也为双室墓；湖南安乡镇南将军、宣城公刘弘墓则为单室墓。可见有公、侯等官爵者的墓葬以双室砖墓为主，也有单室砖墓，随葬用品颇为丰富。其他规模较小的单室墓的墓主可能为低级官吏或无官爵的富裕阶层。

南北方墓葬在形制和随葬品等方面表现出来的一些差异，主要是由于地域文化传承的不同所造成，但从大的墓葬制度来看，在西晋统一时期，南北方还是具有趋同性的。

从帝陵以外的大中型墓葬看，西晋时期厚葬之风有所抬头，这主要表现在随葬品的丰富程度上，但与汉代地上地下立体式的埋葬设施相比，西晋墓葬仍然属于薄葬的范畴。

第三节　魏晋墓制

秦汉墓制，在汉魏时期即被认为是奢侈的厚葬，因此，在汉末之世，曹操作为一个新兴政权的缔造者，鉴于经济、民俗等各种社会现况，更是为了变革政治的需要，针对汉代厚葬之风俗，提倡薄葬，较为彻底地摈弃了汉代墓制，开创了全新的埋葬制度。之后，魏文帝曹丕又作终制，在其父曹操遗令的基础上，进一步强化了薄葬思想，且以诏书的形式颁行，正式确立了曹魏墓制。

西晋立国之前，司马懿曾预作终制，在继承魏文帝终制的同时，推行更为彻底的薄葬。其后司马师谨遵此制，到晋武帝司马炎时并无改动。帝陵之外，西晋北方中小型墓葬也多承魏制。

魏晋墓制实行薄葬，地上设施一应废除，地下墓室、棺椁、殓服和随葬用品均予简化，尤其是抛弃了玉衣殓服，最为彻底。但是，魏晋时期究竟以什么可以量化的要素来体现墓葬的等级秩序，目前尚不能从考古学上加以说明，或者因为曹魏和西晋均立国短暂，细致而严格的丧葬等级制度还没有完全建立起来，也是有可能的。

注释

〔1〕李宗道、赵国璧：《洛阳16工区曹魏墓清理》，《考古通讯》1958年第7期；洛阳市文物工作队：《洛阳曹魏正始八年墓发掘报告》，《考古》1989年第4期。

〔2〕刘玉新：《山东省东阿县曹植墓的发掘》，《华夏考古》1999年第1期；东阿文化馆：《山东东阿县鱼山曹植墓发现一铭文砖》，《文物》1979年第5期；卢善焕：《曹植墓砖铭释读浅议》，《文物》1996年第10期。

〔3〕西安市文物保护考古所：《西安三国曹魏纪年墓清理简报》，《考古与文物》2007年第2期；张全民：《曹魏景元元年朱书镇墓文解读》，《考古与文物》2007年第2期。

〔4〕河南省文物考古研究所、安阳县文化局：《河南安阳市西高穴曹操高陵》，《考古》2010年第8期。

〔5〕严辉：《曹操墓和曹休墓的比较与研究》，《中国文物报》2010年9月17日第5版。

〔6〕张小舟：《北方地区魏晋十六国墓葬的分区与分期》，《考古学报》1987年第1期；洛阳市文物工作队：《洛阳曹魏正始八年墓发掘报告》，《考古》1989年第4期；朱亮、李德方：《洛阳魏晋墓葬分期的初步研究》，载洛阳市文物工作队：《洛阳考古四十年》，科学出版社，1996年；李梅田：《中原魏晋北朝墓葬文化的阶段性》，《华夏考古》2004年第1期；李梅田：《关中地区魏晋北朝墓葬文化因素分析》，《考古与文物》2004年第2期。

〔7〕新乡市文物工作队：《河南新乡市发现一座魏晋墓葬》，《考古》2007年第10期。

〔8〕中国社会科学院考古研究所河南第二工作队：《河南偃师杏园村的两座魏晋墓》，《考古》1985年第8期。

〔9〕陕西省考古研究所、榆林市文物管理委员会办公室：《神木大保当——汉代城址与墓葬考古报告》，科学出版社，2001年。

〔10〕中国社会科学院考古研究所洛阳汉魏故城工作队：《西晋帝陵勘察记》，《考古》1984年第12期。

〔11〕洛阳市第二文物工作队、偃师商城博物馆：《河南偃师西晋支伯姬墓发掘简报》，《文物》2009年第3期。

〔12〕洛阳市文物工作队：《洛阳孟津晋墓、北魏墓发掘简报》，《文物》1991年第8期。

〔13〕洛阳市文物工作队：《河南新安西晋墓（C12M262）发掘简报》，《文物》2004年第12期。

〔14〕郑州市文物考古研究所、巩义市文物保护管理所：《河南巩义站街晋墓》，《文物》2004年第11期；河南省文物考古研究所：《河南巩义市仓西战国汉晋墓》，《考古学报》1995

年第 3 期；河南省文物考古研究所、巩义市文物保管所：《巩义市北窑湾汉晋唐五代墓葬》，《考古学报》1996 年第 3 期。

〔15〕河南省文物局南水北调文物保护办公室、四川大学考古学系：《河南卫辉大司马墓地晋墓（M18）发掘简报》，《文物》2009 年第 1 期；蔡海玉：《河南辉县发现一座西晋墓》，《考古》1990 年第 4 期。

〔16〕河南省文化局文物工作队、南阳市文物管理委员会：《河南南阳东关晋墓》，《考古》1963 年第 1 期。

〔17〕黄明兰：《西晋裴祇和北魏元珍两墓拾零》，《文物》1982 年第 1 期。

〔18〕陕西省考古研究所配合基建考古队：《西安东郊田王晋墓清理简报》，《考古与文物》1990 年第 5 期。

〔19〕北京市文物工作队：《北京市顺义县大营村西晋墓葬发掘简报》，《文物》1983 年第 10 期。

〔20〕滕州市文化局、滕州市博物馆：《山东滕州市西晋元康九年墓》，《考古》1999 年第 12 期。

〔21〕临沂地区文管会、苍山县文管所：《山东苍山县晋墓》，《考古》1989 年第 8 期。

〔22〕河南省文化局文物工作队第一队：《河南郑州晋墓发掘记》，《考古通讯》1957 年第 1 期。

〔23〕洛阳市第二文物工作队：《洛阳新发现的两座西晋墓发掘简报》，《文物》2009 年第 3 期。

〔24〕河南省文化局文物工作队第二队：《洛阳晋墓的发掘》，《考古学报》1957 年第 1 期。

〔25〕山东邹城市文物局：《山东邹城西晋刘宝墓》，《文物》2005 年第 1 期。

〔26〕宫德杰、李福昌：《山东临朐西晋、刘宋纪年墓》，《文物》2002 年第 9 期。

〔27〕中国社会科学院考古研究所河南第二工作队：《河南偃师杏园村的两座魏晋墓》，《考古》1985 年第 8 期。

〔28〕洛阳市第二文物工作队：《洛阳谷水晋墓》，《文物》1996 年第 8 期。

〔29〕洛阳市第二文物工作队、偃师市文物局：《河南偃师市首阳山西晋帝陵陪葬墓》，《考古》2010 年第 2 期。

〔30〕310 国道孟津考古队：《洛阳孟津三十里铺西晋墓发掘报告》，《华夏考古》1993 年第 1 期。

〔31〕洛阳市文物工作队：《洛阳厚载门街西晋墓发掘简报》，《文物》2009 年第 11 期。

〔32〕河南省文化局文物工作队第二队：《洛阳晋墓的发掘》，《考古学报》1957 年第 1 期。

〔33〕洛阳市文物工作队：《西晋苏华芝墓》，《文物》2005 年第 1 期。

〔34〕江西省文物工作队：《江西靖安虎山西晋、南朝墓》，《考古》1987 年第 6 期。

〔35〕罗宗真：《江苏宜兴晋墓发掘报告》，《考古学报》1957 年第 4 期。

〔36〕南京博物院：《江苏宜兴晋墓的第二次发掘》，《考古》1977 年第 2 期。

〔37〕南京市博物馆：《江苏南京邓府山吴墓和柳塘村西晋墓》，《考古》1992 年第 8 期。

〔38〕南京市博物馆、南京市江宁区博物馆：《南京将军山西晋墓发掘简报》，《文物》2008 年第 3 期。

〔39〕南京市博物馆：《南京殷巷西晋纪年墓》，《文物》2002 年第 7 期。

〔40〕安吉县博物馆（程亦胜）：《浙江安吉天子岗汉晋墓》，《文物》1995 年第 6 期。

〔41〕绍兴县文管所：《浙江绍兴坡塘乡后家岭晋太康七年墓》，《考古》1992 年第 5 期。

〔42〕徐定水、金柏东：《浙江平阳发现一座晋墓》，《考古》1988 年第 10 期。

〔43〕傅亦民：《浙江奉化市晋纪年墓的清理》，《考古》2003 年第 2 期。

〔44〕沈作霖：《浙江绍兴凤凰山西晋永嘉七年墓》，《文物》1991 年第 6 期。

〔45〕宜昌地区博物馆、宜都县文化馆：《湖北宜都发掘三座汉晋墓》，《考古》1988 年第 8 期。

〔46〕王善才、胡金豪：《湖北新洲旧街镇发现两座西晋墓》，《考古》1995 年第 4 期。

〔47〕刘松山：《湖北黄梅县松林咀西晋纪年墓》，《考古》2004 年第 8 期。

〔48〕老河口市博物馆：《湖北老河口市李楼西晋纪年墓》，《考古》1998 年第 2 期。

〔49〕马鞍山市文物管理所、马鞍山市博物馆：《安徽马鞍山桃冲村三座晋墓清理简报》，《文物》1993 年第 11 期。

〔50〕凤台县文物管理所：《安徽省凤台县发现一座西晋墓》，《考古》1992 年第 11 期。

〔51〕陈恩、骆明勇：《福建连江县发现西晋纪年墓》，《考古》1991 年第 3 期。

〔52〕福建省博物馆、浦城县文化馆：《福建浦城吕处坞晋墓清理简报》，《考古》1988 年第 10 期。

〔53〕大理市文管所：《大理市荷花寺村西晋墓清理简报》，《考古》1989 年第 8 期。

〔54〕大理州文管所、大理市博物馆：《云南大理市喜洲镇发现两座西晋纪年墓》，《考古》1995 年第 3 期。

〔55〕安徽省文物考古研究所、马鞍山市文化局：《安徽马鞍山东吴朱然墓发掘简报》，《文物》1986 年第 3 期。

〔56〕诸城县博物馆：《山东省诸城县西晋墓清理简报》，《考古》1985 年第 12 期。

〔57〕南京市博物馆、南京市江宁区博物馆：《南京江宁上湖孙吴、西晋墓》，《文物》2007 年第 1 期。

〔58〕安乡县文物管理所：《湖南安乡西晋刘弘墓》，《文物》1993 年第 11 期。

〔59〕南京市博物馆、南京市江宁区博物馆：《南京将军山西晋墓发掘简报》，《文物》2008 年第 3 期。

〔60〕河南文化局文物工作队第二队 16 工区发掘小组：《洛阳涧西 16 工区 82 号墓清理记略》，《文物参考资料》1956 年第 3 期。

〔61〕太原市文物考古研究所：《太原市尖草坪西晋墓》，《文物》2003 年第 3 期。

〔62〕石景山区文物管理所：《北京市石景山区八角村魏晋墓》，《文物》2001 年第 4 期。

〔63〕洛阳市第二文物工作队：《洛阳衡山路西晋墓发掘简报》，《文物》2005 年第 7 期。

〔64〕洛阳市第二文物工作队：《洛阳谷水晋墓》，《文物》1996 年第 8 期。

〔65〕洛阳市第二文物工作队：《洛阳华山路西晋墓发掘简报》，《文物》2006 年第 12 期。

〔66〕洛阳市第二文物工作队：《洛阳谷水晋墓（FM5）发掘简报》，《文物》1997 年第 9 期。

〔67〕陕西省考古研究所：《西安北郊晋唐墓葬发掘简报》，《考古与文物》2003 年第 6 期；陕西省考古研究所、西北大学文博学院：《西安南郊西晋墓发掘简报》，《文物》2007 年第 8 期。

〔68〕洛阳市文物工作队：《洛阳涧河东岸发现的一座西晋墓》，《文物》2007 年第 9 期。

〔69〕北京市文物工作队：《北京西郊西晋王浚妻华芳墓清理简报》，《文物》1965 年第 12 期。

〔70〕南京市博物馆、南京市雨花台区文管会：《江苏南京市板桥镇杨家山西晋双室墓》，《考古》1998 年第 8 期。

〔71〕南京市博物馆、南京师范大学文物与博物馆学系：《南京仙鹤山孙吴、西晋墓》，《文物》2007 年第 1 期。

〔72〕洛阳市第二文物工作队：《洛阳春都路西晋墓发掘简报》，《文物》2000 年第 10 期。

第四章　中国古代坟丘墓的复兴
——东晋十六国、南北朝时期

公元 317 年琅邪王司马睿（晋元帝）即晋王位，东晋开始，到公元 420 年刘裕（宋武帝）代晋自立，南朝开始，东晋经历了 103 年，建都建康（今江苏省南京市）。南朝历经宋（公元 420～479 年）、齐（公元 479～502 年）、梁（公元 502～557 年）、陈（公元 557～589 年），前后共 169 年，仍都建康。

与此相对应，主要在北方，公元 304～439 年间共有十六个小国兴亡，史称十六国时期，该时期比东晋开始的早，结束的晚，共历 135 年，最终统一于北魏，此后北朝开始。十六国时期建都朝代较多、建都时间较长的两个中心地区是长安（今陕西省西安市）和邺城（今河北省临漳县境内）。北朝历经北魏（公元 386～534 年）、东魏北齐（公元 534～577 年）、西魏北周（公元 535～581 年），前后共 142 年。北魏先后都盛乐（今内蒙古自治区和林格尔）、平城（今山西省大同市）和洛阳（今河南省洛阳市东郊），东魏北齐都邺城，西魏北周都长安。

东晋十六国时期主要是在公元 4 世纪，南北朝时期在公元 5～6 世纪。

第一节　十六国、北朝坟丘墓

一　十六国墓葬

北方中原地区十六国时期的墓葬发现甚少，究其原因，自然主要由于战乱频繁，经济衰退，人口锐减所致。西汉故都长安为前赵、前秦、后秦的建都之地，后赵也曾予以经营，是十六国时期与东方的邺城并驾齐驱的两大中心城市之一。历年来在长安城的周边，今西安和咸阳一带发现、确认了一批十六国时期的墓葬，给考古资料严重匮乏的十六国墓葬考古研究带来了崭新的机遇。这里即以该地区的墓葬资料为中心，探讨十六国时期的墓葬制度。

（一）墓葬概况

以在咸阳发现的一批十六国墓葬为契机，通过对以前发现若干墓葬的重新认识，长安地区十六国墓葬的面貌逐渐清晰起来。据研究，这些墓葬有：西安北郊4座[1]，西安南郊草厂坡1座[2]，西安南郊韦曲2座[3]，西安南郊瓦胡同1座[4]；咸阳北郊南贺村1座[5]，咸阳师院10座，咸阳中铁七局三处4座，咸阳文林小区9座，咸阳平陵1座[6]。以上墓葬在西安的8座，在咸阳的25座，共计33座。此外，近年还在西安南郊凤栖原发掘了3座，在咸阳渭城底张发掘了16座十六国墓葬[7]（表4-1）。

这批墓葬均为带长斜坡墓道的土洞墓。依据墓道与墓室的形制特征，可分为两类。

1. 第一类：长斜坡墓道不设台阶，墓道窄于墓室，平面呈狭长形或梯形。

（1）双室墓：有两个主要墓室，即一个前室和一个后室。前室和后室之间有的通过甬道连接，有的直接相连，据此分为两型。

Ⅰ型：两室之间有较长的甬道，前室和后室均作方形或接近方形。

有2座，即西安南郊草厂坡墓和咸阳中铁七局三处M1。前者的特色是在接近甬道的墓道两侧各附一南北长条形的耳室，内放随葬品（图4-1）；后者前室带二侧室，呈梯形，内放木棺（图4-2）。

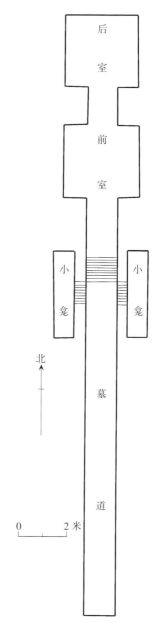

图4-1　陕西西安南郊草厂坡墓平面图（陕西省文物管理委员会：《西安南郊草厂坡村北朝墓的发掘》，《考古》1959年第6期第285页图一）

单位：米

表4-1 长安地区十六国墓葬简表

序号	地点	方向	墓道		最深	台阶	墓室						合葬	年代	备注
			长	宽(上口)			前室			后室					
							东西	南北	顶	东西	南北	顶			
1	陕西西安瓦胡同M7	南		0.56			2.4	3	弧形				1	后赵	带二侧室
2	陕西西安韦曲M1	南	32.8		7.3	3	2.9~3.2	3.1		3.1~3.4	3		1	十六国	墓道带过洞、天井
3	陕西西安草厂坡墓	南	残13.4	1.37			3.2	3		3.1	3			十六国	墓道带二耳室
4	陕西咸阳南贺村墓	南		4.2			3.5	3.5						十六国	带一侧室
5	陕西咸阳中铁七局M1	西	13.4	0.92~0.98	8.4		2.5~2.7	2.5~2.7	覆斗形	2.12~2.41	2.12~2.18	覆斗形	4	十六国	前室带二侧室
6	陕西咸阳中铁七局M3	西		3.65	9.75	2	2.13~2.32	2.28~2.6	覆斗形	2.5~2.6	2.35~2.5		4	十六国	前室带一侧室
7	陕西咸阳文林小区M49	南	17.5	2.9~3.2	9.8	2	2.85~3.25	2.7	穹隆形				1	前秦	铭文砖：建元十四年
8	陕西咸阳师院M5	东		1.06	4.7		2.2~2.3	2.2~2.5	穹隆形	2.1~2.4	1.8	弧形	3	后赵	前室带3侧室
9	陕西咸阳平陵M1	南			9.7		2.44~2.6	2.28~2.7	穹隆形				1		墓道带过洞、天井

227

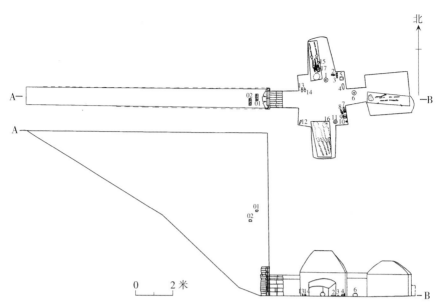

图 4 - 2　陕西咸阳中铁七局三处 M1 平、剖面图（咸阳市文物考古研究所：《咸阳十六国墓》第 72 页图六三，文物出版社，2006 年）

Ⅱ型：两个墓室直接相连，一般前室呈方形或接近方形，后室较小，呈长方形或梯形，形状多不太规则，与前室的其他侧室形状相类。

有 10 座：西安瓦胡同 M7，咸阳师院 M1～M5、M10～M11，中铁七局三处 M2、M4。其中咸阳师院 M2 前后室之间带一短甬道。

瓦胡同 M7 和咸阳师院 M5 出土"丰货"铜钱，前者带 1 个侧室（图 4 - 3），后者带 3 个侧室（图 4 - 4）。

（2）单室墓：只有一个主要墓室，平面呈方形或接近方形。

有 4 座：咸阳平陵 M1，咸阳师院 M6、M8～M9。

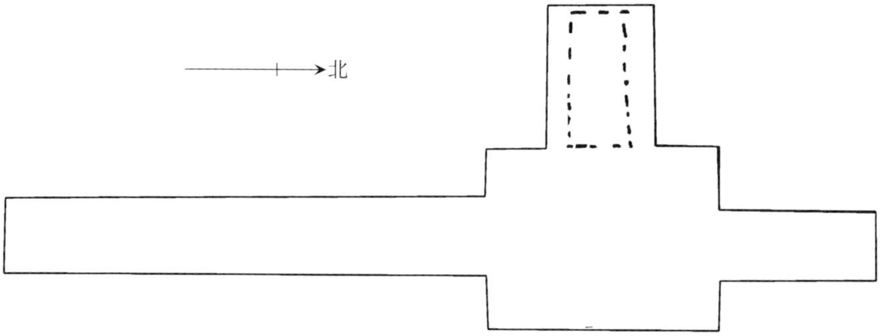

图 4 - 3　陕西西安瓦胡同 M7 平面示意图（西安市文物保护考古所：《西安财政干部培训中心汉、后赵墓发掘简报》，《文博》1997 年第 6 期第 35 页图二十四）

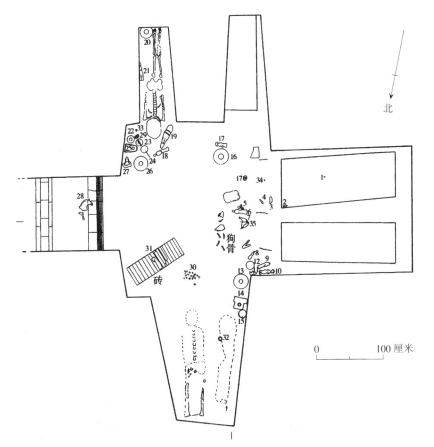

北

0   100 厘米

图 4-4 陕西咸阳师院 M5 平面图（咸阳市文物考古研究所：《咸阳十六国墓》第 16
页图一二，文物出版社，2006 年）

咸阳平陵 M1 的特征是墓道带有一个过洞和一个天井，墓内随葬品丰
富，摆放位置基本未动，是一座十分重要的墓葬（图 4-5）。

2. 第二类：长斜坡墓道两侧设台阶，墓道多宽于墓室，平面呈梯形或
长方形。也有双室墓、单室墓两种。墓室方向多与墓道方向不一致。

（1）双室墓：两墓室之间有较长的甬道，前室和后室均作方形或接近
方形，有的前室带有侧室。

有 3 座：西安韦曲 M1、M2 和咸阳中铁七局三处 M3。韦曲 M1、M2 的特
征是在墓道与甬道之间设有一个过洞和一个天井；M1 的过洞、甬道与 M2 的
过洞之上均将土雕刻成房屋模型的样子；M1 的墓室与墓道不同方向，墓室形
状不太方正规则（图 4-6）；M2 前室和后室的四角均将土雕刻成角柱，柱下
带柱础；M2 的前室带一侧室，内葬一小孩；M2 前室内有一近方形土台，似

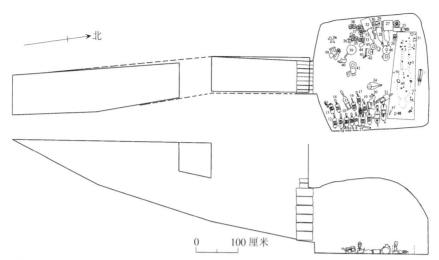

图 4-5　陕西咸阳平陵 M1 平、剖面图（咸阳市文物考古研究所：《咸阳十六国墓》第 88 页图七五，文物出版社，2006 年）

图 4-6　陕西西安韦曲 M1 平面图（陕西省考古研究所：《长安县北朝墓葬清理简报》，《考古与文物》1990 年第 5 期第 57 页图一）

为祭台（图 4-7）。中铁七局三处 M3 前室带一浅侧室（图 4-8）。

（2）单室墓：只有一个主要墓室，多呈方形或接近方形，有的形状不甚规则。2 座带有侧室，内放木棺。

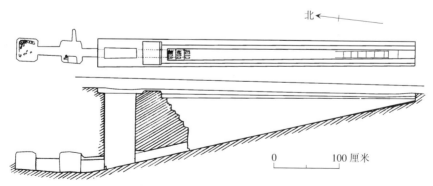

图 4-7　陕西西安韦曲 M2 平、剖面图（陕西省考古研究所：《长安县北朝墓葬清理简报》，《考古与文物》1990 年第 5 期第 59 页图三）

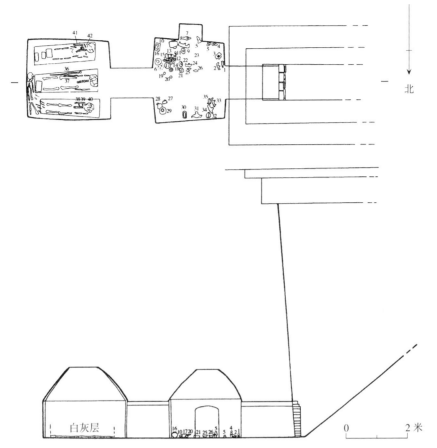

图 4 - 8 陕西咸阳中铁七局三处 M3 平、剖面图（咸阳市文物考古研究所：《咸阳十六国墓》第 77 页图六八，文物出版社，2006 年）

有 9 座：咸阳文林小区的 9 座墓，排列整齐。墓道均向南，最深均超过 9 米，墓道的东、西、北壁均设 2 个台阶。其中 M49 出土了一件纪年铭文砖（图 4 - 9）。

（二）葬制概论

十六国时期，五胡争雄，北方分裂。旧都长安素为兵家所重，战事频仍。前赵立国短暂，兵戈不断。后赵据有长安，战事稍稀。前秦一统北方，京畿之地得以休养生息。

1. 地面设施

十六国时期，小国兴废，丧葬自无常制。前赵刘曜欲崇寿陵，为主张薄葬的大臣所谏，遂"今敕悉停寿陵制度，一遵霸陵之法。"但刘曜葬其

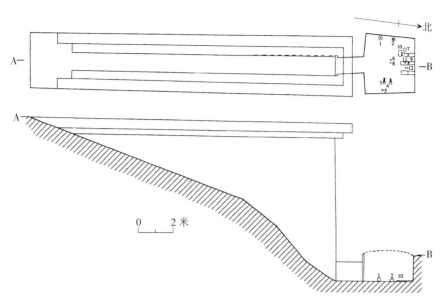

图 4-9　陕西咸阳文林小区 M49 平、剖面图（咸阳市文物考古研究所：《咸阳十六国墓》
第 50 页图四三，文物出版社，2006 年）

父与妻却"负土为坟，其下周回二里"，其父墓号永垣陵（有认为该陵位于陕西省白水县林皋镇赵家窑村东，坟丘现存高约 15 米——陕西省文物局、西安文物保护修复中心：《陕西帝陵档案》，陕西出版集团三秦出版社，2010 年），其妻羊氏墓号显平陵，其后"大雨霖，震曜父墓门屋，大风飘发其父寝堂于垣外五十余步。"由此记录可知，刘曜父、妻之墓不仅筑有坟丘，还设有陵园和寝堂，并且刘曜还曾"遣胡元增其父及妻墓高九十尺。"（以上引文均见《晋书·载记第三·刘曜》）

《晋书·载记第五·石勒下》载后赵石勒将死，遗令曰："敛以时服，载以常车，无藏金宝，无内器玩。""以咸和七年死……夜瘗山谷，莫知其所，备文物虚葬，号高平陵。"由此记载仍可见魏晋薄葬制度之影响，或石勒之葬属异族葬俗，也未可知。

十六国之葬制，地面上或筑有坟丘、陵园、寝堂，或无此类设施，各国制度不尽相同。西安、咸阳一带发现的十六国墓葬，尚没有关于坟丘的报道。

2. 墓葬形制

如上所述，这里将长安一带的十六国墓葬，据其形制特征分为两类。第一类墓葬中的瓦胡同 M7 和咸阳师院 M5 均出土有"丰货"铜钱。"丰货"钱为后赵石勒于公元 329 所铸，因后赵与前赵并存了十年，所以这种钱或于前赵之世即流入关中，但以于后赵灭前赵后流入长安地区的可能性为大，当然也不能完全排除其更晚一些存世的可能性。总之，参考墓葬形制和随葬品的特征，暂将第一类墓的时代定在晋末至前后赵时期。

第二类墓中的咸阳文林小区 M49 出土了一件前秦建元十四年（公元 378 年）纪年铭文砖，参考墓葬形制和随葬品的特征，将这类墓葬的时代定为前秦时期。这类墓葬最为显著的特征是带有既长又宽并设台阶的斜坡墓道，墓葬埋葬深度绝大多数在 9 米以上，这不禁让人想起西晋崇阳陵区和峻平陵区的墓葬形制。前秦于公元 351 年建都长安，此时去西晋灭亡尚不久远，且晋末愍帝居长安，晋制在这一带应有所遗留，加之前秦苻坚重用王猛，崇兴儒教，《晋书·载记第十三·苻坚上》曰："自永嘉之乱，庠序无闻，及坚之僭，颇留心儒学，王猛整齐风俗，政理称举，学校渐兴。"因此，这种墓葬形制似可看作是晋制的遗留。

十六国墓葬普遍使用木棺，也有个别无棺直葬，如咸阳师院 M5，后室和一个侧室内陈放三棺却无人，其他二侧室内葬有三人却不用棺，又如咸阳文林小区 M69 共葬 3 人，2 人有棺，一人无棺，再如咸阳文林小区 M35 只葬 1 人，无棺。从木棺朽后痕迹看，棺的形状基本上都是一头大一头小。棺在墓内放置的情况是，第一类墓中木棺位于前后主室的一般大头朝向墓门，放于侧室的一般大头朝向主室，当然也有例外，如咸阳师院 M10 前室内陈放的木棺大头朝向后室；第二类墓的棺木多与墓道垂直陈放。

关于合葬情况，单人葬者甚少，如咸阳平陵 M1 和文林小区 M35，多为 2～3 人葬，也有 4 人葬。2 人葬者为一男一女，应是夫妇合葬；3 人葬者有 2 男 1 女、1 男 2 女、1 男 1 女 1 童几种情况，4 人葬者为 2 男 2 女，都应是家族葬。

此时此地流行聚族而葬，如据出土铭文砖知道咸阳文林小区墓地为朱氏家族墓地。咸阳师院墓地 10 座墓分两列整齐分布，也应属家族墓地。

3. 随葬品

以大类区分，仍可分为四类。

第一类：装身用具，放于棺内。有铜钱、镜（铜、铁）、钗（金、银、铜）、簪（银、铜）、镯（金、银、铜）、指环（银、铜）、铜耳环等。

第二类：实用（或明器）器具。有铜镰斗、釜、盆等；陶罐、甒、盆、槅、盘、耳杯、勺、碗等。

第三类：陶质模型明器。有仓、井、磨、碓、灶、（牛）车、（马）鞍车等。

第四类：陶俑。有男女侍俑、胡人俑、牵马俑、伎乐俑（抚筝、击鼓、弹琵琶、吹奏、歌唱）、骑马俑、骑马鼓吹俑（吹角、击鼓、吹排箫）、武士俑以及鞍马、铠马、牛（车）、马（辎车）、猪、羊、狗、鸡、鸭等。

总之，除个别墓葬，如西安草厂坡墓和咸阳平陵 M1 等出土遗物较丰富外，大多数墓葬出土遗物较少。与西晋墓相比，金属类器物少见，但装身用具种类略同；随葬品以陶器为主，其中实用器具种类贫乏，数量也不多；与前代相比，模型明器与陶俑类内容相似，都是以表现"厨"、"厕"、"婢妾"为中心，但镇墓俑类衰落，如不见镇墓兽等，另外，圈厕类明器消失，但同时出现了伎乐俑、骑马俑、骑马鼓吹俑和铠马等新形制的俑。

4. 小结

以前，由于十六国墓葬发现甚少，研究工作受到制约。随着西安、咸阳该时期墓葬的较多发现和认定，相关的研究也逐步展开[8]。

西安、咸阳的十六国墓葬总体上应属于大中型墓，其中双室墓（第一类 I 型和第二类）当为大型墓。咸阳师院 M4（第一类 II 型双室墓）出土"榆糜令印"铜印章，墓主应属中级官吏，代表中型墓的规模。另外，据《晋书·载记第三·刘曜》记载，前赵"（刘）曜始禁无官者不听乘马"，《晋书·载记第十三·苻坚上》记载前秦苻坚也曾下令"非命士已上，不得乘车马于都城百里之内"，说明当时骑马乘车者具有一定的身份地位，十六国墓葬中有不少出土了鞍马或牛车，或可说明墓主身份等级不是太低。

十六国墓葬虽然还没有发现坟丘，但从文献记载来看，至少如前赵等国是存在坟丘、陵园等地面设施的，这说明魏晋墓制已开始遭到破坏。

十六国墓葬均作长斜坡墓道的土洞墓，土洞有双室和单室两种，墓室所带侧室供合葬之用。墓葬形制上存在墓道与墓室方向不尽一致、墓室形状不甚规整、墓室壁略向外弧凸、墓室顶多为穹隆形等特征，从整体上看保留有较多的西晋墓特征，尤其是第二类墓表现得更为明显，应是西晋墓葬形制的延续。但同时墓葬形制也出现了一些新变化，如西安草厂坡墓的墓道两侧附设纵长方形的耳室、西安韦曲两座墓以及咸阳平陵 M1 墓道带有过洞和天井等。墓道设过洞和天井的做法虽然早在东汉时期已经出现，西晋时期也有所发现，但到了十六国时期，它们出现的比例明显增加。另外，像西安韦曲两座墓在过洞、甬道上将土雕刻成房屋模型的做法，可能是受到了同时期河西一带墓葬形制的影响。

随葬品中的铠马、骑铠马俑等富于浓厚的军事色彩，是十六国时期战事频繁的生动写照，骑马鼓吹俑、伎乐俑则表现出当时"关陇清晏，百姓丰乐"（《晋书·载记第十三·苻坚上》）的社会现状。前秦苻坚曾给王猛"赐以美妾五人，上女妓十二人，中妓三十八人，马百匹，车十乘。猛上疏固辞不受"（《晋书·载记第十四·苻坚下》），伎乐俑可能表现的就是女妓们奏乐歌唱的场面。

总之，从目前已有的长安地区十六国墓葬材料看，墓葬整体上还保留有较为浓厚的晋墓特征，但同时魏晋墓制已遭到破坏，一些新的墓葬要素正在出现且特征鲜明，表明一种新的墓制正在孕育之中。

二　北朝之北魏墓葬

北魏始于公元 386 年拓跋珪称代王，后又改称魏王，都盛乐。公元 398 年拓跋珪迁都平城，称帝，即道武帝。公元 439 年太武帝拓跋焘统一北方。公元 494 年孝文帝拓跋宏迁都洛阳。公元 534 年北魏分裂为东魏和西魏。

北魏自公元 386 至 439 年的五十余年仍处于十六国时期。自公元 398 至 494 年的近百年间都平城，其后的四十年都洛阳。这里以北魏都城平城（今山西大同）和洛阳（今河南洛阳）一带发现的墓葬为主要对象加以讨论。

（一）墓葬概况

1. 皇帝陵

北魏自道武帝拓跋珪至献文帝拓跋弘的五代皇帝均葬旧都盛乐一带的"金陵"，皇后、皇太子以及王公侯臣亦多陪葬金陵。自文明太后始营陵寝于平城之北的方山，名为永固陵，孝文帝为表孝心，在永固陵之北营寿陵，名万年堂，但孝文迁洛后，终于洛都，乃葬邙山之长陵，万年堂遂成"虚宫"。此后，宣武帝葬景陵，孝明帝葬定陵，孝庄帝葬静陵，皆在邙山之上。

北魏都平城时期的帝王陵寝——金陵的所在，至今尚不清楚。当时或者沿用鲜卑旧俗，或者仍尊魏晋薄葬之规，至少在地面上应无高大的坟丘。

（1）永固陵

文明太后永固陵位于大同以北 25 公里的镇川乡西寺儿梁山（古称方山）南部。对该陵的调查始于上世纪 20 年代，1976 年对之进行了发掘清理。依据发掘资料，坟丘呈圆形，建于长方形台基上，台基东西 124 米，南北 117 米，坟丘高 22.87 米（图 4 - 10）。墓为南向单室砖墓，由墓道、甬道（前甬道、后甬道）和墓室组成，后甬道内设两道石门，墓室平面近方形，东西 6.83 米，南北 6.4 米，高 7.3 米，四壁略向外弧，四角攒尖顶（图 4 - 11）。万年堂的形制与永固陵相同，只是规模略小。坟丘底边长约 60 米，高 13 米。墓室东西 5.69 米，南北 5.68 米，高 6.97 米。

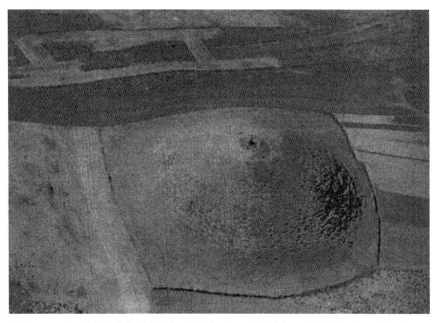

图 4 - 10　山西大同北魏永固陵坟丘（从东向西）（冈村秀典、向井佑介：《北魏方山永固陵の研究——東亜考古学会 1939 年収集品を中心として》，《東方学報》京都第 80 冊 74 頁图版 1 - 2，2007 年 3 月）

《魏书·高祖纪第七上》曰："（太和五年）夏四月己亥，行幸方山。建永固石室于山上，立碑于石室之庭，又铭太皇太后终制于金册，又起鉴玄殿。"《魏书·皇后列传第一》曰："高祖乃诏有司营建寿陵于方山，又起永固石室，将终为清庙焉。太和五年起作，八年而成，刊石立碑，颂太后功德。"从文献记载看，永固陵除了墓葬本身，还应包括永固石室和鉴玄

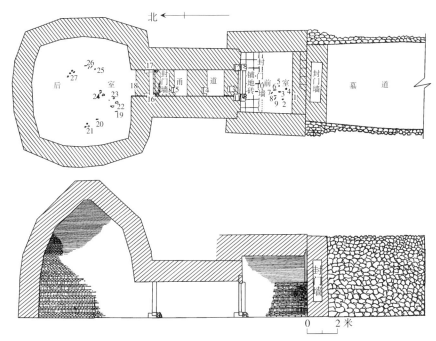

图4-11 山西大同北魏永固陵墓葬平、剖面图（大同市博物馆、山西省文物工作委员会：《大同方山北魏永固陵》，《文物》1978年第7期第30页图三）

殿等附属建筑，其中永固石室应属陵庙，石室前立有石碑。这些建筑应位于永固陵之南，遗址犹存。关于思远佛寺等建筑是否隶属于永固陵，还存在争议[9]。

（2）长陵

孝文帝的长陵是北魏迁洛后的第一座帝陵[10]，位于孟津县朝阳乡官庄村东（图4-12）。近年进行了考古调查、勘探和试掘，基本弄清了陵园范围、坟丘规模和其他陵园设施。

陵园平面长方形，东西443米，南北390米。垣墙夯筑，部分墙基尚存，垣墙正中开门，已发现西墙和南墙两处门址。陵园墙外环绕壕沟。陵园内有一大一小两个坟丘，大的为孝文帝陵，处于陵园中部偏北，底面圆形，最大径103米，高约21米，在坟丘外侧环绕一周夯土沟；小的为文昭皇后陵，位于陵园西北角，坟丘底径42米，高约15米。二陵均应为长斜坡墓道砖室墓，南向墓道已发现。在孝文帝陵以南21米处发现两个对称的石墩，应是立石像的基座，二基座之间应为神道，向北正对墓道。此外，陵园内还发现建筑基址3座，2座位于文昭皇后陵东南，1座位于孝文帝陵东南，应属寝庙类建筑（图4-13）。

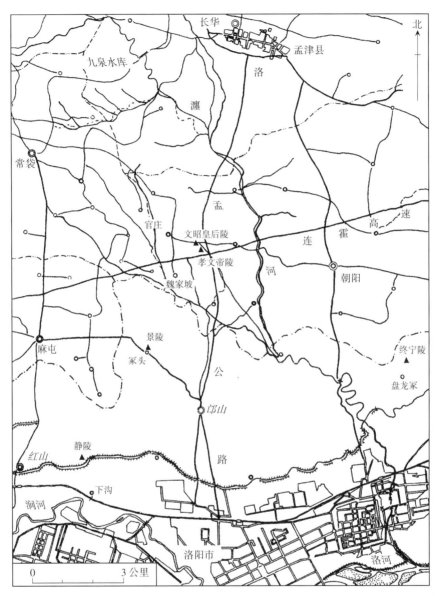

图4－12　河南洛阳北魏帝陵分布图（洛阳市第二文物工作队：《北魏孝文帝长陵的调查和钻探》，《文物》2005年第7期第51页图二）

（3）景陵

宣武帝景陵位于邙山乡冢头村东，1991年进行了考古发掘[11]。

景陵尚未发现陵园墙。坟丘底面略呈圆形，直径105～110米，高约24米，平顶（图4－14）。在陵南约10米处发现石刻武士像一躯，应属神道西侧的石像。

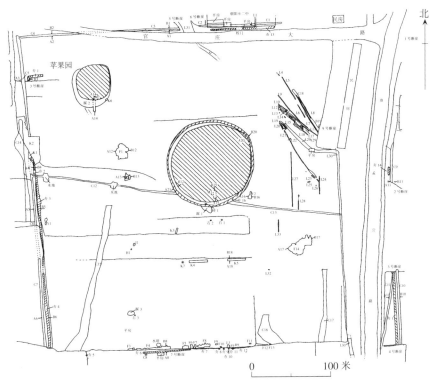

图4-13　河南洛阳北魏孝文帝长陵陵园平面图（洛阳市第二文物工作队：《北魏孝文帝长陵的调查和钻探》，《文物》2005年第7期第52~53页图三）

墓葬的形制与永固陵基本相同，为南向单室砖墓，由墓道、甬道（前甬道、后甬道）和墓室组成，后甬道与墓室之间设一道石门，墓室平面近方形，东西6.92米，南北6.73米，高9.36米，四壁略向外弧，四角攒尖顶。在墓室西部用15块方形石板垒砌成南北长方形的棺床，长3.86米，宽2.2米，高0.16米，棺床四角原应各放一石帐座，发掘时只1件幸存（图4-15）。

此外，关于孝明帝定陵和孝庄帝静陵，也有研究者予以考证，只是尚需考古工作的进一步确定[12]。

从永固陵、万年堂、长陵和景陵的考古资料看，北魏帝后陵墓应有规制（表4-2）。除万年堂属特殊情况外，永固陵、长陵、景陵的坟丘规模近似，永固陵、景陵的墓室规模也相差不多。参考文献记载，当与文明太后所作终制有关。《魏书·高祖纪第七上》曰："（太和五年）夏四月己亥，行幸方山。建永固石室于山上，立碑于石室之庭，又铭太皇太后终制于金册。"文明太后所作终制的内容，部分见于太和十四年（公元490年）诏

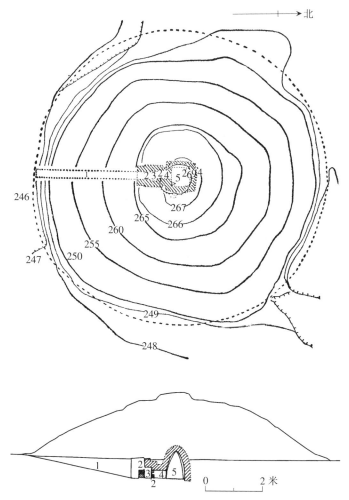

图4-14　河南洛阳北魏宣武帝景陵坟丘与墓葬平、剖面图（中国社会科学院考古研究
所洛阳汉魏城队、洛阳古墓博物馆：《北魏宣武帝景陵发掘报告》，《考古》1994年第9
期第803页图三）

书。太和十四年葬文明太后，"诏曰：'尊旨从俭，不申罔极之痛；称情允
礼，仰损俭训之德。进退思惟，倍用崩感。又山陵之节，亦有成命，内则
方丈，外裁揜坎，脱于孝子之心有所不尽者，室中可二丈，坎不得过三十
余步。今以山陵万世所仰，复广为六十步。辜负遗旨，益以痛绝。其幽房
大小，棺椁质约，不设明器。至于素帐、缦茵、瓷瓦之物，亦皆不置。此
则遵先志，从册令，俱奉遗事。而有从有违，未达者或以致怪。梓宫之里，
玄堂之内，圣灵所凭，是以一一奉遵，仰昭俭德。其余外事，有所不从，

表4-2　北魏帝陵简表

单位：米

序号	地点	墓室					地面设施					备注
							陵园		坟丘			
		方向	东西	南北	高	顶	东西	南北	边长或直径	高	顶	
1	文明太后永固陵	南	6.83	6.4	7.3	四角攒尖			117×124	22.87	平	坟丘底部长方形，其南有陵庙等建筑；公元490年
2	孝文帝"万年堂"	南	5.69	5.68	6.97	四角攒尖			60×60	13	平	坟丘底部方形
3	孝文帝长陵	南					443	390	103	21	平	神道两侧原应立有石像，坟丘东南有建筑遗址
	文昭皇后陵	南							42	15	平	坟丘东南有建筑遗址
4	宣武帝景陵	南	6.92	6.73	9.36	四角攒尖			105～110	24	平	神道两侧原应立有石像；公元515年

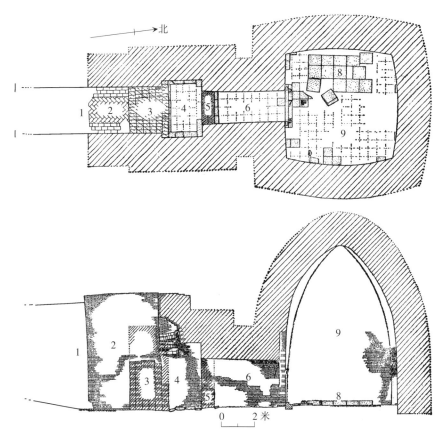

图 4－15　河南洛阳北魏宣武帝景陵墓葬平、剖面图（中国社会科学院考古研究所洛阳汉魏城队、洛阳古墓博物馆：《北魏宣武帝景陵发掘报告》，《考古》1994 年第 9 期第 805 页图五）

以尽痛慕之情。其宣示远近，著告群司，上明俭海之善，下彰违命之失'"
（《魏书·皇后列传第一》）。所引上文中的"内则方丈，外裁掩坎，脱于孝子之心有所不尽者，室中可二丈，坟不得过三十余步"当属文明太后终制之内容。孝文帝在处置文明太后的陵墓时，属于陵内部分的墓室、棺椁、随葬器物等方面遵从了终制，而墓外的坟丘则在终制基础上扩大了一倍，即从 30 步扩大成 60 步，显示出孝文帝对墓外设施的重视。

　　如果可将太和十四年（公元 490 年）诏书的部分文字看作是文明太后终制的内容，一方面说明孝文帝在修建永固陵、埋葬文明太后的过程中，既遵从了文明太后的终制，又出于表明孝心等目的改变了终制的部分内容，从而形成了永固陵的埋葬制度，同时也透露出，北魏前期都居平城的皇帝的埋葬制度可能与新创出的永固陵有别。

万年堂是孝文帝为表孝心所作陪葬永固陵的寿陵，规模自然较永固陵为小。但孝文帝迁洛后规划的长陵却与永固陵的规模相当，说明长陵应是仿照永固陵的规模建成，并成为北魏在洛阳建造帝陵的楷模，之后宣武帝的景陵亦大致遵此规模。

以长陵为例，洛阳北魏帝陵比较完整的制度大概是外有陵园，内建陵墓，在陵墓之南沿墓道延长线的两侧布置石像形成神道，其他寝庙类建筑位于陵墓的东南。这套制度在长陵以外的帝陵中还没有被完整地揭示出来。如以这套制度与永固陵相比较，可看出发生了显著的变化，如新出现了神道及石像，陵墓四周有垣墙围护，坟丘也从下方上圆变为圆形等，而这些地面上新出现的要素都是东汉陵墓所具有的特征，因此可视作是孝文迁洛后进一步汉化的结果。

从永固陵到以长陵为代表的洛阳诸陵，可看出北魏新墓制从草创到完善的过程。墓制中属于地下部分的墓葬形制总体上变化不大，属于地上部分的地面建制则发生了根本性的变化，这既是孝文帝为了开创新局面而迁都图变的政治上的需要，也是进一步学习、吸收汉文化的成果。

另外，据文献记载，北魏时期还有在陵墓附近设置陵邑的做法，在今后的考古工作中应予重视。

2. 大中型墓

北魏墓葬主要见于山西大同和河南洛阳及周边地区，另外在内蒙古、宁夏、陕西、山东和河北等省区也有一些发现。近年来，在大同一带发掘了数百座北魏墓，主要分布在大同市的东郊和南郊，其中东郊大中型墓葬较多，南郊则常见小型墓葬。下面分平城和洛阳两个时期概论北魏大中型墓葬。

（1）平城时期

主要有双室砖墓、单室砖墓和单室土洞墓三种。双室和单室砖墓多应属于大型墓，部分单室砖墓和单室土洞墓应属于中型墓。

①双室砖墓

数量很少，只有 2 座，即石家寨司马金龙墓[13]和湖东 1 号墓[14]，都位于大同市东南郊。均由长斜坡墓道、甬道、前室和后室构成，前室、后室平面均呈弧边方形，顶为四角攒尖形。

司马金龙墓前室东西 4.56 米，南北 4.43 米，后室东西 6.12 米，南北 6.01 米，前室带一方形侧室，前室与后室、侧室之间均连一长甬道（图

4－16）。在后室西侧南北向放置一石棺床，长 2.41 米，宽 1.33 米，高 0.51 米，由 6 块石板组成，前、后、左、右各 1 块，上面 2 块，其中前面（东侧）的一块雕刻有图案，富于佛教色彩。棺床上原应陈棺，发掘时棺板被弃置于棺床以东。另外，墓室内共出土了 4 件石雕柱础，其中 2 件位于前后室之间的甬道西侧，1 件位于后室南侧中央，1 件位于棺床上，结合棺床上下尚存 2 根木栏杆以及其他木雕饰件、漆画木板等情况，可以推想当时棺床上应设置有一套围屏[15]，其结构大致是在棺床四角放置石础（其中四角雕刻有立体伎乐童子的 2 件放于棺床前面的两角），础上承木柱，木柱间横向连以栏杆作为骨架，其间嵌以漆画木板。围屏的前面（东侧）当敞开有口。围屏之上可能还悬挂有帐。木板漆画的内容为帝王将相、烈女孝子和高人逸士等故事、传说。据出土碑形墓志知墓主为司马金龙夫妇，司马金龙袭父爵为琅琊王，卒于太和八年（公元 484 年），其妻姬辰卒于延兴四年（公元 474 年）。二人可能纳于一个棺内。

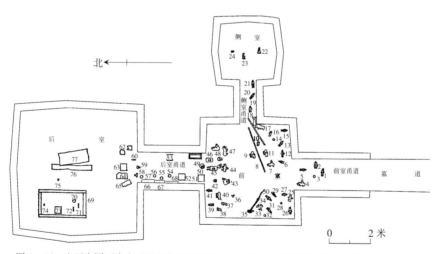

图 4－16　山西大同石家寨司马金龙墓平面图（山西省大同市博物馆、山西省文物工作委员会：《山西大同石家寨北魏司马金龙墓》，《文物》1972 年第 3 期第 21 页图二）

湖东 1 号墓地面上原有坟丘。前室边长 3.82 米，后室边长 4.2 米，后室略大于前室（图 4－17）。后室中部置一棺一椁，棺下设有棺床。棺椁均呈前宽后窄、前高后低的形状，即一头大一头小。椁内外涂黑漆，外面饰以鎏金铜钉帽和铜铺首。棺盖面上凸呈圆弧形，前缘呈圭形，棺外以黑漆为地，以红、白二色绘画，并饰以鎏金铜钉帽和铜牌。棺内葬一男性。漆棺画的图案以及莲花化生铜饰件等充满了佛教色彩，棺的后挡板绘有"半

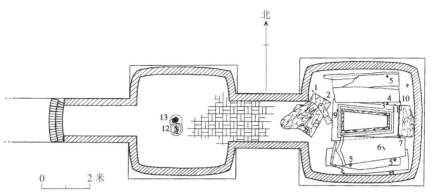

图4-17 山西大同湖东1号墓平面图（山西省大同市考古研究所：《大同湖东北魏一号墓》，《文物》2004年第12期第28页图三）

启门"图像。

②单室砖墓

数量较多，约有20多座。带有一条长斜坡墓道，部分设过洞和天井，如大同七里村M1、M14等[16]。墓室平面呈弧边方形或接近方形，顶为四角攒尖形，有的带有一个侧室。墓室口用砖封堵。部分墓室内设有砖棺床，葬具为一头大一头小的木棺。也有不用木棺而将墓主直接放于尸床的做法，尸床有木、砖、石三种构造，木尸床如大同七里村M1（夫妻合葬）（图4-18）、M37（一男二女合葬）等，砖尸床如大同迎宾大道M2、M3、M26、M78（图4-19）等[17]，石尸床如七里村M14，墓室内有两具、侧室内有一具，三具尸床共葬一男四女五人（图4-20）。多

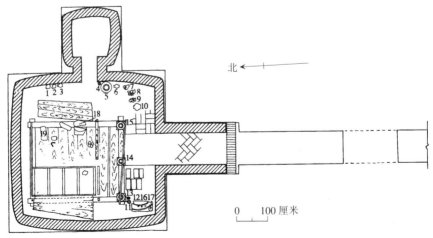

图4-18 山西大同七里村M1平面图（大同市考古研究所：《山西大同七里村北魏墓群发掘简报》，《文物》2006年第10期第28页图八）

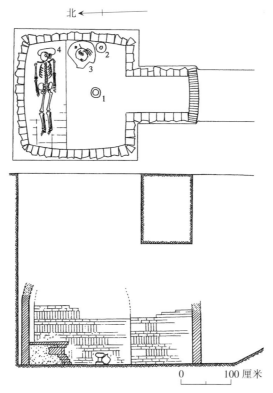

北 ←

图4-19　山西大同迎宾大道 M78 平、剖面图（大同市考古研究所：《山西大同迎宾大道北魏墓群》，《文物》2006 年第 10 期第 55 页图一二）

使用一种石灰枕。

有的墓室绘有壁画，如大同沙岭 M7[18]（图 4-21）、下深井 M1[19] 和迎宾大道 M16 等。

宋绍祖墓的墓室内构建有一座石椁。该墓位于大同市东郊，南向，由斜坡墓道、两个过洞、两个天井、甬道和墓室组成[20]（图 4-22）。墓室东西 4.24 米，南北 4.13 米，高 4.7 米。石椁为三开间单檐悬山顶仿木结构建筑，由百余件青石构件组合而成（图 4-23）。其南设前廊，面阔三间，进深一间。北为后室，平面略呈长方形，以地栿测量东西 2.98 米，南北 2.3 米，南向开两扇石门。石椁内东、西、北三壁的下部绘有壁画，内容为乐舞。石椁内筑石尸床，平面呈倒置的"凹"字形（图 4-24），东西 2.39 米，南北 1.03～1.88 米，高 0.31 米，所用石材上雕刻有花纹。尸床的西部遗留有两个石灰枕，平面略呈椭圆形，两端尖，微上翘，由此得知墓主系直接并列躺卧在尸床上，不用木棺等葬具。据出土砖铭知墓主为幽州刺

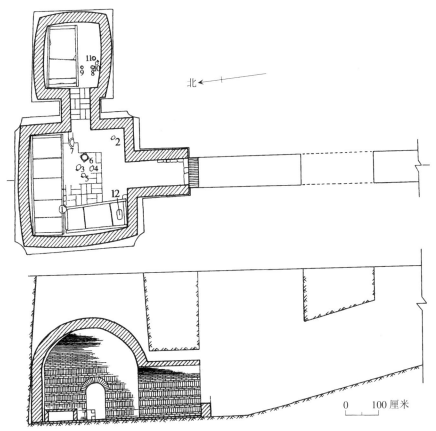

图 4－20　山西大同七里村 M14 平、剖面图（大同市考古研究所：《山西大同七里村北魏墓群发掘简报》，《文物》2006 年第 10 期第 28 页图九）

史、敦煌公宋绍祖夫妇，葬于太和元年（公元 477 年）。

③单室土洞墓

数量最多，约有数百座。墓道多为斜坡式，个别设有过洞和天井。墓室的平面形状有三种，即梯形、刀形和方形。墓室长 2～3 米，最宽处 1 米至 2 米余，个别墓设有壁龛。墓室口一般用木板、土坯或生土块封堵。一般用木棺，有的木棺尚存彩画，个别墓棺外有椁。常见使用白灰枕或土灰枕。单人葬最多，也有双棺双人合葬和单棺双人合葬。一般随葬少量陶器、漆器等，有的墓发现兽骨。个别墓出土器物较为丰富，有银器、银饰、铜器、铜饰、玻璃器等。

梯形土洞墓：墓道位于墓室中部，一部分为竖井式。墓室平面呈窄长梯形，墓顶前高后低。墓例如大同七里村 M28（图 4－25）。

刀形土洞墓：墓道偏于墓室的一边。墓室前宽约为后宽的一倍，墓顶

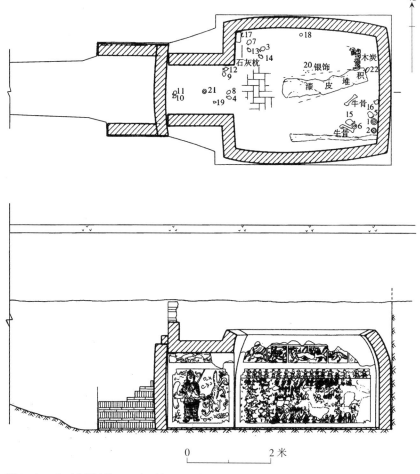

图 4-21　山西大同沙岭 M7 平、剖面图（大同市考古研究所：《山西大同沙岭北魏壁画墓发掘简报》，《文物》2006 年第 10 期第 7 页图三）

前高后低。墓例如大同七里村 M30（图 4-26）。

　　方形土洞墓：墓道位于墓室中部，墓室平面近方形，墓顶近平或前高后低。有的墓室较大，边长在 4 米左右，如大同七里村 M25，葬具为一棺一椁（图 4-27）。个别墓室内垒砌有石尸床，如大同电焊器材厂 M112，墓主直接躺卧于尸床上，不用棺[21]（图 4-28）。在大同南郊智家堡发现了一座石椁壁画墓[22]，应为土洞墓。南向。墓室内东西 2.11 米，南北 1.13米（图 4-29）。石椁为单檐悬山顶仿木结构建筑，由数十块砂岩石构件拼合而成，南向开一扇石门（图 4-30）。石椁内四壁、顶部均绘彩画，内容

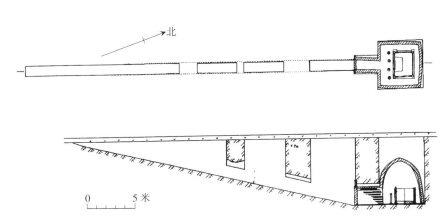

图4-22　山西大同宋绍祖墓平、剖面图（山西省考古研究所、大同市考古研究所：《大同市北魏宋绍祖墓发掘简报》，《文物》2001年第7期第20页图二）

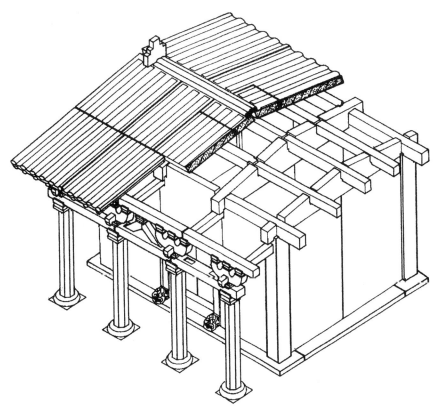

图4-23　山西大同宋绍祖墓石椁结构透视图（山西省考古研究所、大同市考古研究所：《大同市北魏宋绍祖墓发掘简报》，《文物》2001年第7期第25页图一一）

图4-24 山西大同宋绍祖墓石椁内的石尸床（山西省考古研究所、大同市考古研究所：《大同市北魏宋绍祖墓发掘简报》，《文物》2001年第7期第25页图一〇）

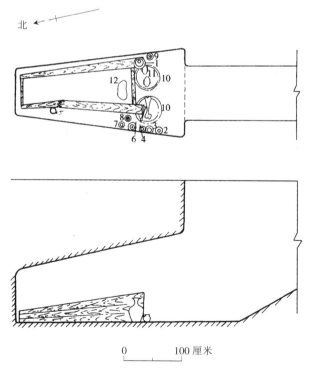

图4-25 山西大同七里村M28平、剖面图（大同市考古研究所：《山西大同七里村北魏墓群发掘简报》，《文物》2006年第10期第26页图二）

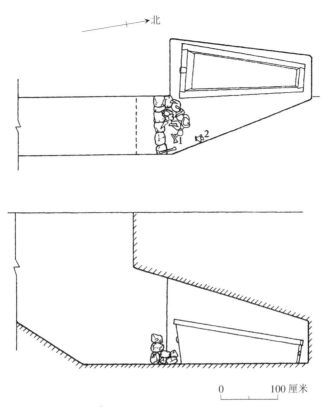

图 4－26　山西大同七里村 M30 平、剖面图（大同市考古研究所：《山西大同七里村北魏墓群发掘简报》，《文物》2006 年第 10 期第 26 页图四）

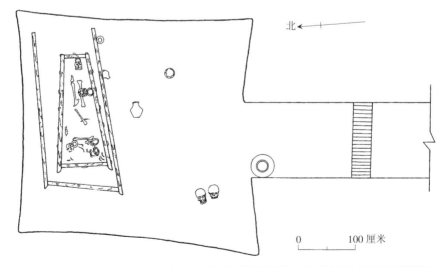

图 4－27　山西大同七里村 M25 平面图（大同市考古研究所：《山西大同七里村北魏墓群发掘简报》，《文物》2006 年第 10 期第 27 页图六）

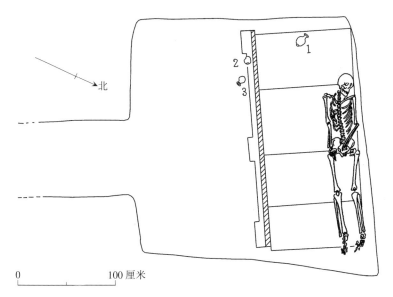

0   100 厘米

图 4－28　山西大同电焊器材厂 M112 平面图（山西省考古研究所、大同市博物馆：《大同南郊北魏墓群发掘简报》，《文物》1992 年第 8 期第 4 页图六）

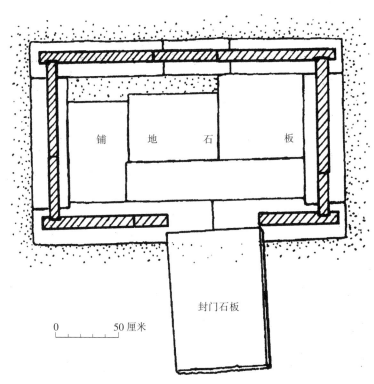

铺　地　石　板

封门石板

0   50 厘米

图 4－29　山西大同南郊智家堡石椁壁画墓平面图（王银田、刘俊喜：《大同智家堡北魏墓石椁壁画》，《文物》2001 年第 7 期第 40 页图一）

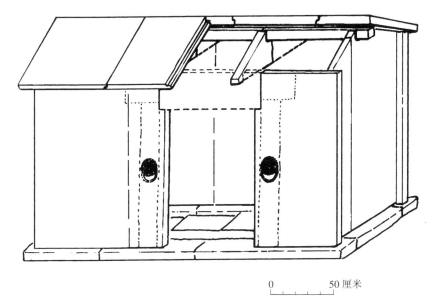

0   50 厘米

图 4 - 30 　山西大同南郊智家堡石椁壁画墓石椁结构示意图（王银田、刘俊喜：《大同智家堡北魏墓石椁壁画》，《文物》2001 年第 7 期第 41 页图二）

有墓主人并坐、侍者、羽人、牛车、马、树木、花卉等。

（2）洛阳时期

北魏迁洛以后的墓葬总计约有 20 余座，主要发现于洛阳故城西北的邙山以及故城以东的偃师一带，其中邙山上的墓葬以帝陵为中心分布。另外，在旧都大同东郊发现的元淑墓，在大同以西小站村发现的封和突墓，也属于这一时期的墓葬（表 4 - 3）。

北魏洛阳时期的墓葬形制单一，均为单室墓，不见双室墓。墓室有土洞和砖室两种，大约各占一半。墓道有斜坡和竖井两种，以斜坡墓道居多，有的墓道带有天井和过洞，多为一井一洞，也有二井二洞。

①单室砖墓

约有 10 座，2 座位于大同城郊。其中 3 座为王墓，即阳平王元颐墓[23]（图 4 - 31）、清河王元怿墓[24]和死后追封江阳王的元乂墓[25]；4 座为刺史墓，洛阳有 2 座，即燕州刺史寇猛墓[26]和死后追赠洛州刺史的元睿墓[27]（图 4 - 32），大同有 2 座，即肆朔燕三州刺史元淑墓[28]（图 4 - 33）和死后追赠洛州刺史的封和突墓[29]；另有 3 座墓主身份不明，即偃师南蔡庄90YNLTM2[30]、南蔡庄 89YNLTM4[31]（图 4 - 34）和偃师杏园村 YDⅡM926（图 4 - 35），墓主身份当也不低。

论中国古代墓葬制度课题——冥界的秩序

单位：米

表4-3 洛阳时期北魏墓葬简表

序号	地点	墓道				墓室				墓志	合葬	墓主身份埋葬年代	备注
		方向	形制	过洞	天井	形制材料	顶	东西	南北				
1	元固墓（孟津朝阳村M17）	南	斜坡			砖室	四角攒尖	5.1~5.4	5.1~5.4	0.48×0.57	?	阳平王，早卒；永平四年（公元511年）	M18形制相同
2	元怿墓（洛阳北郊）	南	斜坡			砖室	弯隆	约9	约9	0.95×1	?	清河王，被杀；孝昌元年（公元525年）	有圆形坟丘，底径30，高15；甬道中置石门；甬道与墓室绘有壁画
3	元乂墓（孟津朝阳村）	南	斜坡			砖室	弯隆	7	7.5	有	?	被杀，死后追封江阳王；孝昌二年（公元526年）	有圆形坟丘，底径35，高20；有壁画；墓室带二假耳室
4	元邵墓（洛阳北金家沟村）	南	斜坡	2	2	土洞	弯隆	3.2~3.5	3.3	0.83×0.85	?	南平王，被杀；孝昌三年（公元527年）	有壁画，用石棺

254

续表

序号	地点	墓道				墓室				墓志	合葬	墓主身份埋葬年代	备注
		方向	形制	过洞	天井	材料	形制		尺寸				
								顶	东西	南北				
5	元邵墓（洛阳北盘龙家村）	南	斜坡	1	1	土洞	四角攒尖	3.9	4	0.97×0.97	?	常山王，被杀；建义元年（公元528年）	有土台棺床
6	大同东郊元淑夫妇墓	南	斜坡			砖室	四角攒尖	6.75	5.7	0.43×0.79	1椁2棺	肆朔燕三州刺史，平城镇将；永平元年（公元508年）	坟丘底部长方形，东西63，南北79，高3.7，未夯打；墓室西侧有砖砌棺床，墓志呈碑形，有底座
7	大同小站村封和突墓	南				砖室		4.47~4.63	4.3~4.4	0.33×0.42	1棺	昌国子，死后赠洛州刺史；正始元年（公元504年）	墓志呈碑形，有底座
8	洛阳西车站北魏墓	南				砖室	四角攒尖			有	?	平北将军燕州刺史寇猛；正始三年（公元506年）	

续表

序号	地点	墓道				墓室				墓志	合葬	墓主身份 埋葬年代	备注
		方向	形制	过洞	天井	材料	形制 顶	尺寸 东西	南北				
9	偃师杏园村 YD II M914	南	竖井			砖室	四角攒尖	4.4	4.4	0.53×0.56	2棺	元睿；熙平元年（公元516年）	死后追赠洛州刺史
10	孟津北陈村 C10M68	南	?	1	1	土洞	穹隆	3	2.8	0.585×0.585		安东将军王温；太昌元年（公元532年）	死后追赠瀛洲刺史；墓室有壁画
11	洛阳纱厂西路 HM555	南	斜坡、台阶	1		土洞	四角攒尖	2.92~4.05	3.8	0.5×0.5	?	河间太守郭定兴；正光三年（公元522年）	
12	孟津三十里铺 M22	南	竖井			土洞		3.16	2.95	有	1棺	燕州治中从事史侯掌；正光五年（公元524年）	
13	偃师杏园村 90YCXM7	南	斜坡	1	1	土洞	穹隆	4.64	4.84	0.585×0.585	1棺	镇远将军、射声校尉裴华；孝昌二年（公元526年）	死后追赠乐陵太守

续表

序号	地点	墓道				墓室				墓志	合葬	墓主身份 埋葬年代	备注
		方向	形制	过洞	天井	材料	形制 顶	尺寸 东西	尺寸 南北				
14	偃师南蔡庄 90YNLTM2	南	斜坡			砖室		5.5	5.26		?	北魏晚期	
15	偃师南蔡庄 89YNLTM4	南	斜坡			砖室		4.5	4.5	残	?	北魏	墓室内用砖砌成并列的二椁室
16	偃师杏园村 YDⅡM926	南	竖井			砖室	四角攒尖	3.25	3.25		1棺	北魏	
17	孟津朝阳村 M15	南	斜坡	1		土洞		4	4.2		?	北魏晚期	M14形制相同
18	偃师杏园村 YDⅡM4031	西	斜坡			土洞	稍拱	3	2.38		1棺	正始五年（公元508年）	朱书陶罐
19	偃师杏园村 YDⅡM1101	南	斜坡	2	2	土洞	四角攒尖	3.7	4.1		?	北魏	
20	偃师前杜楼 M1	南	斜坡	1	1	土洞	弯隆	3.56~3.8	3.7		?	北魏晚期	墓室有壁画；用石棺
21	洛阳衡山路 HM621	南	斜坡			土洞		2.6	2.6		?	北魏晚期	
22	洛阳西南张庄村北魏墓[32]	南	斜坡			土洞	平	1.4	3.1		1棺	董富妻郭氏；太和十二年（公元477年）	

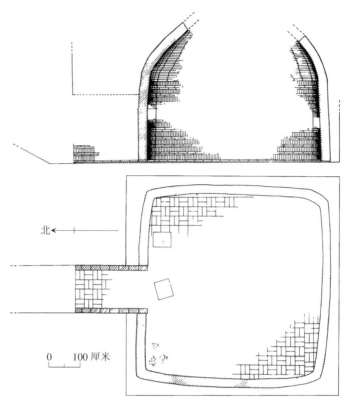

图 4 - 31　河南洛阳北魏阳平王元冏墓平、剖面图（310 国道孟津考古队：《洛阳孟津邙山西晋北魏墓发掘报告》,《华夏考古》1993 年第 1 期第 49 页图一一）

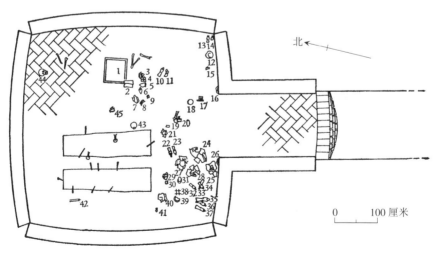

图 4 - 32　河南偃师北魏洛州刺史元睿墓平面图（中国社会科学院考古研究所河南二队：《河南偃师县杏园村的四座北魏墓》,《考古》1991 年第 9 期第 819 页图一）

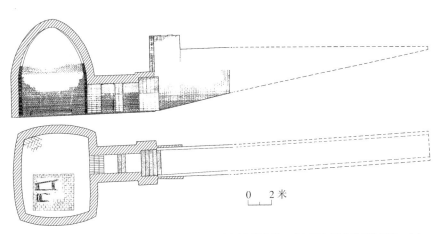

图 4 – 33　山西大同北魏元淑墓平、剖面图（大同市博物馆：《大同东郊北魏元淑墓》，《文物》1989 年第 8 期第 58 页图二）

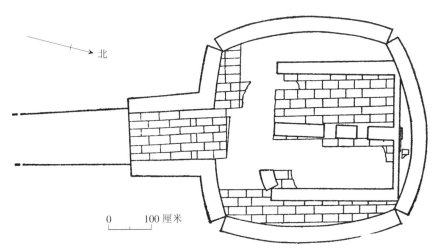

图 4 – 34　河南偃师南蔡庄 89YNLTM4 平面图（偃师商城博物馆：《河南偃师南蔡庄北魏墓》，《考古》1991 年第 9 期第 832 页图二）

洛阳的 2 座王墓地面上现存圆形坟丘，元乂墓坟丘底径 35 米，高 20 米，元怿墓坟丘底径 30 米，高 15 米。大同的元淑墓坟丘底部平面长方形，东西 63 米，南北 79 米，高 3.7 米，未夯打。

墓道均南向，除 2 座为竖井式外，均为斜坡式，均不带过洞和天井。墓室平面略呈方形，惟元淑墓呈长方形，四壁略外弧，四角攒尖顶（或穹隆顶）。元怿墓和元乂墓的墓室内绘有壁画。元乂墓的墓室带有 2 个假耳室。南蔡庄 89YNLTM4 墓室内用砖砌成并列的 2 个椁室。元淑墓的墓室西侧有砖砌棺床。

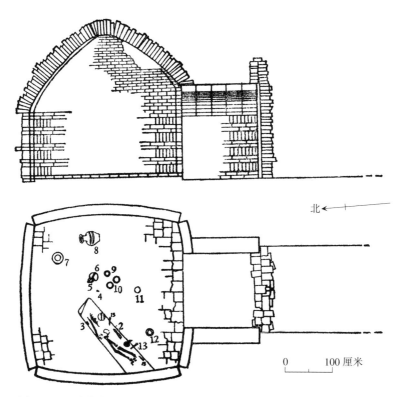

北 ←

0   100 厘米

图4-35　河南偃师杏园村 YDⅡM926 平、剖面图（中国社会科学院考古研究所河南二队：《河南偃师县杏园村的四座北魏墓》，《考古》1991 年第 9 期第 829 页图一五）

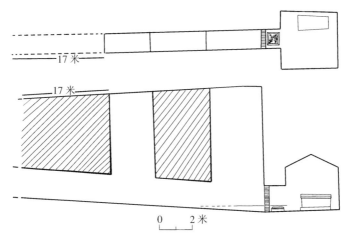

17 米

17 米

0   2 米

图4-36　河南洛阳北魏南平王元玮墓平、剖面图（黄明兰：《西晋裴祗和北魏元玮两墓拾零》，《文物》1982 年第 1 期第 72 页图五）

棺木清楚的有单棺葬和双棺合葬二种。

②单室土洞墓

约有十多座。其中2座为王墓，即南平王元玮墓[33]（图4-36）和常山王元邵墓[34]（图4-37）；4座为官吏墓，即死后追赠瀛洲刺史的王温墓[35]、河间太守郭定兴墓[36]（图4-38）、燕州治中从事史侯掌墓[37]和死后追赠乐陵太守的染华墓[38]；另有数座墓主身份不明。

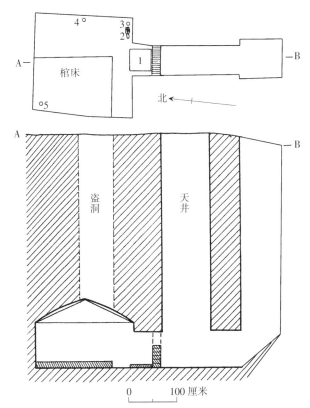

图4-37 河南洛阳北魏常山王元邵墓平、剖面图（洛阳博物馆：《洛阳北魏元邵墓》，《考古》1973年第4期第218页图二）

地面上均没有保存坟丘。

墓道除一座西向外，均南向，除1座为竖井式外，均为斜坡式，其中7座墓带过洞和天井，除2座墓为2洞2井外（1座为南平王元玮墓），均为1洞1井。墓室平面多呈方形或接近方形，四壁外弧，四角攒尖顶（或穹隆顶），有1座墓室呈梯形。有3座墓室内绘有壁画（1座为南平王元玮墓）。

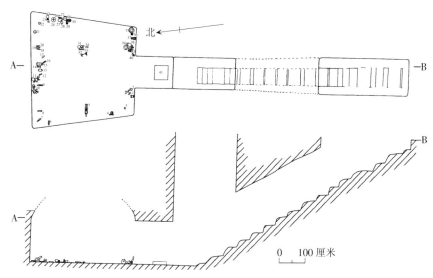

图4－38　河南洛阳北魏河间太守郭定兴墓平、剖面图（洛阳市第二文物工作队：《洛阳纱厂西路北魏 HM555 发掘简报》，《文物》2002 年第 9 期第 10 页图三）

棺木清楚的多单棺葬，其中 2 座墓使用石棺（1 座为南平王元昞墓）。常山王元邵墓带有土棺床。

3. 小型墓

主要发现于大同南郊和东郊，约有数十座。均为平面长方形或梯形竖穴土坑墓，一般长 2 米余，宽不足一米。多用木棺。随葬品为少量陶器，有的墓发现兽骨。墓例如大同电焊器材厂 M235（图 4 – 39）。

洛阳地区的小型墓在涧西一带有所发现[39]。

（二）葬制综论

从地面设施、墓葬形制和随葬品三方面加以概述。

1. 地面设施

北魏帝陵坟丘、陵园等地面设施的情况已如前述。

就大中型墓葬的考古发现而言，平城时期的北魏墓虽然推测部分墓上原来应有坟丘（如大同湖东北魏一号墓），但尚未见到确实的墓例，因此，从现有资料看，可以说当时并不崇尚坟丘，或者说至少还没有营建十分高大、显著的坟丘。但洛阳时期北魏墓的情况却大不相同。已经报道的墓例，在洛阳的有元乂墓和元怿墓等，此二墓均为王墓，坟丘圆形，都相当高大；在大同的则有元淑墓，坟丘底部平面长方形，高 3.7 米，似与洛阳一带墓

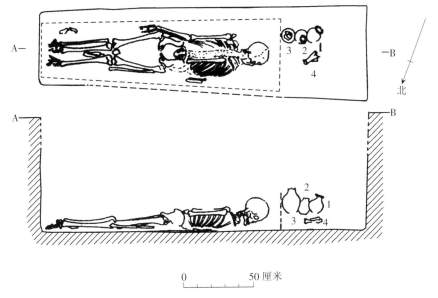

图4－39　山西大同南郊电焊器材厂 M235 平、剖面图（山西省考古研究所、大同市博物馆:《大同南郊北魏墓群发掘简报》,《文物》1992 年第 8 期第 1 页图一）

葬坟丘的形状不同。

洛阳时期北魏墓可能普遍带有坟丘,但除了坟丘,没有发现其他地面设施。

2. 墓葬形制

帝陵的墓葬形制,从永固陵、万年堂、景陵的发掘情况看,均为一条墓道的单室砖墓。其甬道分为前后两段的做法,颇具特色,甬道的前段宽短,后段窄长,有研究者将前段甬道看作是前室,从而将整座墓看作是具有前后墓室的双室墓。但是,若与后室的宽大、高敞、四壁外弧、四角攒尖顶等情况相比,前甬道面积狭小、低矮,四壁平直,顶呈拱形,显然不具备作为一个与后室相匹配的墓室的条件,加之墓门（石门）均安装于后甬道的两端或一端,从而将前甬道置于墓门之外,更说明不能将前甬道视作前室,因此,这里采取景陵发掘报告的说法,将之当作甬道的一部分。帝陵墓室平面近方形,边长6.5～7米,四角攒尖顶,高7～10米（万年堂除外）。景陵墓室内设置有石棺床,出土有石帐座。

如前所述,平城时期北魏大中型墓有双室砖墓、单室砖墓和单室土洞墓三种。双室砖墓只有两座,其中一座墓主身份清楚,即琅琊王司马金龙。能够采用双砖室的墓葬,墓主身份应很高,但是否均为王的级别,尚不能断言。单室砖墓发现较多，从宋绍祖爵为敦煌公来看，该类墓葬墓主身份也不低，但宋绍祖墓采用殿堂式石椁不具有普遍性，应属特例。少数墓内绘有壁画。单室土洞墓一般规模较小，其墓主身份大多应为中下级官吏，有的可能为一般平民。

洛阳时期的北魏墓均为单室，有砖室和土洞两种，墓道绝大多数向南。砖室墓之墓室规模相差悬殊，一般4.4~5.5米见方，但元怿墓砖室约9米见方，比帝陵墓室大出许多，元乂墓砖室7×7.5米，也比帝陵墓室的规模大。此二王墓砖室规模之大，地面坟丘之高，当与他们死时特殊的政治背景有关。元怿在胡太后专权时受到重用，并被逼幸，后来元乂幽禁胡太后，杀了元怿。胡太后返政后，又杀了元乂，对元怿追封改葬，元乂也因为娶的是胡太后之妹，所以给予厚葬。由此二墓也可映射出当时政局的乱象。其他砖室墓墓主身份清楚的还有四座刺史级官吏墓，除大同元淑墓墓室较大外，其余多4.4米见方。从现有资料看，砖室墓的墓主身份有最高封爵的王以及刺史（有的为死后所赠）等高级官吏，王墓墓室边长大约在5米以上，刺史级官吏墓墓室边长大约在4~5米，墓室更小的墓主身份应更低一些。少数墓内绘有壁画。

南平王元晖墓和常山王元邵墓均为土洞墓，且规模不大，这种情况也应与他们死时的政治背景有关，即二王均被杀，属非正常死亡。其他土洞墓墓主身份清楚的有刺史、太守（有的为死后所赠）等官吏。墓室边长多3~5米，虽然大小有一定差别，但与墓主身份的高低并不密切相关。少数墓内绘有壁画。有7座墓的墓道带有天井和过洞，占土洞墓的一多半。

平城和洛阳一带的北魏墓中只有元怿墓甬道内设有石门。

北魏墓以单人葬最常见，也有双人双棺或单棺合葬。多用木棺，个别用石棺[40]（图4–40），这些都属于有棺葬，棺的形状均为一头高宽一头低窄的梯形。有的墓室内设置棺床以承放木棺，有土棺床、砖棺床和石棺床三种。平城时期流行使用一种石灰枕。在葬具方面，有两种现象值得注意，一种现象是个别墓内棺外置椁，如大同湖东1号墓和七里村M25为一椁一棺，元淑墓为一椁并列二棺，均为木椁。偃师南蔡庄89YNLTM4在墓室内用砖砌成并列的两个椁室。宋绍祖墓等则采用殿堂式的石椁，椁内无棺。另一种现象是直接将尸体陈放于尸床之上，不用棺，可称为无棺葬或尸床葬，这种葬法存在二人以上合葬的情况。

这里采用尸床的概念是针对棺床而言，因为棺床是指陈放棺的床台，

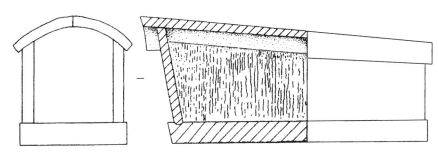

图 4 - 40　河南偃师前杜楼北魏墓出土石棺正、侧剖面图（洛阳市第二文物工作队：《偃师前杜楼北魏石棺墓发掘简报》，《文物》2006 年第 12 期第 39 页图四）

这一用语沿用时间已久，不宜变更，但不用棺直接陈放尸体的床台却不能称为棺床，所以名之为尸床。陈放棺的棺床和陈放尸体的尸床可统称为床台。

3. 随葬品

按照前章对西晋墓葬随葬品分类的方法，北魏墓葬同样存在装身用具、实用（或明器）器具、陶质模型明器和陶俑四大类随葬品，所表现的内容仍然是以模拟现实生活中的"厨"、"厩"和"婢妾"为中心。镇墓类陶俑更加流行，由武士俑和镇墓兽组成，镇墓兽多为两件一对，一件人面一件兽面。从随葬品的大类上看，最显著的变化在陶俑上，如继承并丰富了十六国时期出现的以牛车为中心的出行俑群（有马、牛车、武士俑、骑马武士俑、甲骑具装俑、骑马鼓吹俑、其他各种男女俑等），"婢妾"俑的种类和数量大大增加（除一般的男女侍俑外，还有抱瓶俑、执盆俑、乳母俑、妓乐俑、舞俑、胡俑等），骆驼俑流行等等。当然，同时具备四大类随葬品的墓葬多为大型墓和部分中型墓，一般的中小型墓除装身用具外，只随葬少量陶器、石器（石灯）和漆器等。

石制品的使用也是北魏墓葬的一个特征，大到石椁、石棺、石棺床、石尸床，石门，小到石灯等。

平城时期北魏墓中存在殉牲的习俗。

西方的金银器和玻璃器有所发现，是研究当时中西交流的宝贵资料。

关于出土墓志的大小规格问题，除碑形墓志外，诸王墓志一般 0.8~1 米见方，刺史、太守等官吏墓志多 0.5~0.6 米见方，可能存在一定的等级规制。

4. 小结

平城时期北魏墓尚不重视营建地面设施，墓葬形制上双室砖墓、单室砖墓和单室土洞墓的区别，可能代表墓主身份的差异，墓葬等级应存在一定的规制，只是从现有资料尚难以做出明确的概括，大概是根据墓主爵位和官职的高低来规范墓葬的等级。

孝文迁洛后，帝王陵墓地面设施已趋完善。帝陵地面设施的规划当始于文明太后的永固陵，到孝文帝长陵已形成了一整套陵园制度：坟丘高度在 20 米以上，坟丘南面墓道延长线的两侧安置石像构成神道等。墓葬形制为具有前后甬道的砖室墓，甬道内设石门，景陵墓室内设石棺床，棺床上张帐，甬道和墓室地面均铺石板。诸王墓中虽然元怿、元乂、元晖和元邵均属非正常死亡，元怿和元乂墓规模偏大，元晖和元邵墓规模偏小，都不能客观反映王墓的规格，但从这四座墓仍能看出一些制度上的问题，如坟丘高度不超过同时期的帝陵，在 20 米以内，甬道不分前后两段，甬道内除元怿墓外均不设石门，墓室内不设石棺床，墓内多绘有壁画等，说明相对于帝陵，王墓存在一定的制度规范，应属等级上仅次于帝陵的大型墓葬。其他如刺史墓多用砖室，砖室规模大致相仿，太守墓多用土洞，墓葬规模也相差不多，说明洛阳时期北魏墓的等级秩序进一步得到了强化，如果假以时日，等待发掘、发表更多的墓葬资料，北魏墓的等级序列也许会更加清楚。

关于过洞和天井，平城时期的单室砖墓和土洞墓都有设置的墓例，但所占墓葬总数的比例很低。到了洛阳时期，过洞和天井只见于土洞墓中，且占到土洞墓总数的一半以上，说明这一时期设置过洞和天井的做法已流行开来，但还没有形成为墓葬等级的标志。

关于无棺葬（尸床葬）的族属问题，现在还不清楚。陕西西安曾发现北周粟特人康业和安伽的墓葬，均为无棺的尸床葬，若由此上推到北魏平城时期，都城大同一带发现的无棺葬，其族属为粟特人的可能性极大。从文献记载中也可获得相关信息。据《魏书》等史籍记载，太武帝太延年间（公元 435～440 年），粟特国多次遣使朝魏，一直持续到文成帝时期。《魏书·列传第九十·西域》记载："（粟特）其国商人先多诣凉土贩货，及克姑臧，悉见虏。高宗初，粟特王遣使请赎之，诏听焉。自后无使朝献。"《魏书·志第二十·释老志》又载："太延中，凉州平，徙其国人于京邑。"说明魏平凉州后将那里的大量人口迁到平城一带，其中应有一些粟特人。

平城一带既有粟特人居住，那么他们死后采用尸床葬俗埋于平城郊外，这种可能性是很大的。另外，宋绍祖爵为敦煌公，其采用尸床葬也可视为是受到了那一带粟特人葬俗的影响。

三　北朝之东魏北齐墓葬

公元534年北魏分裂为东魏和西魏。东魏为北齐所代，公元577年北齐亡于北周。东魏北齐历43年，都邺城（今河北省临漳县境内）。

（一）墓葬概况

东魏北齐墓葬发现于其统辖范围之内的广大地域，分布在今河北、河南、山西、北京和山东等省市，总计约有二百余座，其中四分之三以上位于邺城一带，另在山西太原、山东济南、淄博以及河北景县等地有较多发现。这里仅以邺都附近的墓葬资料为中心，对东魏北齐墓制加以概论。

在邺城遗址西北约5公里的漳河与滏阳河之间分布着东魏北齐的帝陵和大型陪葬墓，构成这一时期规模最大的陵墓群，因为这里隶属于河北省南端的磁县，所以一般称之为磁县北朝墓群。在一河之隔的漳河南岸也分布有大量东魏北齐墓葬，以中小型墓为主，这里隶属于河南省北端的安阳市安阳县，因此可称之为安阳北朝墓群，其中又以近年来在安丰乡固岸村一带所掘墓葬数量最多（表4-4）。

1. 皇帝陵

磁县北朝墓群是以东魏帝陵和北齐帝陵为中心分布形成的。被认为是魏孝静帝元善见的西陵（M35）位于申庄乡前港村东南，坟丘略呈圆形，东西121.5米，南北118米，高21.3米，顶部长宽各约43米[41]，坟丘四周围以垣墙构成陵园，平面略呈方形，边长约1140米，垣墙基址犹存，坟丘南面还遗存有建筑基址。从历年来出土的墓志材料分析，西陵之南为东魏皇族元氏陪葬墓区，其中有不少大型墓葬，西陵之东则为异姓勋贵陪葬墓区[42]。

北齐帝陵位于上述西陵的东北方，其中大冢营村北的M1可能是神武皇帝高欢的义平陵，M2可能是文襄帝高澄的峻成陵，此二陵地面上存有坟丘，前者坟丘南北79米，东西77米，高21.3米，后者1977年尚高22米。

单位：米

表4-4 东魏、北齐邺城地区墓葬简表

序号	地点	甬道		形制		墓室		棺床	墓志	壁画	合葬	墓主身份 埋葬年代	备注
		分段	石门	材料	顶	尺寸							
						东西	南北						
1	河北磁县 M003（未盗）	无	无	土洞	穹隆?	4.5~4.7	4.3~5	无	0.71×0.71	过洞口上方、甬道口上方、墓室	一棺一椁	镇东将军、徐州刺史元元祐；东魏天平四年（公元537年）	坟丘残高约1.8米，墓道带1过洞1天井
2	河北磁县东陈村M1[43]	无	无	砖室	穹隆	4.26	4.8	无	0.56×0.56	墓室		南阳郡君赵胡仁；东魏武定五年（公元547年）	墓室四壁单层砖，墓顶双层砖
3	河南安阳固岸墓地Ⅱ区 M57	无	无	土洞				围屏石榻，未见棺木	有	无	2人	东魏武定六年（公元548年）	墓道带有天井
4	河北磁县大冢营村M1	二段	石门框	三层砖室	穹隆	5.58	5.23	砖棺床，青石条围边	0.62×0.62	墓道、甬道上的门墙，甬道、墓室	1人	长广郡开国公高湛妻、茹茹邻和公主闾叱地连；东魏武定八年（公元550年）	甬道设二壁龛

续表

序号	地点	甬道		形制		墓室		棺床	墓志	壁画	合葬	墓主身份 埋葬年代	备注
		分段	石门	材料	顶	尺寸							
						东西	南北						
5	河南安阳固岸墓地Ⅱ区 M51（未盗）[44]	无	无	砖室	四角攒尖	2.92	2.62	须弥座式砖棺床	无	无	2人	东魏晚期	甬道口上方有砖砌门楼
6	河北磁县北齐元良墓[45]	无	有	土洞		3.1或4.2	4.2或3.1	无	0.43×0.43	无		北齐天保四年（公元553年）	
7	河北磁县湾漳 M106	二段	有	五层砖室	四角攒尖	7.4	7.56	须弥座式石棺床		墓道、甬道上的门墙、甬道、墓室	一棺一椁	文宣帝高洋的武宁陵；北齐乾明元年（公元560年）	墓南存有一石人像，甬道和墓室底铺石
8	河北磁县北齐尧峻墓	无	有	单层砖室	穹隆？	4.52	4.38	砖棺床	0.86×0.86	甬道上的门墙	3人	开府仪同三司、怀州刺史尧峻；北齐天统三年（公元567年）	尧峻妻吐谷浑静媚卒于565年，妾独孤思男卒于571年
9	河南安阳北齐和绍隆墓	无	无	单层砖室	穹隆	3.5或3.6	3.6或3.5	砖棺床	0.55×0.55	无	2人	骠骑大将军和绍隆；北齐天统四年（公元568年）	

269

续表

序号	地点	甬道		墓室					墓志	壁画	合葬	墓主身份 埋葬年代	备注
		分段	石门	形制		尺寸		棺床					
				材料	顶	东西	南北						
10	河南安阳北齐贾进墓	无	无	土洞	四角攒尖	3	2.9	无	0.4×0.4	墓道、甬道上的门楼、墓室	1人	车骑大将军贾进；北齐武平二年（公元571年）	
11	河南安阳北齐范粹墓	无	无	土洞	弯隆？	2.7	2.88	砖棺床	0.46×0.46	墓室	1人	骠骑大将军、仪同三司、开府、凉州刺史范粹；北齐武平六年（公元575年）	
12	河北磁县北齐高润墓	无	有	三层砖室		6.45	6.4	石棺床	0.735×0.735	墓道、甬道、甬道上的门墙、墓室		冯翊文昭王高润；北齐武平七年（公元576年）	
13	河北磁县北齐高孝绪墓	无	有	二层砖室		5.6	5.2	不清	0.8×0.8（墓志盖）	墓道、甬道、甬道上的门墙、墓室		修城郡王高孝绪	坟丘高近6米

续表

序号	地点	墓道		墓室					墓志	壁画	合葬	墓主身份埋葬年代	备注
		分段	石门	形制		尺寸		棺床					
				材料	顶	东西	南北						
14	河南安阳北齐颜氏墓[46]	无	无	土洞?		2.36	2.4	砖棺床	0.35×0.28～0.35	墓室	1人	文宣帝高洋贵妃颜玉光；北齐武平七年（公元576年）	坟丘高约8米，墓志为砖质
15	河南安阳固岸墓地Ⅰ区 M2[47]（未盗）	无	无	土洞	弧形			无	无	无	1人	北齐	用木棺

经过发掘的 M106 位于湾漳村，被认为是文宣帝高洋的武宁陵。在这些帝陵附近陪葬有众多北齐皇族高氏墓，其中不乏大型墓，此外，还有其他异姓勋贵陪葬墓。

东魏北齐帝陵经过发掘的只有湾漳 M106。该陵墓的地面设施有坟丘、神道、石人、建筑等。坟丘底部略呈圆形，直径 100～110 米，原高 30 余米，现已不存。在陵南发现长 270 米、宽 15 米的道路遗迹，应为神道。在墓室南约 100 米神道西侧约 15 米处存有一个石人，高 4.06 米，据称神道东侧原来也有石人一个。在墓室南 270 米神道的东西两侧各发现了一座建筑基址（图 4-41）。陵园的围墙尚不清楚。

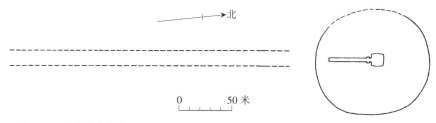

图 4-41 河北临漳湾漳 M106 坟丘、神道平面示意图（中国社会科学院考古研究所、河北省文物研究所：《磁县湾漳北朝壁画墓》第 15 页图 13，科学出版社，2003 年）

陵墓的地下部分由墓道、甬道、墓室组成（图 4-42）。墓道为斜坡式；甬道分前、后两部分，前甬道宽于后甬道，后甬道内设石门；单墓室由五层砖砌成，平面弧方形，东西 7.4 米，南北 7.56 米，复原高 12.6 米，四角攒尖顶；甬道与墓室地面铺石板，墓室西侧砌有须弥座式石棺床。墓道、甬道上

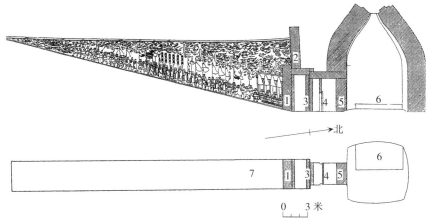

图 4-42 河北临漳湾漳 M106 平、剖面示意图（中国社会科学院考古研究所、河北省文物研究所：《磁县湾漳北朝壁画墓》第 6 页图 4A，科学出版社，2003 年）

方的门墙、甬道和墓室壁面均绘有壁画。通过对比分析，此墓当属帝陵级别，以属于文宣帝高洋武宁陵的可能性最大（葬于公元560年）。

2. 大型墓

东魏北齐的官秩以"品"级定高低，自第一品、从一品，到第九品、从九品，共有十八个品级。同时，爵位制也与品级挂钩，其中王爵的品级最高，为第一品，其次有开国郡公、散郡公，开国县公、散县公、开国县侯、散县侯、开国县伯、散县伯、开国县子、散县子、开国县男、散县男（从五品），共有十三级爵。

邺城地区正式发掘的王墓、亦即第一品官吏墓只有两座，即河北磁县北齐冯翊文昭王高润墓[48]（图4-43）和修城郡王高孝绪墓[49]。二墓均由墓道、甬道和墓室组成；墓道为斜坡式；甬道前后等宽，内设石门；单墓室，平面弧方形；墓道、甬道上方的门墙、甬道和墓室壁面均绘有壁画。不同的是高润墓的墓室由三层砖砌成，东西6.45米，南北6.4米，墓室西侧砌有石棺床；高孝绪墓的墓室由二层砖砌成，东西5.6米，南北5.2米，棺床情况不清。高润葬于武平七年（公元576年），高孝绪葬年不明。

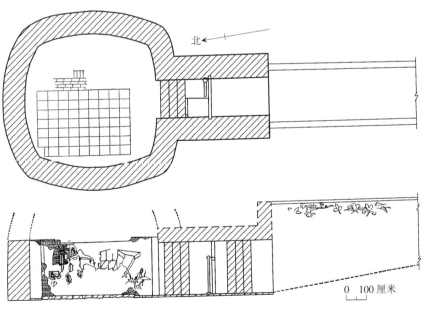

图4-43　河北磁县北齐高润墓平、剖面图（磁县文化馆：《河北磁县北齐高润墓》，《考古》1979年第3期第236页图二）

河北磁县长广郡开国公高湛妻、茹茹邻和公主闾叱地墓[50]，若按其夫高湛的爵位，应为从一品。与高润墓相比，该墓的墓室同为三层砖室，但面积较小，东西5.58米，南北5.23米；棺床以砖垒砌，只用青石条围边；壁画同样施于墓道、甬道上的门墙、甬道和墓室的壁面。比较特殊的是，此墓甬道分为前、后两段，前甬道宽于后甬道，但后甬道内只置石门框，未安装石门，此外，后甬道的两壁还各设有一个极小的壁龛（图4-44）。葬年为东魏武定八年（公元550年）。

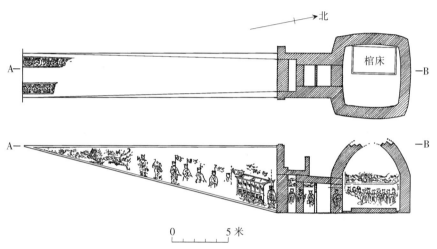

图4-44　河北磁县东魏茹茹公主墓平、剖面示意图（磁县文化馆：《河北磁县东魏茹茹公主墓发掘简报》，《文物》1984年第4期第2页图二）

但是，同为从一品级别的河北磁县北齐开府仪同三司、怀州刺史尧峻墓[51]和河南安阳北齐骠骑大将军、开府仪同三司、凉州刺史范粹墓[52]，前者甬道内设有石门，单层砖室，东西4.52米，南北4.38米，有砖棺床，葬年为北齐天统三年（公元567年）（图4-45）；后者甬道内不设石门，土洞墓室，东西2.7米，南北2.88米，有砖棺床，葬年为北齐武平六年（公元575年）（图4-46）。

河南安阳北齐骠骑大将军和绍隆墓[53]和车骑大将军贾进墓[54]为第二品级别墓，甬道内不设石门，但前者为单层砖室，边长3.5~3.6米，有砖棺床，葬年为北齐天统四年（公元568年）；后者为土洞墓室，边长约3米，装饰有壁画，葬年为北齐武平二年（公元571年）。

河北磁县镇东将军、徐州刺史元祐墓[55]，为从二品级别，墓道带1过洞1天井，甬道内不设石门，土洞墓室，东西4.5~4.7米，南北4.3~5米

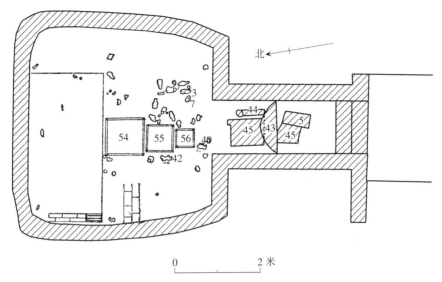

0 　　　　　2 米

图 4 - 45 　河北磁县北齐尧峻墓平面图（磁县文化馆：《河北磁县东陈村北齐尧峻墓》,《文物》1984 年第 4 期第 16 页图二）

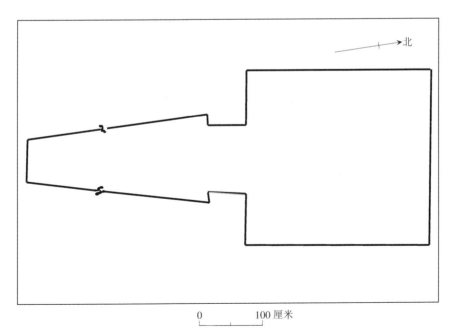

0 　　　　　100 厘米

图 4 - 46 　河南安阳北齐范粹墓平面图（河南省博物馆：《河南安阳北齐范粹墓发掘简报》,《文物》1972 年第 1 期第 48 页图二）

（图4-47），在过洞口上方、甬道口上方和墓室内绘有壁画，葬年为东魏天平四年（公元537年）。

图4-47　河北磁县东魏元祜墓俯视图（中国社会科学院考古研究所河北工作队：《河北磁县北朝墓群发现东魏皇族元祜墓》，《考古》2007年第11期第4页图一）

综上所述，邺城地区东魏北齐从二品以上级别的大型墓均为带一条斜坡墓道的单室墓，墓室有砖室和土洞两种，平面均呈弧方形，墓室内设石棺床或砖棺床，墓内多绘有壁画。

3. 中小型墓

均为一条墓道的单室砖墓或单室土洞墓，墓室平面呈弧方形、铲形或刀形，有的墓室内设砖棺床，也有的设围屏石榻，不用棺木，如河南安阳固岸墓地Ⅱ区M57[56]（图4-48）。

（二）葬制综论

从地面设施、墓葬形制和随葬品三方面加以论述。

1. 地面设施

地面上设有陵园、陵寝建筑、坟丘、神道、石刻等一整套设施。陵园的实例见于东魏孝静帝西陵。坟丘均为圆形，高度应与墓主身份相关，如上述西陵高21.3米，推测为神武皇帝的义平陵高21.3米，文襄帝的峻成陵原高约22米，文宣帝的武宁陵原高约30米，可见该时期帝陵的坟丘高

图4-48　河南安阳固岸墓地Ⅱ区 M57 围屏石榻（河南省文物考古研究所：《河南安阳固岸墓地考古发掘收获》，《华夏考古》2009 年第 3 期彩版一九 -1）

度均在 20 米以上。其他级别墓葬有关坟丘高度的资料较少，还不能得出系统的认识。据调查，东魏文宣王元亶墓坟丘现存高约 8 米（原来更高），北齐司马兴龙墓坟丘残高 11.4 米，其子司马遵业墓坟丘残高 10.5 米，司马遵业曾为太尉等要职，官列第一品，从这几例墓葬坟丘的残存情况看，诸王等高品级官吏墓的坟丘高度应在 10 米以上。神道、石刻和陵寝建筑的实例见于文宣帝武宁陵，其他陵墓附近也有遗存石刻的情况，如东魏宜阳王元景植墓前存有石碑，东魏文宣王元亶墓前原有石羊，北齐神武皇帝义平陵前原有天禄、石阙等，北齐孝宣公高翻、广平公高盛墓前均有石碑和石虎等，北齐司马兴龙墓前有一立一卧的两只石羊等[57]。由此可知，皇帝陵前可有石阙、石人和石天禄等，陪葬皇帝的王公大臣墓前则多见石碑和石虎、石羊等，而不见石人，这或许是帝陵与其他墓葬所用石刻的区别所在。

2. 墓葬形制

邺城地区的东魏北齐墓，无论是皇帝陵还是王公贵族墓，均为一条墓道的单室墓，一般墓道朝南，在这一点上表现出极大的一致性。

从现有资料看，墓葬的规模与墓主身份等级存在较强的关联性。墓葬的规模表现在诸多方面，如整座墓葬的长度（可细分为墓道的长度、甬道的长度和墓室的大小），甬道是否分为两段，甬道内是否安装石门，墓室为砖室还是土洞，砖室砌砖的层数，甬道和墓室铺地用石还是用砖，棺床是石砌还是砖砌，壁画覆盖墓道、甬道和墓室的程度以及壁画的内容，等等。

皇帝陵除了整体规模巨大外，还有如下特征：甬道分为前后两段，前段宽于后段，在后段内安装石门；甬道、墓室地面铺以石板；墓室五层砖筑；墓室边长在7米以上；有石砌棺床；壁画充满墓道、甬道和墓室壁面，等等。

作为王墓的高润墓和高孝绪墓，甬道未分两段，设有石门；甬道、墓室地面铺砖；墓室三层或二层砖筑；墓室边长在5米以上；壁画充满墓道、甬道和墓室壁面。二墓虽同为王墓，但高润墓的规模相对较大，如墓室边长达6.4米，墓室内有石砌棺床等，可能与其墓志所载"赙给之数，率礼有加"有关。

茹茹公主系皇族长广郡开国公高湛之妻，该墓甬道分为前后两段，前段宽于后段，在后段内安装有石门框，但无石门；甬道、墓室地面铺砖；墓室三层砖筑；墓室边长在5米以上；棺床砖砌，只用石条围边；壁画充满墓道、甬道和墓室壁面。从墓葬的整体规制看，此墓规模与高孝绪墓相当，若与其他从一品官吏墓相比，则显得规模偏大，加之有甬道分段的做法，推测可能与墓志所记"送终之礼，宜优常数"有关。

尧峻墓属于从一品等级墓，甬道不分段，内设石门；墓室单层砖筑；墓室边长在4米以上；有砖砌棺床。同为从一品等级的范粹墓为土洞墓，且规模较小，可能属于特殊情况。

作为第二品等级的和绍隆墓，甬道内不设石门；墓室单层砖筑；墓室边长在3米以上；有砖砌棺床。同为第二品的贾进墓为土洞墓，墓室规模略小，但相差不大。

作为从二品等级的元祜墓为土洞墓。

由上述数座第一品、从一品、第二品、从二品级别的大型墓葬可以看出，除了国家对皇族等在葬礼上给予特别赙赠外，邺城地区东魏北齐墓葬是存在较为明确的等级规制的。当然，也存在一些特殊情况，如范粹墓等。

据研究，当时并州地区（今山西省太原市一带）的墓葬也表现出了相似的等级制度[58]。

东魏北齐墓有单人葬和2~3人合葬。

3. 随葬品

这里延续前章关于随葬品分类的思路，以湾漳 M106（文宣帝武宁陵）为例进行分析，该墓的随葬品仍可归为四大类。第一类属于墓主的装身用具，自应出于棺椁中，如有玉佩、珍珠、玛瑙珠、水晶珠、石珠、陶珠等；第二类为各种实用（或明器）器具，其中陶器（釜、鼎、罐、盘、耳杯、灯、虎子）、瓷器（罐、碗）主要分布于棺床上及附近，石灯则分置墓室四角；第三类是陶模型明器，有仓、井、灶、磨、厕、编钟、编磬、车等，多位于棺床附近；第四类是陶俑，有镇墓俑、仪仗俑、侍仆俑以及各种陶禽兽（镇墓兽、骆驼、马、牛、羊、猪、狗、鸡），多位于棺床以东区域。

其他东魏北齐大中型墓葬出土随葬品的种类与该墓有着极高的一致性，只是因为墓葬等级不同，随葬品的数量和质量有所差别而已。

4. 小结

东魏北齐皇帝陵的地面建置和墓葬形制，总体上继承了北魏陵墓的制度。作为地面设施的陵园、陵寝建筑、坟丘、神道和石刻等因素在洛阳时期的北魏帝陵中均已形成。若以东魏西陵与北魏长陵作比较，西陵陵园边长约 1140 米，长陵陵园边长则不到 500 米，前者陵园规模大了许多，但坟丘规模相似，长陵坟丘直径 105～110 米，高 24 米，西陵坟丘直径约 120 米，高 21.3 米。另外，东魏北齐帝陵神道两侧的石刻除了人像，还有动物，这是北魏帝陵所没有发现的。在墓葬形制和规模方面，东魏北齐帝陵与北魏帝陵颇为接近，如甬道都分前后两段，后甬道中设石门（位置不同），甬道和墓室地面铺石，墓室用五层砖砌成，墓室内设石棺床等，北齐武宁陵比北魏景陵的墓室稍大，但相差不是太多。东魏北齐帝陵与北魏帝陵最大的差别在于墓内装饰了壁画，并且是全方位覆盖了墓道、甬道和墓室。

大中型墓方面，在地面设施上，东魏北齐墓与北魏墓除了坟丘形制和规模基本相似外，东魏北齐墓前流行树立石刻，品种有虎、羊等，且立碑之风远较北魏时期盛行。在墓葬形制上，均有单室砖墓和单室土洞墓两种，从总体上看，北魏洛阳时期大中型墓葬的等级序列隐约可见，但远没有东魏北齐墓葬的等级制度完善。另外，东魏北齐土洞墓不如北魏土洞墓那么流行墓道带天井和过洞。

东魏北齐墓葬与北魏墓葬在随葬品的类别上基本相同。

四　北朝之西魏北周墓葬

公元 534 年北魏分裂为东魏和西魏。西魏为北周所代，公元 581 年北周又为隋所代。西魏北周历 47 年，都长安城（今陕西省西安市）。

（一）墓葬概况

西魏墓葬发现甚少，墓葬形制清楚且年代确切的只有陕西咸阳的侯义墓[59]和谢婆仁墓[60]两座。北周墓葬也主要发现于咸阳以北的土塬上，其中在配合咸阳国际机场建设中清理了十多座，墓主身份等级大多很高，应是一处高级官吏的墓地[61]，近年又在配合机场二期扩建工程中发掘了 29 座墓[62]，而周武帝的孝陵则在这处墓地以东[63]，拓跋虎墓在这处墓地以南[64]。此外，北周墓葬在当时都城长安的东郊和南郊，也就是现在西安市的北郊和南郊也有所发现，其中在西安市北郊发现了 4 座墓葬，墓主都属于当时的中亚民族，其中三人是粟特人的后裔[65]，一人是来自罽宾的婆罗门的后裔[66]，由此可知，这一带应是旅居长安的中亚人的埋葬区；位于西安市南郊的几座墓葬，规模较小，可能属于一般官吏的墓葬。

在远离都城长安的宁夏固原发掘了四座北周墓葬[67]，可作为研究都城附近墓葬的对比资料（表 4 - 5）。

1. 皇帝陵

西魏历三帝，只有文帝元宝炬的永陵知其所在。永陵位于陕西省富平县留古镇大众村，地面上犹存圆形坟丘，底径约 230 米，高 13 米。坟丘之南遗留有一件石兽。在永陵东北另有一坟丘，底径 91.3 米，残高约 5 米，性质不明。

宇文泰死于西魏时期，葬成陵，后来被尊为北周文帝。成陵位于富平县宫里乡，坟丘圆形，底径约 149 米，高 9.6 米，附近原有石蹲狮一件（陕西省文物局、西安文物保护修复中心：《陕西帝陵档案》，陕西出版集团三秦出版社，2010 年）。

北周共历五帝，其中武帝宇文邕的孝陵因为被盗得以发掘。孝陵位于陕西省咸阳市底张镇陈马村，是一座长斜坡墓道的土洞墓，墓道南向，带有 5 个天井，其中第四、五天井的东西两壁各有一个壁龛（共 4 个），墓室

单位：米

表4-5　西魏北周墓葬简表

序号	地点	墓道				墓室		墓志	合葬	墓主身份 埋葬年代	备注
		方向	形制	过洞	天井	东西	南北				
1	陕西咸阳胡家沟西魏侯义墓	南	斜坡台阶	无	无	2.8～3	2.74～2.86	0.65×0.65	1	西魏大统十年（公元544年）	甬道、墓室有壁画；墓室内有生土棺床
2	陕西咸阳马家堡西魏谢婆仁墓	南	斜坡	无	无	2.4～2.66	2.87～3.04	0.326×0.16	1	西魏大统十六年（公元550年）	墓志为砖
3	陕西咸阳坡刘村北周拓跋虎墓	南	斜坡					0.42×0.42		骠骑大将军（九命）；保定四年（公元564年）	单室墓、被毁坏
4	陕西咸阳北周叱罗协墓	南	斜坂	6	6	3.8	3.8	0.733×0.733		车骑大将军（九命）；建德四年（公元575年）	据说坟丘原高约20；在第5、6天井底部的东西两壁各开一个小龛（共4个）；墓道两壁、过洞后室壁有壁画；墓室壁有壁画，内有土棺床长2.7，宽1.7
5	陕西咸阳北周王德衡墓	南	斜坡	3	3	4.35	3.06	0.51×0.51	2	仪同大将军（九命）；建德五年（公元576年）	甬道内有石门；墓室壁有壁画；墓室内有土棺床

281

续表

序号	地点	墓道				墓室		墓志	合葬	墓主身份 埋葬年代	备注
		方向	形制	过洞	天井	东西	南北				
6	陕西咸阳北周宇文俭墓	南	斜坡	5	5	3.65	3.6	0.722~ 0.73× 0.735		谯忠孝王、柱国大将军（正九命）；建德七年（公元578年）	甬道内有木门
7	陕西咸阳北周武帝孝陵	南	斜坡	5	5	3.8	5.5 （连壁龛）	0.85× 0.85	2	皇帝；宣政元年（公元578年）	第4、5天井的东西两壁各有一个壁龛（共4个）；墓室内有两套棺椁；墓室北侧连一壁龛
8	陕西咸阳北周若干云墓	南	斜坡	3	3	2.2~2.4	2.2	0.57× 0.57	1	上开府大将军（正九命）；宣政元年（公元578年）	后室长2.6，宽1.16~1.3；墓主可能被杀身亡
9	陕西咸阳北周独孤藏墓	南	斜坡	3	3	2.8	2.7	0.54× 0.54	2	大都督（八命）；宣政元年（公元578年）	甬道内有木门；墓室壁有条带状壁画，后室有木棺床，上有木棺椁，平面梯形，前室附一侧室，内葬一女性

序号	地点	墓道				墓室		墓志	合葬	墓主身份 埋葬年代	备注
		方向	形制	过洞	天井	东西	南北				
10	陕西咸阳北周尉迟运墓	南	斜坡	5	5	3.7	3.4	0.73×0.73	2	上柱国大将军（正九命）；大成元年（公元579年）	在墓南地下发现石人3、石羊2、石虎2；墓室壁有壁画
11	陕西咸阳3号北周墓	南	斜坡	3	3	2.75~3.1	2.4~2.85				
12	陕西咸阳4号北周墓	南	斜坡	3	3	3	2.5				墓室内有土棺床
13	陕西咸阳5号北周墓	南	斜坡	1	1	2.4	1.9		2		墓室内有土棺床
14	陕西咸阳6号北周墓	南	斜坡	2	2	3	2.5				
15	陕西咸阳11号北周墓	南	斜坡	5	5	3	3				
16	陕西西安北郊北周李诞墓	南	斜坡			3.62~3.88	3.56~3.65	有	2	保定四年（公元564年）	甬道和墓室砖砌；甬道内有石门；墓室四壁残存红彩；墓室内有石棺

续表

序号	地点	墓道				墓室		墓志	合葬	墓主身份 埋葬年代	备注
		方向	形制	过洞	天井	东西	南北				
17	陕西西安北郊北周康业墓	南	斜坡			3.3~3.4	3.3~3.4	0.465× 0.465	1	大天主；天和六年（公元571年）	甬道内有石门；甬道、墓室有壁画；墓室内有围屏石榻
18	陕西西安北郊北周安伽墓	南	斜坡	5	5	3.7	3.5	0.47× 0.47	1	同州萨保、大都督；大象元年（公元579年）	甬道和墓室砖砌；甬道内有石门；过洞和甬道上方、第1~4天井、墓室有壁画；墓室内有围屏石榻
19	陕西西安北郊北周史君墓	南	斜坡	5	5	3.7	3.5	石堂门楣上有题铭	2	凉州萨保；大象二年（公元580年）	甬道内有石门；墓道、过洞上方、天井、墓室有壁画；墓室内有殿堂式"石堂"（石椁），内陈石榻
20	陕西西安南郊南里王村13号墓	南	斜坡	1	1	2.3	1.9~2		1	北周	墓室内有土榻床
21	陕西西安南郊塔坡村M3	南	斜坡			2.7	3.1			北周	

续表

序号	地点	墓道				墓室		墓志	合葬	墓主身份埋葬年代	备注
		方向	形制	过洞	天井	东西	南北				
22	宁夏固原北周宇文猛墓	南	斜坡	5	5	3.6	3.5	有	1	骠骑大将军（九命）；保定三年（公元563年）	坟丘底径12，残高4.6；有砖椁床；有木棺、椁；墓道、天井、过洞、甬道、墓室内均有壁画
23	宁夏固原北周李贤墓	南	斜坡	3	3	4	3.85	0.675×0.675	2	大将军（正九命）；天和四年（公元569年）	坟丘底径12.5，残高5；甬道内有一壁龛；墓道、墓室内均有壁画；甬道、天井、过洞、有木棺、椁
24	宁夏固原北周田弘墓	南	斜坡	4	5	3.18~3.27	3.14~3.26	0.715×0.721	2	柱国大将军（正九命）；建德四年（公元575年）	坟丘底径约20，残高约1.46；后室4；长3.32，宽0.99~1.46；前后室都放棺，二棺均为双重；甬道、前室附一侧室；前室、前后室、侧室有壁画

北侧连一壁龛，连壁龛南北 5.5 米，东西 3.8 米（图 4－49）。葬年为宣政元年（公元 578 年）。出土了两合墓志和两套棺椁，为夫妇合葬墓。孝陵没有发现坟丘等地面设施。

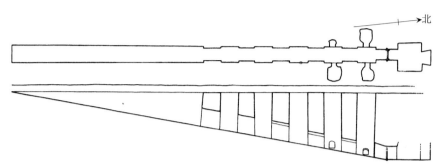

图 4－49　陕西咸阳北周武帝孝陵平、剖面示意图（陕西省考古研究所、咸阳市考古研究所：《北周武帝孝陵发掘简报》，《考古与文物》1997 年第 2 期第 10 页图二上）

2. 大中型墓

西魏北周墓葬的主要形制是带长斜坡墓道的单室土洞墓，另有少量双室土洞墓和单室砖墓。

（1）双室土洞墓

主要墓室有两个，即前室和后室，前后室之间无甬道，有的前室附有一侧室。一般前室较大，平面略呈方形，后室较小，平面呈梯形或长方形。墓例有咸阳的叱罗协墓（图 4－50）、若干云墓（图 4－51）、独孤藏墓（图 4－52）和固原的田弘墓（图 4－53），均为北周墓。棺椁多陈放于后室，有的前后二室都放棺椁，如田弘墓，还有后室和侧室放置棺椁的情况，如独孤藏墓。

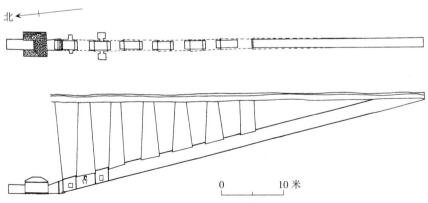

图 4－50　陕西咸阳北周叱罗协墓平、剖面示意图（负安志：《中国北周珍贵文物——北周墓葬发掘报告》第 11 页图一三，陕西人民美术出版社，1992 年）

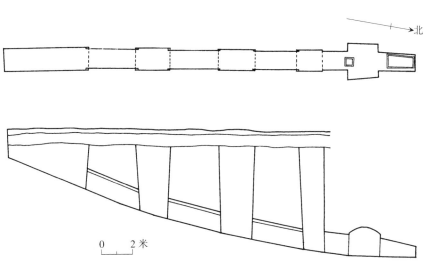

图 4-51　陕西咸阳北周若干云墓平、剖面图（负安志：《中国北周珍贵文物——北周墓葬发掘报告》第 61 页图一一九，陕西人民美术出版社，1992 年）

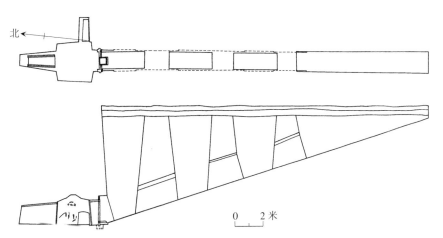

图 4-52　陕西咸阳北周独孤藏墓平、剖面图（负安志：《中国北周珍贵文物——北周墓葬发掘报告》第 78 页图一五九 A，陕西人民美术出版社，1992 年）

墓道所带天井的数量有所不同，如叱罗协墓带 6 个，田弘墓带 5 个，若干云墓和独孤藏墓各带 3 个。前室规模也不一样，如叱罗协墓前室边长 3.8 米，田弘墓前室边长约 3.2 米，若干云墓前室边长约 2.2 米，独孤藏墓前室边长约 2.7 米。

随葬墓志大小（边长）的情况为：叱罗协墓 0.733 米，田弘墓 0.72 米，若干云墓 0.57 米，独孤藏墓 0.54 米。其中叱罗协墓、田弘墓和独孤藏墓绘有壁画。

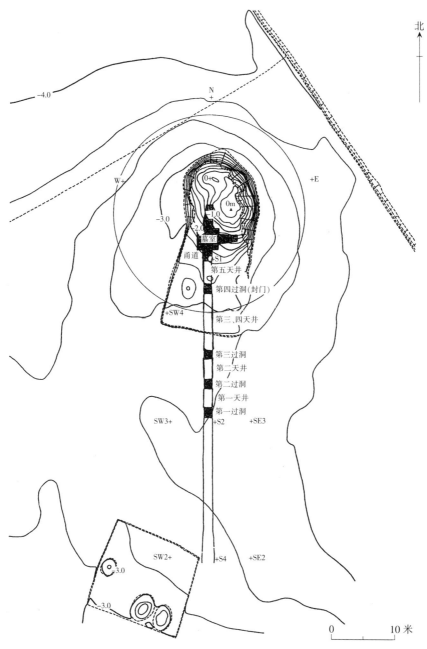

北

-4.0

N
+

W+

0+

0m

-1.0

-2.0

-3.0

+E

墓室
S1
甬道
第五天井
第四过洞(封门)
+SW4
第三、四天井

第三过洞
第二天井
第二过洞
第一天井
第一过洞

SW3+   +S2   +SE3

SW2+   +S4   +SE2

3.0

-3.0

0   10 米

图 4－53　宁夏固原北周田弘墓坟丘、墓葬平面图（原州联合考古队：《北周田弘墓》第 43页图四二，文物出版社，2009 年）

（2）单室土洞墓

只有一个土洞墓室。这种形制的墓葬数量最多，最流行，其中墓主身份较明确的如有咸阳的西魏侯义墓、北周宇文俭墓[68]（图4-54）、尉迟运墓（图4-55）、拓跋虎墓、王德衡墓（图4-56），西安北郊的北周康业墓（图4-57）、史君墓（图4-58），以及固原的北周李贤墓（图4-59）、宇文猛墓等。其中康业墓和史君墓的墓主是分别来自中亚康国、史国的粟特人后裔。

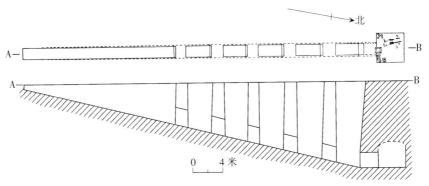

图4-54 陕西咸阳北周宇文俭墓平、剖面图（陕西省考古研究所：《北周宇文俭墓清理发掘简报》，《考古与文物》2001年第3期第27页图一）

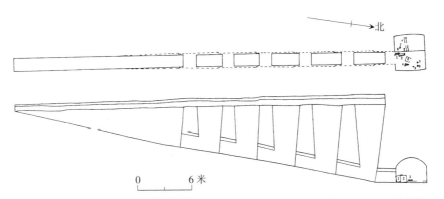

图4-55 陕西咸阳北周尉迟运墓平、剖面图（负安志：《中国北周珍贵文物——北周墓葬发掘报告》第95页图一八七，陕西人民美术出版社，1992年）

这些墓葬的墓道所带天井数目清楚的有：西魏侯义墓无、北周宇文俭墓5个、尉迟运墓5个、王德衡墓3个、史君墓5个、李贤墓3个、宇文猛墓5个。

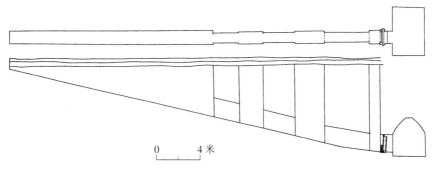

图 4－56　陕西咸阳北周王德衡墓平、剖面图（负安志：《中国北周珍贵文物——北周墓葬发掘报告》第 37 页图六六 B，陕西人民美术出版社，1992 年）

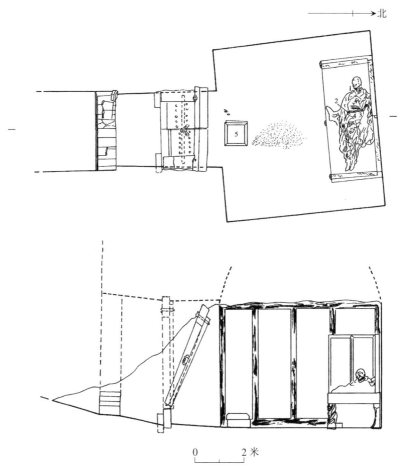

图 4－57　陕西西安北郊北周康业墓平、剖面图（西安市文物保护考古所：《西安北周康业墓发掘简报》，《文物》2008 年第 6 期第 15 页图二）

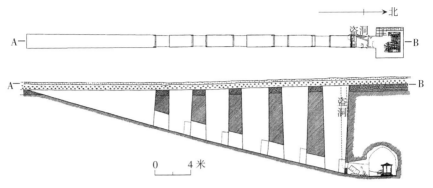

图 4-58 陕西西安北郊北周史君墓平、剖面图（西安市文物保护考古所：《西安北周凉州萨保史君墓发掘简报》，《文物》2005 年第 3 期第 5 页图三、9 页图十）

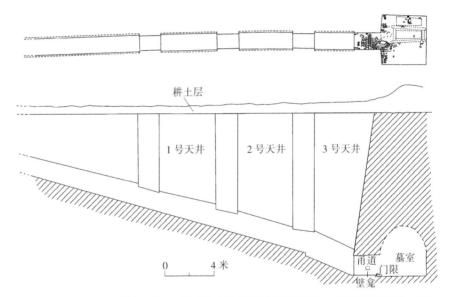

图 4-59 宁夏固原北周李贤墓平、剖面图（宁夏回族自治区博物馆、宁夏固原博物馆：《宁夏固原北周李贤夫妇墓发掘简报》，《文物》1985 年第 11 期第 2 页图二）

　　墓室平面多数呈方形或近方形，其中北周宇文俭墓室边长约 3.6 米、尉迟运墓室边长约 3.5 米、康业墓室边长约 3.4 米、史君墓室边长约 3.6 米，李贤墓室边长约 3.9 米、宇文猛墓室边长约 3.5 米；个别墓室平面呈长方形，如王德衡墓室长 4.35 米，宽 3.06 米。

　　随葬墓志大小（边长）的情况为：西魏侯义墓 0.65 米，北周宇文俭墓约 0.73 米、尉迟运墓 0.73 米、拓跋虎墓 0.42 米、王德衡墓 0.51 米，康业墓 0.465 米、李贤墓 0.675 米。

　　其中西魏侯义墓、北周尉迟运墓、王德衡墓，康业墓、史君墓、李贤墓、宇文猛墓绘有壁画。

（3）单室砖墓

甬道和墓室用砖砌成。只发现两座，即西安北郊北周李诞墓（图4-60）和安伽墓（图4-61）。

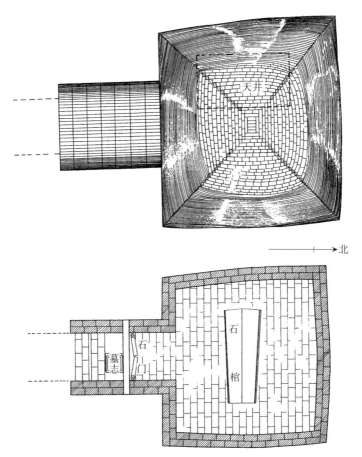

图4-60　陕西西安北郊北周李诞墓平面示意图（程林泉：《西安北周李诞墓的考古发现与研究》，载西北大学考古学系、西北大学文化遗产与考古学研究中心：《西部考古》第一辑第392页图二，三秦出版社，2006年）

这两座墓规模差不多，墓室形状与单室土洞墓相似，平面也略呈方形，边长约3.6米。李诞墓墓道未作发掘，情况不明；安伽墓为长斜坡墓道，带有5个天井。

墓主李诞是来自中亚罽宾国的婆罗门种人，安伽则是来自中亚安国的粟特人后裔。

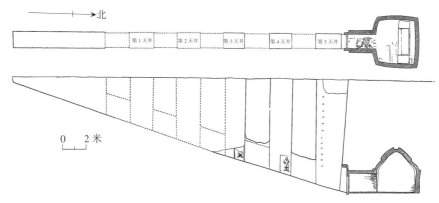

图 4－61　陕西西安北郊北周安伽墓平、剖面图（陕西省考古研究所：《西安北周安伽墓》第 7 页图二、第 13 页图一二，文物出版社，2003 年）

（二）葬制综论

西魏北周与东魏北齐虽然都分裂自北魏，但这两个东西对峙的政权在政治和文化上却越走越远，表现出很大的差异性。例如北周复古尊儒，禁断佛、道两教，崇尚简朴，北齐却尊隆佛教，崇尚奢华。这些文化意识上的差别在墓葬制度上也有所体现。

1. 地面设施

西魏文帝的永陵和宇文泰的成陵均有较为高大的坟丘，附近还有石兽等神道石刻，这些地面设施显然是从北魏继承下来的帝陵制度，由于对此二陵尚未进行全面的考古调查，其地面建置的内容还难知其详，推测应有陵园及相关建筑等设施。

但是，北周武帝孝陵的地面上却一切皆无，其他几个北周帝陵至今无任何线索，很可能地面上也没有什么东西。在北魏、西魏长时期流行坟丘等地面陵墓制度的背景下，北周帝陵却毅然放弃地面建置，体现出北周帝陵制度的重大变革，其根本原因当与北周复古尚俭的文化策略有关，表现在丧葬上就是重行薄葬。若与同时期北齐帝陵的高坟大寝相比，北周帝陵的简朴显得格外突出。不惟帝陵，北周的大中型墓葬几乎同样看不到坟丘等地面设施的踪影，除了个别尚可存疑的报道之外，如咸阳叱罗协墓据说以前曾有高达 20 米的坟丘，而清理尉迟运墓时发现的 3 个石人、2 个石羊和 2 个石虎却埋在墓南的地面之下。即便叱罗协墓的坟丘和尉迟运墓的神道石刻确然存在，也不过是仅有的墓例而已。

由此看来，北周时期葬于都城一带的墓葬，上自帝王陵墓，下至一般墓葬，地面上是没有坟丘等设施的。这种推断在文献记录和出土墓志文中也能得到证明。《周书·帝纪第四·明帝》载明帝临死时下诏曰："朕禀生俭素，非能力行菲薄，每寝大布之被，服大帛之衣，凡是器用，皆无雕刻。身终之日，岂容违弃此好。丧事所须，务从俭约，敛以时服，勿使有金玉之饰。若以礼不可阙，皆令用瓦。小敛讫，七日哭。文武百官各权辟衰麻，且以素服从事。葬日，选择不毛之地，因地势为坟，勿封勿树。且厚葬伤生，圣人所诫，朕既服膺圣人之教，安敢违之。凡百官司，勿异朕此意。"又《周书·帝纪第六·武帝下》载武帝遗诏曰："朕平生居处，每存菲薄，非直以训子孙，亦乃本心所好。丧事资用，须使俭而合礼，墓而不坟，自古通典。"不仅帝陵简葬，咸阳北周谯王宇文俭墓出土的墓志有文曰："率由古礼，不封不树"，可见皇帝的倡导，对臣下的葬制也产生了影响。由此三例文献，可得出三点认识：一是这几位北周帝王大都生前尚俭，死后薄葬；二是虽然他们丧事从简，但也要"合礼"，即要合乎礼制，说明当时仍然存在一套规范等级秩序的丧葬制度；三是都提到了"墓而不坟"，也就是"勿封勿树"、"不封不树"，可见在变革丧葬制度诸要素中，因为地面建置由来已久，影响深远，所以变革最难，故而加以重点强调。

与长安地区北周墓葬不同的是，在固原发现的三座北周墓都带有坟丘，看来京城的葬制没有约束到那么遥远的地方。又如下述，在墓道所带天井数目以及墓室、墓志大小与墓主身份等级的对应关系上，它们也不如都城一带的墓葬具有较强的规制性。

2. 墓葬形制

西魏北周的官秩以"命"级定高低，自正九命、九命，到正一命、一命，共有十八个级别，同时还施行王、公、侯、伯、子、男的爵位制。

北周墓葬以土洞墓为主的特征是明确的，墓道均朝南，非常一致。双室土洞墓与单室土洞墓看不出明显的等级差别，作为皇帝的武帝孝陵采用的是单室墓，而双室墓的墓主则为正九命、九命或八命官吏，所以，双室墓也可看作是单室墓附带一个侧室的形制。长斜坡带天井和过洞的墓道非常流行，壁龛虽然已出现于高等级墓葬的墓道中，如武帝孝陵和叱罗协墓等，但还不普遍。就都城长安一带墓主身份清楚的墓葬而言，总体上看，墓道所设天井数目与墓葬等级相对应，例如武帝孝陵带5个天井，官秩为正九命的宇文俭墓、尉迟运墓也都有 5 个天井，而同样是正九命官秩的若干云墓只带 3 个过洞，可能与他被杀身亡的政治背景有关。由此看来，正九命官吏的墓葬常带 5 个天井；帝陵应有更多天井，武帝孝陵只带 5 个天井可能体现了简葬的成果；身为九命官吏的叱罗协墓带有 6 个天井的做法，显然属于特例。属于九命官吏的王德衡墓和八命官吏的独孤藏墓带 3 个天井，可能代表了这一等级的规制。此外，墓室（双室墓指前室）的大小也与墓道天井数目及墓主身份等级基本对应，如带 5 个天井的正九命等级墓，墓室边长多在 3 米以上（3.5 米左右），而带 3 个天井等级的墓葬，墓室边长多在 3 米以下（2.8 米左右）。墓志也表现出了同样的特征，如带 5 个天井的正九命等级墓，墓志边长约 0.7 米，而带 3 个天井等级的墓葬，墓志边长约 0.5 米。在墓室和墓志规格方面，虽然相差很小，武帝孝陵均大于正九命墓，体现出作为帝陵的特征，但叱罗协墓始终属于特例。

位于西安北郊的 4 座北周时期来华中亚人墓，康业和史君二墓是单室土洞墓，李诞和安伽二墓是单室砖墓，史君、安伽二墓斜坡墓道各带 5 个天井。从这 4 座外来民族墓葬的整体情况看，其葬俗不同于中土墓葬，因此不宜与其他北周墓葬一并讨论等级制度问题。这 4 座墓葬的独特之处表现在：李诞墓和安伽墓是已见北周墓中仅有的两座砖室墓，显然与当时当地流行的土洞墓制不同，且史君、安伽二墓墓道 5 个天井的规模也与墓主身份等级不符；4 墓甬道内均设石门，非常一致；4 墓葬具均不用木质棺椁，如李诞墓用石棺，康业墓和安伽墓用围屏石榻，史君墓用石椁（"石堂"），葬具皆是石质；除个别装身具外，4 墓均不用当时流行的随葬品。正如研究者所指出，4 墓的形制（长斜坡墓道单室墓，墓内绘有壁画等）流行于当时或以前，砖墓室、石门、石棺、石椁、石榻等设施和葬具虽然不是北周长安一带流行的做法，但在此前的北魏时期均有先例，应属于中土的文化因素，但这些石设施和葬具在此时此地被使用，其上装饰的富于中亚民族生活特征的图像，使用石椁（图 4 - 62）、石榻（图 4 - 63）的无棺葬，以及不使用当时流行的随葬物品，还有口中含币的做法等，均表现出有别于中土的葬俗，这些是不属于中土的文化因素。也就是说，这 4 座墓是中亚民族文化与中土文化的混合体，反映了来华中亚粟特等民族在异国他乡形成的埋葬习俗和丧葬观念。

北周墓葬既有单人葬，也有夫妇同穴合葬。

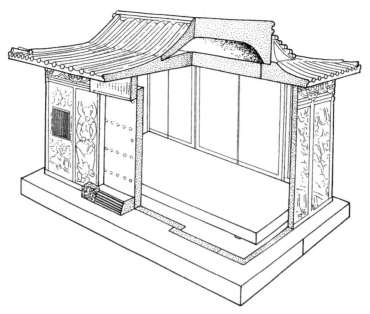

图4-62 陕西西安北郊北周史君墓石椁、石榻透视示意图（西安市文物保护考古所：《西安北周凉州萨保史君墓发掘简报》，《文物》2005年第3期第10页图一一）

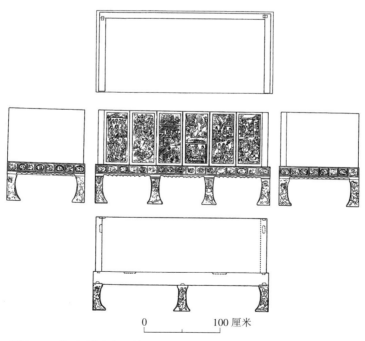

0   100 厘米

图4-63 陕西西安北郊北周安伽墓围屏石榻（陕西省考古研究所：《西安北周安伽墓》第21页图一九，文物出版社，2003年）

3. **随葬品**

从大类上看，与北魏以及东魏北齐墓葬的随葬品无异，只是随葬品的数量较少，器形较小，制作较简，表现出一定的薄葬化倾向。

4. **小结**

如上所述，比较集中地发现于咸阳北塬上的一批北周墓葬，从部分形制完整且墓主身份明确的墓例观察，北周时期，尤其是武帝时期的墓葬，除个别特例外，在墓道所带天井数目、墓室规模和墓志大小等方面表现出了一定的等级序列，表明至少都城一带的北周墓葬存在等级制度，同时也映射出北周时期、尤其是武帝时期的礼仪制度、包括丧葬礼制是有约束力的。需要说明的是，固原一带的北周墓制有所不同，西安北郊的四座粟特人和婆罗门种人墓葬更属特殊。

北周墓葬，尤其是都城一带的墓葬，表现出鲜明的薄葬特征。北周的薄葬是自上而下，由帝王倡导实行的，追其缘由，自然与当时的社会情状，例如与北齐的政治、军事对峙以及经年战争造成的经济凋敝等有关，但也不能不说是北周统治者推行托古改制，抑教尊儒，崇尚简朴，淳化风俗的政治、宗教和文化意识策略的结果，北周统治者志存高远、锐意改革的目的不外乎富国强兵，以对抗当时的敌人——北齐和南朝。

与北齐墓葬制度相比，北周施行的薄葬，主要表现在以下几个方面。一是禁绝坟丘、陵园、神道、建筑等一切地面设施，也就是"勿封勿树"；二是墓葬形制上不用砖室，甬道内不设石门，有的设木门，墓室内不砌砖石棺床，有的设土棺床或木棺床；三是墓室壁画不发达，壁画绘制粗糙，内容简单；四是随葬品相对较少，且制作简朴。这些墓葬特征让我们想起了魏晋的薄葬制度，它们之间有着不少相似性，因此可以说，北周在墓制上的"复古"，复的应是魏晋之古。

第二节　东晋、南朝坟丘墓

三国时期的孙吴以及后来的东晋、南朝的宋、齐、梁、陈均建都建康（今江苏省南京市），总称为"六朝"。因为地缘经济、文化传承等原因，六朝墓葬之间存在着明显的承继关系，因此，这里在论述东晋、南朝墓葬之前，先简述孙吴墓葬考古发现的概况。

孙吴墓葬在长江沿线的湖北、江西、安徽和江苏等省发现较多，尤以湖北鄂州、江西南昌、安徽马鞍山和江苏南京等地集中。

三国时期的曹魏墓葬，在对东汉墓制进行改造的基础上，开创了魏晋墓制，其中极重要的内容就是废绝了地面设施，坟丘、陵园、陵寝建筑、神道石刻等消亡殆尽。从一些考古实例看，同时期的孙吴墓葬却带有坟丘等地面设施，表现出与曹魏墓制的不同。例如马鞍山朱然及其家族墓[69]、马鞍山宋山东吴墓[70]和南京江宁上坊孙吴 M1[71]等均存有坟丘，其中宋山东吴墓的坟丘呈覆斗形，长 28 米，宽 14 米，高 3.5 米，其他几座墓的坟丘多遭到破坏，形状不明。有研究者考证孙吴帝陵可能带有坟丘[72]，从上述存有坟丘的孙吴墓例看，这种认识有其合理性，甚至宋山东吴墓即被发掘者认为可能是吴景帝孙休的陵墓。孙吴墓葬的地面设施除了坟丘，只在南京江宁上坊孙吴墓附近发现了一些建筑材料，推测在坟丘旁侧曾有陵寝类建筑遗存。

孙吴墓葬的形制主要有两种，一种是具有前后两个主要墓室的双室砖墓，一种是只有一个主要墓室的单室砖墓。

依据墓葬的平面布局，双室墓又有横前室双室墓和方形（或近方形）前室双室墓两类，两类墓的后室均作顺长方形（有的横前室墓带有并列的双后室），前室多带有侧室，有的墓甬道或后室也附有耳室或侧室，个别墓的后室带有壁龛。前室常见砖砌祭台，后室多设有砖砌棺床或承棺设施。墓内外多设有排水设施。横前室双室墓的墓例如鄂城孙将军墓[73]（图 4-64）和马鞍山宋山墓（图 4-65）等，方形（或近方形）前室双室墓的墓例如马鞍山朱然及其家族墓（图 4-66）和南京江宁上坊 M1（图 4-67）等。方形（或近方形）前室双室墓中，有一种后室的宽度接近或等同于前室，这种形制对南方地区西晋墓产生了影响，墓例如南京清凉山孙吴墓[74]（图 4-68）。

单室墓一般墓室作长方形，有的附带侧室，有的带有壁龛。墓例如南京大光路薛秋墓[75]（图 4-69）等。

此外，孙吴时期还有并列双室砖墓和竖穴土坑墓等墓型。

马鞍山朱然墓内有二棺，保存较好，棺略呈长方形，由底板、左右二侧板、前后二挡板和盖板共六块整木板组合而成，木板之间以榫卯相连。其中 1 号棺身长 2.93 米，宽 0.92 米，高 0.73 米，棺盖长 3.62 米，宽 0.94 米，

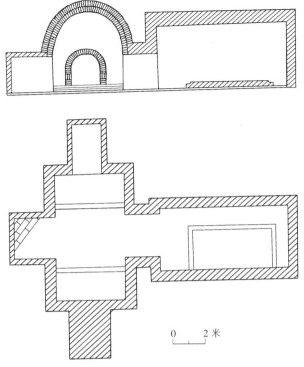

图4-64　湖北鄂城孙吴孙将军墓平、剖面图（鄂城县博物馆：《鄂城东吴孙将军墓》，《考古》1978年第3期第164页图二）

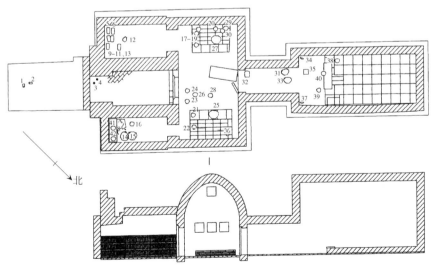

图4-65　安徽马鞍山宋山孙吴墓平、剖面示意图（安徽省文物考古研究所、马鞍山市文物管理所：《安徽马鞍山宋山东吴墓发掘简报》，《江汉考古》2007年第4期第30页图二）

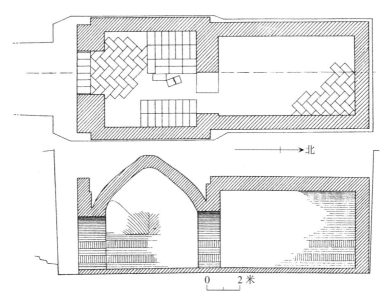

图 4 - 66 安徽马鞍山孙吴朱然墓平、剖面图（安徽省文物考古研究所、马鞍
山市文化局：《安徽马鞍山东吴朱然墓发掘简报》，《文物》1986 年第 3 期第 2
页图二）

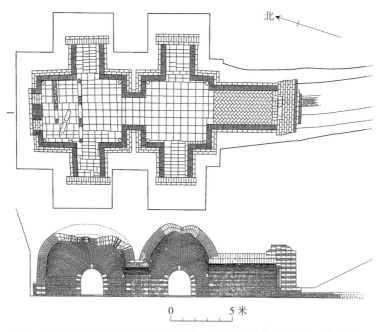

图 4 - 67 江苏南京江宁上坊孙吴 M1 平、剖面图（南京市博物馆、南京市江
宁区博物馆：《南京江宁上坊孙吴墓发掘简报》，《文物》2008 年第 12 期第 5
页图二）

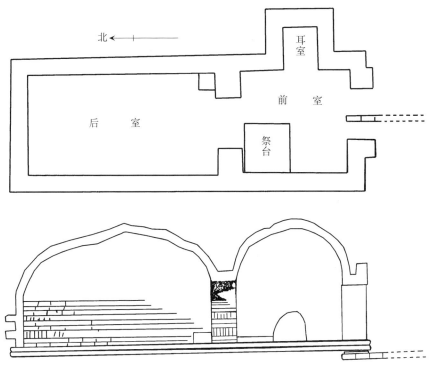

图4-68　江苏南京清凉山孙吴墓平、剖面示意图（李蔚然：《南京六朝墓葬》，《文物》1959年第4期第21页图1）

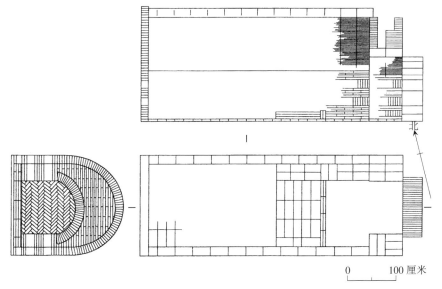

图4-69　江苏南京大光路薛秋墓平、剖面图（南京市博物馆：《南京大光路孙吴薛秋墓发掘简报》，《文物》2008年第3期第5页图二）

301

棺外髹黑漆，内髹红漆（图4-70）。同时期也有用整木凿挖成棺底和二侧壁，然后嵌入前后二挡板，再加盖板形成长方形木棺，棺的一头略大，一头略小，墓例如江西南昌高荣墓[76]。

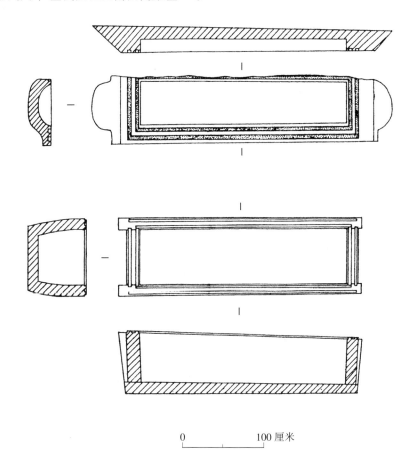

0　　　　　100 厘米

图4-70　安徽马鞍山孙吴朱然墓一号木棺结构示意图（安徽省文物考古研究所、马鞍山市文化局：《安徽马鞍山东吴朱然墓发掘简报》，《文物》1986年第3期第4页图六）

孙吴墓葬的随葬品也可分为装身用具、实用（或明器）器具、模型明器和陶俑四大类。此外，铅地券和"谷仓罐"很具特色，到西晋时期仍然使用。

孙吴帝陵尚未发掘。虽然有研究者认为马鞍山宋山东吴墓有可能是吴景帝孙休的陵墓，但这种认识在学界还没有得到广泛的支持。南京江宁上坊孙吴墓则被认为有可能是一座王墓。总之，双室砖墓应属于帝陵以外的大型墓葬，单室砖墓应属于中型墓葬。

若从墓葬形制看，孙吴墓葬表现出与曹魏墓葬较为一致的变化倾向，即相对于东汉墓葬的简单化倾向。

孙吴被西晋统一后，南方西晋墓受到了孙吴墓的直接影响。南方西晋墓的概况已如前述。西晋以后，北方陷入十六国争雄的局面，南方则延续着晋——东晋的统治。

一 东晋墓葬

东晋自公元 317 年至 420 年，共历 103 年，十一帝。因为东晋建都建康，所以这时期的皇帝陵和世家大族墓多分布在南京市及其周边。这里即以南京地区东晋墓为中心，简述东晋墓的概况。

（一）墓葬概况

1. 皇帝陵

以东晋末代皇帝——晋恭帝玄宫石碣的发现为契机[77]，有学者参考文献记载，对已发现的东晋大墓进行比较研究，认为南京大学北园东晋墓[78]（图 4 - 71）、南京富贵山东晋墓[79]（图 4 - 72、4 - 73）、南京北郊汽轮电机厂东晋墓[80]（图 4 - 74）与同时期的墓葬相比，规模较大，形制特殊，随葬品丰富，可能属于东晋帝陵。其中南京大学北园东晋墓可能是葬于"鸡笼山之阳"的东晋元帝（司马睿）建平陵、明帝（司马绍）武平陵、成帝（司马衍）兴平陵和哀帝（司马丕）安平陵四陵之一；南京富贵山东晋墓可能是葬于"钟山之阳"的东晋康帝（司马岳）崇平陵、简文帝（司马昱）高平陵、孝武帝（司马曜）隆平陵、安帝（司马德宗）休平陵和恭帝（司马德文）冲平陵五陵之一；南京北郊汽轮电机厂东晋墓可能是葬于"幕府山之阳"的东晋穆帝（司马聃）永平陵（以上东晋帝陵的地望据唐人许嵩所撰《建康实录》）[81]。

上述三座墓葬的共同特征为：地面均不见坟丘等陵园设施；墓外均设挡土墙；墓葬形制均为带甬道的近方形或长方形券顶单室砖墓，南京大学北园墓带有一个侧室；墓道短小；甬道内均设两道木门槽；墓室长宽均在 4 米以上，面积约在 17 ~ 36 平方米之间；墓室内壁均不设直棂窗和灯龛；墓内均不设祭台和棺床；棺木已腐朽不存，但均同出铜棺钉和铁棺钉；墓内出土四件一组的陶座，装饰有龙首和虎首的各二件（南京大学北园墓各一件）；随葬有较多金、银、玉石、玻璃器皿等珍稀物品（表 4 - 6 第 1 ~ 3）。

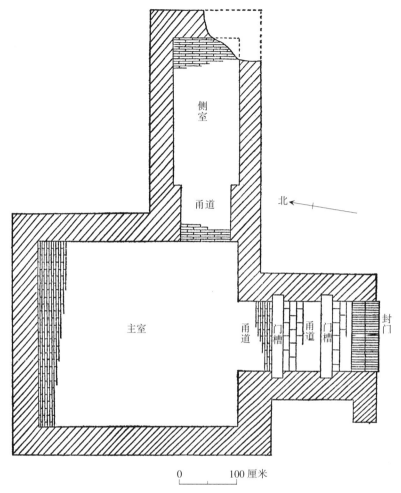

北

0   100 厘米

图 4-71 江苏南京大学北园东晋墓平面图（南京大学历史系考古组：《南京大学北园东晋墓》，《文物》1973 年第 4 期第 37 页图一）

与南京北郊汽轮电机厂东晋墓相距较近的还有幕府山 1～4 号墓，四座墓中有三座随葬四件一组装饰有龙首和虎首的陶座，被认为可能是东晋皇族墓葬[82]（表 4-6 第 4～7），而位于富贵山的另外四座东晋墓（2 号墓、4～6 号墓）也有可能是皇族墓葬[83]（表 4-6 第 8～9）。东晋十分流行聚族而葬，看来皇族司马氏也不例外。当然，相对于皇陵而言，其他墓葬也具有陪葬的性质。

2. 大中型墓葬——以世家大族墓为代表

历年来在南京地区发现、发掘了多个世家大族墓地，其中著名的有象山王氏、老虎山颜氏、郭家山温氏、司家山谢氏、戚家山谢氏、吕家山李

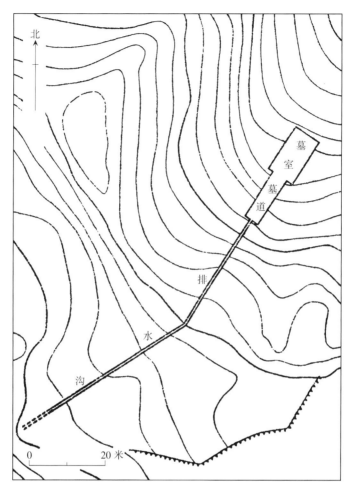

图 4 - 72　江苏南京富贵山东晋墓地形与平面示意图（南京博物院：《南京富贵山东晋墓发掘报告》，《考古》1966 年第 4 期第 197 页图二）

氏和仙鹤山高氏家族墓地等（图 4 - 75）。

（1）象山王氏家族墓地

象山位于南京市北郊，东南、东北临近郭家山、老虎山。

自 20 世纪 60 年代以来，相继在这一带发掘了 11 座墓葬（编号 M1～M11）[84]，其中 1 座（M2）时代属于南朝，其他 10 座为东晋墓（表 4 - 6 第 10～19）。10 座东晋墓分布在象山的 4 个区域，其中西部 1 座（M7），西南部 4 座（M1、M3～M5），东南部 4 座（M8～M11），东北部 1 座（M6）（图 4 - 76）。

10 座东晋墓规模相近，形制趋同，除 1 座墓室作穹隆顶外（M7）（图

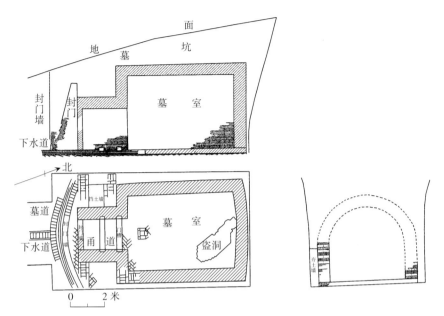

图 4 - 73 江苏南京富贵山东晋墓平、剖面图（南京博物院：《南京富贵山东晋墓发掘报告》，《考古》1966 年第 4 期第 198 页图三）

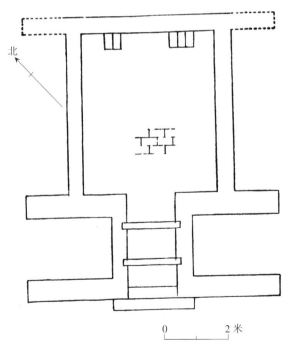

图 4 - 74 江苏南京北郊汽轮电机厂东晋墓平面图（南京市博物馆：《南京北郊东晋墓发掘简报》，《考古》1983 年第 4 期第 316 页图二）

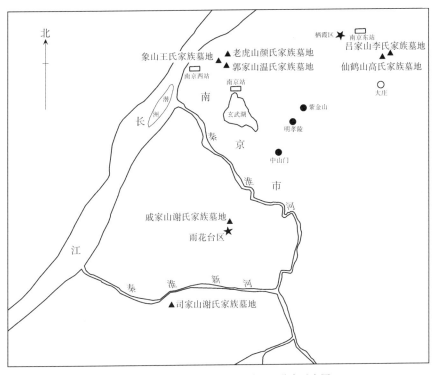

图 4 – 75　江苏南京东晋世家大族墓地分布示意图

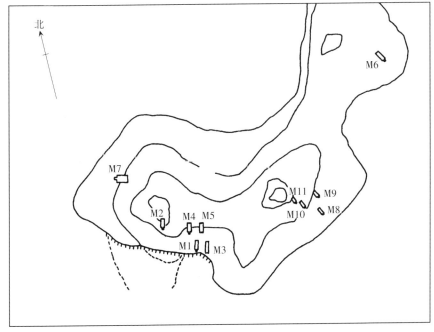

图 4 – 76　江苏南京东晋象山王氏家族墓分布示意图（南京市博物馆：《南京象山 11 号墓清理简报》，《文物》2002 年第 7 期第 34 页图一）

单位：米

表4-6 南京地区东晋墓葬简表

序号	地点	墓道	甬道			墓室							随葬品	合葬	墓葬年代与墓主身份	备注
			有无	木门槽	顶	尺寸		祭台	棺床	直棂窗与灯龛	排水沟	挡土墙				
						东西	南北									
1	南京大学北园东晋墓	?	有	2	?	4	4.4	无	无	无	无	有	青瓷器；陶器（座4：龙首1，羊首2，俑2）；铁兵器；玻璃器；金、银、铜、水晶、玛瑙等饰件	推测3人	皇帝陵？	有一侧室，内出铁棺钉，虎首陶座1
2	南京汽轮电机厂东晋墓	?	有	2	券顶	4.24	4.98	无	无	无	无	有	青瓷器；陶器（座4：龙首2，俑2）；玻璃器；金、银、玉石、玛瑙、琥珀饰件；铁镜2	?	皇帝陵？	铜棺钉18枚，铁棺钉18枚

续表

序号	地点	墓道	甬道		墓室								随葬品	合葬	墓葬年代与墓主身份	备注
			有无	木门槽	顶	尺寸		祭台	棺床	直棂窗与灯龛	排水沟	挡土墙				
						东西	南北									
3	南京富贵山东晋墓	有	有	2	券顶	5.18	7.06	无	无	无	有	有	青瓷器；陶器（座4；龙首2、虎首2、俑4）；玉石、琉璃饰件	？	皇帝陵？	同出铜棺钉和铁棺钉
4	南京慕府山M1	？	有	1	券顶	5.5	2.6	无	有	无	有	有	青瓷器；陶器（座4；龙首2、虎首2）；漆器；玉器；金、滑石猪4；铜钱	？	皇族？	有高约3米的坟丘
5	南京慕府山M2	？	无	？	？	7.8	2.8	？	有	？	有	？	青瓷器；陶器（残座4）；滑石猪3；铜钱	？	皇族？	

序号	地点	墓道	甬道			墓室							随葬品	合葬	墓葬年代与墓主身份	备注
			有无	木门槽	顶	尺寸		祭台	棺床	直棂窗与灯龛	排水沟	挡土墙				
						东西	南北									
6	南京蒋府山M3	?	有	无	券顶	1.9	4.6	无	有	各5个	有	无	青瓷器；陶器（座4；龙首2，虎首2，案、凭几、仓）；模型明器：滑石猪2	?	皇族？	
7	南京蒋府山M4	?	有	1	券顶	1.85	4.93	无	无	各1个	有	无	青瓷器；陶器（座4；龙首2，虎首2）；滑石猪2；石黛板1；金、银、炭精、石、绿松石、玛瑙、玻璃饰件；铁镜1	?	皇族？	
8	南京富贵山M2	?	有	1	券顶	1.2	4.22	无	无	无	无	无	青瓷器；陶俑4，陶马1；铜兵1；金、银饰件；铁镜1	?	皇族？	

续表

序号	地点	墓道有无	甬道木门槽	顶	尺寸东西	尺寸南北	祭台	棺床	直棂窗与灯龛	排水沟	挡土墙	随葬品	合葬	墓葬年代与墓主身份	备注
9	南京富贵山M4	?	有	1	券顶	1.89	4.87	无	无	无	无	无	青瓷器；铜器；金、银、琥珀、玻璃饰件；铁炭精、铁镜2	?	皇族？	
10	南京象山M1	?	有	无	券顶	1.74~1.75	3.69~3.7	无	无	无	无	无	青瓷器；陶人1；金银饰件；铜；石板2；铁镜1、石墓志1	2人	咸康七年（公元341年），永和四年（公元348年；王兴之夫妇（王彬之子）	铜棺钉13枚，铁棺钉25枚
11	南京象山M3（未盗）	?	无	?	券顶	1.15	4.25	无	无	2灯龛	有	有	青瓷器；金、银、绿松石、琥珀饰件；石板1；铁镜1；砖墓志1	1人	升平三年（公元359年）；王丹虎（王彬之女）	铜棺钉8枚，铁棺钉6枚
12	南京象山M4	?	有	无	券顶	2.07~2.09	4.54	无	无	2灯龛	有	有	青瓷器	?		铜棺钉

序号	地点	墓道	甬道		墓室								随葬品	合葬	墓葬年代与墓主身份	备注
		有无	木门槽	顶	尺寸东西	尺寸南北	祭台	棺床	直棂窗与灯龛	排水沟	挡土墙					
13	南京象山M5	?	无	?	券顶	1.06	4.49	无	无	2灯龛	有	有	青瓷器；陶器；铜镜；砖墓志1	?	升平二年（公元358年）；王闽之（王彬之孙，王兴之之子）	
14	南京象山M6	?	有	无	券顶	1.25	4.44	有	无	1窗3龛	有	?	青瓷器；陶器；滑石猪2；砖墓志1	1人	太元十七年（公元392年）；夏金虎（王彬之继室夫人）	
15	南京象山M7（未盗）	?	有	1	穹隆顶	3.9	3.22	无	无	各3个	无	无	青瓷器；陶器（囷、牛车、牛、马、俑14）；滑石猪2，石板1；玻璃杯；玉器；金、银、绿松石、玛瑙、琥珀、水晶饰件；铜镜3	3人		铜、铁棺钉22枚

续表

序号	地点	墓道	甬道		墓室								随葬品	合葬	墓葬年代与墓主身份	备注
			有无	木门槽	顶	尺寸		祭台	棺床	直棂窗与灯龛	排水沟	挡土墙				
						东西	南北									
16	南京象山 M8	?	有	无	券顶	1.95	4.5	无	无	3 灯龛	有	有	青瓷器、陶器；滑石猪 2，石板 1；铁镜 2；砖墓志 1	?	泰和二年（公元367年）；丹杨令王企之（王彬与夏金虎之子）	
17	南京象山 M9（未盗）	?	有	无	券顶	2	4.42	无	无	3 灯龛	有	有	青瓷器；滑石猪 4，石饰件 2；金、银、玉镜 1，铁镜 1；墓志 3（2 石 1 砖）	2 人	泰和六年（公元371年）；鄱阳大守、都亭侯王建之夫妇（王彬之孙、王彭之之子）	
18	南京象山 M10	斜坡墓道	有	无	券顶	2	4.45	无	无	3 灯龛	有	有	青瓷器；石砚 1；铁镜 1；石墓志 1（志文不清）	?		圆形坟丘高 3~4 米

序号	地点	墓道	甬道			墓室							随葬品	合葬	墓葬年代与墓主身份	备注
			有无	木门槽	顶	尺寸		祭台	棺床	直棂窗与灯龛	排水沟	挡土墙				
						东西	南北									
19	南京象山M11	?	有	无	券顶	1.8	4.13	无	无	3灯龛	有	有	砖墓志2	2人	永和十二年（公元356年），泰元十四年（公元389年）；王康之夫妇（王彬之孙?）	
20	南京老虎山M1	?	有	1	穹隆顶	1.65～1.75	3.94	无	无	各3个	有	无	青瓷器；陶器；铜器；铁器；滑石猪；水晶珠、石珠；砖墓志钱	?	永和元年（公元345年）；颜谦夫人刘氏	铜棺钉25枚，铁棺钉5枚
21	南京老虎山M2	?	有	1	券顶	1.91	4.55	有	无	3个龛	有	无	青瓷器；陶器；金、银饰件；滑石猪4；铜镜2	2人	颜綝夫妇	铜棺钉23枚，铁棺钉10枚

续表

序号	地点	墓道	甬道		墓室								随葬品	合葬	墓葬年代与墓主身份	备注
			有无	木门槽	顶	尺寸		祭台	棺床	直棂窗与灯龛	排水沟	挡土墙				
						东西	南北									
22	南京老虎山M3	？	有	无	券顶	1.9～1.98	4.66	有	无	3个龛	有	无	青瓷器；陶器；石器，滑石猪；金饰件，铁镜1；铜钱；石印	2人	零陵太守颜约夫妇	铜棺钉21枚，铁棺钉
23	南京老虎山M4	？	有	1	券顶	1.66	4.63	有	无	3个龛	有	无	青瓷器；陶器（陶座2，带灯盏）；滑石猪；铁器，金饰件；铜镜1；铜印	？	颜镇之	铜、铁棺钉

续表

序号	地点	墓道	甬道		墓室								随葬品	合葬	墓葬年代与墓主身份	备注
			有无	木门槽	顶	尺寸 东西	尺寸 南北	祭台	棺床	直棂窗与灯龛	排水沟	挡土墙				
24	南京郭家山 M1	?	有	?	穹隆顶	3.56	5.03			有					永和三年（公元347年）	
25	南京郭家山 M2	?	有	?	穹隆顶					有			青瓷器；陶器，玉石猪器（玉猪5、滑石猪8）；金、银、铜饰件等；纪年砖		东晋早期	
26	南京郭家山 M3	?	有	?	穹隆顶					有					咸和元年（公元326年）	
27	南京郭家山 M4	?	有	1	穹隆顶	3.7	4.01	无	无	各3个	无	无			东晋早期	墓室壁上设有灯台
28	南京郭家山 M5	?	有	1	穹隆顶	2.1	4.53	无	无	3个窗	无	有	青瓷器；玉石器等		东晋早期	墓室壁上设有灯台，铜棺钉
29	南京郭家山 M9	?	有	1	穹隆顶	3.96	3.75	有	无	各3个	有	有	青瓷器；陶器；石；砖；金、铜饰件；墓志1	?	东晋早期，大将军，始安武公温峤	铜棺钉1枚，铁棺钉45枚余

续表

序号	地点	墓道	甬道		顶	尺寸		祭台	棺床	直棂窗与灯龛	排水沟	挡土墙	随葬品	合葬	墓葬年代与墓主身份	备注
			有无	木门槽		东西	南北									
30	南京郭家山M10	?	有	1	穹隆顶	4.28	5.6	有	有	各3个	有	有	青瓷器；陶器（座4；龙形2、虎形4、俑4）；仓1，灶1，俑1；玉石器	?	东晋早期	封门墙上有假窗，铜、铁钉
31	南京郭家山M12	?	有	1	穹隆顶	2.64	4.92	有	有	有	有	有	青瓷器；陶器（仓1；男俑2）；铜金饰件；石器；陶墓志1；铜钱	?	泰和六年（公元371年）；新建县侯温式之	封门墙上有假窗，铜、铁钉
32	南京郭家山M13	?	有	1	券顶	2.92	5.36	无	有	各2个	有	有	青瓷器；陶器（座2；龙形1、虎形2、俑3）；石器（猪3）；金银饰件；铜钱	2人？	东晋中晚期至刘宋初期	墓室三壁略呈弧形，铜、铁棺钉
33	南京司家山M1	?	有	1	券顶	2.23	5.12	无	有	各5个	有	无	青瓷器；陶墓志2；石墓志1、志文不清	?	南朝	

317

续表

序号	地点	墓道	甬道 有无	木门槽	顶	墓室 尺寸 东西	南北	祭台	棺床	直棂窗与灯龛	排水沟	挡土墙	随葬品	合葬	墓葬年代与墓主身份	备注
34	南京司家山M2	?	有	无	券顶	2.1	5.54	无	有	各5个	有	有	青瓷器；陶器	?		
35	南京司家山M3	?	有	无	?	2.3	5.65	无	有	各5个	有	无	青瓷器；陶器	?		
36	南京司家山M4	?	有	无	券顶	2.18	5.7	有	有	各5个	有	无	青瓷器；石板1；砖墓志2	2人	义熙三年（公元407年）、义熙十二年（公元416年）；辅国参军谢球与夫人王德光	
37	南京司家山M5	?	有	1	券顶	1.96~2.18	6	无	有	各3个	有	有	青瓷器；陶器；石板1；砖墓志1	?	义熙二年（公元406年）；谢温	墓室壁略外弧
38	南京司家山M6	?	有	1	券顶	2.15~2.25	4.45	有	有	各5个	有	有	青瓷器；滑石猪3；砖墓志一组6块	2人?	宋永初二年（公元421年）；海陵太守谢珫	墓室三壁略外弧

318

续表

序号	地点	墓道 有无	甬道 有无	甬道 木门槽	甬道 顶	墓室 尺寸 东西	墓室 尺寸 南北	墓室 祭台	墓室 棺床	墓室 直棂窗与灯龛	墓室 排水沟	墓室 挡土墙	随葬品	合葬	墓葬年代与墓主身份	备注
39	南京司家山 M7	?	?	?	?	2.15	残3.84	?	?	?	?	?	青瓷器；石器3	?	南朝	墓残
40	南京吕家山东晋墓（似未盗）	?	有	无	券顶	4.07	1.73	无	无	各3个	无	无	青瓷器；陶器；滑石猪2；铜镜2	?	?	铜、铁棺钉6枚
41	南京吕家山 M1	斜坡墓道	有	1	券顶	1.6~1.86	4.43	无	无	3个龛	有	有	青瓷器；陶器；滑石猪1；铁镜2；砖墓志1	2人	湘南乡侯李缉与夫人陈氏	坟丘高约1.6米；铁棺钉15枚，铜棺钉1枚
42	南京吕家山 M2	斜坡墓道	有	1	券顶	2~2.15	4.34	无	无	3个龛	有	有	青瓷器；陶器；滑石猪2；石板1；铁镜1；铜线1；砖墓志3	3人	李缉与夫人武氏、何氏	有坟丘；铁棺钉14枚

序号	地点	墓道	甬道		墓室								随葬品	合葬	墓葬年代与墓主身份	备注
			有无	木门槽	顶	尺寸东西	南北	祭台	棺床	直棂窗与灯龛	排水沟	挡土墙				
43	南京吕家山M3	?	?	?	券顶	1.21~1.35	残3.86	?	?	残存1龛	有	?	青瓷器;陶器;砖墓志1合	1	李摹	被毁,铜棺钉1枚
44	南京仙鹤山M2(未盗)	斜坡墓道	有	无	券顶	2.2~2.36	4.72	无	有	4个灯龛	无	无	青瓷器;陶器;铜器;铁器;玉器;漆器;滑石猪(猪2);金器;琥珀;料器;铁镜3;砖墓志2	2椁 分用铜铁钉	泰和元年(公元366年),永和十二年(公元356年);建昌伯高崧及夫人谢氏	墓室两侧壁略外弧
45	南京仙鹤山M3	斜坡墓道	有	无	券顶	2.08~2.14	4.94	无	有	各3个	无	有	青瓷器;陶器;滑石猪3;料珠;料器;铁镜1	2人?	东晋晚期;高崧父子?高崧夫妇?	墓室三壁略外弧,铁棺,铜、铁钉
46	南京仙鹤山M6(未盗)	斜坡墓道	有	无	弯隆顶	2.8~2.95	4.9	无	有	各3个	无	有	青瓷器;陶器;铜器;铁器;漆器;玉器;金银器;玻璃,水晶,绿松石,琥珀料器等;铜钱,铁镜1	2椁 分用铜铁钉	东晋早期;高崧父;母高悝夫妇?	墓西侧有建筑遗址,墓室三壁略外弧

4-77），均为券顶；多带有甬道，甬道内不设木门；墓室内一般不设棺床和祭台；多设有排水沟；墓室壁多设有灯龛；墓外多设有挡土墙。明确带有斜坡墓道和封土的只有 M10（图 4-78）。

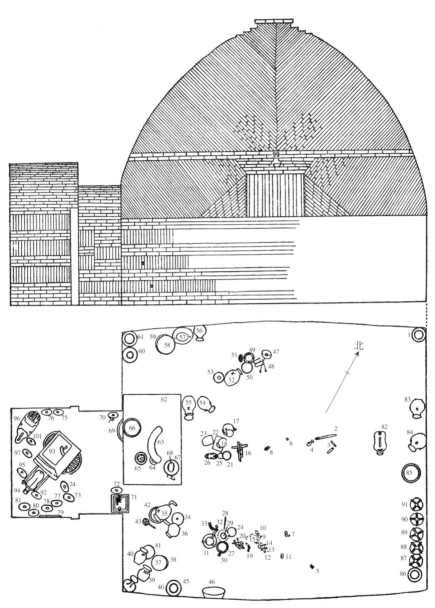

图 4-77　江苏南京东晋象山 M7 平、剖面示意图（南京市博物馆：《南京象山 5 号、6 号、7 号墓发掘简报》，《文物》1972 年第 11 期第 29 页图八）

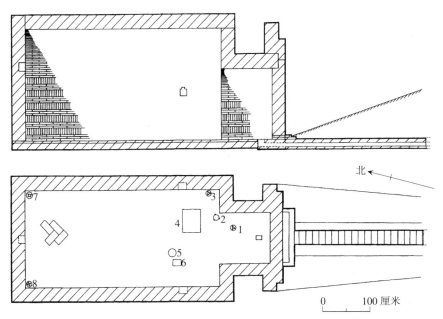

图 4－78　江苏南京东晋象山 M10 平、剖面图（南京市博物馆：《南京象山 8 号、9 号、10 号墓发掘简报》，《文物》2000 年第 7 期第 18 页图三三）

从墓中出土墓志得知 M1 墓主为王兴之夫妇（王彬之子），M3 墓主为王丹虎（王彬之女），M5 墓主为王闽之（王兴之之子），M6 墓主为夏金虎（王彬之继室夫人），M8 墓主为王企之（王彬与夏金虎之子），M9 墓主为王建之夫妇（王彬之孙），M11 墓主为王康之夫妇（可能为王彬之孙）。由此确定象山是东晋王氏一族中王彬一支的家族墓地，这里至少葬有王氏祖孙三代。

（2）老虎山颜氏家族墓地

老虎山位于南京市北郊，西南临近象山、郭家山。

老虎山东晋墓地共发掘 4 座墓葬（编号 M1～M4）[85]。4 座墓形制相近，均为带甬道的长方形单室砖墓，墓葬规模相差不大。M1 墓室为穹隆顶，其他 3 座墓室为券顶；3 座墓甬道内设有一道木门；3 座墓墓室前部设有祭台；墓壁均设有直棂窗或灯龛；墓内均设有排水沟。其中 M2、M3 明确为夫妇合葬墓（表 4－6 第 20～23）。

据墓内出土砖墓志、石印章、铜印章并参照《晋书·列传第五十八·孝友传》、《金陵通传》等文献记载，M1 墓主为安成太守颜谦夫人刘氏，但因该墓出土有 25 枚铜棺钉和 5 枚铁棺钉，所以不排除原来墓内陈放二棺，亦即不排除该墓合葬有颜谦夫妇二人的可能性；M3 墓主为零陵太守颜约夫妇；M2 墓主为颜髦之子颜綝夫妇；M4 墓主为颜镇之。髦、谦、约为东晋名臣琅邪人颜含的三个儿子，据此知老虎山诸墓是颜氏的家族墓。

《晋书》记载颜含死前曾"遗命素棺薄敛"，从其子孙的墓葬隐约可以看到颜含的"遗命"。

（3）郭家山温氏家族墓地

郭家山位于南京市北郊，西北、东北与象山、老虎山相望。历年来在这里发掘六朝墓葬十三座（编号 M1 ～ M13），其中有孙吴墓葬三座（M6 ～ M8）、西晋墓葬一座（M11）、东晋墓葬九座（M1 ～ M5、M9、M10、M12、M13）[86]。九座东晋墓葬中，M1 ～ M5 五座位于郭家山的东端，M9、M10、M12、M13 四座位于郭家山的西端（表 4 - 6 第 24 ～ 32）。

M9、M10、M12、M13 四座墓东西并列（图 4 - 79），形制相似，均为带甬道的单室砖墓，其中三座墓室呈穹隆顶，一座墓室作券顶（M13）（图 4 - 80）；甬道内均设一道木门；墓室壁均设有直棂窗和灯龛；墓内均设有砖棺床或祭台；均设有排水沟；墓外均设有挡土墙（图 4 - 81）。四座墓中以 M10 规模最大，其他三座墓规模相近。由出土砖墓志知道 M9 墓主为东晋大将军、始安忠武公温峤，M12 墓主为温峤之子、新建县侯温式之，从而确认郭家山西端一带为东晋温氏家族墓地。

M1 ～ M5 五座墓均属东晋早期，形制相同，都是带甬道的单室穹隆顶

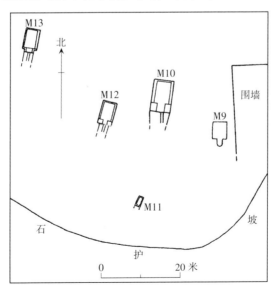

图 4 - 79　江苏南京东晋郭家山温氏家族墓分布图（南京市博物馆：《南京市郭家山东晋温氏家族墓》，《考古》2008 年第 6 期第 3 页图二）

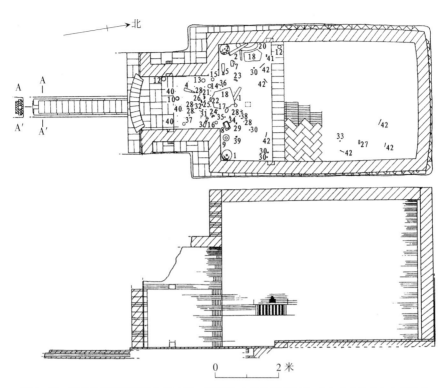

图4-80　江苏南京东晋郭家山 M13 平、剖面图（南京市博物馆：《南京市郭家山东晋温氏家族墓》，《考古》2008 年第 6 期第 17 页图二四）

砖墓，其中以 M1 规模最大，但因墓主身份不明，尚不能确定它们是否也属于温氏家族墓。

（4）司家山谢氏家族墓地

司家山位于南京市南郊，20 世纪 80 年代在这里清理了 7 座墓葬（编号 M1～M7）[87]（表 4-6 第 33～39），其中 M2～M5 四座为东晋晚期墓，M1、M6、M7 三座为南朝墓（图 4-82）。

7 座墓葬分为南北两排，南排四座，北排三座，每排墓葬均东西并列。墓葬均坐北向南，形制略同（M7 大部被毁），大小相仿；均为带甬道的长方形券顶单室砖墓；甬道内设一道木门的有三座墓；墓室壁均设有直棂窗和灯龛，一般各有 5 个；墓内均设有砖棺床，有的还有砖祭台；均设有排水沟；有的墓外设有挡土墙。墓葬的墓道和坟丘情况不明。

由出土砖墓志知道 M4 墓主为东晋谢球与夫人王德光（图 4-83），M5 墓主为东晋谢温（图 4-84），M6 墓主为南朝刘宋谢珫，从而确认这是一处东晋晚期到南朝的谢氏家族中一个支系的墓地。

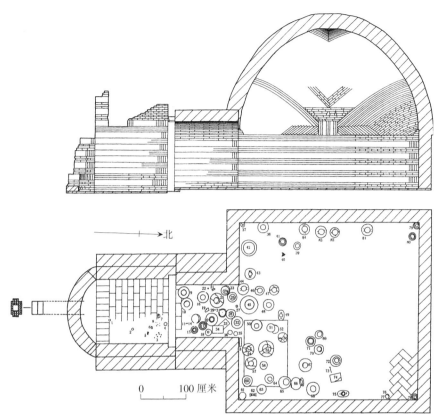

→北

0　　　　100 厘米

图 4 - 81　江苏南京东晋郭家山 M9 平、剖面图（南京市博物馆：《南京北郊东晋温峤墓》，
《文物》2002 年第 7 期第 20 页图二）

（5）戚家山谢氏家族墓地

戚家山位于南京市南郊雨花台东北，20 世纪 60 年代在山的北麓清理了
五座残墓，其中 3 号墓为双室砖墓，总长约 8 米，前、后二室等宽，宽约 2
米[88]（图 4 - 85）。此墓已被毁，幸而留下了一块花岗岩石墓志，明记墓主
为卒于东晋明帝太宁元年（公元 324 年）的谢鲲。据《晋书》谢鲲曾封咸
亭侯。由此推知戚家山一带可能是东晋谢氏家族墓地。

（6）吕家山李氏家族墓地

吕家山位于南京市东北郊，西与仙鹤山相邻。20 世纪 70 年代曾在山的
东南麓发掘过一座东晋墓[89]，90 年代末又在山的西南麓清理了三座东晋墓
（编号 M1 ~ M3）[90]（表 4 - 6 第 40 ~ 43）。

吕家山 M1 ~ M3 坐北向南，东西并列，形制相同（M3 大部被毁）（图
4 - 86）。地面上均残存有低小的坟丘，均由斜坡墓道、甬道和长方形券顶

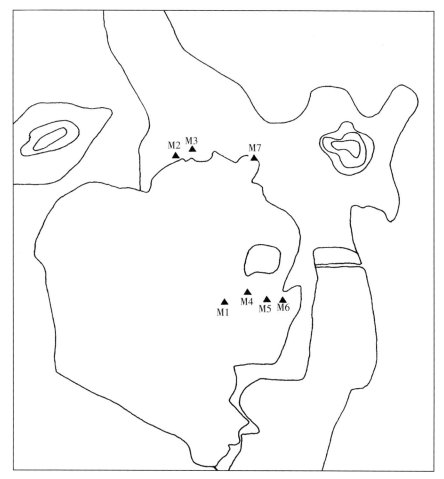

图 4 - 82　江苏南京东晋司家山谢氏家族墓分布示意图（南京市博物馆、雨花区文化局：《南京司家山东晋、南朝谢氏家族墓》，《文物》2000 年第 7 期第 37 页图二）

砖室组成，甬道内设一道木门，墓室壁设有灯龛，墓内设有排水沟。因为墓内葬人多少不同，三座墓的规模也不一样。

由出土砖墓志知道 M1 墓主为李缉与夫人陈氏（图 4 - 87），M2 墓主为李摹与夫人武氏、何氏（图 4 - 88），M3 墓主为李摹，从而明确了这是一处李氏家族墓地。此外，从墓志纪年看，三座墓应是同时建造、同时入葬的，因此推测以属于迁葬的可能性最大。

（7）仙鹤山高氏家族墓地

仙鹤山位于南京市东北郊，东与吕家山为邻。20 世纪 90 年代在山的东南麓清理了六座墓葬（编号 M1 ~ M6），其中三座时代属孙吴，三座时代为东晋[91]（表 4 - 6 第 44 ~ 46）。

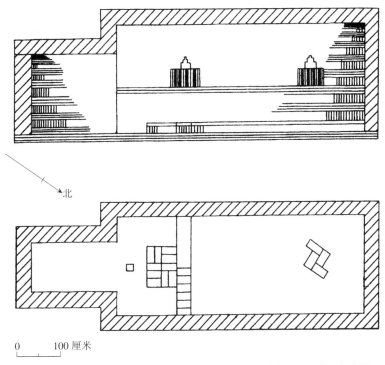

0   100 厘米

图 4 – 83　江苏南京东晋司家山 M4 平、剖面图（南京市博物馆、雨花区文化局：《南京司家山东晋、南朝谢氏家族墓》,《文物》2000 年第 7 期第 42 页图一七）

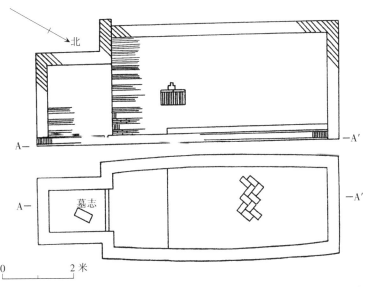

0   2 米

图 4 – 84　江苏南京东晋司家山 M5 平、剖面图（南京市博物馆、雨花区文化局：《南京南郊六朝谢温墓》,《文物》1998 年第 5 期第 15 页图一）

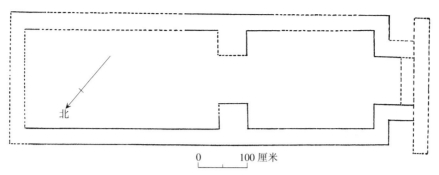

图4-85　江苏南京东晋戚家山3号墓平面示意图（南京市文物保管委员会：《南京戚家山东晋谢鲲墓简报》，《文物》1965年第6期第34页图一）

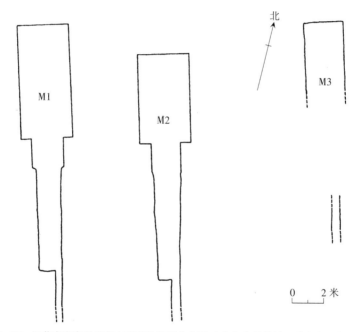

图4-86　江苏南京东晋吕家山李氏家族墓分布图（南京市博物馆：《南京吕家山东晋李氏家族墓》，《文物》2000年第7期第22页图二）

　　3座东晋墓分为南北两排（图4-89），南排2座东西并列（M2、M3），北排1座（M6）（图4-90）。墓葬均坐北向南，形制略同，大小相仿；均为带甬道的长方形单室砖墓，一座墓室作穹隆顶，2座墓室为券顶；甬道内均不设木门；墓室壁均设有直棂窗或灯龛；墓内均设有砖棺床；均不设排水沟；有的墓外设挡土墙。三墓均带有斜坡墓道，但坟丘的情况不明。

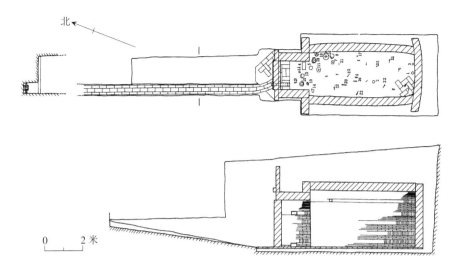

图4-87　江苏南京东晋吕家山 M1 平、剖面图（南京市博物馆：《南京吕家山东晋李氏家族墓》,《文物》2000 年第 7 期第 24 页图六）

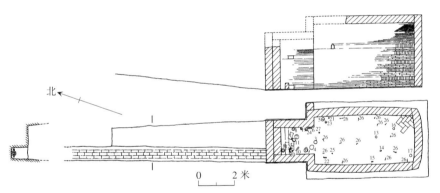

图4-88　江苏南京东晋吕家山 M2 平、剖面图（南京市博物馆：《南京吕家山东晋李氏家族墓》,《文物》2000 年第 7 期第 26 页图一一）

由出土砖墓志得知 M2 墓主为东晋建昌伯高崧及夫人谢氏（图4 91），从而明确了这是一处高氏家族墓地。

（二）葬制综论

1. 墓地选择

由于江南雨多地湿，南京一带的东晋墓葬多建于低矮丘陵的半坡上，并用砖作墓，墓内筑砌砖棺床，墓内墓外挖建排水设施。将墓葬置于高敞之地，也是当时风水观念影响墓地选择的表现[92]。

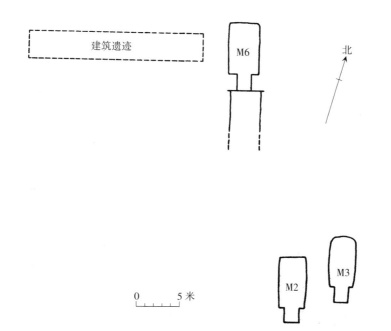

图 4 - 89 江苏南京东晋仙鹤山高氏家族墓分布图（南京市博物馆：《江苏南京仙鹤观东晋墓》，《文物》2001 年第 3 期第 5 页图二）

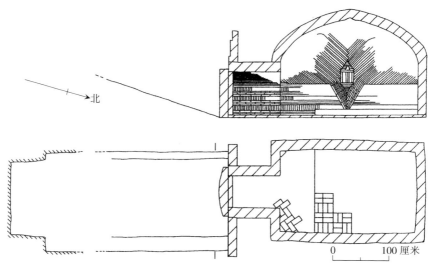

图 4 - 90 江苏南京东晋仙鹤山 M6 平、剖面图（南京市博物馆：《江苏南京仙鹤观东晋墓》，《文物》2001 年第 3 期第 5 页图三）

2. 族葬风习

生前聚族而居，死后聚族而葬是中国古代历久不变的社会习俗，只是时代不同，族葬的形式也有所差异。上述多处家族墓地即是东晋时期族葬

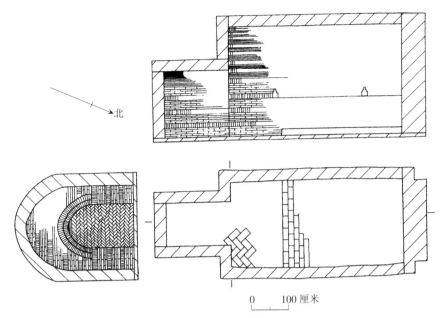

图4-91 江苏南京东晋仙鹤山M2平、剖面图（南京市博物馆：《江苏南京仙鹤观东晋墓》，《文物》2001年第3期第23页图七三）

风习的真实反映。

3. 地面设施

如前所述，魏晋墓制的核心是薄葬，其主要内容之一是力图禁断秦汉以来盛行的坟丘、陵园、陵寝建筑和神道石刻等地面设施。关于魏晋以来墓用石兽碑表禁、驰之状，《宋书·志第五·礼二》曰："汉以后，天下送死奢靡，多作石室石兽碑铭等物。建安十年，魏武帝以天下雕弊，下令不得厚葬，又禁立碑。魏高贵乡公甘露二年，大将军参军太原王伦卒，伦兄俊作《表德论》，以述伦遗美，云'祗畏王典，不得为铭，乃撰录行事，就刊于墓之阴云尔'。此则碑禁尚严也。此后复弛替。晋武帝咸宁四年，又诏曰：'此石兽碑表，既私褒美，兴长虚伪，伤财害人，莫大于此。一禁断之。其犯者虽会赦令，皆当毁坏。'至元帝太兴元年，有司奏：'故骠骑府主簿故恩营葬旧君顾荣，求立碑。'诏特听立。自是后，禁又渐颓。大臣长吏，人皆私立。义熙中，尚书祠部郎中裴松之又议禁断，于是至今。"看来墓上立碑在魏晋时期总体上是被禁止的，但时而又有所松弛，尤以东晋为甚。

不论是被推定为皇帝陵的南京大学北园墓、南京富贵山墓和南京北郊汽轮电机厂墓，还是作为在规模上仅次于帝陵的大中型墓代表的世家大族墓，至今还很少发现墓上存在高大的坟丘。这种状况与文献记载是一致的。据《建康实录》记载，位于南京附近的东晋十陵中明确无坟丘的即有五陵，明确有坟丘的只有晋穆帝的永平陵。南京北郊汽轮电机厂墓被学者推测可能是穆帝的永平陵，该陵发掘时不见坟丘，或因其坟丘"周四十步，高一丈六尺"，本来就不高大，到发掘时早已消失不存。其他大中型墓葬中有几例带坟丘的资料，如南京幕府山 M1 有高约 3 米的坟丘，南京吕家山 M1 坟丘高约 1.6 米（图 4-92），吕家山 M2 也有坟丘，南京象山 M10 坟丘呈圆形，高 3~4 米，等。但这几例墓葬资料对坟丘的介绍均极简略，诸如坟丘的形状、规模以及是否经过夯筑等情况都不甚明晰。

关于东晋墓侧建筑的考古资料，已知的只有南京仙鹤山 M6 一例，据勘探，在 M6 西侧发现一东西长 20 米、南北宽 3 米的建筑遗迹，但因未作发掘，所以其与 M6 的关系仍不明确。

综合上述帝陵及世家大族墓葬的考古发现和文献记载，可初步断定东晋陵墓在地面设施方面基本上沿用西晋墓制，即不设坟丘、陵园、陵寝建筑和神道石刻等。个别陵墓虽然筑有坟丘，但坟丘一般比

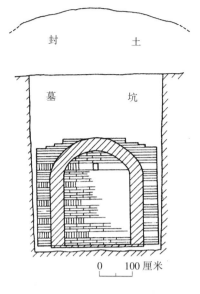

图 4-92　江苏南京东晋吕家山 M1 坟丘、墓坑剖面图（南京市博物馆：《南京吕家山东晋李氏家族墓》，《文物》2000 年第 7 期第 24 页图七）

较低小，有的墓侧还设有陵寝类建筑，有的墓前可能还立有碑。总之，东晋墓葬的地面设施是不发达、不显著的。

4. 墓葬形制

从南京地区主要的东晋大中型墓葬资料看，墓葬的形制十分单一，可以说绝大部分为单室砖墓，个别墓附有一个侧室，如南京大学北园墓等。墓葬应该普遍设有斜坡墓道，只是大多数墓在发掘时或者墓道已被基建工程毁坏，或者因基建工期紧等原因对墓道未作清理，从而给人留下东晋墓葬大多不设墓道的印象。明确带有斜坡墓道的东晋墓已有数例，如推测为帝陵的南京富贵山墓以及南京象山 M10、南京吕家山 M1、M2、南京仙鹤山 M2、M3、M6 等世家大族墓。多数墓设有甬道，从而使墓葬平面呈"凸"字形，也有少数墓不设甬道；甬道内有的设置一道木门，也有设置两道木门和不设木门的情况。墓室多呈长方形，也有接近方形的；墓室的顶部构造有两种，即券顶和穹隆顶，以前者最为常见，两种墓顶构造与墓葬的时代早晚关系密切，穹隆顶墓时代较早，多为东晋早期，有的可到东晋中期，券顶墓时代较晚，一般为东晋中晚期。墓内墓外的其他设施，如墓室壁附设的直棂假窗和"凸"字形灯龛，墓室地面垒砌的棺床和祭台，墓外设置的排水沟和挡土墙等，除了与墓葬时代早晚有关联外，还与皇帝陵或某个世家大族墓地的使用习惯有关。这些设施与墓顶构造一样，似乎与墓葬的等级关系不大。

世家大族墓的规模有大有小，墓室面积约 5～15 平方米。同一家族墓地的墓葬形制和规模相近，不同家族墓地的墓葬形制既相似又各具特色，墓葬规模也不同，如老虎山颜氏家族和吕家山李氏家族墓规模普遍较小，墓室面积均在 10 平方米以内，象山王氏家族墓规模以中等为主，墓室面积多在 10 平方米左右，司家山谢氏家族和仙鹤山高氏家族墓规模普遍较大，墓室面积均在 10 平方米以上，郭家山温氏家族墓规模最大，墓室面积多达 15 平方米上下，其中 M1 近 18 平方米，M10 近 24 平方米。

在墓葬形制方面能够体现等级特征的大概有以下几点：一是墓葬规模大、墓室平面近方形且顶为券顶的等级最高，也有的墓葬规模较大，墓室平面近方形，但墓室顶为穹隆顶，如南京郭家山 M10 等，显然等级不如前者；二是甬道内设置两道木门的等级最高，但甬道内设一道木门与不设木门的墓葬不存在严格的等级差别；三是墓葬内外比较简朴的，如不设棺床、祭台、直棂假窗、灯龛、排水沟等设施（尤以不设直棂假窗和灯龛）的等级最高。这里所说的等级最高当然是指皇帝陵。

　　葬具皆为木棺，用铜钉或铁钉钉合，木棺朽失后，只余铜钉、铁钉。江苏省江宁县下坊村东晋墓保存下来一具形制完好的木棺，由底板、左右二侧板、前后二挡板和盖板共六块整木板组合而成，木板之间连以榫卯并用铜钉加固。铜钉有两种，一种为覆斗形方帽大钉，共 16 枚，用以加固底板与侧板（两排 8 枚）、侧板与挡板（4 排 8 枚），另一种为平头扁长条形小钉，用以钉合盖板与侧板。棺身长 3.01 米，一端宽 0.62 米，另一端宽 0.59 米，高 0.76 米；棺盖板两端呈弧形，长 3.655 米，宽 0.57 米。该木棺整体上呈一头略大一头略小的梯形，外髹红漆，棺内靠大头一侧还嵌入一立板，将棺内空间分隔成头箱和棺室两部分[93]（图 4 - 93）。南京仙鹤山 M2 葬有二棺，其中一棺保存了大部分，形状与上述木棺相似，也使用铜钉，但没有分隔棺内空间的做法，且棺外髹的是黑漆（图 4 - 94），另一棺已朽，有意思的是此棺使用了铁钉。南京象山 M1 和 M3 的木棺已朽，从剩余的棺灰痕迹看，也是一头略大一头略小，棺形应类似于上述木棺。

　　仙鹤山 M2 和 M6 均葬二棺，且二棺都是分用铜棺钉和铁棺钉，由此可推知其他墓中同出铜、铁两种棺钉且均有一定数量（如十多枚）者，原来

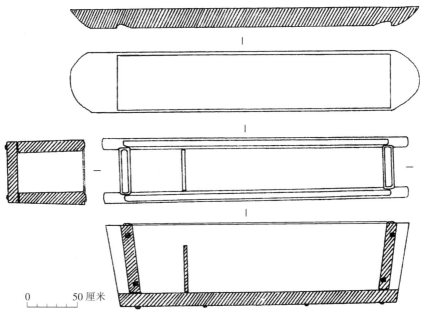

图 4 - 93　江苏江宁县下坊村东晋墓出土木棺平、剖面图（南京市博物馆、江宁县文管会：《江苏江宁县下坊村东晋墓的清理》，《考古》1998 年第 8 期第 49 页图三）

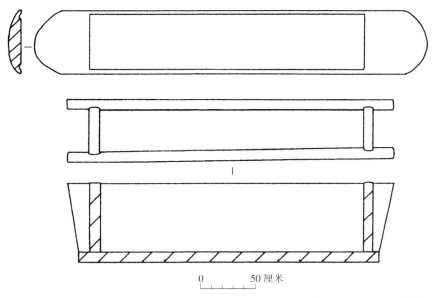

0 ⊢─┴─┴─┤ 50 厘米

图 4-94　江苏南京东晋仙鹤山 M2 出土木棺复原示意图（南京市博物馆：《江苏南京仙鹤观东晋墓》,《文物》2001 年第 3 期第 23 页图七四）

应有二棺。但需注意的是，东晋墓葬大多被盗，墓中留下的遗物往往残缺不全，棺钉种类和数量也是如此，加之还有像南京象山 M3 只葬一人却同出铜、铁棺钉的墓例，所以据出土棺钉推测木棺数量时还应参考墓室大小以及其他随葬品情况而做全面、综合的分析。

从墓中木棺数量、墓志记录以及随葬品（镜和玉石猪的数量）等情况得知东晋流行夫妇同穴合葬。皇帝陵也应为同穴合葬，这在文献中多有记载，即皇帝与皇后同葬一陵，如明帝与明穆皇后均葬武平陵、恭皇后与成帝均葬兴平陵、康帝与康献皇后均葬崇平陵、定皇后与孝武帝均葬隆平陵、穆帝与章皇后均葬永平陵、僖皇后与安帝均葬休平陵等。从被推定为帝陵的南京大学北园墓和南京北郊汽轮电机厂墓看，前者可能葬有三人，后者出土铜棺钉和铁棺钉各 18 枚，也应葬有二棺（二人）。当然，也有单人葬。

5. 随葬品

如前所述，北方自魏晋时期墓葬制度发生根本性变化，亦即实行有别于秦汉时期厚葬的薄葬制度以来，历经十六国至北朝，墓中随葬品大约可分为四大类：主要放于棺内的装身用具、放于墓室中的各种实用（或明器）器具、陶模型明器和陶俑，并指出西晋时期南方地域墓葬随葬品的显著特色是有较多青瓷器和釉陶器，且部分器类或器形有别于北方，属于陶俑类的人物俑和镇墓兽发现较少，帐座也不多见。西晋南北方墓葬在随葬品上表现出的差异，自然是地缘因素在起作用，即南方西晋墓受到了孙吴墓葬传统的影响，而由此形成的一些南方西晋墓的要素，又为同一地域内的东晋墓所继承，所以，东晋墓葬的随葬品除了同样拥有装身用具（铜镜、铁镜、铜钱、弩机、石板、滑石猪、金、银、铜、玉石、琥珀、玛瑙、琉璃、绿松石、水晶、炭精、料等质地的饰件等）和各种实用（或明器）器具（青瓷器、陶器、铜器、铁器、玻璃器、漆器等）两大类外，不仅陶俑类依然罕见，模型明器类也显著衰落。陶俑的种类和数量都很少，一般只有数件男俑或女俑，不见镇墓兽等其他俑，并且主要发现于被推定的皇帝陵及其陪葬墓中，另外，个别墓还出土有石俑（南京司家山 M1）。模型明器较常见陶凭几、案，偶见仓、灶等。南京象山 M7 实属特例，此墓未被盗掘，不仅出土了较多模型明器，有 1 案、1 凭几、5 仓，同时也有不少陶俑类，有 1 牛、1 车、1 马、14 俑。东晋墓葬少见模型明器和俑类随葬的原因，除了墓葬被盗造成随葬品保存不全外，主要还在于随葬习俗发生了变化——单室墓的形制以表现墓主的起居为主，象征"厨厩"和"婢妾"的东西减少或省略了。此外，与西晋墓葬一样，东晋墓葬也流行随葬墓志，墓志多为砖质，只有少量为石质（南京象山 M1、M9、M10）。

在随葬品方面能够明确体现墓葬等级的东西很少，例如装饰有龙首和虎首的陶座，不仅在被推定的三座皇帝陵中出土，在可能是皇帝陵的陪葬墓（南京幕府山 M1、M3、M4）以及世家大族墓（南京郭家山 M10、M13）中也有发现。金、银、玉石、玻璃器皿等珍稀物品的随葬也是如此。这些物品虽不能作为确定墓葬等级的绝对依据，但能够使用它们的墓葬，等级确实很高。

6. 小结

从整体上观察，东晋丧葬制度是对西晋葬制的继承与发展，也可以说两晋墓制是一脉相承的。

从皇帝陵来看，一是两晋帝陵的分布特征相似，它们均位于临近都城的山坡地带，并且皆非只有一个陵区，如西晋文帝崇阳陵和武帝峻阳陵位于洛阳故城以东的邙山南坡，二陵相距约 3 公里，其他西晋帝陵的位置尚不清楚，应属于其他陵区，东晋帝陵有三个陵区，分别位于建康城南的"鸡笼山之阳"、城东的"钟山之阳"和城北的"幕府山之阳"；二是两晋帝陵的地面设施相似，均不封不树，也没有神道石刻等内容；三是两晋帝陵附近均分布有陪葬墓；四是两晋帝陵形制相似，均为斜坡墓道带甬道的单室券顶墓，不同的是，已知的西晋崇阳陵和峻阳陵为土洞墓，且墓道宽长，而东晋帝陵则为砖室墓，墓道窄小。从墓葬规模上看，虽然东晋帝陵的墓室面积大于西晋帝陵，但若加上墓道的面积，则东晋帝陵远不如西晋帝陵的工程浩大。

与西晋墓葬一样，以世家大族墓地为代表的东晋大中型墓葬大多没有发现坟丘等地面设施，即使部分墓筑有坟丘，也不高大；墓葬形制没有西晋时期那么丰富多样，西晋既有三室墓、双室墓，也有单室墓，东晋则多为形制相似的单室墓；墓道远不如西晋墓葬发达；部分墓葬甬道内设置木门的做法，在西晋墓中也较常见，只是西晋墓多用石门。这些情况又说明，在墓葬规模上，东晋墓葬总体上是变小了。

关于墓葬内外的棺床、祭台、直棂假窗、灯龛、排水沟等设施，都是经历了一个出现、演变的过程，三国时期的孙吴墓葬已较流行设置棺床、祭台、灯台和排水沟，这些做法又被南方西晋墓承继了下来，此时还出现了直棂假窗，东晋墓葬很自然地保留了这些设施，并对之进行整合，例如直棂假窗与"凸"字形灯龛的组合就颇具时代特色。

就随葬品而言，不仅东晋大中型墓葬继承了南方西晋墓随葬品的组合并有所变化，被推定的东晋皇帝陵也承袭北方西晋墓的传统而随葬有较多的陶质器皿。

总之，从地面设施、墓葬形制、墓葬规模和随葬品等情况可以了解到两晋墓葬的内在联系，同时还可看出东晋墓葬不仅依然维持着魏晋以来的薄葬制度，而且薄葬化的倾向更进了一步。《晋书·志第十·礼中》曰："江左初，元、明崇俭，且百度草创，山陵奉终，省约备矣。"《晋书·列传第五十三·江逌传》曰："穆帝崩，山陵将用宝器，逌谏曰：'以宣皇顾命终制，山陵不设明器，以贻后则。景帝奉遵遗制。逮文明皇后崩，武皇帝亦承前制，无所施设，惟脯糒之奠，瓦器而已。昔康皇帝玄宫始用宝剑金舄，此盖太妃罔已之情，实违先旨累世之法。今外欲以为故事，臣请述先旨，停此二物。'书奏，从之。"《晋书·志第十·礼中》又曰："孝武帝太元四年九月，皇后王氏崩。诏曰：'终事唯从俭速。'"以上都是关于东晋皇帝丧葬节俭的记录，文献也记载有东晋大臣遗令薄葬之例，这里不予详列。东晋丧葬崇俭的原因，当与其政治沿革、经济状况、军事形势和文化风尚密切相关。

关于东晋墓葬的等级特征，上文已经做了简要分析。回顾西晋墓葬的等级问题，在墓葬形制方面，皇帝陵及其陪葬墓有着严格的规制，但帝陵以外的大中型墓葬则理不出等级差别的具体要素，在随葬品方面，文献记载的有关规制，对非皇族的公侯或地方官吏的约束力也不强，由此表明封建社会丧葬礼制的核心是规范皇帝和王侯等皇族的等级秩序。依现有考古材料对东晋墓葬等级制度的观察，似仍未超出这种认识：从被推定的三座皇帝陵基本能够归纳出体现该等级的一些具体要素，如形制方面甬道内的两道木门，随葬品方面使用装饰有龙首和虎首的陶座等，但对于帝陵以外的墓葬，仍然理不清等级秩序的线索与具体要素。也有研究者论及东晋墓葬的等级问题，可供参考[94]。

二　南朝墓葬

宋代东晋，经齐、梁至陈，陈为隋灭。南朝四代前后相继，自公元420年至589年，共历169年，仍都建康。南朝与北方的北朝长期处于南北对峙的局面。

南朝墓葬在其疆域之内均有发现，其中以都城所在的南京地区最为集中。这里仅以南京及其临近地区发现的南朝皇帝、王、公陵墓和墓主身份清楚的官吏墓为代表，简论南朝墓葬。

（一）墓葬概况

1. 皇帝陵

南朝四代历帝位者二十余人，但辄有被废、被杀者，所以，即使加上被追封为帝的，总共也只有十多座帝陵。其中有四座经过发掘，它们分别是江苏丹阳胡桥仙鹤坳[95]（图4-95）、胡桥吴家村（图4-96）、建山金家村[96]三座齐陵和南京西善桥油坊村罐子山[97]（图4-97）一座陈陵（表4-7）。

四座帝陵均遭严重盗毁，致使墓葬形制残缺不全，随葬品所剩无几。整合四陵资料，可以看出它们具有一些共同特征：陵墓选址于低山丘陵上，面对谷间平地，陵前多有水塘；陵墓上有坟丘，一般似不甚高大，其中二陵坟丘之前方数百米处遗有神道石刻，为天禄、麒麟各一；形制为带券顶甬道的单室砖墓，墓前应设墓道，但墓室顶部构造不甚明晰；甬道内设二道石门，石门形制略同，门拱上浮雕人字栱；墓室规模宏大，平面呈长方椭圆形或八角形，长 8 ~ 10 米，宽 5 米余，面积 40 余平方米；墓室内设棺床，但无祭台；墓室壁应设直棂窗和灯龛；甬道和墓室壁面装饰有复杂的图案和拼砖壁画，壁画题材在甬道顶有日、月，甬道两侧壁有狮子、武士，墓室两侧壁有羽人戏龙、羽人戏虎、飞天、竹林七贤和荣启期、车马出行（骑马乐队、骑马武士、执戟侍卫、执扇执盖侍从）等，有的墓在甬道口还施以彩绘壁画（胡桥吴家村和建山金家村齐陵）；墓内设排水沟，一直通向墓外远方的水塘；墓外设有挡土墙。

关于南京西善桥宫山大墓[98]（图 4 - 98）的时代和墓主身份仍存较大争议，墓的时代暂取刘宋说[99]，墓主身份虽不能确论，但从上述几项作为帝陵的主要指标看，此墓应到不了帝陵级别，如甬道只设一道石门；墓室偏小，面积只有 20 余平方米，约当上述诸陵墓室面积的一半；墓室壁面虽然装饰有竹林七贤和荣启期拼砖壁画，但缺乏其他题材，壁画内容略显单薄等。

2. 王、公陵墓

（1）王陵

据出土墓志可确定为王陵的有两座，即位于南京甘家巷一带

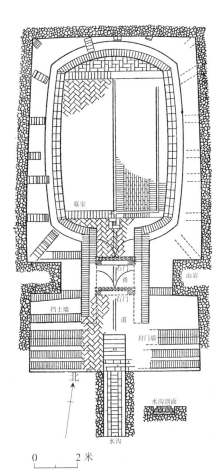

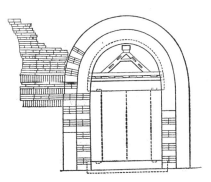

图 4 - 95　江苏丹阳胡桥仙鹤坳南朝墓平、立面图（南京博物院：《江苏丹阳胡桥南朝大墓及砖刻壁画》，《文物》1974 年第 2 期第 45 页图二、四）

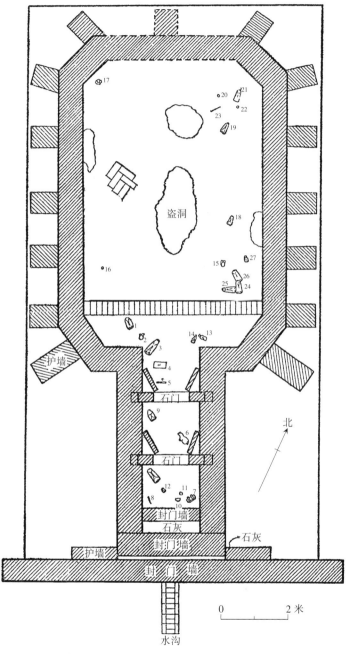

图4-96　江苏丹阳胡桥吴家村南朝墓平面图（南京博物院：《江苏丹阳县胡桥、建山两座南朝墓葬》，《文物》1980年第2期第2页图二）

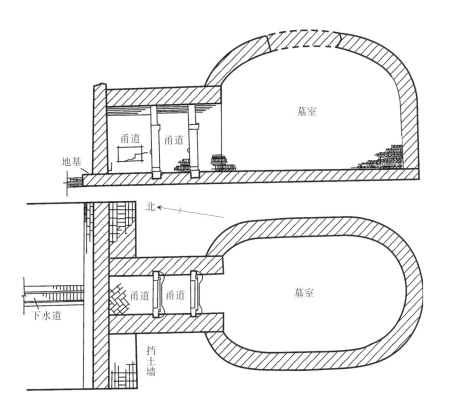

墓室

甬道　甬道

地基

北

下水道

甬道　甬道

墓室

挡土墙

0　　　　　4 米

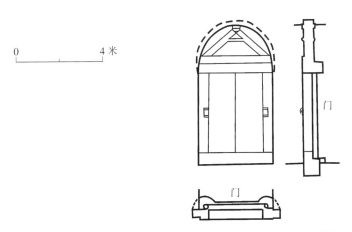

门

门

图 4 - 97　江苏南京西善桥油坊村罐子山南朝墓平、剖面图（罗宗真：《南京西善桥油坊村南朝大墓的发掘》，《考古》1963 年第 6 期第 294 页图七、九）

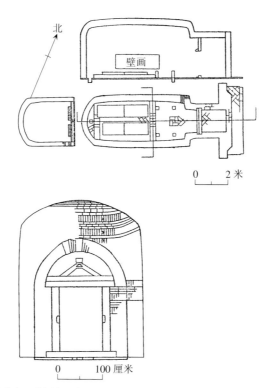

北

壁画

0   2 米

0   100 厘米

图 4-98　江苏南京西善桥宫山南朝墓平、剖面图（南京博物院、南京市文物保管委员会：《南京西善桥南朝墓及其砖刻壁画》，《文物》1960 年第 8、9 期第 37 页图 1、3）

的梁两代桂阳王萧融[100]及其嗣子萧象墓[101]（图 4-99），另据墓葬地望、出土墓志残文、地表所遗神道石刻以及文献记载基本能够确认的王陵有三座，即南京甘家巷梁安成王萧秀墓（M6）[102]（图 4-100）、南京白龙山梁临川王萧宏墓[103]（图 4-101）、南京尧化门梁南平王萧伟墓[104]（图 4-102）。这五座王陵均属梁，年代自公元 502 年至 536 年。

　　上文已述南京西善桥宫山宋墓非皇帝级别，现将该墓与梁诸王陵相比，在墓室构造和规模上非常一致，加之此墓墓室还装饰有竹林七贤和荣启期拼砖壁画，墓主身份应不低，有可能为王。

　　关于南京蔡家塘 1 号墓[105]的等级问题，有研究者认为墓主可能是梁始兴王萧憺或其子萧晔[106]。此墓墓室长 5.83 米，宽 3.05 米，面积约 17.78 平方米，与梁的其他王陵相比，规模显小，因此墓主可能不是萧憺。憺子晔曾封上黄侯，依墓的规模论，应相符合，但萧晔卒于晋陵太守任上，是否归葬建康，史书无载，因此亦无法论定该墓即萧晔墓。

表4-7 南京及周边地区南朝墓葬简表

单位：米

序号	地点	墓道	甬道			墓室							拼砖壁画与随葬品	合葬	墓葬年代与墓主身份	备注
			有无	石门	顶	尺寸		祭台	棺床	直棂窗与灯龛	排水沟	挡土墙				
						东西	南北									
1	江苏丹阳胡桥仙鹤坳南朝墓	？	有	2	？	4.9	9.4	无	有	？	有	有	甬道壁应有狮子等，墓室壁有竹林七贤、羽人戏虎、飞天、车马出行（骑马乐队、骑马武士、执载侍卫、盖弓侍从）、陶俑等；青瓷器、石器（陶屋），铁器（石俑）、金、玉、玛瑙、琥珀、水晶、料饰件等	夫妇2人	齐帝陵级别	南朝墓，坟丘不明，510米有石麒麟和石天禄各一

343

续表

序号	地点	墓道 有无	甬道 有无	石门	顶	尺寸 东西	尺寸 南北	祭台	棺床	直棂窗与灯龛	排水沟	挡土墙	拼砖壁画与随葬品	合葬	墓葬年代与墓主身份	备注
2	江苏丹阳建山金家村南朝墓	？	有	2	？	5.17	8.4	石祭台	有	各6个	有	有	甬道顶有日、月，壁有狮子、武士，墓室壁有羽人戏龙、竹林七贤和荣启期、车马出行等；飞天、戏虎、青瓷器、陶器（俑）、石器、漆器（俑）、铜器、钱等	？	齐帝陵级别	墓南有石麒麟和石天禄各一800米
3	江苏丹阳胡桥吴家村南朝墓	？	有	2	？	5.19	8.2	石祭台	有	？	有	有	壁画内容基本同上墓；陶器（俑，屏牛、马）、石器（俑，铜马）、漆器（俑）、铜器、钱等	？	齐帝陵级别	封土墩东西30米，南北28米，高8米

续表

序号	地点	墓道	甬道		墓室									拼砖壁画与随葬品	合葬	墓葬年代与墓主身份	备注
			有无	石门	顶	尺寸		祭台	棺床	直棂窗与灯龛	排水沟	挡土墙					
						东西	南北										
4	南京西善桥油坊村罐子山南朝墓	有	有	2	?	约5.2	约8.5	?	?	?	有	有	甬道壁有狮子；青瓷器、陶器等陶俑，玉器等	?	陈帝陵级别	坟丘不明，据推算高约1米
5	南京西善桥宫山南朝墓	?	有	1	券顶	6.85	3.1	无	有	2窗3龛	有	有	墓室壁有竹林七贤和荣启期；青瓷器（俑6，凭几1，灶1，犀牛2，马1）、陶器（滑石猪2）、玉石、铜镜1，铁镜1，铜钱8	2棺座	宋	

续表

序号	地点	墓道	甬道		墓室									拼砖壁画与随葬品	合葬	墓葬年代与墓主身份	备注
			有无	石门	顶	尺寸		祭台	棺床	直棂窗与灯龛	排水沟	挡土墙					
						东西	南北										
6	南京甘家巷梁萧融夫妇墓	?	有	?	?	3.15	约6	?	?	?	?	?		石墓志2	2人	天监元年（公元502年）和十三年（公元514年）；梁桂阳王萧融夫妇	墓南千米有石辟邪一对
7	南京甘家巷M6	?	有	1	?	3.25	6.3	石祭台？	有	有灯龛	有	有		青瓷器，陶器（俑1），陶案足7，凭几1，砚1，座8；石墓志2（文字不辨）		天监十七年（公元518年）；梁安成王萧秀	墓南千米有石辟邪、石柱各一对，石碑两对

续表

序号	地点	墓道	甬道		墓室								拼砖壁画与随葬品	合葬	墓葬年代与墓主身份	备注
			有无	石门	顶	尺寸		祭台	棺床	直棂窗与灯龛	排水沟	挡土墙				
						东西	南北									
8	南京白龙山南朝墓	?	有	1	券顶	3.7	7.7 高5.25	石祭台	有	有 灯龛	有	有	青瓷器、陶器（俑2、凭儿1、屋1）、石祭台等、铁镜1；石墓志2（文字不辨）	棺座 石板1	普通七年（公元526年）；梁临川王萧宏	坟丘椭圆形，底周长约50米，高3米余；墓北千米有石辟邪、石柱和石碑各一对
9	南京尧化门南朝墓	?	有	?	券顶	3.48	6.2 高4.44	?	?	?	有	有	青瓷器、陶器（俑3、牛车、屋1），石座6、案足4、凭儿、猪2、铜镜、铜钱；石墓志4	棺座 石板4	中大通五年（公元533年）；梁南平王萧伟	墓南约800米有石柱一对，柱北有门阙一对

阈界的秩序——论中国古代墓葬制度概论

序号	地点	墓道	甬道		墓室								拼砖壁画与随葬品	合葬	墓葬年代与墓主身份	备注
			有无	石门	顶	尺寸		祭台	棺床	直棂窗与灯龛	排水沟	挡土墙				
						东西	南北									
10	南京甘家巷梁萧象墓	?	有	1	?	2.96	6.48	石祭台	?	?	有	有	青瓷器、陶器（俑2，马1，凭几1，屋器1），石器足2，铜钱7；石墓志1	棺座2 石板2	大同二年（公元536年）；梁桂阳王萧象	梁桂阳王萧融嗣子
11	南京甘家巷蔡家塘M1	?	有	1	?	3.05	5.83	石祭台2	有	?	有	?	青瓷器、陶器（俑、牛车、凭几）、玉环2、石座2、祭台4、铁镜、猪	2棺 座石 板4	梁？	
12	南京西善桥陈黄法氍墓	?	有	1	?	3.15	5.5	石祭台	有	有	无	有	青瓷器、陶器、石座4、祭台1、石墓志1	棺座2 石板2	陈义阳郡公黄法氍	甬道带二耳室，墓室内原有壁画

续表

序号	地点	墓道		墓室									拼砖壁画与随葬品	合葬	墓葬年代与墓主身份	备注
			有无	封门	顶	尺寸		祭台	棺床	直棂窗与灯龛	排水沟	挡土墙				
						东西	南北									
13	南京司家山M6	?	有	1 木门	券顶	2.15~2.25	4.45	有	有	各5个	有	有	青瓷器；滑石猪3；砖墓志一组6块	2人?	永初二年（公元421年）；宋海陵太守谢珫	墓室三壁略外弧
14	南京太平门外宋昌墓	?	有	?	券顶	2.04	5.5	无	有	?	?	无	青瓷器，陶器（陶俑3），滑石猪2；石墓志1		元徽三年（公元475年）；宋武原县令	
15	南京燕子矶南朝墓	?	有	1	?	5	2.35	石祭台	有	?	无	无	石俑4，马1，座3；石墓志1	二棺?	普通二年（公元521年）；梁辅国将军	

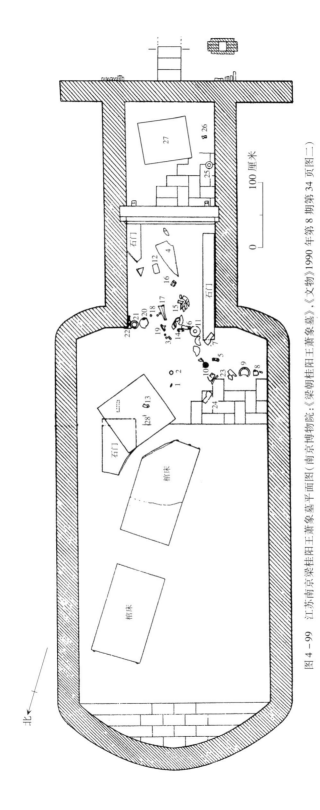

北

图 4－99 江苏南京梁桂阳王萧象墓墓平面图（南京博物院：《梁朝桂阳王萧象墓》，《文物》1990 年第 8 期第 34 页图二）

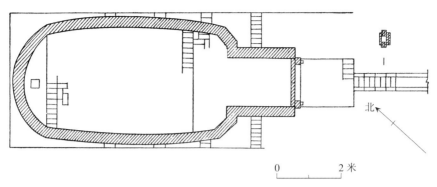

图4-100　江苏南京梁安成王萧秀墓平面图（南京博物院、南京市文物保管委员会：《南京栖霞山甘家巷六朝墓群》，《考古》1976年第5期第317页图二）

　　由宋、梁六座王陵资料可总结其特征如下：陵墓均选址于低山丘陵上；在地面设施方面，个别陵墓上存有低矮坟丘，陵前千米左右布列神道石刻，以萧秀陵前石刻保存最多，有二辟邪、二柱和四碑，其他如萧宏陵前有辟邪、柱、碑各二，萧融陵前有二辟邪，萧伟陵前有二石柱，近年还在萧伟陵前石柱北侧发掘出一对陵园门阙遗址，实属难得；陵墓形制系带甬道的单室砖墓，墓道情况不明，从存有墓顶的墓例看，墓室为券顶；甬道内设一道石门，石门形制略同，门拱上浮雕人字栱；墓室规模较大，平面多呈长方椭圆形，长6~8米，宽3米左右，面积多在20平方米以上；墓室内多有砖砌棺床和石祭台，棺床上置石棺座；墓室壁设直棂窗、灯龛；甬道和墓室壁面用花纹砖装饰；墓内设排水沟，一直通往墓前水塘；墓外设有挡土墙。

　　（2）公墓

　　墓主身份清楚的只有一座，即南京西善桥陈义阳郡公黄法𣆮墓[107]（图4-103）。该墓与诸王墓形制相似，不同的是甬道和墓室之间隔出了两个耳室，墓室内还绘有彩色壁画。墓室长5.5米，宽3.15米，面积约17.33平方米，规模较王墓略小。

　　南京蔡家塘1号墓（图4-104）的规模与此墓略同，墓葬等级也应相差不远，或者即为公侯级别。

　　3. 官吏墓

　　这里试举三座时代和墓主身份均清楚的墓葬为例，说明南朝官吏墓的一般情况。南京司家山谢氏家族墓地中的M6墓主为宋海陵太守谢珫[108]（图4-105），南京太平门外南朝墓墓主为宋武原县令明昙憘[109]（图

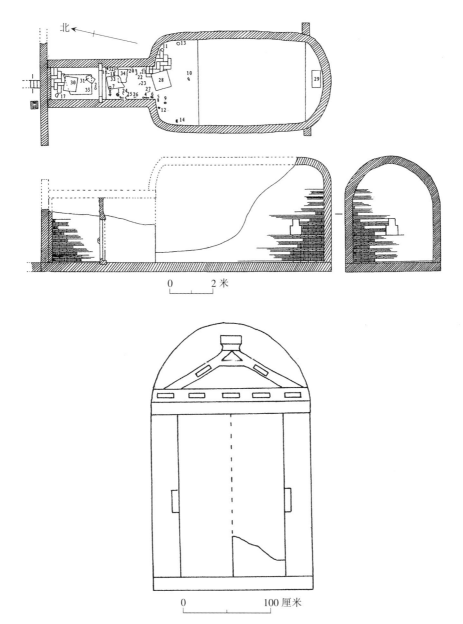

图 4-101　江苏南京梁临川王萧宏墓平、剖面图（南京市博物馆、栖霞区文管会：《江苏南京市白龙山南朝墓》，《考古》1998 年第 12 期第 47 页图二、三）

4-106），南京燕子矶南朝墓墓主为梁辅国将军[110]（图 4-107）。

　　三墓均为带甬道的单室券顶砖墓，甬道内设一道木门或石门，墓葬形制总体上与王公陵墓无大差异，只是墓葬规模更小，墓室长 4~6 米，宽 2 米余，面积在 10 平方米左右。

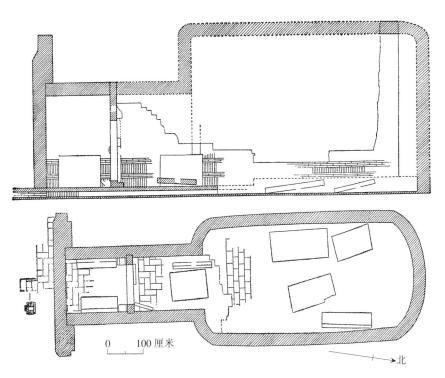

图 4 – 102　江苏南京梁南平王萧伟墓平、剖面图（南京博物院：《南京尧化门南朝梁墓发掘简报》，《文物》1981 年第 12 期第 15 页图三、16 页图五）

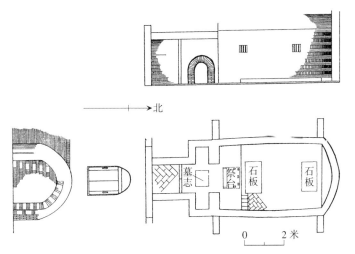

图 4 – 103　江苏南京陈义阳郡公黄法氍墓平、剖面图（南京市博物馆：《南京西善桥南朝墓》，《文物》1993 年第 11 期第 20 页图一）

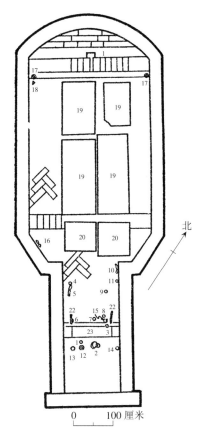

图4-104　江苏南京蔡家塘1号墓平面图（金琦：《南京甘家巷和童家山六朝墓》，《考古》1963年第6期第306页图一一）

（二）葬制综论

1. 墓地选择

受"风水"思想影响，南朝帝王陵墓无不背依山丘，面向开阔平地或山间谷地。如南京梁临川王萧宏墓坐落在白龙山北坡，面向平地，其神道石刻一组六件布列于墓北千米处，在神道的左右两侧还各有一座小山丘夹道而立（图4-108）；又如南京尧化门梁南平王萧伟墓，背依一个叫老米荡的山谷北峰，面朝谷地，其神道门阙和石柱布列于谷口处（图4-109）；南京甘家巷梁桂阳王萧象墓也是坐落在一个叫刘家塘的山冲北坡，背靠一座较高的山峰，面向谷地（图4-110）。

2. 族葬风习

南朝与东晋一样盛行同族聚葬。常被举及的例子如南齐五帝陵集中分

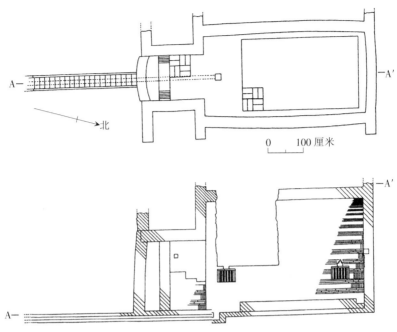

图 4 - 105　江苏南京宋海陵太守谢珫墓平、剖面图（南京市博物馆、雨花区文化局：《南京南郊六朝谢珫墓》,《文物》1998 年第 5 期第 5 页图二）

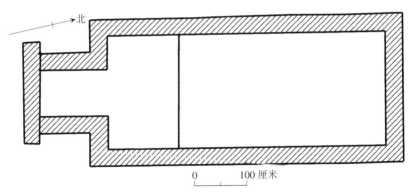

图 4 - 106　江苏南京宋武原县令明昙憘墓平面图（南京市文物管理委员会：《南京太平门外刘宋明昙憘墓》,《考古》1976 年第 1 期第 49 页图一）

布在江苏丹阳胡桥、建山一带，梁诸王陵集中布置在南京东北郊尧化门、甘家巷一带等。

3. 地面设施

南朝皇帝虽然多数生前力行节约，死后遗诏简葬，但坟丘、陵园、陵寝建筑和神道石刻等陵墓的地面设施一应俱兴，蔚然成为时代风尚。

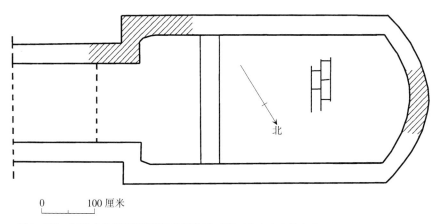

图4－107　江苏南京燕子矶梁辅国将军墓平面图（南京市文物保管委员会：《南京郊区两座南朝墓清理简报》，《文物》1980年第2期第24页图一）

（1）坟丘

南朝时期墓上已普遍起坟，但有关墓葬坟丘的考古发现却很少，且大多报道不详，有的报道似将墓坑填土当做坟丘，由此测量的坟丘高度是不准确的，如丹阳胡桥仙鹤坳齐陵和南京西善桥油坊村罐子山陈陵等，唯丹阳胡桥吴家村齐陵的报告称该墓室埋藏于经夯实的圆形土墩中，土墩现存东西30米，南北28米，高8米，但该土墩是全部夯筑而成的墓葬封土，还是部分利用了原来的地形，也无从知晓。总之，从已经发掘的南朝帝王陵墓看，坟丘大多无存，或所存甚少，参以《建康实录》所记宋、陈四帝陵的高度均在一丈四尺至二丈间，可知帝陵坟丘尚不甚高大，王侯以至身份更低的官吏、庶民墓葬，其坟丘规模即可想而知。

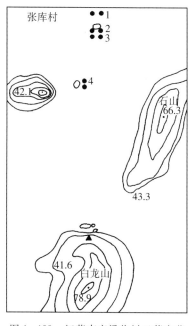

图4－108　江苏南京梁临川王萧宏墓地形示意图　1.石辟邪 2.石华表 3.石碑 4.新发现石刻（南京市博物馆、栖霞区文管会：《江苏南京市白龙山南朝墓》，《考古》1998年第12期第51页图六）

南朝帝王陵墓坟丘不甚高大的原因，除了仍受魏晋薄葬遗制的影响外，一方面与该时期陵墓的选址有关，即陵墓位于山丘坡面，不易堆筑高大的

图4-109　江苏南京梁南平王萧伟墓地形图（南京博物院：《南京尧化门南朝梁墓发掘简报》，《文物》1981年第12期第14页图一）

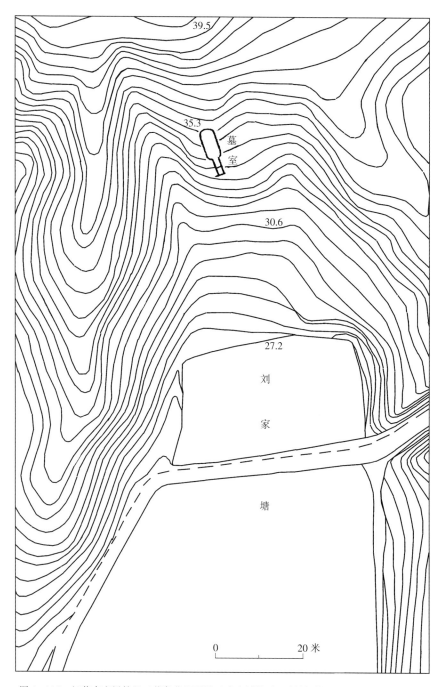

墓室

39.5

35.3

30.6

27.2

刘

家

塘

0   20 米

图 4 – 110　江苏南京梁桂阳王萧象墓地形图（南京博物院：《梁朝桂阳王萧象墓》，《文物》1990 年第 8 期第 33 页图一）

坟丘，加之陵墓多隐藏在山谷内或群山中，并不直接示人，墓葬本身又可依山借势，似不需使坟丘特别高显；另一方面，神道石刻大多远离陵墓，且列置于山谷出口或墓前平地，已然作为陵墓的标志性设施向世人展示，因此可以说在陵墓的诸地面设施中，石兽碑表等已取代坟丘，成为墓主身份和墓葬等级的物化代表，这或许是南朝陵墓坟丘不甚高大的根本原因所在。

南朝墓葬的坟丘多呈圆形或椭圆形。

（2）陵园与陵寝建筑

南朝帝王陵墓既然筑有坟丘，设有神道，就应该存在体现陵墓兆域的陵园。南京尧化门梁南平王萧伟墓南约 800 米处有一对石柱，石柱北侧发现一对门阙建筑遗址，东阙东西长 11.81 米，南北宽 2.03 米，西阙东西长 11.82 米，南北宽 1.94 米，两阙之间宽 5.57 米[111]（图 4 - 111）。此门阙应是陵园的入口，神道石柱是立在陵园之外。但由于没有发现与门阙遗址相连的陵园墙，因此还不清楚当时的陵园是筑有围墙，还是以其他设施或以自然地形来表现。

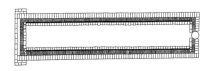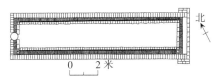

0　2 米

图 4 - 111　江苏南京梁南平王萧伟墓阙平面复原示意图（南京市文物研究所、南京栖霞区文化局：《南京梁南平王萧伟墓阙发掘简报》，《文物》2002 年第 7 期第 60 ~ 61 页图三）

南朝帝王陵墓设有寝庙类建筑的情况，见于文献记载，但尚无考古发现的实例[112]。

（3）神道石刻

南朝帝王陵墓流行在神道两侧列置石刻。石刻一般远离坟丘达 500 ~ 1000 米，与坟丘基本呈一直线。石刻分兽、柱、碑三种，多数陵墓拥有兽、柱、碑各一对共六件，自前向后布列于神道两侧，也有个别陵墓拥有四对八件的，如南京甘家巷梁安成王萧秀墓神道石刻即多出一对石碑，还有不少陵墓只存有石兽，当是神道石刻有所损毁、遗失所致。

南朝石刻现共存 35 处，其中南京 15 处，江宁 8 处，句容 1 处，丹阳 11 处。有关南朝陵墓石刻的保存现状，详见表 4 - 8。

表4-8 江苏现存南朝陵墓神道石刻表

序号	石刻所在地	现存石刻	陵墓名称	备注
1	江宁县麒麟镇麒麟铺村	石麒麟二（左双角，四足残；右一角，角残）	宋武帝刘裕初宁陵	
2	丹阳市胡桥乡狮子湾	石麒麟二（一完整，一残）	齐宣帝萧承之永安陵	
3	丹阳市前艾乡田家村	石麒麟二（一完整，一残）	齐武帝萧赜景安陵	
4	丹阳市埤城镇水经山南仙塘湾附近鹤仙坳	石麒麟二	齐景帝萧道生修安陵	发掘
5	丹阳市荆林镇三城巷东北	石麒麟二（一完整，一残）	齐景帝萧鸾兴安陵	
6	丹阳市建山乡金王陈村	石麒麟二	金王陈南齐失名墓	发掘
7	丹阳市建山乡烂石弄北	石辟邪二（一完整，一残）	烂石弄南齐失名墓	
8	丹阳市埤城镇水经山村	石辟邪二	水经山南齐失名墓	
9	丹阳市陵口镇东	石麒麟二（均残）	齐梁陵口	
10	丹阳市荆林镇三城巷东北	石麒麟二（均残）、石础二、石柱二、石碑二（仅存龟趺座）	梁文帝萧顺之建陵	
11	丹阳市荆林镇三城巷刘家村	石麒麟一	梁武帝萧衍修陵	
12	丹阳市荆林镇三城巷刘家村	石麒麟二（一残）	梁简文帝萧纲庄陵	
13	句容县石狮乡石狮村	石辟邪二、石柱二	梁南康王萧绩墓	
14	南京炼油厂小学内	石辟邪二、石柱一（仅存柱头小辟邪）	梁桂阳简王萧融墓	发掘

续表

序号	石刻所在地	现存石刻	陵墓名称	备注
15	南京栖霞镇甘家巷四队	石辟邪二、石柱二（一仅存柱座，一柱头已失）、石碑四（二碑较完整，二碑仅存龟趺座）	梁安成康王萧秀墓	发掘
16	南京栖霞镇甘家巷四队	石辟邪二（一头残，一仅存后胯），小辟邪二、石碑三（一碑完整，二碑仅存龟趺座）	梁始兴武王萧憺墓	
17	南京栖霞镇十月村（太平村）	石辟邪二（一略残，一残埋入地下）	梁吴平忠侯萧景墓	
18	南京栖霞镇甘家巷四队	石辟邪二（略残）	梁鄱阳忠烈王萧恢墓	
19	南京栖霞区仙林农场张库村	石辟邪二（一完好，一残）、石柱二（一仅存柱座，一柱头已失）、石碑二（一完整，一仅存龟趺座）	梁临川靖惠王萧宏墓	发掘
20	南京栖霞区仙林农场张库村	石柱二（仅存柱座）	梁平乐侯萧正义墓（？）	
21	南京尧化镇北家边	石柱二（断成数截，埋入地下）	梁南平元襄王萧伟墓（？）	发掘
22	南京栖霞镇董家边	石柱一（柱头已失）	梁新渝宽觉萧暎墓	
23	江宁县淳化镇刘家边	石柱二（柱头均失）、石辟邪二	梁建安敏侯萧正立墓	
24	江宁县上坊乡石马冲	石麒麟二（风蚀严重）	陈武帝陈霸先万安陵	
25	南京栖霞镇新合村狮子冲	石麒麟二（完好）	陈文帝陈蒨永宁陵	
26	江宁县江宁镇中村方旗庙	石辟邪二（一完整，一后半身残失）	方旗庙失名墓	

续表

序号	石刻所在地	现存石刻	陵墓名称	备注
27	原在燕子矶镇太平村太子凹，现移至南京博物院	石辟邪一（头部略残）	太平村失名墓	
28	江宁县淳化镇宋墅村	石柱二（一仅存柱头，一柱头小辟邪已失）	宋墅村失名墓	
29	江宁县上坊乡耿岗村	石柱一（柱头已失）	耿岗村失名墓	
30	南京燕子矶镇笆斗山徐家村金陵石化公司化工一厂内	石柱一（柱头已失）	徐家村失名墓	
31	江宁县上坊乡侯村	石辟邪二、石柱一（柱头已失）	侯村失名墓	
32	南京栖霞区马群镇狮子坝村	石辟邪一（已残）	狮子坝村失名墓	
33	南京栖霞区仙林农场张库村	石柱二（均残）	张库村失名墓	
34	江宁麒麟镇晨光行政村后村	石碑一（仅存破损的龟趺座）	后村失名墓	
35	南京雨花台区马家店村	石碑二（仅存龟趺座）	马家店失名墓	

注：该表据《江苏考古五十年》（南京出版社，2000 年）287 页表 1 作成，其中 1 处据王志高《南朝帝王陵寝初探》（《南方文物》1999 年第 4 期）注释 4 补入。

4. 墓葬形制

南朝皇帝、王公和官吏墓葬的形制已略如上述。

南朝一般墓葬的建造顺序大致是：选地——挖掘墓道、墓坑——在墓坑内构筑砖室——放置棺和随葬品——封堵墓门——回填墓坑、墓道——在墓坑、墓道上堆筑坟丘。

因为帝王多于生前预作寿陵，从墓室筑成到埋葬之间应相隔一段时间，所以大型帝王陵墓也存在入葬前即行回填墓坑、堆筑坟丘的可能性，若此，则陵墓的建造顺序为：选地——挖掘墓道、墓坑——在墓坑内构筑砖室——垒砌甬道外的封门墙（也起挡土墙作用）——回填墓坑——在墓坑上堆筑坟丘——由墓道经甬道进入墓室，放置棺和随葬品——封闭石门和封门墙——回填墓道。

这样来看，墓内和墓道设置排水沟就显得更加必要，排水沟其实在埋葬之前就已发挥作用。另外，南朝大型陵墓甬道外的封门墙往往作成拱券形，如保存较好的南京尧化门梁南平王萧伟墓（图4-112）等，可能就是为了在先行回填墓坑、堆筑坟丘后，便于通过墓道经由券顶封门墙和甬道进入墓室下葬，同样也便于在合葬时挖开墓道，拆开封门墙拱券内的封砖，再经由甬道抵达墓室。有的陵墓，如南京西善桥油坊村罐子山陈陵在甬道外封门墙的里侧又加砌高大的挡土墙，也应是为了上述目的。

不管在南朝陵墓的建造（运送建筑材料等）还是使用上（棺木入葬等），墓道都是墓葬必不可少的重要组成部分。但由于各种原因，至今南朝墓葬的墓道情况却罕见报道。南京西善桥油坊村罐子山陈陵带有墓道，但墓道的底部是呈水平状还是斜坡状，也没有交代清楚。

南朝陵墓的其他地面设施，如陵园、陵寝建筑、神道石刻等，大概都是与墓葬本身同时营建完成的。

作为葬具的木棺均已朽毁，铁棺钉多有存留。从墓内遗存人骨、墓室棺床上设置石棺座、出土墓志以及其他随葬品（滑石猪）等情况看，南朝同样盛行二人——夫妇合葬。

5. 随葬品

在装身用具、实用（或明器）器具、模型明器和俑四大类随葬品中，与东晋墓葬相比，模型明器类依然较少，品种有屋、凭几、灶、牛车等，俑类则有所增加，主要有陶俑、石俑、陶马、石马等，其中的石俑、石马颇具特色，另外还出土有一些犀牛状镇墓兽。当然，南朝帝王陵墓多被严

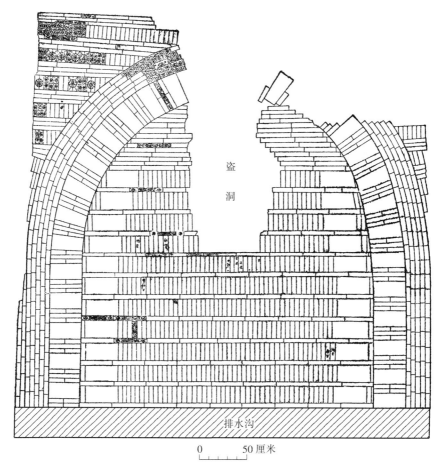

0 ——————— 50 厘米

图 4－112　江苏南京梁南平王萧伟墓封门墙（南京博物院：《南京尧化门南朝梁墓发掘简报》，《文物》1981 年第 12 期第 16 页图四）

重盗掘，盗余之物已不能反映随葬品的全貌。墓志多有出土，以石质为主。

6. 小结

　　南朝宋禅自东晋，齐、梁、陈又互禅代，因此，自东晋至南朝，各种制度前后相袭，一脉相承，丧葬制度也是如此。南朝墓制即是在继承东晋墓制的基础上加以创新后形成。

　　南朝墓制对东晋墓制的继承主要表现在墓葬的地下部分，即墓葬的形制上，当然，继承的同时也有变化。东晋、南朝大中型墓葬大都是一条斜坡墓道带甬道的单室砖墓；甬道均为券顶，墓室东晋前期尚有穹隆顶，东晋后期以至南朝则为券顶；甬道内设一道或两道门，东晋为木门，南朝则多为石门；墓室壁附设直棂假窗和灯龛，灯龛东晋为"凸"字形，南朝则多为桃形；墓室地面垒砌棺床和祭台，南朝还流行在棺床上设置石棺座，祭台也多为石质；墓外设置排水沟和挡土墙。

南朝墓制的创新主要表现在坟丘、陵园、陵寝建筑和神道石刻等地面设施上。东晋墓葬虽然沿用曹魏、西晋薄葬之制，但已现松弛，坟丘、石碑等偶有采用者。到了南朝，这套地面设施一应俱兴，成为陵墓制度不可或缺的组成部分，并对后世墓制产生了重大影响。

南朝大中型陵墓在形制方面能够体现等级特征的有以下几点：一是地面设施，如坟丘和陵园的规模，神道石刻的数量、种类、大小等，其中最显著的地方是，帝陵神道石刻中的一对石兽均长角，一为双角，一为单角，一般称天禄和麒麟，而王侯陵墓神道石刻中的一对石兽都不长角，称辟邪；二是墓葬规模，帝陵规模宏大，墓室长 8～10 米，宽 5 米余，面积达 40 余平方米，甬道内设二道石门，王陵规模较大，墓室长 6～8 米，宽 3 米左右，面积多在 20 平方米以上，公侯墓规模较王陵略小，墓室面积不到 20 平方米，郡守、县令等官吏墓葬规模更小，墓室长 4～6 米，宽 2 米余，面积在 10 平方米左右，王、公、官吏陵墓甬道内均设一道石门（或木门）；三是墓内装饰，帝陵的甬道和墓室壁面装饰有复杂的图案和拼砖壁画，王、公、官吏陵墓的甬道和墓室壁面只用花纹砖装饰。因此可以说，南朝在帝王、公侯等皇族和大臣丧葬上已经形成了一套较为严格的等级制度。

由于墓葬被盗造成大量随葬品遗失，目前在随葬品上还不能反映墓葬的等级。文献记载反映了南朝帝陵随葬从简的情况，如《南齐书·本纪第三·武帝纪》曰："（武帝）临崩又诏'凡诸游费，宜从休息。自今远近荐献，务存节俭，不得出界营求，相高奢丽。金粟缯纩，弊民已多，珠玉玩好，伤工尤重，严加禁绝，不得有违准绳。'九月丙寅，葬景安陵。"又如《陈书·本纪第五·宣帝纪》："（宣帝）遗诏曰：'……凡厥终制，事从省约。金银之饰，不须入圹，明器之具，皆令用瓦。唯使俭而合礼，勿得奢而乖度。'"

南朝墓葬不管是地下墓室还是地上诸设施，均比东晋同级别墓葬规模大，因此可以说，南朝墓制已摆脱魏晋以来薄葬之制的束缚，逐渐向厚葬的方向发展。究其原因，当首推刘宋代晋这一改朝换代的政治事件，朝代的更替催生了新的丧葬礼制，而宋、齐、梁、陈之间的禅代又使这一新生的葬制得以继续和完善。

第三节　南北朝墓制

　　魏晋开创的薄葬之制对后世产生了一定的影响。北方的十六国墓葬，以当时长安地区的墓例来看，墓葬形制带有浓厚的晋墓特征，但从文献记载墓葬地面设施的复兴和随葬品中俑群的变化可以看出，一种新的墓制已在孕育之中；南方的东晋墓葬则更为全面地延续着西晋墓制。

　　甚至到了南北朝时期，北朝之北魏、东魏北齐、西魏北周以及南朝之宋、齐、梁、陈，均以单室墓为主，这种简约化的墓葬形制实际上仍可看做是魏晋墓制的孑遗，尤其西魏北周地上不为封树、地下土洞墓室的墓制更是复制了魏晋薄葬之制，是北周大行复古之风的另一种表现。

　　南北朝墓制的重大变化主要表现在地面设施上，坟丘、陵园、陵寝建筑、神道石刻等全面复兴，此外，墓内装饰重新兴起，随葬品组合也发生了变化，如北朝墓葬极流行随葬俑群等。在地面设施方面，北朝比南朝坟丘高大、陵园规整，南朝比北朝神道长、石刻多且大，北朝石刻除石阙、石碑、动物（虎、羊等）外，还有石人，南朝石刻基本为石柱、石碑和动物（天禄、辟邪），不见石人；在墓内装饰方面，北朝流行壁画，南朝流行拼砖画；在随葬品方面，北朝比南朝更多地使用模型明器和俑群。

　　北朝墓制与南朝墓制既存在趋同性，又存在差异。在地面设施上南北朝都突破了魏晋墓制，两者相较，南朝自刘宋之初即已开始，北朝似始于北魏文明太后的永固陵，南朝应比北朝使用的早，因此从时间上看，存在南朝影响北朝的可能性；在墓葬形制上，北朝和南朝都脱胎于魏晋墓制；在随葬品上，重视俑群随葬的北朝显然受到十六国墓葬的影响，而俑群不甚流行的南朝，向前可追溯到东晋、甚至是西晋墓制。

　　总之，南北朝墓制业已摆脱魏晋以来薄葬之制的束缚，地面设施全面复兴，墓葬等级制度由地下、地上诸设施共同构成，并且达到了较为成熟的阶段。可以说南北朝墓制重开了厚葬之风，对其后的隋唐墓制产生了重要影响。

注释

〔1〕陕西省考古研究所：《西安北郊北朝墓清理简报》，《考古与文物》2005 年第 1 期。

〔2〕陕西省文物管理委员会：《西安南郊草厂坡村北朝墓的发掘》，《考古》1959 年第 6 期。

〔3〕陕西省考古研究所：《长安县北朝墓葬清理简报》，《考古与文物》1990 年第 5 期。

〔4〕西安市文物保护考古所：《西安财政干部培训中心汉、后赵墓发掘简报》，《文博》1997 年第 6 期。

〔5〕李朝阳：《咸阳市郊清理一座北朝墓》，《考古与文物》1998 年第 1 期。

〔6〕咸阳市文物考古研究所：《咸阳十六国墓》，文物出版社，2006 年。

〔7〕张全民等：《西安长安凤栖原墓葬发掘》，刘呆运等：《陕西咸阳渭城底张墓葬及陶窑 2009 年发掘》，均载国家文物局：《2009 中国重要考古发现》，文物出版社，2010 年。

〔8〕韦正：《关中十六国考古的新收获》，《考古与文物》2006 年第 2 期；韦正：《关中十六国墓葬研究的几个问题》，《考古》2007 年第 10 期。

〔9〕宿白：《盛乐、平城一带的拓跋鲜卑～北魏遗迹——鲜卑遗迹辑录之二》，《文物》1977 年第 11 期；大同市博物馆、山西省文物工作委员会：《大同方山北魏永固陵》，《文物》1978 年第 7 期；（日本）冈村秀典、向井佑介：《北魏方山永固陵の研究——東亜考古学会 1939 年收集品を中心として》，《東方学報》京都第 80 册，2007 年 3 月。

〔10〕河南省文化局文物工作队：《洛阳北魏长陵遗址调查》，《考古》1966 年第 3 期；洛阳市第二文物工作队：《北魏孝文帝长陵的调查和钻探》，《文物》2005 年第 7 期。

〔11〕中国社会科学院考古研究所洛阳汉魏城队、洛阳古墓博物馆：《北魏宣武帝景陵发掘报告》，《考古》1994 年第 9 期。

〔12〕陈长安：《洛阳邙山北魏定陵、终宁陵考》，《中原文物》1987 年特刊；黄明兰：《洛阳北魏景陵位置的确定和静陵位置的推测》，《文物》1978 年第 7 期。

〔13〕山西省大同市博物馆、山西省文物工作委员会：《山西大同石家寨北魏司马金龙墓》，《文物》1972 年第 3 期。

〔14〕山西省大同市考古研究所：《大同湖东北魏一号墓》，《文物》2004 年第 12 期。

〔15〕（日本）山本忠尚：《围屏石床的研究》，《中国考古学》第 6 号（2006 年）。

〔16〕大同市考古研究所：《山西大同七里村北魏墓群发掘简报》，《文物》2006 年第 10 期。

〔17〕大同市考古研究所：《山西大同迎宾大道北魏墓群》，《文物》2006 年第 10 期。

〔18〕大同市考古研究所：《山西大同沙岭北魏壁画墓发掘简报》，《文物》2006 年第 10 期。

〔19〕大同市考古研究所：《山西大同下深井北魏墓发掘简报》，《文物》2004 年第 6 期。

〔20〕山西省考古研究所、大同市考古研究所：《大同市北魏宋绍祖墓发掘简报》，《文物》2001 年第 7 期。

〔21〕山西省考古研究所、大同市博物馆：《大同南郊北魏墓群发掘简报》，《文物》1992年第8期。

〔22〕王银田、刘俊喜：《大同智家堡北魏墓石椁壁画》，《文物》2001年第7期。

〔23〕310国道孟津考古队：《洛阳孟津邙山西晋北魏墓发掘报告》，《华夏考古》1993年第1期。

〔24〕徐婵菲：《洛阳北魏元怿墓壁画》，《文物》2002年第2期。

〔25〕洛阳博物馆：《河南洛阳北魏元乂墓调查》，《文物》1974年第12期。

〔26〕侯鸿钧：《洛阳西车站发现北魏墓一座》，《文物参考资料》1957年第2期。

〔27〕中国社会科学院考古研究所河南二队：《河南偃师县杏园村的四座北魏墓》，《考古》1991年第9期。

〔28〕大同市博物馆：《大同东郊北魏元淑墓》，《文物》1989年第8期。

〔29〕马玉基：《大同市小站村花圪塔台北魏墓清理简报》，《文物》1983年第8期。

〔30〕偃师商城博物馆：《河南偃师两座北魏墓发掘简报》，《考古》1993年第5期。

〔31〕偃师商城博物馆：《河南偃师两蔡庄北魏墓》，《考古》1991年第9期。

〔32〕洛阳市第二文物工作队：《洛阳衡山路北魏墓发掘简报》，《文物》2009年第3期。

〔33〕黄明兰：《西晋裴祇和北魏元毗两墓拾零》，《文物》1982年第1期。

〔34〕洛阳博物馆：《洛阳北魏元邵墓》，《考古》1973年第4期。

〔35〕洛阳市文物工作队：《洛阳孟津北陈村北魏壁画墓》，《文物》1995年第8期。

〔36〕洛阳市第二文物工作队：《洛阳纱厂西路北魏HM555发掘简报》，《文物》2002年第9期。

〔37〕洛阳市文物工作队：《洛阳孟津晋墓、北魏墓发掘简报》，《文物》1991年第8期。

〔38〕偃师商城博物馆：《河南偃师两座北魏墓发掘简报》，《考古》1993年第5期。

〔39〕河南省文化局文物工作队：《一九五五年洛阳涧西区北朝及隋唐墓葬发掘报告》，《考古学报》1959年第2期。

〔40〕洛阳市第二文物工作队：《偃师前杜楼北魏石棺墓发掘简报》，《文物》2006年第12期。

〔41〕中国社会科学院考古研究所、河北省文物研究所：《磁县湾漳北朝壁画墓》，科学出版社，2003年。

〔42〕马忠理：《磁县北朝墓群——东魏北齐陵墓兆域考》，《文物》1994年第11期。

〔43〕磁县文化馆：《河北磁县东陈村东魏墓》，《考古》1977年第6期。

〔44〕河南省文物管理局南水北调文物保护办公室、河南省文物考古研究所：《河南安阳市固岸墓地Ⅱ区51号东魏墓》，《考古》2008年第5期。

〔45〕磁县文物保管所：《河北磁县北齐元良墓》，《考古》1997年第3期。

〔46〕安阳县文教局：《河南安阳县清理一座北齐墓》，《考古》1972年第1期。

〔47〕河南省文物考古研究所：《河南安阳县固岸墓地2号墓发掘简报》，《华夏考古》2007年第2期。

〔48〕磁县文化馆：《河北磁县北齐高润墓》，《考古》1979 年第 3 期。

〔49〕张晓峥：《河北磁县北齐高孝绪墓》，载国家文物局：《2009 中国重要考古发现》，文物出版社，2010 年。

〔50〕磁县文化馆：《河北磁县东魏茹茹公主墓发掘简报》，《文物》1984 年第 4 期。

〔51〕磁县文化馆：《河北磁县东陈村北齐尧峻墓》，《文物》1984 年第 4 期。

〔52〕河南省博物馆：《河南安阳北齐范粹墓发掘简报》，《文物》1972 年第 1 期。

〔53〕河南省文物研究所、安阳县文管会：《安阳北齐和绍隆夫妇合葬墓清理简报》，《中原文物》1987 年第 1 期。

〔54〕河南省文物管理局南水北调文物保护管理办公室、安阳市文物考古研究所：《河南安阳县北齐贾进墓》，《考古》2011 年第 4 期。

〔55〕中国社会科学院考古研究所河北工作队：《河北磁县北朝墓群发现东魏皇族元祜墓》，《考古》2007 年第 11 期。

〔56〕河南省文物考古研究所：《河南安阳固岸墓地考古发掘收获》，《华夏考古》2009 年第 3 期。

〔57〕马忠理：《磁县北朝墓群——东魏北齐陵墓兆域考》，《文物》1994 年第 11 期。

〔58〕杨效俊：《东魏、北齐墓葬的考古学研究》，《考古与文物》2000 年第 5 期。

〔59〕咸阳市文管会、咸阳博物馆：《咸阳市胡家沟西魏侯义墓清理简报》，《文物》1987 年第 12 期。

〔60〕刘卫鹏：《咸阳西魏谢婆仁墓清理简报》，《考古与文物》2003 年第 1 期。

〔61〕贠安志：《中国北周珍贵文物——北周墓葬发掘报告》，陕西人民美术出版社，1992 年。

〔62〕刘呆运等：《陕西咸阳渭城底张墓葬及陶窑 2009 年发掘》，载国家文物局：《2009 中国重要考古发现》，文物出版社，2010 年。

〔63〕陕西省考古研究所、咸阳市考古研究所：《北周武帝孝陵发掘简报》，《考古与文物》1997 年第 2 期。

〔64〕咸阳市渭城区文管会：《咸阳市渭城区北周拓跋虎夫妇墓清理记》，《文物》1993 年第 11 期。

〔65〕陕西省考古研究所：《西安发现的北周安伽墓》，《文物》2001 年第 1 期；陕西省考古研究所：《西安北周安伽墓》，文物出版社，2003 年；西安市文物保护考古所：《西安北周凉州萨保史君墓发掘简报》，《文物》2005 年第 3 期；西安市文物保护考古所：《西安北周康业墓发掘简报》，《文物》2008 年第 6 期。

〔66〕程林泉等：《西安北郊北周李诞墓》，载国家文物局：《2005 中国重要考古发现》，文物出版社，2006 年；程林泉：《西安北周李诞墓的考古发现与研究》，载西北大学考古学系、西北大学文化遗产与考古学研究中心：《西部考古》（第 1 辑），三秦出版社，2006 年。

〔67〕宁夏回族自治区博物馆、宁夏固原博物馆：《宁夏固原北周李贤夫妇墓发掘简报》，《文物》1985 年第 11 期；宁夏回族自治区固原博物馆、中日原州联合考古队：《原州古墓集

成》，文物出版社，1999 年；原州联合考古队：《北周田弘墓》，文物出版社，2009 年。

〔68〕陕西省考古研究所：《北周宇文俭墓清理发掘简报》，《考古与文物》2001 年第 3 期。

〔69〕安徽省文物考古研究所、马鞍山市文化局：《安徽马鞍山东吴朱然墓发掘简报》，《文物》1986 年第 3 期；马鞍山市文物管理所：《安徽省马鞍山市朱然家族墓发掘简报》，《东南文化》2007 年第 6 期。

〔70〕安徽省文物考古研究所、马鞍山市文物管理所：《安徽马鞍山宋山东吴墓发掘简报》，《江汉考古》2007 年第 4 期。

〔71〕南京市博物馆、南京市江宁区博物馆：《南京江宁上坊孙吴墓发掘简报》，《文物》2008 年第 12 期。

〔72〕卢海鸣：《六朝陵寝制度新探》，蒋赞初主编：《南京大学历史系考古专业成立三十周年纪念文集》，天津人民出版社，2002 年。

〔73〕鄂城县博物馆：《鄂城东吴孙将军墓》，《考古》1978 年第 3 期。

〔74〕李蔚然：《南京六朝墓葬》，《文物》1959 年第 4 期。

〔75〕南京市博物馆：《南京大光路孙吴薛秋墓发掘简报》，《文物》2008 年第 3 期。

〔76〕江西省历史博物馆：《江西南昌市东吴高荣墓的发掘》，《考古》1980 年第 3 期。

〔77〕李蔚然：《南京富贵山发现晋恭帝玄室石碣》，《考古》1961 年第 5 期。

〔78〕南京大学历史系考古组：《南京大学北园东晋墓》，《文物》1973 年第 4 期。

〔79〕南京博物院：《南京富贵山东晋墓发掘报告》，《考古》1966 年第 4 期。

〔80〕南京市博物馆：《南京北郊东晋墓发掘简报》，《考古》1983 年第 4 期。

〔81〕蒋赞初：《南京东晋帝陵考》，《东南文化》1992 年第 3、4 期。

〔82〕华东文物工作队：《南京幕府山六朝墓清理简报》，《文物参考资料》1956 年第 6 期；南京市博物馆：《南京幕府山东晋墓》，《文物》1990 年第 8 期。

〔83〕南京市博物馆、南京市玄武区文化局：《江苏南京市富贵山六朝墓地发掘简报》，《考古》1998 年第 8 期。

〔84〕南京市文物保管委员会：《南京人台山东晋兴之夫妇墓发掘报告》，《文物》1965 年第 6 期；南京市文物保管委员会：《南京象山东晋王丹虎墓和二、四号墓发掘简报》，《文物》1965 年第 10 期；南京市博物馆：《南京象山 5 号、6 号、7 号墓发掘简报》，《文物》1972 年第 11；南京市博物馆：《南京象山 8 号、9 号、10 号墓发掘简报》，《文物》2000 年第 7 期；南京市博物馆：《南京象山 11 号墓清理简报》，《文物》2002 年第 7 期。

〔85〕南京市文物保管委员会：《南京老虎山晋墓》，《考古》1959 年第 6 期。

〔86〕南京市博物馆：《南京北郊郭家山东晋墓葬发掘简报》，《文物》1981 年第 12 期；南京市博物馆：《江苏南京北郊郭家山五号墓清理简报》，《考古》1989 年第 7 期；南京市博物馆：《南京北郊东晋温峤墓》，《文物》2002 年第 7 期；南京市博物馆：《南京市郭家山东晋温氏家族墓》，《考古》2008 年第 6 期。

〔87〕南京市博物馆、雨花区文化局：《南京司家山东晋、南朝谢氏家族墓》，《文物》

2000 年第 7 期；南京市博物馆、雨花区文化局：《南京南郊六朝谢温墓》，《文物》1998 年第 5 期；南京市博物馆、雨花区文化局：《南京南郊六朝谢珫墓》，《文物》1998 年第 5 期。

〔88〕南京市文物保管委员会：《南京戚家山东晋谢鲲墓简报》，《文物》1965 年第 6 期。

〔89〕南京市博物馆考古组：《南京郊区三座东晋墓》，《考古》1983 年第 4 期。

〔90〕南京市博物馆：《南京吕家山东晋李氏家族墓》，《文物》2000 年第 7 期。

〔91〕南京市博物馆：《江苏南京仙鹤观东晋墓》，《文物》2001 年第 3 期。

〔92〕李蔚然：《论南京地区六朝的葬地选择和排葬方法》，《考古》1983 年第 4 期；罗宗真：《六朝陵墓埋葬制度综述》，载《中国考古学会第一次年会论文集（1979）》，文物出版社，1980 年。

〔93〕南京市博物馆、江宁县文管会：《江苏江宁县下坊村东晋墓的清理》，《考古》1998 年第 8 期。

〔94〕韦正：《六朝墓葬的考古学研究》，北京大学出版社，2011 年。

〔95〕南京博物院：《江苏丹阳胡桥南朝大墓及砖刻壁画》，《文物》1974 年第 2 期。

〔96〕南京博物院：《江苏丹阳县胡桥、建山两座南朝墓葬》，《文物》1980 年第 2 期。

〔97〕罗宗真：《南京西善桥油坊村南朝大墓的发掘》，《考古》1963 年第 6 期。

〔98〕南京博物院、南京市文物保管委员会：《南京西善桥南朝墓及其砖刻壁画》，《文物》1960 年第 8、9 期。

〔99〕韦正：《南京西善桥宫山"竹林七贤"壁画墓的时代》，《文物》2005 年第 4 期。

〔100〕阮国林：《南京梁桂阳王萧融夫妇合葬墓》，《文物》1981 年第 12 期。

〔101〕南京博物院：《梁朝桂阳王萧象墓》，《文物》1990 年第 8 期。

〔102〕南京博物院、南京市文物保管委员会：《南京栖霞山甘家巷六朝墓群》，《考古》1976 年第 5 期。

〔103〕南京市博物馆、栖霞区文管会：《江苏南京市白龙山南朝墓》，《考古》1998 年第 12 期。

〔104〕南京博物院：《南京尧化门南朝梁墓发掘简报》，《文物》1981 年第 12 期。

〔105〕金琦：《南京甘家巷和童家山六朝墓》，《考古》1963 年第 6 期。

〔106〕周裕兴：《南京南朝墓制研究》，载蒋赞初主编：《南京大学历史系考古专业成立三十周年纪念文集》，天津人民出版社，2002 年。

〔107〕南京市博物馆：《南京西善桥南朝墓》，《文物》1993 年第 11 期。

〔108〕南京市博物馆、雨花区文化局：《南京南郊六朝谢珫墓》，《文物》1998 年第 5 期。

〔109〕南京市文物管理委员会：《南京太平门外刘宋明昙憘墓》，《考古》1976 年第 1 期。

〔110〕南京市文物保管委员会：《南京郊区两座南朝墓清理简报》，《文物》1980 年第 2 期。

〔111〕南京市文物研究所、南京栖霞区文化局：《南京梁南平王萧伟墓阙发掘简报》，《文物》2002 年第 7 期。

〔112〕王志高：《南朝帝王陵寝初探》，《南方文物》1999 年第 4 期。

第五章　中日古代坟丘墓比较研究

中国古代东周—南北朝时期基本上与日本弥生与古坟时代相当。在这一较长的历史时期，随着两国间交往的增多，特别是中国文化对日本古代社会产生了深刻影响，这种影响在墓葬制度中有何反映，也成为中日两国学术界长期关注的课题。

第一节　中国东周、秦汉时期与日本弥生时代

关于日本弥生时代的年代问题，学界存在很大争论。传统上弥生时代是自公元前 3 世纪至公元 3 世纪，但根据新的测年研究，弥生时代的开始或可提前 1~2 个世纪。总之，日本的弥生时代大约相当于中国的战国、秦汉时期。

下面先简述日本弥生时代坟丘墓的概况。

一　日本弥生坟丘墓概况

（一）坟丘墓的源头

从目前的考古资料看，日本旧石器时代还没有能够确认的墓葬实例，日本最早的墓葬是从绳纹时代开始的。绳纹时代主要有土圹墓、废屋墓、土器棺墓（瓮棺墓）、石棺墓和木棺墓。其中土圹墓是最基本的墓葬形制；在有的地区流行配石墓（集石墓），其墓葬形制主要也是土圹墓，另外还有一些是石棺墓；在北海道地区有一种环状土篱墓（周堤墓或环状沟墓），其单座墓葬的形制仍然是土圹墓。木棺墓是绳纹晚期末作为支石墓的主体部分在九州岛一带出现的。绳纹时代的墓葬形制，有些是与弥生时代墓葬形制相衔接的。

绳纹时代的几种墓葬形制虽然都还没有营造坟丘的意识，但无论是北

海道地区的环状土篱墓，本州岛关东、中部以及东北地区的配石墓，还是九州岛一带的支石墓，其环状土篱、配石和支石都是位于地面之上作为墓葬标志而存在的，环状土篱墓更具有区划墓的特征。这些在地面之上设置墓标或区划的做法，大概与绳纹时代以后弥生时代坟丘墓的产生有着一定联系吧。

绳纹时代之末，在个别地区已经发现墓葬之上有积土的现象，但似乎还不能称其为坟丘墓。真正带有坟丘的墓葬是从弥生时代开始的。

（二）早期坟丘墓概况

弥生时代有土圹墓、瓮棺墓、土器棺再葬墓、石棺墓（有的带配石）、木棺墓、支石墓和坟丘墓，其中土圹墓和支石墓等是从绳纹时代延续下来的形制，而坟丘墓等则是弥生时代新产生的形制。

弥生时代，虽然如带配石的石棺墓和支石墓等在地面之上设有墓标，瓮棺墓等在墓上也有一些覆土，但明显带有坟丘、能够称为坟丘墓的只有周沟墓和台状墓（包括四隅突出墓）。关于弥生坟丘墓的概念有各种各样的说法，这里基本遵从和田晴吾的观点展开讨论[1]。

1. 周沟墓

周沟墓是指四周挖沟，中部用土堆起土台，在土台之上下挖墓坑的一种埋葬形式，因为围沟和堆土而成的台子平面多呈方形，所以一般称为方形周沟墓。此外，围沟和土台还有呈圆形的，称为圆形周沟墓。

方形周沟墓分布广泛，几乎覆盖日本全境，是弥生时代具有代表性的一种墓葬。

方形周沟墓最早在弥生时代前期前叶出现于九州岛北部和畿内，但在九州岛北部并没有得到发展，而是以畿内为中心向各地传播：弥生时代前期中叶在四国北岸等地，前期后叶在滋贺，前期末在东海西部（爱知、三重）和兵库北部等地出现，中期扩展到东海东部、关东、北陆，然后向东北地区扩展，后期波及北部九州岛（弥生时代分为前期、中期、后期和终末期）。

方形周沟墓通常建造于村落附近的平地上，其坟丘积土而成，往往由多座坟丘构成一个墓地（图5-1）。坟丘的规模和埋葬情况是：前期—中期前叶，坟丘边长5~10米，一般埋葬1人；中期中叶—后叶，出现边长超过15米的坟丘，有的坟丘边长达到20~30米，常见二人及多人埋葬（图5-2）。

圆形周沟墓与方形周沟墓相比数量较少，但坟丘的修建方法、墓坑等

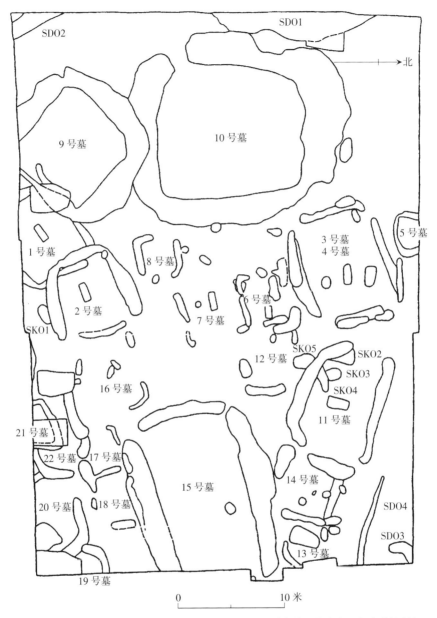

图 5 − 1　兵库・东武库遗迹（弥生时代前期）（转引自《古代日韩交流の考古学的研究
——葬制の比较研究》第 21 页图 3）

埋葬设施与方形周沟墓相似。圆形周沟墓于弥生前期中叶在濑户内中部
（香川、冈山）出现，中期扩展到兵库的濑户内海到大阪湾北岸，后期波
及爱媛至大阪，终末期分布的范围更广。中期中、后叶出现坟丘直径超过
15 米、后期出现坟丘直径超过 20 米的大型墓。基本上为单人埋葬。

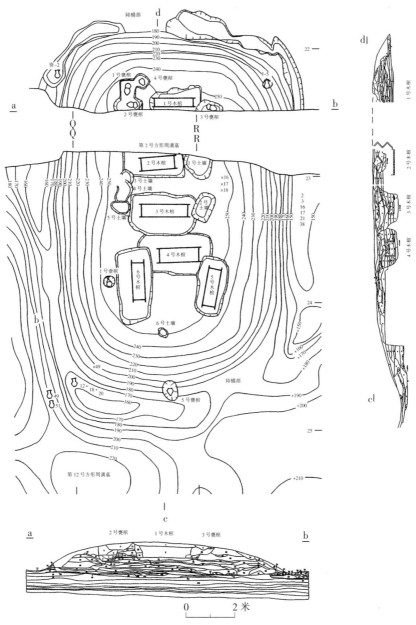

图 5-2　大阪·瓜生堂 2 号方形周沟墓（弥生时代中期中叶）（转引自《古代日韩交流の考古学的研究——葬制の比较研究》第 23 页图 10）

2. 台状墓

台状墓是指在丘陵或山脊上，通过刮削生土而形成一定高度的土台，在土台之上下挖墓坑进行埋葬的一种墓葬形制，因为刮削而成的土台平面

378

多呈方形，所以一般称为方形台状墓。此外，土台也有呈圆形的，称为圆形台状墓。

台状墓通常修建于村落附近的丘陵或山脊上，其突兀的坟丘系刮削生土而形成，与周沟墓用掘沟覆土形成坟丘的做法不同（图5-3）。

方形台状墓多分布于中国地区和日本海（东海）沿岸一带，与方形周沟墓的分布相比，方形台状墓有着相对集中的分布区域。其出现约在弥生前期末到中期初。中期后叶以后，出现在坟丘斜面上贴石的做法，称为方形贴石台状墓。方形贴石台状墓的四角向外突出，形成四隅突出形方形台状墓。四隅突出形方形台状墓弥生中期后叶在中国地区的内陆（广岛）出现，后期扩展到日本海沿岸的岛根东部、鸟取西部，后期后半至终末期波及北陆。

圆形台状墓数量少，出现也晚。弥生后期后半在冈山南部、终末期在香川、德岛有所发现。

周沟墓与台状墓除了各自发展外，还存在相互影响的情况。例如，受到方形台状墓的影响，在有的地区，方形周沟墓也建到丘陵之上；有的还使用贴石，形成方形贴石周沟墓。另一方面，受到方形周沟墓的影响，在有的地区，四隅突出形方形台状墓也在平地修建，周沟环绕，形成四隅突出形方形周沟墓。

3. 小结

作为弥生坟丘墓代表的方形周沟墓和台状墓，相比较而言，方形周沟墓比台状墓出现早，且分布广。大体上说，方形周沟墓是以畿内为中心展开的，而方形台状墓主要分布在中国地区和日本海（东海）沿岸一带。两种墓葬在有的地域共存，且相互影响，产生了新的墓葬形制。

就圆形周沟墓和台状墓而言，也是圆形周沟墓出现较早，分布较广，二者有一致的地方，就是都大致分布在以濑户内海为中心的地域。

周沟墓与台状墓之间有许多共通之处，例如它们都由多座墓构成一个墓地，单座墓都有明显的区划，都带有一定高度的坟丘，台状墓也有带围沟的例子，墓坑的形制和葬具的使用情况也基本相同，等等。二者的主要区别一是墓葬出现的时间、流行的中心地域和分布的范围不同，二是墓葬的选址不同，并因为墓葬选择的地形不同而采用了不同的营造手法。

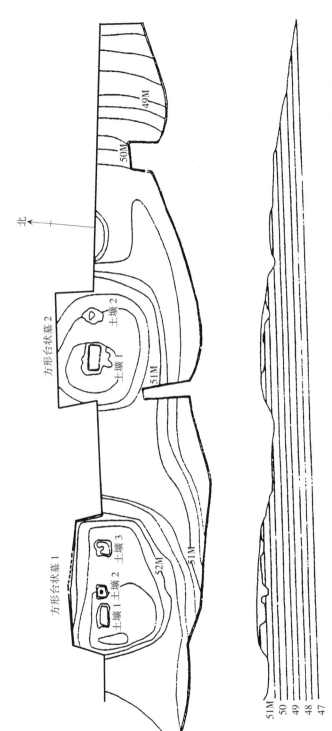

图 5－3 京都·七尾遗迹（弥生时代前期末—中期初）（转引自《古代日韩交流の考古学的研究——葬制の比较研究》第 25 页图 12 上）

弥生坟丘墓的坟丘，基本上可以分为方形和圆形两大类，方形类又可分为方形、四隅突出形方形、双方中方形和前方后方形，圆形类可分为圆形、双方中圆形和前方后圆形。

（三）晚期坟丘墓概况

如上所述，到了弥生时代中期的中、后叶，畿内地区方形周沟墓的规模增大。如大阪府加美遗迹 Y1 号墓（中期后叶），坟丘下部南北 26 米，东西 15 米，坟丘顶部南北 22 米，东西 11 米，坟丘高约 3 米，周沟宽 6 ～ 10 米，深约 1 米，与大阪府瓜生堂遗迹 2 号方形周沟墓相比，规模明显增大（图 5 - 4）。另外，该墓共埋葬 23 座木棺，其中的中央木棺除底板外均为二重。

弥生时代后期后半到终末期，坟丘墓不仅规模变得更大，有的还从集团墓地中独立了出来。如属周沟墓系统的大和缠向前方后圆坟丘墓群中（弥生时代终末期），胜山长约 110 米，石冢长约 93 米（圆丘直径约 80 米）（图 5 - 5），东田大冢长约 80 米，矢冢长约 73 米。属台状墓系统的冈山楯筑坟丘墓因其规模巨大和形制特殊经常作为弥生坟丘墓的典型资料被引用。该墓由略呈圆形的坟丘和东北、西南的两个突出部组成，全长 70 多米，其中圆丘直径 43 米，高约 5 米（堆土部分厚的地方有 1 米多），其东北突出部遭破坏，西南突出部长约 22 米（图 5 - 6）。圆丘以及突出部斜面上有列石，坟丘顶部设有"弧带石"，在中心埋葬处立有巨石。埋葬设施有两处，中心埋葬设施内筑有木椁，还有暗渠排水沟。木棺底部铺撒大量辰砂。棺内外发现玉、玛瑙质勾玉、管玉以及铁剑等随葬品。在椁上方的填土中发现砾石以及被打碎的土器和土质装饰品等，应属于埋葬祭祀的遗存。在中心埋葬设施的东南方有另一处埋葬设施，只有棺，在推定为墓主头部的地方发现少量朱，这处埋葬晚于中心埋葬，应属中心埋葬的陪葬。该墓属弥生时代后期中～后叶。再举四隅突出形台状墓的例子，如出云西谷 3 号坟丘墓（弥生时代后期后叶），坟丘长约 47 米，宽约 39 米，高约 5 米（图 5 - 7）。

作为古坟时代前方后圆坟的先导，在弥生时代后期和终末期，出现了如楯筑坟丘墓在圆丘部附设突出部的做法，缠向石冢等坟丘墓也是最典型的材料。此外，不管是方形周沟墓还是方形台状墓（包括四隅突出形墓），都有在坟丘上配石的现象。而作为古坟时代埴轮的先导，特殊器台形土器也已出现（主要分布在吉备地区）。

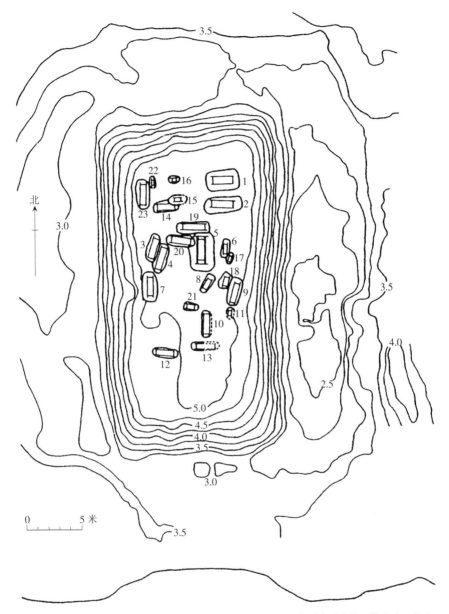

北

图 5 - 4　大阪·加美 Y1 方形周沟墓（弥生时代中期后叶）（转引自《古代日韩交流の考古学的研究——葬制の比较研究》第 21 页图 5）

　　大型坟丘墓的埋葬设施已出现木椁和竖穴式石室，在木椁、石室内放置木棺。

　　弥生坟丘墓的随葬品较少，大型坟丘墓也不例外。相比而言，楯筑坟丘墓的随葬品算是非常丰富的了。

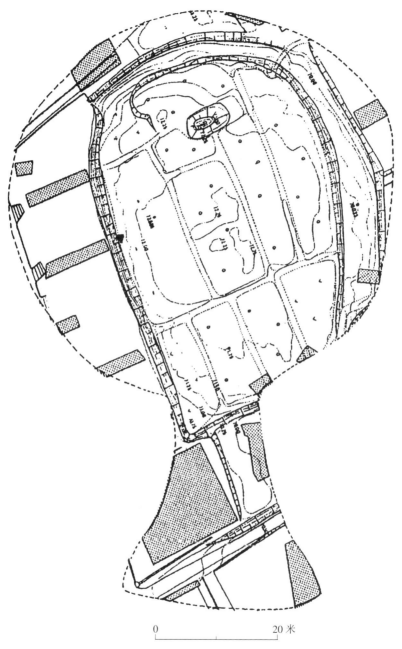

0　　　　　　　　　20 米

图 5 – 5　奈良・纒向石塚坟丘墓（弥生时代终末期）（转引自《古代日韩交流の考古学的研究——葬制の比较研究》第 29 页图 18 左）

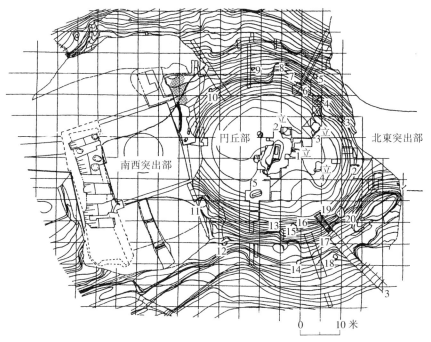

图 5-6　冈山·楯筑坟丘墓（弥生时代后期中叶—后叶）（转引自《古代日韩交流の考古
学的研究——葬制の比较研究》第 27 页图 16）

　　总之，到了弥生时代后期至终末期，不管是方形还是圆形系统的坟丘
墓，都出现了大型墓葬，并且从集团墓地中独立了出来。不仅如此，从陆
桥演化而来的突出部逐渐发达，最终发展成为古坟时代前方后圆坟和前方
后方坟的前部。这些形状各异的大型坟丘墓也逐渐成为不同地域首长专
用的坟形。与坟丘墓的大型化和形态化进程相伴，作为埴轮前身的特殊器
台形土器以及作为埋葬设施的木椁、竖穴式石室、木棺均已使用，棺内大
量用朱的例子也多了起来。

二　两国坟丘墓比较研究的现状

　　由于日本弥生时代坟丘墓的考古发现和研究起步较晚，如方形周沟墓
确认于 1964 年，方形台状墓确认于 1971 年，所以关于弥生时代坟丘墓与
中国大陆以及朝鲜半岛关系的讨论也就开始的较晚。

　　较早开展研究的是日本学者樋口隆康和菅谷文则。他们在上世纪 90 年
代初（1990 年）发表文章，认为中国江南一带的吴越文化和土墩墓对日本

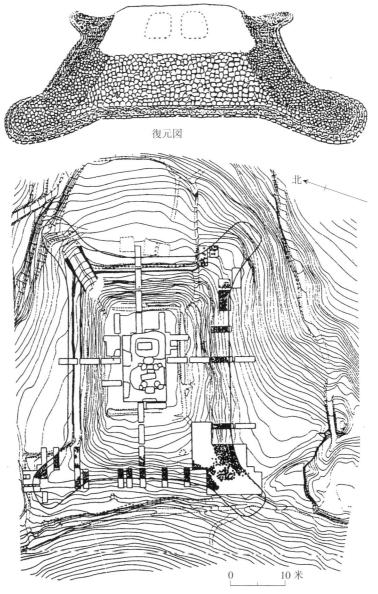

復元図

0   10 米

图 5-7 岛根·西谷 3 号坟（弥生时代后期后叶）（转引自《古代日韩交流の考古学的研究——葬制の比较研究》第 27 页图 14）

弥生文化和坟丘墓产生了影响[2]。之后，随着中日两国学术交流的增加，中国学者也加入了讨论的行列。首先是俞伟超于 1993 年著文，认为日本弥生时代的方形周沟墓与中国秦文化关系密切[3]。他介绍了中国西北地区卡约文化（公元前 2 千纪）带围沟的坟丘墓以及东周时期秦国的围沟墓，认为可能是秦代东渡日本列岛的中国移民带去了这种形制的墓葬。接着王巍也于 1997 年发表论文，他持有与俞伟超相似的观点，但认为秦人可能先是到了朝鲜半岛，从而将围沟墓的形制带到了那里，并对当地土著人的墓葬产生了影响，而日本弥生时代的周沟墓虽然不能否定有从中国大陆直接传来的可能性，但也存在经由朝鲜半岛传来的可能性。此外，他还认为日本弥生时代的圆形坟丘墓可能与中国河北北部以及辽宁一带发现的春秋战国时期的圆形坟丘墓以及朝鲜半岛南部发现的圆形坟丘墓有所关联，并进一步推论日本弥生时代后期后半圆形坟丘墓大型化以及突出部的出现有可能是受到了中国汉代上冢（上陵）习俗的影响，而突出部作为埋葬礼仪或祭祀场所进一步发展的结果，就形成了前方后圆（后方）坟的前方部[4]。

20 世纪 90 年代末以及新世纪之初，相关的讨论更加活跃。随着韩国宽仓里遗址方形周沟墓群的发现，日本学者又将目光转向了朝鲜半岛。渡边昌宏于 1999 年著文，认为可能是来自朝鲜半岛中西部的移民带来了方形周沟墓[5]。稍后，针对方形周沟墓的出现是源自中国大陆或朝鲜半岛移民的说法，藤井整于 2001 年著文，认为方形周沟墓所具有的"方形区划"思想虽非日本所固有，存在来自朝鲜半岛或中国大陆的可能性，但他否认上述移民说，也不赞成方形周沟墓的出现曾经受到了外来墓葬的直接影响，从而认为方形周沟墓是在通过丹后、但马地区与中国大陆或朝鲜半岛进行交流的过程中，吸收了其思想或文化要素，在畿内地区独自产生并发展起来[6]。几乎同时，中日学者又从更加宽阔的视野探讨了中日古代坟丘墓的关系。中国学者王巍著文重申了有关看法，并强调中国对日本的影响不只局限于坟丘的筑造以及坟丘的形状等方面，还涉及埋葬礼仪、墓葬祭祀以及思想、信仰、政治制度等诸多方面[7]。日本学者卜部行弘也著文，认为与中国东汉的坟丘墓相比，同时期的日本弥生坟丘墓没有受到中国墓葬的影响，是独自发展变化的[8]。

随后，日本学者持续关注这方面的研究。中村大介从东亚的视角对方形周沟墓进行了系统研究，他特别强调埋葬设施所处的位置是构成墓葬形制的重要方面，认为日本方形周沟墓的源流不在中国的中原地区，因此不赞成俞伟超的中国秦代移民说，而是认为方形周沟墓的原型应该到朝鲜半岛的南部去寻找，具体地说，就是韩国全罗南道的西部地域与该时期的日本列岛关系最为密切。该研究虽然没有超出以前的认识，但详细的论证使其具有更强的说服力[9]。此外，鐘方正樹从中国古代汉唐陵墓坟丘形状变化的视角出发，认为中国东汉帝陵以及一般墓葬均流行圆坟，由于弥生后期的日本列岛多国并立，其中有些国王曾遣使到东汉朝贡，由此接触到东汉的圆坟形制，因而对弥生后期墓葬产生了影响，到弥生后期后半，在瀬户内地域出现规模相对较大圆形坟墓的显著化现象，可能即是这种历史背景的体现。于是，随着弥生诸王模仿东汉王朝筑造圆形坟墓并逐渐大型化，加之附设了经过长期演变而来的墓葬陆桥部或突出部，终于在奈良盆地东南部生成了前方后圆坟，象征中国权威的圆形坟墓取代了传统的方形坟墓占据了尊位[10]。

如上所述，关于日本弥生时代坟丘墓、尤其是方形周沟墓的源流问题，大概可以归纳为四种观点，即来自中国大陆或经由朝鲜半岛的移民说、受到中国南方土墩墓的影响说、在大陆或半岛"方形区划"思想的影响下在畿内地区独自创出说、与大陆或半岛毫无关系的自生说。简而言之，亦即三种观点：直接移民说（大陆或半岛）、文化因素传播说（大陆或半岛）、独自产生说。

这些论说中日古代坟丘墓关系的学者，都是基于中日古代文化交流的事实，试图从墓葬制度方面探寻日本弥生坟丘墓的来源。在这方面，日本学者表现出更强烈的愿望和更持久的信心。相信随着中国、朝鲜、韩国等地考古新发现的增加，相关的研究还会持续下去并日益走向深入。

三　两国坟丘墓的对比分析

从文献记载看，中日古代官方的正式来往始于东汉光武帝中元二年（公元 57 年），但此前两国之间肯定已有长期的交往，其具体表现就是在日本发现的中国文物，如铜钱、铜镜等。这里不讨论文献的记载，也不涉及"物"的流动，只就中日古代墓葬有关坟丘等地面设施以及墓室、棺椁等埋葬设施进行对比分析。

（一）地上部分——以坟丘为中心

1. 坟丘

（1）形状

中国：战国——方形（长方形）、圆形（椭圆形）、下方上圆、殿堂式建筑；秦——方形；西汉——方形、圆形；东汉——圆形。

日本：方形（长方形、四隅突出形）、圆形（椭圆形）。

（2）规模

中国：高大

日本：低小

（3）建造方法

中国：大多堆土夯筑而成，有的不夯筑。

日本：周沟墓堆土而成，但不夯筑；台状墓削低四周而形成。

（4）制度化程度

中国：等级制度比较成熟，由坟丘的大小和高低来体现墓主身份等级。汉代已将坟丘高度作为墓主身份等级的量化指标。

日本：由坟丘的大小和高低来体现墓主身份等级，但尚未形成制度。

2. 墓域设施

中国：陵园（墓园）墙或围沟。

日本：围沟

3. 其他设施

中国：陵园（墓园）建筑、陪葬坑、陪葬墓、陵邑等。

日本：祭祀遗存？

（二）地下部分——以葬具棺椁为中心

1. 墓坑

（1）形制

中国：竖穴土（石）坑或土洞、崖洞。

日本：竖穴土坑。

（2）建筑方法

中国：竖穴墓——向地下生土挖坑；洞室墓——向地下生土或山中掏洞。

日本：向地下生土挖坑或在堆起的熟土上挖坑。

2. 葬具

（1）椁

中国：竖穴式和横穴式木椁（黄肠题凑），横穴式石室、砖室。

日本：竖穴式木椁、石椁。

（2）棺

中国：木棺（镶玉漆棺）、陶棺、石棺。

日本：木棺。

3. 随葬品

中国：数量多，质地和种类丰富。

日本：数量少，质地和种类贫乏。

（三）墓葬的建造程序

中国：选地——下挖墓道、墓坑——构建椁室（黄肠题凑）—— 放置棺和随葬品——回填墓道、墓坑，堆筑坟丘（竖穴木椁墓）；选地——下挖墓道、墓坑——掘洞或构建石室、砖室——回填墓坑（堆筑坟丘）——放置棺和随葬品——回填墓道、堆筑坟丘（横穴土洞墓、崖洞墓、石室墓、砖室墓）。其他陵园设施可能自选地后即行营建。

日本：选地——堆土成丘——下挖墓坑——放置棺和随葬品——回填墓坑（周沟墓）；选地——削低丘陵的四周成丘——下挖墓坑或边建石椁、木椁边堆土——放置棺和随葬品——回填墓坑或覆盖石椁、木椁（台状墓）。

（四）对比分析

从上述分析可以看出，中日同时期坟丘墓既有巨大的差异，也存在一些相似的因素。

1. 中日坟丘墓的差异

从整体上看，差异是主要的，表现在以下方面。

（1）从墓葬大的建造顺序看，中国墓葬是挖墓坑在先，堆坟丘在后，因此墓坑均在坟丘以下，且大多埋葬很深；日本墓葬却是先做坟丘，后挖墓坑，因此墓坑均在坟丘之中，且大多埋葬较浅。

（2）从墓葬的地上部分看，中国墓葬拥有一整套地上设施，内涵丰富，且形成了以坟丘高度为量化指标的等级制度；日本墓葬却只有坟丘和围沟等少量地上设施，且没有形成明确的等级制度。另外，坟丘的建筑方法和规模也不同。

（3）从墓葬的地下部分看，中国墓葬种类多，规模大，墓室结构复杂，棺椁葬具完善，随葬品发达；日本墓葬则相反。

389

2. 中日坟丘墓的相似性

中日坟丘墓存在的相似因素主要表现在以下方面。

（1）坟丘的形状都有方形和圆形两大类。中国秦和西汉墓葬的坟丘以方形为尊，东汉墓葬则均呈圆形；日本弥生时代坟丘墓以方形为主，到弥生后期至终末期，圆形渐现尊位。坟丘外围均设有标识墓域的设施，中国墓葬以围墙为主，也有围沟；日本则均为围沟。

（2）墓内均使用木棺。日本墓葬中出土有一些中国器物。

四　小结

战国秦汉时期正是中国古代墓葬制度的大变革及新墓制的形成时期。地下传统的竖穴木椁墓室经历了第宅化进程，逐渐由竖穴式封闭的空间向横穴式开放的空间演变，到西汉早期即可见到这种墓葬的实例，同时，自西汉早期开始，黄肠题凑墓和崖洞墓等新墓制均已出现，迄至东汉，墓葬形制则一统为砖石室墓。另一方面，自春秋末年墓上高大坟丘出现以来，在诸侯列国，墓葬的地上设施纷纷登场，逐渐形成了以坟丘为中心的一整套陵园设施，包括坟丘、陵园、陵寝建筑、陪葬坑和陪葬墓等内涵，到秦统一全国，始皇陵集诸侯列国陵寝之大成，形成了规模空前的陵园建置，之后的西汉陵寝制度承自秦而有所改易，东汉陵寝制度继自西汉又有所增减，总之，这套地上设施自出现后，历经战国秦汉而长盛不衰。

与中国战国秦汉时期相当、并且已与中国发生频繁交往的日本弥生时代，除了常见大陆系统的文物外，其墓葬到底受到了什么影响呢？

首先对相关比较研究的论点加以分析。

1. 关于日本弥生时代方形周沟墓来自中国大陆移民的说法

这种观点虽然在中日相关墓葬的年代比对上没有问题，但就墓葬的整体情况而言，弥生周沟墓与秦人的围沟墓存在根本差异。例如被用作说明秦人围沟墓的山西省侯马战国墓[11]，并列的二墓（M26、M27）外环绕围沟，二墓均为竖穴深坑木棺墓，围沟内埋葬的四人均无棺木，且或仰或俯、或缚或跪，显然都是殉葬者（图 5 - 8），其他例子还有河南陕县的 8 座围沟墓，时代属于秦末汉初[12]。这些围沟墓与弥生周沟墓相比，除了周沟相似外，其他埋葬设施都不一样。此外，这种围沟墓在东周时期只存在于秦国、楚国、越国等少数地区，虽然到秦汉时期仍有发现，但并不是墓葬的

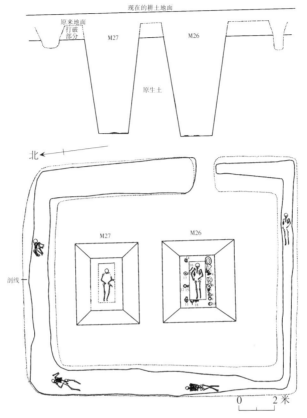

图 5-8　山西侯马东周墓平面图（山西省文物管理委员会、山西省考古研究所：《侯马东周殉人墓》，《文物》1960 年第 8、9 期合刊第 16 页）

主要形制；如果说当时真有秦人为避战乱来到了列岛，首先数量不会太多，其次，这些远渡重洋而来的秦人，在语言不通、社会情状完全不同的异乡，如何面对强大的列岛土著民，并且他们没有带来秦人的任何物品或是技术，只将丧葬习俗带到了这里，并且让土著民接受，从而在当地生根开花，这是十分难以想象的；假使秦人果真来到了列岛，其登岛的路线也不清楚，弥生周沟墓是以近畿地区为中心展开的，在外来民最易到达的九州地区并不发达。因此，认为最初的弥生周沟墓是东渡列岛的秦人或其后裔的墓葬的说法是难以成立的。

2. 关于日本弥生墓葬曾受到中国南方土墩墓影响的观点

中国南方土墩墓的主要特征是地面埋葬（有的垒砌石床、石椁、石室，或建造墓坑），覆土成丘，不加夯筑，其流行于西周时期，早的可到夏商之际，晚的迟至战国早期。与日本弥生坟丘墓相比，除了埋葬设施都位于当时的地面之上外，土墩墓的建造方法、顺序以及墓葬的整体情况与弥生坟丘墓差异显著，因此，在现阶段说土墩墓对弥生墓葬产生了影响，尚缺乏更多证据的支持。

3. 关于弥生、古坟时代坟形的变化受到中国坟形影响的观点

从宏观上看，这种推论存在一定的合理性，但缺乏研究的实证性，也就是缺乏相关证据链的支持。若将中国东汉墓葬与日本弥生后期墓葬加以对比，仍可看到巨大的差异：两者造墓的方法与顺序、地面设施的种类与规模、地下墓室的形制与规模以及随葬品的种类与数量等等，都不可同日而语。在这种情况下，如果单从坟形的相似性导出两者之间存在关联，难免让人感觉论据单薄，况且圆形坟墓自弥生之初即已存在，只是在与方形坟墓并行发展的过程中处于劣势，后来圆形坟墓逐渐大型化，并且陆桥部或突出部也大型化，才进化出了前方后圆坟。即使单从坟丘形状看，中国东汉的圆形坟丘与日本弥生后期至终末期带有突出部的圆形坟丘也大相径庭。因此，与其说日本弥生圆形坟丘墓取代方形坟丘墓而占据尊位的过程是受到了中国东汉圆形坟墓的影响，还不如说是随着日本弥生社会的发展，各种政治势力、政治集团此消彼长，从而导致了反映在墓葬上的坟丘形状尊位的变化，更具有说服力。当然，弥生社会的各政治集团，尤其是弥生后期至终末期的各小国，通过与东汉王朝的交往而增强了自身的影响力和实力，从而在相互的发展竞争中处于优势地位，也不是没有可能的。

从上面中日两国同时期坟丘墓各要素的对比分析可以看出，两者之间的差异是巨大的、主要的，这表明中国坟丘墓在墓葬形态上没有对日本坟丘墓产生直接的影响，或者可以说日本坟丘墓是在绳纹时代墓葬的基础上，在社会发生变革的背景下逐渐发展变化而来的，两国墓葬在坟形、墓域以及用棺等方面表现出来的一些相似性，还不足以说明两者之间曾经发生过直接的影响与被影响的关系。

文化因素传播说虽然不能完全否定，但仍需等待、寻找更有说服力的证据。在现阶段，我倾向于以方形周沟墓为代表的弥生坟丘墓是在以畿内为中心的地区独自产生、发展起来的观点，其产生、发展的过程是与弥生社会发展、变化的进程紧密相伴的。当然，由于当时的弥生社会已经登上了东亚交涉的舞台，弥生社会的快速发展、成长受到了中国大陆和朝鲜半岛的强烈刺激和影响，因此，虽然作为观念上最为保守的丧葬活动，弥生墓葬存在自生、自长的一面，但若将之放入整个弥生社会的成长过程中看，

弥生墓葬也并不是与当时的东亚世界毫无关系，从这个意义上说，弥生坟丘墓的出现和成长过程也是受到了中国大陆和朝鲜半岛的间接的影响。

第二节　中国魏晋、南北朝时期与日本古坟时代

关于日本古坟时代的历年，学界有着不同认识。一般以奈良箸墓古坟——最早的巨大前方后圆坟的出现作为区分弥生时代与古坟时代的标志。其实，墓葬制度的变迁要比简单的时代区分复杂得多，例如在箸墓古坟出现以前就已存在规模较大的前方后圆形坟丘墓，因此有研究者认为奈良纒向遗址的发展阶段业已进入古坟时代，又如弥生时代的方形周沟墓和方形台状墓等墓葬形制在进入古坟时代以后仍然存在于某些地区，等等。

日本古坟时代上承弥生时代，大约开始于三世纪中叶，下至六世纪末或7世纪初，基本相当于中国的魏晋、十六国、南北朝时期。

下面先简述日本古坟时代墓葬的概况。

一　日本古坟概况

和田晴吾将古坟时代划分为三大期（11小期），即前期（1~4期）、中期（5~8期）和后期（9~11期），前期约自3世纪中叶至4世纪中叶，中期约自4世纪后叶至5世纪中叶，后期约自5世纪后叶至6世纪末或7世纪初[13]。

从坟丘的形状看，古坟主要有前方后圆坟、前方后方坟、圆坟和方坟四大类，其中前方后圆坟约有4700座，前方后方坟约有500座，加上大大小小的圆坟和方坟，古坟总数约有10万座之多。除了带有坟丘的古坟外，同时还有不带坟丘的木棺、箱式石棺、埴轮棺墓和无葬具的土坑墓。都出比吕志认为古坟时代存在的身份等级秩序就是用这些不同的坟形和坟丘的规模来规范的，因此称之为"前方后圆坟体制"[14]。

在众多的古坟中，规模最大、最能体现古坟时代特征以及古坟文化，也是最为重要的当属前方后圆坟。这里即以畿内地区为中心，以前方后圆坟为代表，略述古坟的概况与特征，并列举古坟时代各时期具有代表性的

墓例。

关于前方后圆坟的起源或象征意义，有各种各样的说法，如"宫车模仿说"、"主坟陪冢连接说"、"丘尾切断说"、"广口壶模仿说"和"祭坛附加说"等，至今仍未形成统一的看法。

作为古坟的外部设施，不管是什么形状的坟丘，大多是人工堆土而成，并且自下而上分成若干层台阶（段筑）。在坟丘表面，一般铺砌有石块（葺石），所以坟丘看上去就像一座岩山。在坟丘顶部或其他平坦面上竖立有各种形状的埴轮。在坟丘周围还环以壕沟（周壕），有的为二重或三重壕沟。

作为埋葬设施主要有竖穴式石室和横穴式石室，另有黏土椁等。棺主要有木棺（割舟形木棺、组合木棺）和石棺（箱式石棺、割竹·舟形石棺、长持形石棺、家形石棺），另有埴轮棺、陶棺、土器棺和漆棺等。

古坟埋葬的最大特征是墓室位于坟丘顶部，也就是古坟筑造的顺序是先堆筑坟丘，然后在其顶部掘坑建造竖穴式石室，这显然是从弥生周沟墓继承下来的埋葬方式。到后来即便采用横穴式石室，石室也是建在当时的地面之上。总之，就像弥生墓葬一样，古坟的墓室不是建在地下，而是建在地上。

古坟埋葬的另一个显著特征是坟丘规模与墓室规模不成比例，简单地说就是大坟丘小墓室。

（一）前期古坟[15]

1. 箸墓古坟

因为古坟时代开始的标志是巨大前方后圆坟——箸墓古坟的出现，所以该古坟在古坟研究上具有非同寻常的重要性。

箸墓古坟位于奈良盆地东南部的樱井市北部，耸立在平地之上。其周边分布有著名的纏向石塚、矢塚、胜山、东田大塚等弥生时代终末期的大型前方后圆形坟丘墓，在弥生末至古坟初的社会大变动中，这一地域特别引人注目。

经过多次调查发掘，基本究明了该古坟的规模和形状。其前方部朝西，东西总长约 280 米，前方部长约 130 米，宽约 147 米，高 16 米，前方部的前面筑成四级台状，其侧面也可能分级筑成台状，后圆部筑成五级台状，直径约 160 米，高 29.4 米（图 5–9）。在坟丘前方部北面最下部发现有葺

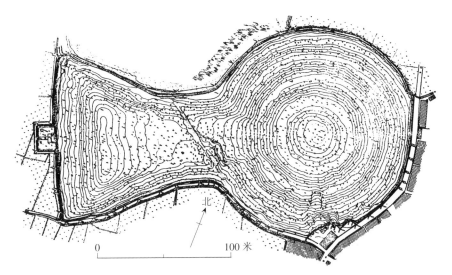

图 5 - 9　箸墓古坟坟丘平面图（《日本古坟大辞典》第 464 页）

石，在坟丘上采集到特殊器台形、特殊圆筒形、特殊壶形埴轮片。坟丘外围有一周宽约 10 米的壕沟，在有的地方留有通向外面的道路。关于埋葬设施，推测是采用竖穴式石室。

2. 中山大塚古坟

位于奈良县天理市，处于龙王山向西延伸的尾端。其附近还分布有东殿塚古坟、西殿塚古坟、灯笼山古坟等著名的前方后圆坟。

中山大塚古坟的前方部朝南，南北总长约 130 米，前方部宽约 56 米，高约 10.5 米，后圆部筑成二级台状，直径约 67 米，高约 11.3 米，顶部筑有圆角方形的坛，其下为竖穴式石室，内长 7.5 米，宽 1.35（南）～1.4 米（北），高 2 米（图 5 - 10）。坟丘表面葺石。坟丘上树立有壶形、圆筒形埴轮。因被盗掘，随葬品残存不多，有铜镜片和铁器。

该古坟与箸墓古坟和西殿塚古坟等都属于初期古坟的代表。

3. 樱井茶臼山古坟

位于樱井市东南的外山。坟丘的前方部朝南，坟丘筑成三级台状，南北总长 200 米，前方部宽约 61 米，高约 13 米，后圆部直径约 110 米，高约 24 米。坟丘表面有葺石，外围带周壕。坟丘的特征是前方部较长，两侧边较平直，整体平面呈柄镜形（图 5 - 11）。

1949 年（昭和二十四年），由于该古坟被盗而进行了首次发掘，2009 年（平成二十一年），为了进一步详细了解古坟的埋葬设施以及对木棺进

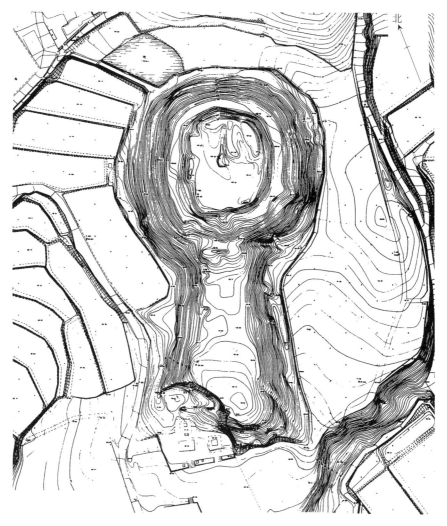

图 5 - 10　中山大塚古坟坟丘平面图（《日本古坟大辞典》第 109 页）

行科学保护，奈良县立橿原考古学研究所对位于古坟后圆部的埋葬设施进行了第二次发掘。

　　该古坟是利用鸟见山北侧山麓的一条山梁修造而成，墓坑也是挖在自然的山体上。墓坑长方形，南北约 11 米，东西约 4.8 米，深约 2.9 米。墓坑南边的西半部为当时开挖墓坑、运送石材和木棺的通道，通向前方部。在墓坑内用薄石片一层层垒成竖穴式石室，石材均涂以水银朱，石室内南北长 6.75 米，其北端宽 1.27 米，高约 1.6 米。石室底部铺有二、三层石板，略呈南北向浅沟状，其上堆土形成棺床，木棺即安放于棺床上。木棺由于腐朽，加之曾遭盗掘破坏，已失原形，现仅存棺身的底部，长 4.89

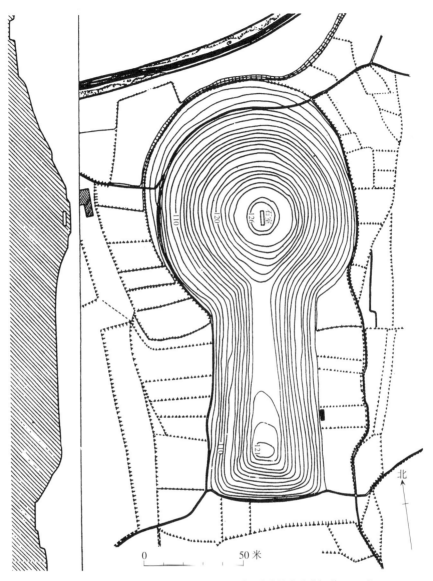

图 5 - 11　樱井茶臼山古坟坟丘平面图（《日本古坟大辞典》第 361 页）

米，宽 0.75 米，最厚 0.27 米。石室顶部用 12 块涂满水银朱的长条石封盖，其中最大的一块估计重约 1.5 吨。在封顶石外还用掺有印度红的红色黏土全面覆盖。

在墓坑之上堆土形成比周围高出不到 1 米的方形土坛，其规模南北 11.7 米，东西 9.2 米。土坛之上用石板和砾石加以装饰，近边缘部埋置一周底部钻孔的二重口缘壶。从发现的一些炭粒推测，当时在方形坛上曾举行过使用火的某种仪式。另外，在方形坛的外围还挖有一周宽、深各约1.4米的沟，其内埋入直径约0.3米的圆木构成围墙，将方形坛包围起来，其作用是为了保护墓室和方形坛。圆木围墙的外周南北13.8米，东西11.3米。

由于曾被盗掘，随葬物品的数量和原始位置已不清楚，从石室内仅出土了玉杖等玉制品以及铁质、青铜质武器、铜镜残片等。

（二）中期古坟[16]

1. 津堂城山古坟

位于大阪府藤井寺市。前方部朝东南，坟丘总长208米，前方部宽121米，高12.7米，后圆部直径128米，高16.9米。坟丘表面有葺石。在后圆部中央构筑与主轴平行的竖穴式石室，内长6.1米，宽2.1米，高1.1米，内藏长持形石棺，长3.4米，宽1.6米，高1.8米（图5-12）。虽然被盗，石棺内外仍出土了较多铜（包括铜镜）、铁、玉器。据调查，坟丘附设有方形坛状的"造出"，外围二重的盾形周壕和周堤，东侧内壕中设有方坟状特殊设施，其上配置水鸟形埴轮。坟丘上也出土了各种埴轮。

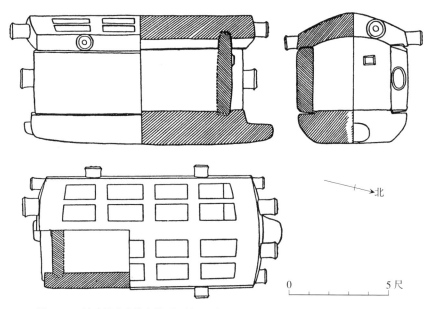

图5-12　津堂城山古坟长持形石棺平、剖面图（《日本古坟大辞典》第383页）

该古坟因为同时具有前期古坟和中期古坟的要素，被作为初现于南河内平坦台地上的中期大型前方后圆坟的代表，在古坟研究中占有重要地位。

2. 誉田御庙山古坟

位于大阪府羽曳野市誉田的台地上，系规模特大型的前方后圆坟。前方部朝北，坟丘总长 425 米，前方部宽 300 米，高 36 米，后圆部直径 250 米，高 35 米，坟丘长度仅次于大仙古坟，位居日本第二。前方部和后圆部均筑成 3 级台状，前方部与后圆部的连接处两侧均设方形坛状"造出"，坟丘外围有二重盾形周壕和周堤（图 5 – 13）。坟丘及内外堤均有葺石，并环列圆筒埴轮，另有各种形象埴轮、伞形木制品和各种鱼形土制品出土。埋葬设施应是竖穴式石室和长持形石棺。

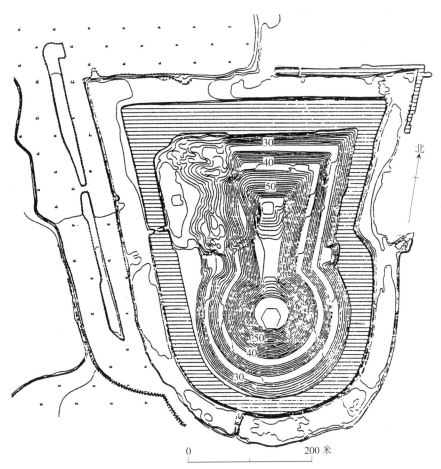

图 5 – 13　誉田御庙山古坟坟丘平面图（《日本古坟大辞典》第 95 页）

该古坟被推测是应神天皇陵，是古坟时代中期最具代表性的古坟之一。

3. 大仙古坟

位于大阪府堺市，亦称大山古坟，是特大型前方后圆坟。立于台地边缘，前方部朝向西南，坟丘总长 486 米，是日本最大的古坟。前方部宽 305 米，高 33 米，后圆部直径 249 米，高 35 米。坟丘筑成 3 级台状，前方部与后圆部的连接处两侧均有"造出"，有葺石和埴轮。坟丘外围有三重盾形周壕，有认为外壕是后世附加的（图 5-14）。前方部和后圆部分别有埋葬

北

0　　　　　　200 米

图 5-14　大仙古坟坟丘平面图（《日本古坟大辞典》第 447 页）

设施，其中前方部的埋葬设施是竖穴式石室和长持形石棺，从绘图资料得知石室长 3.6～3.9 米，宽 2.4 米，石棺的盖长 2.4～2.7 米，宽 1.45 米，高约 1 米。从前方部石室内出土了刀剑、甲胄和玻璃壶等遗物。

该古坟被推测为仁德天皇陵，是古坟时代中期最具代表性的古坟之一。

（三）后期古坟[17]

1. 今城塚古坟

位于大阪府高槻市，修建于台地的平坦面上。前方部朝向西北，坟丘总长 190 米，前方部宽 140 米，高 12 米，后圆部直径 100 米，高 9 米。前方部与后圆部的连接处两侧均有"造出"（图 5 - 15）。坟丘表面有葺石。坟丘外

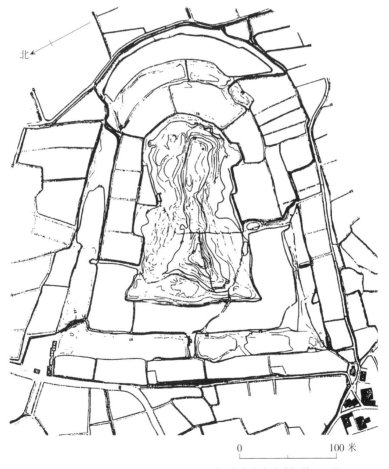

0   100 米

图 5 - 15　今城塚古坟坟丘平面图（《日本古坟大辞典》第 62 页）

围有二重盾形周壕。坟丘和中堤上出土了埴轮。推测可能采用了横穴式石室。发现原产于兵库县的龙山石、奈良县与大阪府之间的二上山白石以及九州的阿苏粉色石共三种家形石棺的石材。随葬品有铁兵器和玻璃珠等。

该古坟被推测为继体天皇陵，是古坟时代后期具有代表性的古坟之一。

2. 见濑丸山古坟

位于奈良县橿原市见濑的丘陵一端。前方部朝向西北，坟丘总长约310米，前方部宽约210米，高约15米，后圆部直径约150米，高约21米。坟丘外围有盾形周壕（图5-16）。墓葬设施系横穴式石室，位于后圆部，用天然石块砌成，开口向南，全长26.6米，墓室长7.2米，墓道长

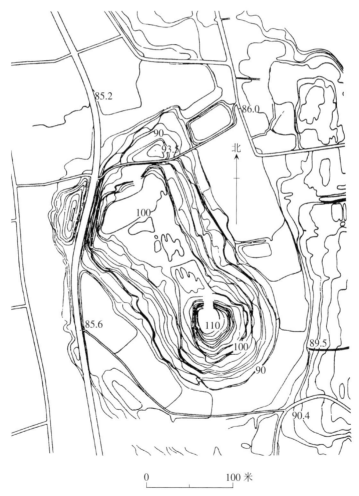

图5-16　见濑丸山古坟坟丘平面图（《日本古坟大辞典》第544页）

18.3 米。石室内放置二个家形石棺。

该古坟的坟丘和石室在古坟时代后期规模最大，推测可能是钦明天皇陵。

3. 藤ノ木古坟

位于奈良县生驹郡斑鸠町法隆寺字藤ノ木。为圆坟，直径48米，高约9米。发现有圆筒埴轮。曾经发掘，埋葬设施为横穴式石室，开口朝向东南，墓室和墓道铺砾石，其下设有排水沟，封门石保存完好。石室长14.2米，墓室长6.14米，宽2.73米，高4.32米，墓道长8.06米，宽1.78米，高2.5米，属于大型石室（图5-17）。石室内放置一家形石棺，一端宽且高，另一端窄且低，长2.3米，最宽1.26米，最高1.54米。石棺全身涂朱，其内葬有二人，随葬大量物品，有金器、鎏金铜器、铁器、玉石器、玻璃器以及木制品和绢制品等。另在石室内出土马具、铁镞和须惠器、土师器等遗物。

图5-17　藤ノ木古坟石室平面图（《日本古坟大辞典》第500页）

二　两国墓葬比较研究的现状

与弥生坟丘墓的考古发现与研究相比，因为以前方后圆坟为代表的各种形状的巨大古坟广泛存在于列岛各地，所以关于古坟及其与中国古代墓葬关系的研究自很早就开始了，其中主要是围绕前方后圆坟的起源展开的。

在20世纪初至20年代，喜田贞吉、梅原末治、森本六尔等围绕前方后圆坟的前方部进行论述，认为前方部的主要作用是用于礼拜和祭祀，因此前方部的出现应是受到了中国古代坟墓前面附设祭坛或寝殿做法的影响，此即关于前方后圆坟起源的主要说法之一——前方部祭坛附加说。此后，后藤守一在50年代亦主此说，可以说此说的影响一直延续至今[18]。如前所述，中国学者王巍认为日本弥生时代后期后半圆形坟丘墓大型化以及突出部的出现有可能是受到了中国汉代上冢（上陵）习俗的影响，而突出部作为埋葬礼仪或祭祀的场所进一步发展，就形成了前方后圆（后方）坟的前方部。该看法除了说明日本古坟时代前方后圆坟的成立与中国古代丧葬制度有所关联外，旨在强调古坟时代前方后圆坟前方部的功能应是作为埋葬时举行仪式或埋葬后进行祭祀的场所[19]。

同样是关于前方后圆坟的讨论，驹井和爱在上世纪 40 年代认为其坟形可能来源于中国古代的方基圆坟。西嶋定生早在 60 年代就提出前方后圆坟可能是将中国古代祭祀天地的圆丘和方丘结合起来的形状。此说的提出对后来的研究产生了深远影响，重松明久在 70 年代又将中国道教思想的影响与前方后圆坟的起源联系了起来。到了 80 年代，都出比吕志在肯定前方后圆坟产生自弥生文化的同时，认为也与中国思想的影响有关，其主要表现在三个方面：一是死者头向朝北来自中国思想的影响，二是坟丘三段筑成来自中国郊祀祭坛的影响，三是坟丘三段筑成以及埋葬大量用朱来自中国道教升仙思想的影响。饭岛武次[20]和岩崎卓也也受到此说的影响。王巍受此说影响，在 90 年代著文，认为中国段筑陵墓和日本三段筑成的前方后圆坟都是基于中国汉代祭天圆丘、昆仑山信仰等道教思想的影响而出现，日本的前方后圆坟是受到中国汉代流行的"天圆地方"、"天界"、"仙山"、"死后升仙"等思想的影响，并杂以日本弥生坟丘墓及其思想信仰而形成[21]。

此外，认为前方后圆坟受到中国大陆或朝鲜半岛影响的观点还有一些，如前方后圆坟中国出现说，朝鲜半岛出现说等。

与上述外来影响说不同，也有研究者主张前方后圆坟自生自长说，如近藤义郎在 20 世纪 80 年代著文，他虽然并不否认可能存在自来中国的影响，但他强调前方后圆坟的诸要素不见于中国墓葬，它们是从弥生坟丘墓中逐渐成熟起来的，因此，前方后圆坟是日本独自的历史产物[22]。町田章在 90 年代著文，认为前方后圆坟与中国中枢部的墓葬没有直接的关系[23]。卜部行弘在新世纪之初著文，认为日本巨大前方后圆坟的出现与同时期已经薄葬化的中国魏晋墓葬没有可比性，从古坟的发展方向看，其规模到古坟时代中期达到了顶点，此时期同样看不到来自中国（南朝墓葬）的影响，因此，古坟很明显为日本所独有[24]。此外，中国学者俞伟超也持有相同观点[25]。

除了上述有关前方后圆坟起源的比较研究外，对于装饰墓和横穴式石室的比较研究也从较早的时候就开始了。关于中国大陆、朝鲜半岛和日本列岛古代装饰墓的比较研究，日本学者町田章在上世纪 80 年代就发表了论文[26]，近年中国学者黄晓芬也加入了研究的行列[27]。在古坟时代，埋葬设施由竖穴式石椁到横穴式石室的转变，是古坟埋葬的一次重要变革。横穴式石室非日本固有，在较早的研究中，有研究者认为畿内横穴式石室的出现可能与中国南朝砖室墓的影响有关[28]。现在，研究者一般认为横穴式石室是从朝鲜半岛传入日本的，而朝鲜半岛横穴式石室的源头在高句丽，若再往前追，则又涉及汉代乐浪地区的横穴式砖室墓，并进而与中国大陆汉魏时期的横穴式砖室墓联系了起来[29]。

不管是装饰墓，还是横穴式石室，日本列岛都与其临近的朝鲜半岛关系密切，与中国大陆则没有发生直接的关系。

近年来，又有学者对日本的横口式石椁、棺等埋葬设施展开了比较研究。钟方正树在考察中国魏晋以至北周、隋这一较长时期存在的一种墓葬形制——前室棺室墓的基础上，认为这种墓葬形制在高句丽墓葬中也可看到，应是来自北周、隋的影响，高句丽的这种墓葬形制可能又对日本产生了影响，这就是日本终末期古坟具有代表性埋葬设施之一的横口式石椁[30]。和田晴吾对东亚地区广泛存在的所谓"敞开之棺"进行了综合研究，认为日本九州所见的"敞开之棺"很可能与中国北朝墓葬的同类设施有关联，并进而论及日本 5 世纪的对外关系，指出："以前从文献和考古资料上重视倭—百济—中国南朝之间相互关系的研究，这里从'敞开之棺'的视角出发，可以看出九州—（高句丽）—北朝之间的相互关系与使用'封闭之棺'的倭（畿内）—百济—南朝是不一样的"[31]。

综上所述，关于日本古坟与中国古代墓葬关系的比较研究，不仅局限于坟丘等地面设施的对比，还涉及墓室、墓室装饰以及葬具的对比，研究的广度和深度得到了扩展。

若对有关前方后圆坟源流的研究作一总结的话，不外乎外来影响说和自生说两种，其中外来影响说又包含中国大陆影响说和朝鲜半岛影响说，而中国大陆影响说又分为墓葬或郊祀祭坛的直接影响说以及北枕思想、道教升仙思想等间接的思想观念影响说。此外，从东亚地区装饰墓、横穴式石室、横口式石椁以及"敞开之棺"的诸个案研究中我们不难发现，日本列岛一般不与中国大陆发生直接的关系，虽然上述墓葬要素最初都源自中国大陆，但基本上都要经过朝鲜半岛才与日本列岛发生关系，也就是说朝鲜半岛与日本列岛的关系最为密切。

三 两国墓葬的对比分析

中国魏晋时期实行薄葬，坟丘等地面设施消失殆尽，地下墓室有土洞和砖室两种，棺分木棺和陶棺，成人用木棺，平面形状至少有长方形和梯形两种，陶棺应为小孩所用。与此种简单化的墓葬形成鲜明对比的是日本的古坟，日本的古坟自出现之初就有了以前方后圆坟为代表的巨大坟丘，其墓室为竖穴式石室，木棺非常之长，这些特征与魏晋墓葬形成了强烈的反差，因此，日本古坟的起源与中国魏晋墓制应毫无关联，日本古坟的源头应从弥生坟丘墓中去寻找。可以说古坟是弥生社会发展到一定阶段，因为社会发生深刻变化而导致墓葬的变革，或者说是突变。当然，弥生社会向古坟社会的演进，则是有可能受到当时中国大陆以及朝鲜半岛情势的影响或刺激。

日本古坟时代最具代表性的墓葬是前方后圆坟，墓室从竖穴式石室向横穴式石室转变，棺由木棺向石棺转变。中国自十六国时期开始，地面上又出现了坟丘，到南北朝时期，坟丘已普遍流行，坟丘基本为圆形，地下墓室仍有土洞和砖室两种，棺主要为木棺，也有少量石棺，棺的平面形状基本上为梯形。从这些情况对比分析，日本古坟的发展历程与中国十六国、南北朝墓制似乎仍然没有什么直接的关联，日本的古坟应是沿着其自身的道路而发展变化。

上面仅从中日同时期墓葬比较研究的角度表述了自己的看法，认为两国墓葬之间不存在直接的影响与被影响的关系，似亦可否定关于前方后圆坟起源的前方部祭坛附加说。至于前方后圆坟起源的其他说法，如以日本学者西嶋定生和都出比吕志[32]为代表，他们试图从中国古代思想中寻找前方后圆坟产生的动力，其郊祀祭坛说影响最大。他们或认为前方后圆坟可能是将中国古代祭祀天地的圆丘和方丘结合起来的形状，或认为前期和中期前方后圆坟的后圆部多筑成三层台状（三段筑成），这种做法不见于弥生坟丘墓，有可能受到中国圆丘建筑形制的影响。试想圆丘和方丘是现实世界用于祭祀天地的设施，而天地作为古代帝王最为重要的祭祀对象，是不能奢望与之平起平坐的，因此，中国古代的帝王陵墓与祭祀天地的祭坛并无关联。认为日本的古坟没有受到当时中国墓葬的直接影响，却有可能受到现实世界祭坛的影响，这种认识不仅缺乏实证性，也缺乏逻辑上的合理性。

关于古坟埋葬的方向（北枕），即在古坟时代前期，畿内和以吉备地区（冈山县）为中心的濑户内海北岸以及出云地区（岛根县），古坟埋葬朝北倾向显著的问题，现在一般认为古坟时代前期约自3世纪中叶至4世纪中叶，正当中国的魏晋时期，尤其日本巨大古坟出现之初约当曹魏时期，而曹魏时期墓葬的方向却是以朝东、朝西为主，如果从两国同时期墓葬比较的立场出发，前期古坟朝北的特征恰恰与曹魏墓葬的朝向不同，因此两者之间直接的影响关系难以成立。如果在这个问题上只是强调中国古代丧葬思想影响的话，也很难做出有说服力的证明。

此外，关于中国古代道教思想的影响，即古坟三段筑成与昆仑山信仰以及古坟埋葬对朱的喜好等问题，首先看昆仑山信仰问题。如我在论文结语部分讨论中国古代冥界观时曾经指出，在中国战国、秦汉时期，神仙思想的确十分流行，但在当时人们的观念中，神仙存在于现实世界之中，他们居住在神山仙界（如蓬莱、方丈、瀛洲、昆仑等），长生而不老。秦皇汉武为了追求长生不老，采取了很多办法，如在都城咸阳和长安附近兴建池园，池中营造蓬莱、方丈、瀛洲诸神山，又如在长安兴建飞廉、桂馆，在甘泉（甘泉宫）兴建益寿、延寿馆和通天台等，用以招来神仙。当时的人们追求长生不老，以期成仙，必须是在活着的时候，人一旦死去，就不能成仙，因此，与追求长生不老有关的设施只存在于现实世界，墓葬所见的神仙图像（如画像石、壁画等）只不过是现实世界的模拟而已。并且，从东汉中晚期开始，尤其到了魏晋时期，盛极一时的神仙思想已经衰落，墓葬中表现的大多是现实生活的缩影。中国的神仙观念如此，且在神仙观念已经衰落的魏晋时期，昆仑山信仰等神仙思想（道教思想）对日本前方后圆坟的形成是否产生了影响，应该重新加以思考。下面再来看墓葬用朱的问题。日本古代墓葬大量用朱并不是从古坟时代开始的，在弥生时代的坟丘墓中即已存在，最著名的例子当属楯筑坟丘墓，因此，说日本前期古坟埋葬设施对朱的喜好是直接源自中国思想的影响，还不如说是从弥生时代继承下来的习俗。至于弥生时代墓葬中大量用朱的现象是否与中国墓葬或中国思想的影响有关，则是另外一个问题，值得探讨。

第三节　小结

弥生时代与古坟时代是日本古代社会发生重大变化的时期，不可否认，这一时期的日本与中国大陆和朝鲜半岛发生了越来越密切的关系，例如稻作技术的传入奠定了弥生社会的经济基础，各种铜、铁器具的传入带动了日本金属制作技术的提高，从而进一步促进了经济的发展。适应经济发展的需要，伴随人和物的交流，各种思想、观念势必也会随之而入，最终对当时日本社会的政治构造产生一定的影响。但是，由于同时期中日两国社会发展水平的差异，这一时期两国间可能主要还局限于物的流通以及通过人的交往和物的流通来实现某种社会政治上的需要，而真正通过人的交往对日本各种社会制度（政治、经济、文化等）产生建设性的影响，可能还要到古坟时代以后，例如飞鸟时代、奈良时代的都城制度、律令制度等等。

在各种思想观念中，丧葬观念最具有传统性和保守性。日本弥生时代的坟丘墓和古坟时代的古坟都应是适应当时的社会状况和需要而出现，并随着社会的变化而变化，虽然社会的变化很有可能受到当时中国大陆的刺激和影响，但当时人们持有的丧葬观念是不会轻易改变的。

日本弥生时代的墓葬，尤其是弥生后期至终末期的墓葬，与中国秦汉墓葬具有不可比性，但与东周墓葬却存在着相似的一面。例如中国春秋时期出现坟丘墓，坟丘的形状各异，到战国时期诸侯列国普遍营造高大的坟丘，此时坟丘的形状仍不统一，且没有形成以坟丘规范墓主身份等级的制度；日本弥生时代的墓葬也是如此，弥生前期即出现坟丘墓，到后期至终末期坟丘大型化，并且地域不同坟丘的形状也不尽相同。究其原因，当与两国当时所处的社会情势相似有关。中国东周时期虽然名义上是统一的，存在一个作为统一象征的周王，但实际上诸侯列国各自为政，它们采取各种办法发展自己的力量，以求称霸一方，而作为墓葬组成部分的高大坟丘就成为各诸侯国巩固统治、炫耀实力的一种手段；日本弥生时代有着类似的社会现状，随着农业经济的发展，在列岛各地出现了许多政治集团，经过竞争演变为许多小国，这些小国也通过各种手段壮大自己的力量，其中包括通过与中国的交往获得一定的影响力，同样，作为墓葬组成部分的坟丘经历了大型化的过程，坟丘本身成为各小国巩固统治和展示实力的一种工具。因此可以说，弥生坟丘墓的出现和发展变化正是适应了弥生社会发展变化的需要，也可以说弥生时代坟丘墓是在绳纹时代墓葬的基础上，在社会发生变革的背景下逐渐发展变化而来的。

按照这一思路，同样也可以将日本古坟时代墓葬与中国秦汉墓葬加以对比。抛开墓葬的地下部分不说，秦汉墓葬的主要特征之一就是地面设施的发达，而地面设施的中心则是坟丘。正如箸墓古坟自古坟时代之初就以其巨大的身姿拔地而起一样，秦始皇陵也以其空前绝后的规模横空出世，此后的西汉墓葬继承秦制又有所发展，坟丘以方形为尊，同时也有圆形，并形成了以坟丘形状和高度来规范墓主等级秩序的制度，一直延续到东汉。日本自箸墓古坟确立了以前方后圆坟为尊，同时还有前方后方坟、方坟和圆坟，并形成了以坟形和规模来体现墓主身份等级的规则。从中国方面来看，秦汉墓葬是继承传统墓葬基础上的创新，是适应大一统国家政治上的需要，也是加强皇权，维护封建等级制度的需要，当然同时具备了社会经济和技术条件；若以此反观日本的古坟时代，应该也是一个谋求统一，强化统治的时代，巨大古坟正是适应这一社会发展状况，应运而生，并为维持这样一个社会现状而发挥作用。因此可以说，古坟的源头应从弥生坟丘墓中去寻找，古坟是弥生社会发展到一定阶段，因为社会发生深刻变化而导致墓葬的变革，或者说是突变。

总之，如果将墓葬分为地下、地上两大部分，墓葬的地下部分当然是为死者而设，而墓葬的地上部分则主要是为生者服务，其中最主要是为现实社会的政治服务。

通过中日同时期墓葬的对比分析，总体上可以看出，日本弥生时代的坟丘墓和古坟时代的前方后圆坟形制与中国大陆中原地区战国、秦汉、魏晋、南北朝墓葬没有直接的关联。不只限于墓葬制度方面，在都城制度、政治制度、经济制度等方面也都看不出中国对日本的直接影响。虽然如此，毕竟自两汉时期起，日本已与中国朝廷发生了直接的交往，通过交往肯定会对日本社会产生影响，而日本社会在中国的影响下发生了变化，进而又会促使墓葬制度等各种制度发生变化。从这个意义上说，虽然在各种制度的层面，由于社会发展水平的不同以及传统文化的差异，中国没有对日本产生直接的影响，但当时日本社会的变化却与来自中国大陆以及朝鲜半岛的影响有着密切的关系，因此，可以说弥生坟丘墓和古坟都是受到了中国大陆以及朝鲜半岛情势的间接的影响[33]。

注释

〔1〕和田晴吾：《弥生坟丘墓の再检讨》，和田晴吾编《古代日韩交流の考古学的研究——葬制の比较研究》，2003 年。

〔2〕樋口隆康：《弥生文化に影響与えた呉越文化》，菅谷文则：《日本の首長層が目指した墓制・土墩墓》，均见《最新日本文化起源論：日本人と江南文化》，学習研究社，1990 年。

〔3〕俞伟超：《方形周沟墓与秦文化的关系》，《中国历史博物馆馆刊》第 21 期，1993年；俞偉超：《方形周溝墓》，《季刊考古学》第 54 号，1996 年；俞偉超、茂木雅博：《中国と日本の周溝墓》，後藤直・茂木雅博編《東アジアと日本の考古学 I——墓制① < 墳丘 >》，同成社，2001 年。

〔4〕王巍：《弥生・古墳時代の墳丘墓から見た古代中国の影響》，上田正昭編：《古代の日本と渡来の文化》，学生社，1997 年。

〔5〕渡辺昌宏：《方形周溝墓の源流》，大阪府立弥生文化博物館編《平成十一年春季特別展：渡来人登場——弥生文化を開いた人々》，1999 年。

〔6〕藤井整：《方形周溝墓の成立》，京都府埋蔵文化財調査研究センター編《京都府埋蔵文化財情報》第 82 号，2001 年。

〔7〕王巍：《中日古代墳丘墓の比較研究》，後藤直、茂木雅博編《東アジアと2）日本の考古学 I——墓制① < 墳丘 >》，同成社，2001 年。

〔8〕卜部行弘：《墳丘墓の日中比較》，後藤直、茂木雅博編《東アジアと日本の考古学 I——墓制① < 墳丘 >》，同成社，2001 年。

〔9〕中村大介：《方形周溝墓の成立と東アジアの墓制》，《朝鮮古代研究》第 5 号（2004 年 11 月）。

〔10〕鐘方正樹：《日中における王陵の墳形変化とその関連性》，《博望》第 5 号（2004年 12 月）。

〔11〕山西省文物管理委员会、山西省考古研究所：《侯马东周殉人墓》，《文物》1960 年第 8、9 期合刊。

〔12〕三门峡市文物工作队：《三门峡市火电厂秦人墓发掘简报》，《华夏考古》1993 年第4 期。

〔13〕和田晴吾：《古墳時代の時期区分をめぐって》，《考古学研究》第 34 卷第 2 号，1987 年；和田晴吾：《古墳文化論》，歴史学研究会・日本史研究会編《日本史講座第 1卷——東アジアにおける国家の形成》，東京大学出版会，2004 年。

〔14〕都出比呂志：《墳丘の型式》，石野博信等編《古墳時代の研究 7——古墳 I：墳丘と内部構造》，雄山閣，1992 年。

〔15〕奈良県立橿原考古学研究所編：《大和前方后圆坟集成》，学生社，2001 年；大塚初重等編：《日本古坟大辞典》，東京堂出版，平成元年（1989 年）。

〔16〕近藤义郎编：《前方后圆坟集成——近畿编》，山川出版社，1992 年；大塚初重等编：《日本古坟大辞典》，东京堂出版，平成元年（1989 年）。

〔17〕大塚初重等编：《日本古坟大辞典》，东京堂出版，平成元年（1989 年）。

〔18〕以下诸说除另外注明外，均见岩崎卓也：《前方後円墳の起源》，《季刊考古学》第 54 号，1996 年。

〔19〕王巍：《弥生・古墳時代の墳丘墓から見た古代中国の影響》，上田正昭編：《古代の日本と渡来の文化》，学生社，1997 年。

〔20〕飯島武次、石野博信：《対論——東アジアの墳丘墓》，《古墳発生前後の古代日本》，大和書房，1987 年。

〔21〕王巍：《中国から見た邪馬台国と倭政権》，雄山閣，1993 年。

〔22〕近藤義郎：《前方後円墳の時代》，岩波書店，1985 年；近藤義郎：《前方後円墳の誕生》，《岩波講座日本考古学》6，1986 年。

〔23〕町田章：《東アジアの墓制と日本への影響》，石野博信等編《古墳時代の研究 13——東アジアの中の古墳文化》，雄山閣，1993 年。

〔24〕卜部行弘：《墳丘墓の日中比較》，後藤直、茂木雅博編《東アジアと日本の考古学 Ⅰ——墓制①＜墳丘＞》，同成社，2001 年。

〔25〕俞伟超：《中国魏晋墓制并非日本古坟之源》，《古史的考古学探索》，文物出版社，2002 年。

〔26〕町田章：《古代東アジアの装飾墓》，同朋舎，1987 年。

〔27〕黄晓芬：《東アジア地域における葬制文化》，和田晴吾編《渡来遺物からみた古代日韓交流の考古学的研究》，2007 年。

〔28〕白石太一郎：《日本における横穴式石室の系譜——横穴式石室の受容に関する一考察》，《先史学研究（5）》，1965 年。

〔29〕藤井和夫：《東アジアの横穴式墓室》，田村晃一等編《アジアからみた古代日本》（新版《古代の日本》第 2 巻），1992 年。吉井秀夫：《朝鮮の墳墓と日本の古墳文化》，鈴木靖民編《倭国と東アジア》（《日本の時代史 2》），1992 年。

〔30〕鍾方正樹：《北周墓と横口式石槨》，茂木雅博編《日中交流の考古学》，同成社，2007 年。

〔31〕和田晴吾：《東アジアの"開かれた棺"》，和田晴吾編《渡来遺物からみた古代日韓交流の考古学的研究》，2007 年。

〔32〕都出比呂志：《古墳が造られた時代》，都出比呂志編《古代史復元 6——古墳時代の王と民衆》，講談社，1989 年。

〔33〕都出比呂志：《古墳と東アジア》，京都府埋蔵文化財調査研究センター編《京都府埋蔵文化財論集》第 6 集，2010 年。

结　语

前面分章对中国古代两周墓制、秦汉墓制、魏晋墓制以及南北朝墓制进行了论述（图6–1），这里对中国古代墓葬研究中的若干问题，尤其是中国古人的冥界观加以概论，作为本文的结束。

一　中国古代墓葬与研究

1. 墓葬资料的性质

墓葬是广泛存在于各个历史时期的一种特殊建筑，由于在考古实践中被大量发现，所以成为考古学研究的主要对象以及其他众多学科开展学术研究的实物资料来源。从空间关系上看，一座完整的墓葬可以分为地上和地下两大部分，地上部分包含坟丘、陵园（墓园）、陵寝建筑、神道石刻等设施，地下部分由墓葬形制、棺椁葬具和各种随葬品构成，墓葬附设的陪葬坑分布在墓内或墓外，位于墓外的陪葬坑有时也归入墓葬的地上设施部分。

墓葬是人类处理尸体的主要方式，是人们死后的归宿。墓葬作为一种客观存在，为我们研究古代社会的各种观念和技术提供了真实的资料，但如何解读这些客观、真实的材料，却是一个方法论的问题，例如对于地上设施、墓葬形制、随葬品的解读，对于墓葬装饰图像的解读等等。另需注意的是，墓葬往往历经数百、数千年后才得以重见天日，因此，今天我们所看到的墓葬，已非初建时的墓葬，墓葬建造伊始的部分内涵已随着岁月的流逝而永远地消失了。

2. 墓葬研究的重点

墓葬研究涉及面极广，与社会科学和自然科学的许多学科史关系密切，但作为古代社会礼仪制度的一部分，墓葬制度、亦即丧葬礼制应是墓葬研究最核心的内容，同时，墓葬展现的是人们死后世界的图景，表达的是人们对死后世界的思考，因此，古代人们的生死观念、亦即冥界观也应是墓葬研究的重要方面。

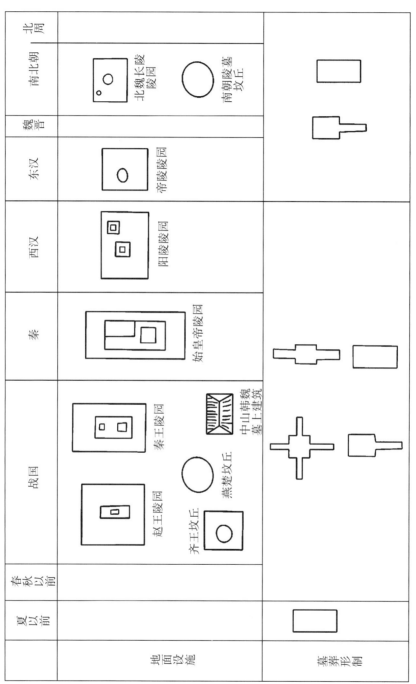

夏以前	春秋以前	战国	秦	西汉	东汉	魏晋	南北朝	北周
		赵王陵园 / 秦王陵园 / 齐王坟丘 / 燕楚坟丘 / 中山韩魏墓上建筑	始皇帝陵园	阳陵陵园	帝陵陵园		北魏长陵陵园 / 南朝陵墓坟丘	

地面设施

墓葬形制

图 6－1　中国古代墓葬制度变迁示意图

二 中国古代墓葬制度、墓葬等级制度的变迁

中国自新石器以至商周时期，中原地区墓葬的主要形制是竖穴土坑（木椁）墓，地面之上不见高大的坟丘，丧葬活动侧重于埋葬的过程，墓坑一经回填，丧葬即告终结。但晚商墓葬之上已发现有建筑的实例，说明在高大坟丘出现之前，墓上已开始营建标志物，并进行相应的礼仪活动。随着春秋末年墓上高大坟丘的出现，一套以坟丘为中心的地上设施逐渐形成，这套设施包括坟丘、陵园、陵寝建筑、陪葬坑和陪葬墓等。墓葬的地面设施出现以后，墓坑即便回填，丧葬活动仍未结束，墓上高大的坟丘昭示着墓主的身份等级，陵寝建筑延续着各种礼仪活动；墓葬也因此分为地下、地上两大部分，地下墓室是为死者而设的冥界之家，地上设施则成为冥界与现实世界相沟通的桥梁，在这里上演着各种礼仪活动，这些活动既为地下世界的死者服务，同时也为现实世界的政治服务，这些礼仪活动成为维护现实社会政治统治的重要手段。

如前章所述，两周墓葬等级制度的核心是棺椁、用鼎以及车马随葬制度。但坟丘等地面设施出现后，传统墓制遭到破坏，地上设施作为墓葬的重要组成部分，正式纳入新墓制中，并最终成为墓葬等级制度的重要内容。

秦汉时期，在地上设施极其繁荣的同时，地下墓葬形制也发生了根本的变化，竖穴木椁墓制逐渐走向终结，黄肠题凑墓、崖洞墓和石室墓成为西汉木椁墓之外新兴的墓葬形制，到了东汉，砖、石室墓一统天下，墓室空间也由封闭走向了开放。两汉墓葬的等级制度由地上、地下两部分来体现，地上部分的中心是坟丘，用坟丘的高度来严格规范墓主的等级秩序，地下部分除了墓葬形制、棺椁和随葬品外，主要用殓服玉衣来体现等级差别。

魏晋时期墓葬制度的核心是薄葬，地上设施全部废除，地下墓室、棺椁和随葬用品均予简化，玉衣殓服遭到彻底抛弃。但由于立国短暂等原因，魏晋可能尚未建立起较为严格的丧葬等级制度。

魏晋开创的薄葬之制对十六国以至南北朝墓葬产生了一定影响，但同时，自十六国时期开始，魏晋薄葬之制已逐渐遭到破坏，其主要表现为地上设施重新登场，到了南北朝时期，一种魏晋墓制与秦汉墓制相混合的新墓制基本形成，墓葬等级制度又由地上、地下诸设施共同构成，并且达到

了较为成熟的阶段。南北朝墓制重开厚葬之风,对隋唐墓制产生了重要影响。

三 中国古代墓葬的棺椁形制与合葬习俗

中原地区新石器时代墓葬所用木棺分为板式棺和独木棺,板式棺多呈长方形,另有梯形和"Ⅱ"字形;椁的平面形状有"井"字形和"Ⅱ"字形等。

商代墓葬的木棺呈长方形,有的一头略宽于另一头;椁多呈"井"字形。西周墓葬的木棺多作长方形,另有"Ⅱ"字形和梯形;椁多用枋木围成,称为题凑。东周时期,中原地区的墓葬仍用长方形木棺,楚墓除了长方形外,还用长方悬底和长方弧形悬底等形状的木棺;题凑椁室继续流行。商周时期合葬墓已很常见,一般都是采用并穴合葬的形式。

秦汉时期,从诸侯王墓使用镶玉漆棺以及列侯级别的长沙马王堆汉墓出土木棺实例看,棺的形状仍为长方形,传统的竖穴墓仍沿用着题凑椁室。大型墓葬仍采用并穴合葬的形式,大约从东汉开始,大型墓葬并穴合葬与同穴合葬并存。但是,中小型墓葬的情况有所不同,随着洞室墓和砖室墓的流行,同穴合葬比大型墓出现得早,约可早到西汉中期,二人以上的家族同穴合葬也从东汉时期开始流行[1]。

曹魏墓葬继续使用长方形木棺。西晋墓葬的木棺有长方形和梯形两种,梯形木棺的一头略大于另一头,有的大头还高于小头。十六国时期长安地区墓葬的木棺基本上都作一头大一头小的梯形。北朝墓葬的木棺形状均为一头高宽一头低窄的梯形,北魏平城时期还有多座棺外用椁的墓例。东晋墓葬的木棺也呈一头略大一头略小的梯形,南朝墓葬木棺的形状应与东晋相似。魏晋以至南北朝,同穴合葬成为主要的合葬形式,同时也有二人以上家族同穴合葬的墓例。

关于木棺的形状,概而言之,在秦汉以前基本上以长方形为主,到魏晋以后则演变为一头高宽一头低窄的梯形。

四 中国古人的冥界观

对待死亡,古人持何观念?对待死后世界,古人作何设计?关于古人死后世界的图景，可从墓葬中得到了解，但古人对待死亡的观念，由于对相关文献资料和墓葬资料解读的不同，产生了不同的认识，这是墓葬研究的难点所在，仍需不断加以探索。

研究中国古代墓葬，古人的生死观、亦即冥界观是一个回避不开的重要问题，所以不得不予以思考，这里首先略陈对此问题的基本看法，然后加以概要性论述。

（一）中国古人冥界观初识

对于中国古人的冥界观，初步归纳为以下几点认识。

1. 中国古人将死亡看作既是现实生活、生命的结束，同时又是另一种新生活、新生命的开始，因此极其重视对死后、亦即对丧事的处理。古人将墓葬作为死后新生活、新生命的舞台，故而将之精心经营成死后在另一世界、即冥界的家。墓葬不仅只是收纳死者尸体的场所，同时也是死者的"精神"家园。

中国新石器时代墓葬经历了墓坑由小到大，棺椁由无到有，随葬品由少到多的变化，到了商周时期，这种传统墓制又有了进一步发展，墓坑、棺椁更大了，随葬品更丰富了，自春秋末年墓上高大坟丘出现以后，一套地上陵园设施很快兴起，同时，墓室出现模仿宫殿建筑的形式，秦汉以后又兴起了墓葬装饰。地上陵园设施的形成、墓室第宅化的进展、墓葬装饰的兴起以及随葬品的不断丰富，充分说明墓葬除了安置墓主的尸体，也是其灵魂的栖息地。

2. 中国古人的冥界观统统是生人的观念，也就是活着的人对死亡的认识，对死后世界的想象，对死后世界的设计和经营。构成这些冥界观念的要素大多存在于现实世界，对冥界的想象和构筑只是对现实世界的模仿和复制，其目的就是要建造一个在冥界的家。

3. 中国古人冥界观的思想基础是自古即有的灵魂不灭朴素观念和儒家思想的结合，虽然传统的道家思想以及后来形成的道教、自西方传入的佛教等思想在古人的冥界观中也有所体现，但这些宗教思想始终没有主导中国古代传统的、主流的冥界观。

4. 由于先秦存在庙祭与墓祭的双重性，战国以至秦汉地上与地下两套设施又同时存在，所以墓主之魂灵应视作具有可以自由移动的特性。一方面死者的尸体收纳于墓穴之中，墓内的空间和应有尽有的随葬品可以满足死者之魂的享用，另一方面，不管是庙祭还是墓祭，祭祀的直接对象虽然是神主，但神主背后一定隐藏着活的灵魂，这时，是否可以认为死者的灵魂离开墓穴来到了祭祀场所，接受献祭。

5. 中国自新石器时代晚期即现丧葬礼制的萌芽，到商周时期已形成了一套适应奴隶等级制度的丧葬礼制——两周墓制；秦汉时期又创出了一套适应封建等级制度的丧葬制度——秦汉墓制；魏晋时期，为了适应时代的变化，在全面否定秦汉墓制的同时，形成了魏晋墓制；十六国、南北朝时期，经过长期的战乱，墓葬制度逐渐摆脱了魏晋墓制的影响，初步形成了一套南北朝墓制。纵观中国古代墓葬制度，虽然墓葬形制和随葬品随着时代的变化而呈现出差异，墓上设施出现后，其在各个历史时期的内涵也不尽相同，但各时期墓葬制度的核心是与各自时代背景相关联的墓葬等级制度。《荀子·礼论》所谓"事死如事生，事亡如事存"，至少应包含两层含义：一是对待死亡要像生时一样，就是丧事要符合死者生时的等级身份，这是墓葬等级礼制形成的原因；二是对待死亡要像活着时一样，就是死者在冥界的家中还要像生前一样生活。中国古代墓葬的丧葬礼制和冥界观是相互关联的，在秦汉以前，墓葬表现礼制的色彩浓厚一些，自秦汉以来，墓葬在继续表现礼制内容的同时，也重视表现世俗的生活，并且世俗生活化的倾向越来越显著。

6. 中国古人的冥界观具有超级稳定性，本文内容所及——自新石器时代以至南北朝时期，这一观念几无改变。

总而言之，中国古人将墓葬视为死者在冥界的家，这个冥界之家是现实家园的复制和重建，墓葬所体现的各种观念均存在于现实世界，因此，透过地下的墓葬可以反观地上的现实。

（二）中国古人冥界观论纲

这里以秦汉时期为中心，分地上陵园设施、地下墓室结构、墓葬装饰图像、殓服和随葬品组合等方面对上述观点加以申论。

1. 地上陵园设施——再现墓主生前的宫都

如上所述，自春秋末年墓上高大坟丘出现以后，在诸侯列国逐渐形成了一套以坟丘为中心的陵园设施，包括坟丘、陵园、陵寝建筑、陪葬坑和陪葬墓等。秦始皇陵集诸侯列国陵园建置之大成，营建了空前绝后的陵园设施，西汉帝陵在继承秦始皇陵园内涵的基础上又有所变化，东汉帝陵设施更有所损益，到魏晋废除了陵园设施，南北朝又加以恢复。虽然各时代墓葬的地上设施不尽相同，但均可看作是再现了墓主生前的宫都。

西汉十一陵中开展工作较多的是景帝阳陵和宣帝杜陵。长期主持阳陵考古工作的焦南峰对西汉帝陵进行了深入研究，在论及西汉帝陵的建设理念时，他认为西汉王朝是西汉帝陵的建设模本，西汉帝陵是模仿现实中的西汉帝国建设而成[2]。当然，也有研究者认为西汉帝陵模仿的对象是长安城的皇宫——未央宫[3]。

不管西汉帝陵模拟的是西汉帝国还是都城长安，抑或是皇宫未央宫，都是复制了现实的世界。

2. 地下墓室结构——象征墓主生前的宫室

由于中原地区传统竖穴木椁墓制的局限，虽然题凑之制使墓室的立体空间得以扩大，但在汉代以前，墓室的第宅化进程十分缓慢。即便如此，也有研究者将墓室看作是墓主生前所居宫室的象征。例如俞伟超认为战国楚墓中的头箱、棺箱、边箱、足箱分别象征着周代宫室制度中的前朝（堂）、寝（室）、房、北堂和下室[4]。

竖穴木椁墓在战国时期有了明显的第宅化倾向，如河北平山中山国王陵（M6）（图1-30）和河南新郑胡庄韩国王陵等，前者在墓坑壁设置假立柱，以象征地下宫殿，后者在墓坑上部建造仿木结构的屋顶。这种在墓坑内仿造宫室建筑的做法延续到了西汉早期，如陕西咸阳杨家湾的两座大型汉墓（M4、M5）（图2-28）等。

竖穴木椁墓的特征之一是木椁室构成了竖穴式密闭的空间，椁室一旦闭合，即与外界彻底隔离。但到了西汉早期，有的竖穴木椁墓在对应墓道的木椁处设置门扉，从而使椁室变成了横穴式开放的空间，墓例如湖南沅陵虎溪山一号汉墓（图2-30）等。西汉时期的其他墓制，如采用竖穴形制的黄肠题凑墓，由题凑围成的空间在西汉早期也形成了开放的构造，就如同横穴式木室；西汉早期即已出现的崖洞墓和此后出现的石室墓以及东汉以后的砖室墓，均是开放式的横穴墓。墓室由竖穴式封闭的空间变为横穴式开放的空间，本身就是第宅化的结果，同时又为墓室进一步第宅化创造了条件。以西汉崖洞墓为例，有如徐州北洞山汉墓在墓外设门阙，墓室顶有两面坡等多种形式，墓内设有厨房、歌舞厅和厕间等生活设施，更有如永城保安山2号墓的两个主要墓室自名为"东宫"和"西宫"的做法。

俞伟超还将黄肠题凑墓中的"正藏"分为"明堂"、后寝和"便房"，将崖洞墓和砖室墓中的前室、后室、回廊分别看作是"明堂"、后寝、"便房",将三室砖墓中的前室、中室、后室分别看作是庭、"明堂"、后寝的象征。

总之,无论从墓室的平面形制、立体构造,还是从墓室第宅化的倾向来看,地下的墓室正是复制了地上的居室,墓葬即是死者在冥界的家。

3. 墓葬装饰图像——复制现实世界的图像以及生人的思想观念

墓葬装饰有壁画、画像石和画像砖等多种形式,基本上都是从汉代开始流行,其中壁画和画像砖延用的时间很长,可到隋唐以后,画像石则主要使用于汉代。尽管壁画、画像石和画像砖制作的方法以及表现的形式不同,但它们装饰墓葬的目的和图像的内涵存在较大的一致性。

黄佩贤对汉代墓葬壁画做过全面、系统研究,她将壁画内容分为四大类:天象、升仙、神话与祥瑞;御凶与驱邪逐疫;经史人物与故事;生平经历与现实生活[5]。关于汉画像石的内容,俞伟超分为八大类:天象;鬼神;祥瑞;古之帝王、圣贤和忠臣、孝子、烈士、贞女等历史成败故事;表现墓主身份的车马出行图等;表现墓主人财富的农田、牧场及作坊等;表现墓主生活的宅院、仓廪、庖厨、宴饮、乐舞、百戏和讲学、献俘等活动;装饰纹带[6]。信立祥对中国古代画像砖的题材内容做了概述,认为有祭祀类图像(车马出行、墓阙、庖厨、百戏乐舞、历史故事等);天上诸神世界图像(日神、月神、伏羲、女娲、青龙、白虎、朱雀、玄武等);仙人世界图像(西王母、东王公、墓主骑鹿升仙、墓主云车升仙、天人等);墓主地下生活图像(持盾亭长、持戟佩剑武士、奴仆、燕居、宴饮、博弈、市楼、盐井、采莲、农作等)[7]。

从上述对于壁画、画像石和画像砖内容的分类可以看出,三种装饰图像所表现的内涵是互为关联、基本一致的,只是研究者对其中部分图像的阐释和归类有所不同。例如壁画与画像石都有天象、祥瑞、历史故事、现实生活等内容,壁画中的升仙、神话、御凶与驱邪逐疫等题材大都包含在了画像石的鬼神类里。可以看出壁画的分类强调了升仙等内容,画像石的分类则淡化了这类题材,表明作者对汉代人生死观念的认识有所不同。画像砖同样有天象、升仙、历史故事和现实生活等题材,只是作者将部分现实生活和历史人物画像归入了祭祀类,又将大部分现实生活画像看作是表现墓主地下生活的图像,并认为这类图像"完全成了现实人间世界的缩影"。

信立祥指出秦汉人们所认为的宇宙世界由四个层次构成：天帝和诸自然神所居的天上世界、西王母等所居的仙人世界、现实的人间世界和死者灵魂所居的地下世界。若以此"四界"对上述三种装饰图像加以概括，则分别为天界（日月星辰、风云雨雷等）、仙界（西王母、羽人、升仙等）、阳界（祥瑞、历史故事、现实生活等）和阴界，鬼神类可分别归入天界、仙界和阳界。关于阴界，亦即冥界，黄佩贤在研究汉代壁画墓时虽然认为汉代人观念中的宇宙可分为天上、人间和地下三部分，"但并没有特别辟出一个象征地下世界的图像专区"；俞伟超在研究汉画像石"鬼神"类图像时，也认为"按照汉代的信仰状况来考虑，一些地下的鬼神，也应有所表现。但这都有待于以后的辨识"；信立祥在研究画像砖时认为墓主地下生活图像"完全成了现实人间世界的缩影"，也没有描绘出地下世界——阴界的图景。总之，不管是壁画，还是画像石和画像砖，对于所谓的阴界均没有具体、明确的描绘，其实，这恰恰反映出古人的冥界观——阴界（冥界）是阳界的复制和再现。

毫无疑问，墓葬装饰图像所见异常庞杂的内涵，全都是源自生人的观念，其中大多表现了人们对客观存在的认识，如天象、祥瑞和现实生活等图像，有的则表现出人们的历史观念和思想意识，如历史故事、神仙鬼怪等图像。这些图像反映了当时人们的所历（现实生活和祥瑞）、所见（天象）和所思（历史故事、神仙鬼怪），它们大多存在于人们的日常生活中，只是它们被复制到墓葬时，进行了一些排列、组合，如将天界和仙界布置于墓室顶部或上部，以象征天空和仙境，将阳界布置于墓室中部或下部，以代表现实生活，如此一来，墓室真的就像是一个上有苍穹、众神，下有耕作、炊厨、宴饮、车马的"现实世界"——实际上就是复制和再现了现实的世界。

作为天界之众天象、阳界之现实生活和祥瑞等图像，这里不需讨论，对于其他内容的图像，这里仅以四神、方相氏、西王母和历史故事等为例，说明它们同样存在于人们的现实生活中。

四神是墓葬装饰最为流行的图像之一，这种图像在现实社会中也可见到，如汉长安城长乐宫五号建筑（凌室）遗址曾出土模印有四神图案的空心砖，汉代铜镜更是常见这种装饰图案，山东临朐西晋咸宁三年墓出土铜镜还带有"青龙在左"、"白虎在右"的铭文[8]。

至于方相氏，其本身就是现实社会傩祭活动中的主角，如《周礼·夏官·方相氏》曰："方相氏，掌蒙熊皮，黄金四目，玄衣朱裳，执戈扬盾，帅百隶而时难，以索室驱疫"。

　　关于象征仙界的西王母和羽人等图像，皆是源自现实社会对西王母和羽人等神仙思想的信仰，如《汉书·五行志下之上》记载：（哀帝建平四年）"其夏，京师郡国民聚会里巷阡陌，设张博具，歌舞祠西王母。"汉代铜器、铜镜和漆器的装饰图案中也可见到西王母的形象，有的还带有榜题"西王母"[9]。有关神仙、羽人的文献记载更多，如《汉书·郊祀志下》："公孙卿曰：'仙人可见，上往常遽，以故不见。今陛下可为馆如缑氏城，置脯枣，神人宜可致。且仙人好楼居。'于是上令长安则作飞廉、桂馆，甘泉则作益寿、延寿馆，使卿持节设具而候神人。乃作通天台，置祠具其下，将招来神仙之属。"《汉书·地理志上》记载多地设有"仙人祠"，仅琅邪郡之不其县就"有太一、仙人祠九所，及明堂，武帝所起。"羽人的图像则见于铜镜和其他器物，如上述山东临朐西晋咸宁三年墓出土的铜镜即饰有羽人乘龙、羽人乘凤花纹带，湖南安乡西晋刘弘墓出土玉尊上也有羽人等纹饰[10]。其他还有关于"云气车"等记载，如《史记·孝武本纪》记载方士少翁为武帝宠信，被拜为文成将军，"文成言曰：'上即欲与神通，宫室被服不象神，神物不至。'乃作画云气车，及各以胜日驾车辟恶鬼。又作甘泉宫，中为台室，画天、地、泰一诸神，而置祭具以致天神。"

　　历史故事题材的画像常见于宫室壁画中，其中有的为当朝嫔妃、名臣和贤妇，如《汉书·外戚传上》："（武帝之）李夫人少而蚤卒，上怜闵焉，图画其形于甘泉宫。"《汉书·霍光金日磾传》："日磾母教诲两子，甚有法度，上闻而嘉之。病死，诏图画于甘泉宫，署曰'休屠王阏氏'。"《汉书·李广苏建传》记载宣帝"甘露三年，单于始入朝。上思股肱之美，乃图画其人于麒麟阁，法其形貌，署其官爵姓名。"这次共图画霍光等十一位名臣像于未央宫之麒麟阁。宫室壁画还见有前代君臣和嬖女，如《汉书·外戚传下》："成帝游于后庭，尝欲与（班）婕妤同辇载，婕妤辞曰：'观古图画，贤圣之君皆有名臣在侧，三代末主乃有嬖女，今欲同辇，得无近似之乎？'上善其言而止。"此外，东汉王延寿的《鲁灵光殿赋》也被研究者广泛征引，用以说明墓葬装饰图像的品类和用意，这里照录如下："图画天地，品类群生。杂物奇怪，山神海灵。写载其状，托之丹青。千变万化，事各缪形。随色象类，曲得其情。上纪开辟，遂古之初。五龙比翼，人皇九头。伏羲鳞身，女娲蛇躯。鸿荒朴略，厥状睢盱。焕炳可观，黄帝唐虞。

轩冕以庸，衣裳有殊。下及三后，媱妃乱主。忠臣孝子，烈士贞女。贤愚成败，靡不载叙。恶以诚世，善以示后。"[11]除文献记载外，在秦都咸阳三号宫殿建筑中曾发现不少壁画残迹，内容有车马、人物、建筑、动物、植物、神灵怪异和几何纹样等[12]，汉都长安长乐宫四号宫殿建筑中也曾发现壁画残块，大多是几何纹图案[13]。

总之，墓葬壁画、画像石和画像砖所呈现的各种图像，大都存在于现实社会，将这些图像复制、整合、编排到墓室之中，无外乎是想达到使墓室充分模仿现实居室的目的。

下面附论关于升仙的问题。

汉代墓葬装饰中有不少西王母、羽人等与神仙信仰有关的图像，很多研究者认为这反映出当时人们持有死后升仙的观念，也有研究者认为升仙的不是死者，而是死者的灵魂。

有研究者已经注意到《史记·孝武本纪》的记载。武帝在北巡朔方，还祭黄帝冢桥山时，"上曰：'吾闻黄帝不死，今有冢，何也？'或对曰：'黄帝已仙上天，群臣葬其衣冠。'"众所周知，秦皇汉武对求仙成仙最为热衷，汉武自知黄帝成仙，又见黄帝之冢，故而产生疑问。这段对话虽短，却出自社会最上层人士之口，其真实性不容怀疑，故而最能说明汉人对于神仙的理解：唯有生人才能成仙，人一旦死去，就得埋入坟墓，自然便与成仙无关。人死不能成仙，死人的灵魂当然更成不了仙。

既然死者不能升仙，为何墓葬装饰中存在大量神仙图像呢？这还得返回上面的论述，即这些诸如西王母、羽人等形象，只不过是现实社会有关神仙思想的图画被复制到了墓葬中。此外，像所谓的"墓主骑鹿升仙"、"墓主云车升仙"等图像，骑鹿或驾云车（也有的驭龙）的既不会是墓主，更不会是墓主的灵魂，他们应属人们观念中某位已然成仙的人物。至于墓主及其灵魂，依然在其冥界的家中，过着如阳界一般的生活。

4. 殓服——保护墓主尸体不朽

不管是先秦的绞衾之制，还是汉代兴起的玉衣之制，使用殓服的目的之一是为了保护墓主的尸体不朽。在考古工作中已发现数例保存较好的汉代尸体，其中最有名的当属湖南长沙马王堆一号墓女尸，采用的是绞衾之制。穿着玉衣而使尸体保持不朽的仅见于文献记载，《后汉书·刘玄刘盆子列传》曰："（刘盆子率军）发掘诸陵，取其宝货，遂污辱吕后尸。凡贼所发，有玉匣殓者率皆如生，故赤眉得多行淫秽。"同时也有其他记录，如

《汉书·外戚传下》载平帝时王莽秉政，莽奏发元帝傅皇后陵，"既开傅太后棺，臭闻数里。"傅皇后虽身着玉衣，也没能有效保护其尸体。此外，与殓服相配合，汉代还流行用玉石堵塞九窍，"金玉在九窍，则死人为之不朽"（《抱朴子内篇·对俗》），可见堵塞九窍之目的仍在于保护尸体。

墓葬中能够保护死者尸体的不只是殓服，还有棺椁等葬具以及其他设施。看来只有将墓主的尸体保护好，使其不朽，墓主的灵魂才能有所依附。辽宁盖县九垄地 1 号东汉墓的砖铭曰："叹曰死者魂归棺椁无妄飞扬而无忧万岁之后乃复会"[14]，南京仙鹤山 5 号孙吴墓的砖铭亦曰："平原广敞神灵安居"[15]，这些汉魏墓砖铭文作为考古发掘出土的珍贵文献史料，充分说明了墓主的魂灵不在别处，即在墓中。

5. 随葬品组合——模拟生人的生活所需

纵观中国古代墓葬，无论哪个时期都不乏随葬用品，尤其是秦汉墓葬在随葬品的种类和数量上达到了一个高峰——随葬品几乎涵盖了日常生活中衣、食、住、行、用的各个方面，可以说无所不包，无所不有。自魏晋实行薄葬以来，随着墓葬规模变小，随葬品的种类和数量也相应减少，即便如此，随葬品也包括了装身用具、实用（或明器）器具、陶质模型明器和陶俑等几大类，从随葬品的象征意义上看，与秦汉时期没有大的差别，同样有"厨"有"厩"，有"婢"有"妾"。中国古代墓葬之所以特别重视随葬各种物品，就是为了墓主的灵魂在冥界的家中能够继续享受如阳界一般的生活。

注释

〔1〕韩国河：《试论汉晋时期合葬礼俗的渊源及发展》，《考古》1999 年第 10 期。

〔2〕焦南峰：《试论西汉帝陵的建设理念》，《考古》2007 年第 11 期。

〔3〕赵化成：《秦始皇陵园布局结构的再认识》，载《远望集——陕西省考古研究所华诞四十周年纪念文集》（下），陕西人民美术出版社，1998 年。

〔4〕俞伟超：《汉代诸侯王与列侯墓葬的形制分析——兼论"周制"、"汉制"与"晋制"的三阶段性》，载《先秦两汉考古学论集》，文物出版社，1985 年。

〔5〕黄佩贤：《汉代墓室壁画研究》，文物出版社，2008 年。

〔6〕俞伟超：《中国画像石概论》，载中国画像石全集编辑委员会：《中国画像石全集 1·山东汉画像石》，山东美术出版社、河南美术出版社，2000 年。

〔7〕信立祥：《中国古代画像砖概论》，载《中国画像砖全集》编辑委员会：《中国画像砖全集·四川汉画像砖》，四川出版集团、四川美术出版社，2006 年。

〔8〕宫德杰、李福昌：《山东临朐西晋、刘宋纪年墓》，《文物》2002 年第 9 期。

〔9〕丛德新、罗志宏：《重庆巫山县东汉鎏金铜牌饰的发现与研究》，《考古》1998 年第 12 期；贺西林：《汉代艺术中的羽人及其象征意义》，《文物》2010 年第 7 期；杨爱国：《汉代文物铭文所见吉祥语初论》，载中国社会科学院考古研究所、广州市文物考古研究所：《西汉南越国考古与汉文化》，科学出版社，2010 年。

〔10〕安乡县文物管理所：《湖南安乡西晋刘弘墓》，《文物》1993 年第 11 期。

〔11〕萧统选、李善注：《文选》卷十一，收入《国学基本丛书简编》，商务印书馆，1936 年。

〔12〕陕西省考古研究所：《秦都咸阳考古报告》，科学出版社，2004 年。

〔13〕中国社会科学院考古研究所汉长安城工作队：《西安市汉长安城长乐宫四号建筑遗址》，《考古》2006 年第 10 期。

〔14〕许玉林：《辽宁盖县东汉墓》，《文物》1993 年第 4 期。

〔15〕南京市博物馆、南京师范大学文物与博物馆学系：《南京仙鹤山孙吴、西晋墓》，《文物》2007 年第 1 期。

后　记

　　我 2006 年通过中国社会科学院申请日本学术振兴会的论文博士资助项目，大约在临近年底时收到了申请成功的消息。按照日本学术振兴会的要求，在 2007～2011 年的五年间（日本的年度是 4 月 1 日至下一年 3 月 31 日），每年可以去日本一次，每次逗留不超过 90 天。这里记下五年来访日的时间，以示对逝去岁月的纪念。第一次（2007 年度）：2007 年 12 月 19 日～2008 年 3 月 16 日（89 天）；第二次（2008 年度）：2008 年 6 月 16 日～9 月 13 日（90 天）；第三次（2009 年度）：2009 年 10 月 15 日～2010 年 1 月 12 日（90 天）；第四次（2010 年度）：2010 年 10 月 30 日～2011 年 1 月 27 日（90 天）；第五次（2011 年度）：2012 年 1 月 2 日～3 月 31 日（90 天）。

　　我申请日本学术振兴会论文博士项目时选定的论文题目是《中日古代坟丘墓比较研究》。论文共分五章，前四章是关于中国古代坟丘墓的研究，第五章是关于中日古代坟丘墓的比较研究，另有前言和结语。各章节的撰写情况是：2007 年度在日本期间撰写了第五章的部分内容（日本弥生时代坟丘墓）；2008 年度在日本期间撰写了第一章；2009 年度在日本期间改定旧稿形成了第二章；2010 年度在日本期间撰写了第三章和第四章的十六国、北魏墓葬部分；2011 年 2～7 月在国内续写了第四章剩余的北朝之东魏北齐、西魏北周和东晋、南朝墓葬部分，8 月修改已完成文稿并做注、配图，9 月～10 月中旬撰写了前言和结语，11 月下旬～12 月草就了第五章；2011 年度来日本期间改写了第五章，补充了前言的有关内容，并草成此后记。

　　论文是用中文写成，需要译成日文。我翻译了前言和第一章，拜托浅冈俊夫先生翻译第二章，丹羽崇史先生翻译第三章和第四章（后来由岸本泰绪子先生翻译该章的第一节），下垣仁志先生翻译第五章和结语。到 2013 年 1 月底，所有章节全部翻译完成，南部裕树先生对日文稿作了编辑。

2013 年 9 月 6 日 14～16 时，在立命馆大学末川会馆第二会议室举行了博士论文答辩会，立命馆大学的和田晴吾、矢野健一、高正龙和早稻田大学的冈内三真先生担任答辩委员。2014 年 2 月 28 日，立命馆大学校长川口清史先生签署、颁发了文学博士学位证书，为我的论文博士项目画上了句号。

通过了答辩，获得了学位，总算给长期支持我的单位和师友们一个交代。原本并无出书的奢望，但在和田晴吾、白云翔、葛承雍和高志军等先生的鼓励和帮助下，这部不成熟的书稿得以付梓，供读者评议。文物出版社安排窦旭耀先生担任本书的责任编辑。汉长安城考古队的王文渊先生协助处理了文中的插图。

限于时间和精力，书稿写得十分简略，出版前本应予以增补，但还是受制于时间和精力，除了第二章简单补充一些新资料外，其他章节基本维持原貌。需要说明的是，将原书名《中日古代坟丘墓比较研究》改为《冥界的秩序——中国古代墓葬制度概论》，主要是基于书稿内容的考虑。

自 1990 年分配到社科院考古所至今，我一直在陕西西安汉长安城遗址工作，其间还到河南汉魏洛阳城、河北临漳邺城和澳门圣保禄学院遗址帮忙发掘，几乎没有接触到墓葬考古。但回想我在西北大学读书时，教学实习是在西安东郊老牛坡清理商代墓葬，毕业论文的选题是关中地区汉墓，在社科院读研时，导师黄展岳先生又让我研习西汉王侯墓葬，正是这些经历，使我对墓葬研究产生了兴趣，并一路走来，有了今天这本小书。

下面是我想要感谢的单位和个人。

首先感谢日本学术振兴会为我提供了资助，感谢中国社会科学院和考古研究所给我提供了赴日研究的机会，感谢日本京都立命馆大学为我提供了研究的便利。

感谢考古研究所的刘庆柱先生和立命馆大学的和田晴吾先生担任我的指导老师，感谢日本奈良文化财研究所的深泽芳树先生向我介绍了和田晴吾先生。感谢日本友人篠崎义博、馆野和己、桥本义则、妹尾达彦、宫原晋一、今井晃树、丰田裕章、高正龙、木立雅朗、矢野健一等先生的热情帮助。感谢中国社会科学院的张青松、张巧枝先生以及考古研究所的齐肇业、王巍、白云翔、陈星灿、丛德新、巩文、白雪松等先生多年来的关照。感谢我的同事张建锋和徐龙国先生，他们在我访日期间承担了考古队繁重的工作。感谢西安市文物局的郑育林局长、向德副局长、黄伟副局长和汉长安城遗址保管所的甘洪更所长，他们对汉城考古队的工作给予了有力的支持。感谢在书稿翻译、论文答辩、编辑出版等方面给予帮助的各位先生。

最后，感谢亲属们的关爱。

2012 年 3 月记于日本京都立命馆大学文学部
2015 年 6 月修订于社科院考古所西安研究室